U0896748

说上就上

151个案例实证解析新三板挂牌审核要点

毛伟 罗纪钢 雷敬云◎编著

中国经济出版社
CHINA ECONOMIC PUBLISHING HOUSE
·北京·

图书在版编目（CIP）数据

说上就上——151个案例实证解析新三板挂牌审核要点／毛伟，罗纪钢，雷敬云编著．
北京：中国经济出版社，2016.10
ISBN 978－7－5136－4438－9
Ⅰ.①说… Ⅱ.①毛…②罗…③雷… Ⅲ.① Ⅳ.①
中国版本图书馆CIP数据核字（2016）第257708号

责任编辑 杨 莹 郑潇伟
责任审读 贺 静
责任印制 巢新强
封面设计 任燕飞

出版发行 中国经济出版社
印 刷 者 北京科信印刷有限公司
经 销 者 各地新华书店
开 本 787mm×1092mm 1/16
印 张 30
字 数 568千字
版 次 2016年10月第1版
印 次 2016年10月第1次
定 价 88.00元
广告经营许可证 京西工商广字第8179号

中国经济出版社 **网址** www.economyph.com **社址** 北京市西城区百万庄北街3号 **邮编** 100037

编 委 会

编　著：毛　伟　罗纪钢　雷敬云

作者简介

毛　伟

毛　伟　北京市京师律师事务所高级合伙人、保密委员会副主任、资本市场部主任。资深证券律师，对公司、证券业务有深入研究，成功承办数十家公司境内外上市业务。

毕业于中国政法大学、北京大学，获得法学学士和管理学学士学位，中国民主同盟盟员，具有企业法律顾问资格、上市公司独立董事任职资格、军工保密资格。担任中国阿拉伯交流协会副秘书长，中国东盟法律合作（北京）中心理事，中国企业重大法律事务解决中心副主任研究员。

长期从事于企业法律服务的工作，业务专长为企业改制上市（包括上海、深圳、中国香港、新加坡、北美、伦敦等上市地）、私募及外商投融资、境内外并购重组、金融等法律服务领域。担任数家上市公司法律顾问，曾担任中国石化集团重大资产重组（100亿）项目江苏项目组长。

近年来主办了成都利君实业股份有限公司（股票代码：002651）、北京易华录信息技术股份有限公司（股票代码：300212）、广东奥飞动漫文化股份有限公司（股票代码：002292）、无锡双象超纤材料股份有限公司（股票代码：002395）、上海新阳半导体材料股份有限公司（股票代码：300236）、北京旋极信息技术股份有限公司（股票代码：300324）、广州普邦园林股份有限公司（股票代码：002663）、大明国际有限公司（香港主板上市）、德朗国际有限公司（新加坡上市）等全国各地上百家企业的境内外上市（IPO/红筹）、投融资（PE\VC）、企业重组改造、资产重组、股权、资产转让等项目。为数十家公司提供国有企业改制、资产重组、新三板、天津股权交易所的改制及挂牌法律服务。

近两年新三板业绩包括：长春希迈（军工）、武汉永力（军工）、华瑞核安、奥拓福、艾迪尔、华彩信和、北创网联、大连福岛、唐是文化、润丰物业、宏乾科技、天驰新材、中科博润、唐山华熠等，尚有十余家正在改制、申报过程中。

编写并出版了《保卫资本—中国企业资本化成长的实战路径》（中国经济出版社2016年8月版）、《新三板操作实务及分析解读》（法律出版社2014年7月版）、《最新H股香港上市法律实务和案例分析》（法律出版社2013年5月版）、《创业板上市法律实务》（法律出版社2009年5月版、2011年7月修订）、《2009年度上市被否企业案例分析》（金融出版社2011年1月版）、《2010—2011年度上市被否企业案例分析》（金融出版社2012年11月版）、《中国IPO年度评论（2011年度）》（法律出版社2013年1月版）等法律实务书籍。

作者简介

罗纪钢

罗纪钢　北京市京师律师事务所高级合伙人，保密委员会副主任，军工法律事务部主任。

资深证券律师，分别在大成、通商九年，承办数十家境内外IPO、资产重组项目。

承办广东奥飞动漫文化股份有限公司首发上市（中小板，股票代码002292）、无锡双象超纤材料股份公司首发上市（中小板，股票代码002395）、上海新阳材料股份有限公司首发上市（创业板，股票代码300236），大明国际控股有限公司首发上市（港交所主板，股票代码01090）、天福茗茶首发上市（港交所主板，股票代码6868）、北京润丰世纪物业管理股份有限公司（835411）新三板挂牌、广东宏乾科技股份有限公司（834035）新三板挂牌、北京北创网联科技股份有限公司（836652）新三板挂牌、天津华彩信和电子科技集团股份有限公司（835035）新三板挂牌、山西唐是文化创意股份有限公司（836838）新三板挂牌、辽宁省海城城建投资有限公司2011年公司债、北京信威通信技术股份有限公司2012年中小企业私募债券、山水水泥（港交所主板，股票代码00691）并购境内十余家水泥企业、光大金控资产管理有限公司PE入资数起拟境内IPO企业。罗律师具备较高的IPO理论水平，参与编写《中国企业境外上市法律实务》《中小企业境内上市法律实务》《创业板上市法律实务》。

作者简介

雷敬云

雷敬云 北京市京师律师事务所高级合伙人，国企部主任。

中国社会科学院研究生院院外导师，法学与汉语言文学双本科学历，中国政法大学法学学士，中国社会科学院研究生院法律硕士（国有资产法方向）。

主要从事国有企业改制与国有产权交易、公司并购重组、私募股权、投融资、房地产、新公司成立及运作辅导、各类合同的起草审查、经济纠纷处理、公司治理、新三板挂牌、税收筹划等方面的诉讼及非诉讼业务。

国企改制与国有产权交易业务：曾经或正在为中国石油天然气集团公司、中国石油天然气股份有限公司、中钢集团有限公司、中盐集团有限公司、中国化工集团有限公司、首都机场集团有限公司、长城工业集团有限公司、东风汽车集团有限公司、广东万源实业有限公司、山东海化集团有限公司等多家大中型国有企业提供国有企业改制或国有产权交易专项法律/顾问服务。

并购、重组类业务：曾经或正在接受投资人的委托，为其收购汕头高新区航宇电子技术有限公司、丹东金利冶金有限公司、苏州三友利化工有限公司、重庆中影电影城有限公司、昆山市精细化工研究所有限公司、双流华阳天然气有限责任公司、北京鸿嘉物业管理有限公司、江苏东凌风力发电有限公司、中铁能源投资有限公司等股权提供专项法律/顾问服务。

房地产相关业务：曾经或正在为金威建设集团有限公司、廊坊市盛通房地产开发有限公司、廊坊市方寓房地产开发有限公司、廊坊新奥房地产开发有限公司、内蒙古筠泰房地产开发有限公司、北京华力集团有限公司等多家房地产企业项目开发、并购等提供专项法律/顾问服务。

新三板业务：曾经或正在为广东宏乾科技股份有限公司、北创网联科技股份有限公司、天津华宇科技股份有限公司、和骊安（中国）汽车信息系统有限公司、唐是文化艺术创艺股份有限公司等新三板挂牌企业提供专项法律/顾问服务。

其他相关业务：曾经或正在为深圳市中科中远创业投资有限公司、北大青鸟软件系统公司、蓝星许昌六九一一工厂、晋城市凤凰织品有限公司等股权转让提供招投标专项法律/顾问服务。

熟悉国有企业改制、并购重组、国有资产投资等法律、法规及相关政策，擅长国企改制方案及国有产权交易架构的设计，擅长房地产并购、企业新三板挂牌法律服务，具有丰富的实务操作经验。

序

自2013年全国中小企业股份转让系统全面运行以来，截至2016年，新三板挂牌企业的数量接近万家。我国的证券市场发生了根本性的变化，从党的十六大、十七大、十八大一直提出的建设多层次资本市场的要求中获得了切实的落实。《中共中央关于全面深化改革若干重大问题的决定》对于中国资本市场的建设也提出了新的要求，要求健全多层次资本市场体系，推进股票发行注册制改革，多渠道推动股权融资，发展并健全债券市场，同时，还鼓励金融创新、丰富金融市场层次和产品。新三板正是健全多层次资本市场，打好中国资本市场地基的重要板块。新三板为挂牌企业提供了从融资到品牌，从并购到产业发展的种种优质服务，相当程度上解决了中小企业面临的现实问题。根据全国中小企业股份转让系统官方统计数据，2015年在挂牌企业不足5000家的时候，企业融资总额达到1200亿元，而A股市场全部的上市公司获得的融资也只有1500亿元。值得注意的是，在新三板挂牌的企业绝大多数都是中小型企业，其中，民营企业占到了90%。在融资难、融资贵的情况下，可以说，新三板真正为中国的中小企业做出了贡献。

众所周知，在过去的30多年中，中国由于进行改革开发，经历了人类历史上前所未有的、持续而惊人的经济增长和社会进步。在21世纪的新形势和新背景下，中国的经济发展获得了世界瞩目的关注，同时也产生了新的问题和机遇，原有的经济发展模式存在的瑕疵在发展过程中逐步显现出来，已经对中国经济的持续发展构成不良的影响。其中，融资难、融资贵的问题一直不能获得有效解决，企业融资的渠道过于单一，尤其在当下的经济环境中更为突出。

习近平主席和李克强总理代表的现任领导正在转变原有经济发展模式中不合理的部分，逐渐转变政府职能，进一步将发展的空间让与市场的力量，让更多人参与到创业之中来。新的产业、新的技术和新的商业模式不断涌现，为中国经济的发展开创了一个新的局面，新三板正是国家意志的体现。

所有的创业都离不开资本的运用，没有资本支持的创业无法实现技术的产业化或者商业模式的实施。中国的中小企业在国民经济中占比非常高，经济的转型和增长基本要依靠中小企业，所以，中小企业融资难必须解决。中国的融资结构非常不合理，主要体现在直接融资和间接融资比例的不均衡上，西方经济体直接融资和间接融资的比例分别为90%和10%，而中国则大致是20%和80%，几乎相反。国际货币基金组织曾在金融危机前的2007年，对过去50年进行了统计，全球17个经济体，在大大小小84次经济金融危机后经济复苏的情况。结果发现，资本市场主导的美国、加拿大、英国、澳大利亚四个国家，在危机后经济反弹的速度最快，而银行主导的西班牙、奥地利、葡萄牙、比利时、德国、意大利六个国家，经济复苏的速度最慢，其中的几个国家也正是今天欧债危机的主要成员国。

中国一直以来都是依靠银行的直接贷款作为企业发展的主要资本来源，这种间接融资模式带来的产业发展和社会经济的不稳定性已经获得了共识。中国政府已经认识到这种问题，因此，动用国家政策、法律和多层次资本市场建设等措施加大社会股权投资的比例，扩大直接融资规模，减少银行等间接融资规模，利用资本之手，推动经济转型和大国崛起。号召创业，鼓励创业，不仅是让企业获得发展，更是国家经济安全战略重要组成部分。

在这样的新形势和新背景下，中国已经从2013年开始了新三板的全国运营，数以万计的中小企业陆续挂牌，获得了融资，提高了社会知名度，而新的制度正在完善，新三板进行分层，促进交易，全国各地数以万计的股权投资机构如雨后春笋一般成立，大量的社会资金涌入股权投资市场，促进实体经济的发展。可见，创业的时代真正来临了！

在这样的情况下，本书的编者根据企业新三板挂牌的法定要求和条件，结合典型案例，对重要的事项进行分析和说明，且本书作为一本法律实务类书籍，在语言上力求通俗易懂。企业新三板挂牌是专业性非常强的证券法律业务，其术语、概念、程序、重点和难点问题是一般读者平常较少接触的。为解决这个问题，在写作时，笔者在自己理解的基础上结合实际操作，力求准确、易懂、清晰，让读者能够更好地理解本书内容。

毋庸讳言，企业新三板挂牌并不只是律师的工作，也不能仅仅依靠律师。企业新三板挂牌实际上凝聚着财务顾问、审计机构、评估机构等各中介机构的辛勤劳动和智慧结晶。企业能否成功挂牌，除了中介机构的辛勤努力之外，更需要拟挂牌企业决策层的正确决策和配合，而最为关键的是企业的自身条件。因此，企业一定要对自身有着比较深入的了解，关注企业的成长以及盈利能力的动态变化，同时关注国家有关行业政策的变化，恰当选择时机，争取早日成功挂牌。

由于笔者将本书定位为一本指导企业在挂牌过程中对重要问题进行参考的法律实务书，因此，笔者及其团队全体精选了近200家左右的实际案例，全书阅读和查阅、摘取的公开披露文件数量巨大，内容繁多，笔者取其精华并进行点评、分析，提示重点。需要强调的是，本书的写作团队均是从事证券法律业务十多年的专业律师，实务经验丰富，相信能为读者提供良好的建议。

本人与毛伟律师初识于古韵悠扬的京师律师大厦，被其青年才俊和学识渊博所吸引。相交于证券法律业务的合作中，折服于他业务的严谨求实；深交于工作茶歇的谈论古今，敬佩其厚重的人品和酣畅淋漓的歌声。毛伟律师拥有十多年丰富的证券法律实务经验，他所带领的京师资本市场法律部已经成为京师证券法律服务领域的一个标杆。

总而言之，本书对企业新三板挂牌感兴趣的相关人士有一定的参考价值，而且，对正在从事企业经营和管理的决策者以及管理者同样有一定的参考价值。他们可以根据本书的介绍，对照企业自身的条件，和中介机构有效沟通，解决存在的问题，制定最优的挂牌方案，争取早日实现挂牌。

张凌霄

2016年10月

目录

第一章　企业改制的六个问题

【案例1】整体变更未进行审计——微创光电(股票代码：430198)

【案例2】完全没履行股改程序的——智信股份（股票代码：830878）

【案例3】账面净资产虚增——威门药业（股票代码：430369）

【案例4】国有企业改制及行政处罚不属于重大违法的案例——淮河化工(股票代码：832263)

【案例5】解答国企改制的程序是否合规、国有资产是否流失、职工权益是否损害的案例——普瑞特（股票代码：833905）

【案例6】名为集体，实为个人产权确认挂牌案例——中外名人（股票代码：830798）

第一节　典型案例

【案例1】整体变更未进行审计——微创光电（股票代码：430198）

核心知识点

新三板挂牌条件中规定：股份公司须存续满两年，有限责任公司按原账面净资产值折股整体变更为股份有限公司，存续期间可以从有限责任公司成立之日起计算。在有限责任公司整体变更为股份有限公司过程中，必须由有证券从业资格的会计师事务所出具审计报告，按照公司的账面净资产进行折股。

企业背景

武汉微创光电股份有限公司（以下简称“微创光电”）是“武汉·中国光谷”专业从事视音频/数据通信系统研发、生产和销售的高科技企业，于2001年成立，通过了高新技术企业认定。公司汇集一大批资深的通信技术和管理专业人才，在通信网络体系、网络管理、光纤通信、数字视频、数据交换、宽带接入等技术领域形成独特的综合性技术优势。

案例解读

微创光电没有按照法定要求进行审计就进行了整体变更，就这个法律瑕疵，中介机构是这样解决的：

公司系微创有限于2006年12月13日变更设立。

2006年12月5日，微创有限2006年第四次临时股东会审议通过了变更公司名称、公司类型、营业期限、公司章程、选举董事会、监事会等决议，决定微创有限公司名称变更为“武汉微创光电股份有限公司”，同时将公司类型从有限责任公司变更为股份有限公司。

2006年12月13日，经武汉工商局变更注册登记，公司取得注册号为4201002172955

的《企业法人营业执照》。

公司设立后，其股权结构为：

序号	股东名称	出资额（万元）	出资比例（%）
1	德为信	1，009.8	99
2	崔广基	5.1	0.5
3	李俊杰	5.1	0.5
合计		1，020	100

（一）公司设立存在的瑕疵及进行的规范

经本所律师核查，在微创有限变更为微创光电的过程中，未依法对微创有限的净资产额进行确认，从而无法确认公司从有限责任公司变更为股份有限公司是否符合《公司法》第九十六条关于“有限责任公司变更为股份有限公司时，折合的实收股本总额不得高于公司净资产额”的规定。为此，微创光电进行了如下规范：

1. 公司聘请大信对微创有限2006年11月30日（即微创有限变更登记为微创光电的前1月末）的净资产进行核查。

大信于2012年2月12日出具大信鄂专审字［2012］第0228号《专项核查报告》，核查结论为“经核查，公司2006年11月30日的资产总额为24,847,231.67元，负债总额为12,916,921.13元，所有者权益总额为11,930,310.54元”。以此证明微创光电实收股本总额1020万元，未高于公司净资产额11,930,310.54元。

2. 武汉工商局委托武汉洪发会计师事务有限责任公司对微创光电设立时注册资本的实收情况进行核查。

2012年7月15日，武汉洪发会计师事务有限责任公司出具武洪核验字［2012］第001号《专项核查验资报告》：“经审验，截至2006年11月30日，微创光电已收到发起人股本金额1020万元。以此证明微创光电设立时实收股本总额为1020万元。”

2012年6月29日，微创光电2011年度股东大会审议通过了《关于确认武汉微创光电技术有限公司整体变更为武汉微创光电股份有限公司的议案》，确认公司形式于2006年12月由有限责任公司变更为股份有限公司；确认以经大信复核的微创有限2006年11月30日为基准日的净资产11,930,310.54元折合为股份有限公司的股本总额1020万股，余额计入股份有限公司资本公积金；确认微创有限的全体股东作为发起人按照各自在微创有限的出资比例根据股本总额转为股份有限公司的股份；确认微创有限的债权债务由变更后的股份有限公司即微创光电承继。

2012 年 8 月 20 日，武汉工商局出具《对武汉微创光电股份有限公司公司类型变更情况的说明的回复》："微创光电在由有限公司变更为股份公司时，实收资本已足额缴纳。我局对微创光电变更时未进行审计、评估、验资等程序的情况不予追究。你司在我局的登记状态为正常。"

据此，本所律师认为，公司已对设立时的瑕疵进行了规范，微创有限变更为股份有限公司时折合的实收股本总额（即 1020 万元）不高于公司净资产额（即 11,930,310.54元），符合《公司法》第九十六条的规定。

（二）经本所律师核查，微创光电设立符合《公司法》关于设立股份有限公司的规定

1. 微创光电符合《公司法》第七十七条关于设立股份有限公司应当具备的下列条件：

（1）发起人为 3 人，符合法定人数；

（2）公司股本 1020 万元，达到法定资本最低限额；

（3）股份发行、筹办事项符合法律规定；

（4）发起人制订公司章程并经股东大会通过；

（5）有公司名称，建立符合股份有限公司要求的组织机构；

（6）有公司住所。

2. 微创光电的设立程序符合《公司法》的下列规定：

（1）微创光电章程载明了公司名称和住所、公司经营范围、公司设立方式、公司股份总数、每股金额和注册资本、发起人的姓名或者名称认购的股份数、出资方式和出资时间、董事会的组成、职权、任期和议事规则、公司法定代表人、监事会的组成、职权、任期和议事规则、公司利润分配办法、公司的解散事由与清算办法等事项，符合《公司法》第八十二条的规定；

（2）微创光电的发起人以微创有限净资产折股作为出资，符合《公司法》第八十三条的规定；

（3）微创光电的发起人一次缴纳全部出资，符合《公司法》第八十四条的规定；

（4）微创光电选举了董事会和监事会，由董事会向公司登记机关报送公司章程、办理设立登记，符合《公司法》第八十四条的规定。

综上所述，本所律师认为，虽然公司在变更设立为股份有限公司时，未对有限责任公司的净资产额进行审验确认，但公司已通过大信出具《专项核查报告》、武汉洪发会计师事务有限责任公司出具《专项核查验资报告》证明公司变更为股份有限公司时，折合的实收股本总额不高于公司净资产额，符合《公司法》第九十六条的规定；公司2011年度股东大会对公司整体变更为股份有限公司时的净资产额及出资进行了确认，因此，公司已采取了有效的措施对上述瑕疵进行了规范，证实微创光电设立时出资符合法律规定。

因此，本所律师认为，微创光电发起人资格、设立方式、设立条件等符合法律、法规和规范性文件的有关规定，公司的设立履行了法律程序，并在公司登记机关办理了工商变更登记手续，公司的设立符合法律、法规和规范性文件的规定，公司的设立合法有效。

专家点评

公司在由有限公司变更为股份公司的过程中存在未进行审计、评估、验资，未召开创立大会等程序的瑕疵，主要是由于当时公司管理层对股份制变更的规范性要求认识不足，不存在主观上故意违法的情况。同时，公司已采取了有效的措施对上述瑕疵进行补救，有限公司变更为股份公司虽然存在一定程序上的瑕疵，但未造成股份公司出资不实，未对股份公司的生产经营造成不良影响，股份公司成立有效。

【案例2】完全没履行股改程序的——智信股份（股票代码：830878）

企业背景

云南智云信息技术股份有限公司（智信股份）是一家专业从事空间地理大数据信息业务的现代化高科技公司。经云南省科技厅认定，创立于2009年1月，总部位于昆明。公司专注于为公共机构、行业用户提供空间地理大数据的采集、处理、应用及增值服务。同时，聚焦云计算、物联网、卫星导航、无人机航摄与遥感等高新技术，拥有先进的空间数据采集设备及专业的人才队伍，产品技术在本行业具有领先优势。

案例解读

就整体变更和微创光电相比，智信股份更是典型案例，除了未进行审计以外，智信股份未签署《发起人协议》、制定的《公司章程》不符合公司法规定、未进行评估和验资程序。简而言之，法定的整体变更程序完全没有履行。在实务中确实存在一些企业家，对资本市场股改的相关法律法规不了解，在没有中介机构进场调查确定方案就冒然股改的，造成了不必要的损失。对于智信股份的瑕疵，中介机构是这样解决的：

（一）股份公司的成立

经本所律师核查，公司的前身为格物致有限，系格物致有限于2013年6月17日整体变更设立。

2013年6月16日，格物致有限召开股东会，通过了变更公司名称、公司类型、公司章程、选举董事、选举监事等决议，决定将名称变更为“云南格物致科技发展股份有限公司”，同时将公司类型由有限公司变更为股份有限公司。

2013年6月17日，昆明市工商局核准本次变更登记，公司取得了注册号为530112100034166的《企业法人营业执照》。

（二）股份公司设立时存在的瑕疵及进行的规范

1. 经本所律师核查，格物致有限在整体变更为股份公司时存在如下瑕疵：

（1）各发起人未依法签署《发起人协议》。

（2）整体变更时制定的《公司章程》在董事会及监事会设置问题上不符合《公司法》的相关规定。

（3）未对格物致有限整体变更时的净资产进行审计和确认，无法确认整体变更事项是否符合《业务规则》《公司法》等法律、法规及规范性文件的规定，即未依法进行审计、评估。

（4）未依法对股份公司设立时的出资情况进行验证，即依法进行验资。

2. 鉴于上述瑕疵，股份公司采取了如下措施进行规范：

（1）2014年1月25日，原有限公司股东王建胜、卢善敏、王倩、冷用斌、龙祥红五人作为股份公司的发起人签署了《发起人协议》，对有限公司整体变更发起设立股份公司的情况进行确认，并明确各发起人的权利义务等事项。同时，全体发起人出具

《关于整体变更的声明》:“有限公司的所有资产、业务、债权债务及其他一切权益、权利和义务，自有限公司变更登记为股份公司之日起由股份公司承继。发起人之间没有发生有关公司整体变更事项的争议，发起人认可公司整体变更事项的有效性，未来不就公司整体变更相关事项发生争议。”

本所律师核查，《发起人协议》的内容和形式符合法律、法规及规范性文件的规定，且全体发起人已就该问题作出声明，因此，不会导致公司的设立行为存在潜在纠纷。

（2）针对整体变更时制定的《公司章程》在董事会及监事会设置问题上的瑕疵，股份公司于2013年6月23日召开股东大会，重新选举董事、监事，并修订章程，对董事、监事人数及选举问题进行规范，符合《公司法》的相关规定。2013年7月3日，昆明市工商局核准了本次变更登记。

（3）公司委托北京兴华湖北分所对有限公司截至审计基准日2013年5月31日的账面净资产进行审计。2014年1月24日，北京兴华湖北分所出具了［2014］京会兴鄂分审字第12170002号《审计报告》。经审计，有限公司截至2013年5月31日的净资产值为7,013,877.30元。

（4）公司委托开元评估对有限公司截至评估基准日2013年5月31日的净资产进行评估。2014年1月25日，开元评估出具了开元评报字【2013】192号《评估报告》。经评估，有限公司截至评估基准日2013年5月31日的净资产评估值为717.45万元。

（5）公司委托北京兴华湖北分所对有限公司整体变更设立为股份公司时的注册资本实收情况进行了验资核查。2014年2月8日，北京兴华出具了［2014］京会兴鄂分验字第12170002号《验资报告》。经审验，截至2013年6月17日，股份公司已收到全体股东股本缴纳的股本合计500.00万元，各股东以有限公司经审计后截至2013年5月31日的净资产7,013,877.30元作为出资折合为股本5,000,000.00元，净资产超过折股部分2,013,877.30元计入公司资本公积。

（6）2014年2月10日，股份公司召开2014年第一次临时股东大会，通过了《关于确认云南格物致科技发展有限公司整体变更为云南格物致科技发展股份有限公司的议案》等议案，确认于2013年6月17日公司形式由有限公司整体变更为股份有限公司；确认以有限公司2013年5月31日为审计和评估基准日的审计及评估结果；确认以北京兴华湖北分所审计的有限公司2013年5月31日为基准日的净资产7,013,877.30元折合为股份公司的股本总额500.00万股，余额计入股份公司的资本公积金；确认有限公司全体股东以其持有的有限公司股权所对应的净资产认购股份公司的股份；确认公司第一届董事会和第一届监事会组成人员；确认有限公司的债权债务由变更后的股份公司承继。

（7）2014 年 2 月 17 日，股份公司向昆明市工商局提交上述材料进行补充备案。同日，昆明市工商局出具《关于云南智云信息技术股份有限公司整体变更情况的说明》，内容摘要为："你司在有限公司整体变更为股份公司时虽未履行有关法定程序，但现已通过聘请中介机构对有限公司截至基准日 2013 年 5 月 31 日的净资产进行审计、评估，并据此折合股份公司股本，办理了验资手续，建立健全了公司治理机制，且经公司董事会、股东大会予以确认，符合公司法及工商登记相关法律法规的规定。据此，我局对上述情况予以认可，对整体变更过程中存在的上述问题不予追究，确认你司于 2013 年 6 月 17 日整体变更为股份公司，且注册资本已足额缴纳，实收股本真实有效。目前，在我局的登记状态为正常。"

根据上述事实，本所律师核查认为，有限公司整体变更时的发起设立行为及《公司章程》存在的瑕疵已依法得到了规范；有限公司以 2013 年 5 月 31 日为基准日的净资产折股整体变更为股份公司的变更方式合法、合规；有限公司整体变更为股份公司时折合的实收股本总额5,000,000.00元不高于公司净资产7,013,877.30元，折股方案合法、合规；经北京兴华湖北分所审验，股份公司设立时的出资已足额缴纳。鉴于股份公司已对上述瑕疵已进行了必要的规范，且取得了工商主管部门不予追究的说明，因此该瑕疵不会对公司本次申请挂牌转让造成实质性的法律障碍。

专家点评

有限公司整体变更改制为股份有限公司是挂牌的重要环节。整体改制存在瑕疵会影响业绩连续计算，影响公司的治理结构、正常经营和挂牌。公司改制是为挂牌服务的，中介介入是整体变更规范的重要保证。

【案例 3】账面净资产虚增——威门药业（股票代码：430369）

企业背景

贵州威门药业集团成立于 1996 年 12 月 12 日，坐落于贵阳国家高新技术开发区内，是一家集科研、种植、生产、销售为一体的现代化中药、保健品、保健食品、直接口服的中药饮片生产企业。

案例解读

威门药业净资产存在虚增的情形，导致注册资本不实。

（一）威门药业设立的程序

2001 年 5 月 16 日，梁斌、姚强、李孟林等 12 名发起人共同签署了《发起人协议书》，一致同意以威门有限截至 2001 年 4 月 30 日经审计的净资产折股整体变更设立股份有限公司。

2001 年 5 月 31 日，北京天华会计师事务所出具《威门药业设立审计报告》。根据该审计报告，截至 2001 年 4 月 30 日，威门有限经审计的净资产为 3200.83 万元。

2001 年 6 月 11 日，中和会计师事务所有限公司出具《贵州威门药业有限公司资产评估报告书》（和评报字（2001）第 4037 号）。根据该评估报告，以 2001 年 4 月 30 日为评估基准日，威门有限净资产评估值为 4058.31 万元。

2001 年 5 月 28 日，威门有限出具《关于贵州威门药业有限公司整体变更为股份有限公司的申请报告》，向贵州省经济贸易委员会提出了将威门有限整体变更为股份公司的申请。

2001 年 5 月 30 日，贵州省工商局签发《企业名称变更核准通知书》（［黔］名称变核内字［2001］第 0654 号），核准股份公司名称为“贵州威门药业股份有限公司”。

2001 年 6 月 8 日，北京天华会计师事务所出具《威门药业设立验资报告》（天华验字（2001）第 400 号），确认各发起人出资已足额缴纳到位。

2001 年 6 月 8 日，威门药业分别召开了威门有限股东会和威门药业创立大会暨第一次股东大会，审议通过了威门药业章程、选举董事、选举监事及聘请北京天华会计师事务所为股份公司会计师的议案。

2001 年 6 月 8 日，北京市金杜律师事务所出具了《关于贵州威门药业有限公司整体变更为贵州威门药业股份有限公司的法律意见书》。

2001 年 7 月 25 日，贵州省人民政府签发《省人民政府关于贵州威门药业有限公司变更为威门药业股份有限公司的批复》（黔府函［2001］389 号），同意威门有限整体变更设立股份有限公司，威门药业总股本为 3200 万元。

2001 年 7 月 31 日，贵州省工商局核发了威门药业的《企业法人营业执照》（注册号：5200002200025）。

根据威门药业设立的公司章程，公司各股东及认购股份情况如下：（略）

（二）股本及其演变

根据立信会计师出具的《专项复核报告》并经核查，威门药业系根据《改制审计报告》），以截至审计基准日 2001 年 4 月 30 日的净资产32,008,331.73元出资折合成股份32,000,000股，由威门有限整体变更设立。由于上述《审计报告》在审计基准日时点上未对 1997 年威门有限增资时评估增值调账等前期会计差错进行处理，导致威门有限整体变更设立股份公司的经审计的净资产虚增 259154.58 元，从而导致股份公司设立时注册资本存在瑕疵，具体情况如下：

截至 2001 年 4 月 30 日，威门有限 1997 年增资时固定资产评估增值部分累计计提折旧 31549.43 元，未计提折旧金额为 69960.57 元，导致净资产虚增 69960.57 元。

1997 年评估增值的存货在评估后于 1997 年和 1998 年已经全部形成产成品并对外销售，由于评估调账，威门有限少计缴企业所得税 147716.70 元，导致净资产虚增 147716.70 元。

截至 2001 年 4 月 30 日，由于威门有限 1997 年增资时评估增值的固定资产多计提折旧，威门有限因此少计缴企业所得税 2491.46 元，导致净资产虚增 2491.46 元。

因 1997 年威门有限对固定资产未计提折旧，导致截至 2001 年 4 月 30 日，威门药业净资产虚增 38985.85 元。

鉴于：

（1）梁斌等各发起人的出资已经会计师验证，均已经到位；

（2）上述整体变更已分别取得当时主管部门贵州省人民政府、贵州省工商局的认可；

（3）威门药业股东梁斌、姚强、李孟林、俞胜、张康宁分别于 2010 年 11 月 26 日、2010 年 11 月 30 日、2010 年 12 月 6 日已将货币资金 259154.58 元投入威门药业以替代净资产审计虚增 259154.58 元对应的出资，对上述因净资产虚增导致的出资瑕疵事宜予以补足。

金杜认为，威门药业设立时的股权设置及股本结构合法、有效，产权界定和确认不存在法律风险。

主办券商认为：因威门有限整体变更为股份有限公司时经审计的账面净资产存在虚增的情形，威门药业的设立存在一定的法律瑕疵；股东梁斌、姚强、李孟林、俞胜、张康宁补足出资后，该瑕疵已得以规范消除；威门有限整体变更为股份有限公司时存在的瑕疵不影响其依法设立及合法存续，对威门药业本次挂牌不构成实质性影响。

专家点评

因为一些历史原因，很多公司会在企业设立和增资过程中存在出资瑕疵。这类出资瑕疵既有程序性瑕疵，例如实物资产未经评估出资；也有实质性瑕疵，例如注册资本未缴足等情况。因此，我们需查验其历次出资的法律文件，落实是否存在此类情况，一旦发现有此情况，必须予以解决。

【案例4】国有企业改制及行政处罚不属于重大违法的案例——淮河化工（股票代码：832263）

目前挂牌新三板国有企业只占到新三板挂牌企业总数的不到20%，由于国有企业的特殊性，其内部审批、外部审批和挂牌注意事项均比民营企业复杂，淮河化工可以作为一个参考的典型案例：

企业背景

安徽淮河化工股份有限公司是一家生产高分子合成材料的建材企业，位于安徽省淮南市洞山西路。公司主要生产经营研发“熊猫牌”NF高效减水剂、“美亚牌”树脂锚固剂、金属锚杆、不饱和聚酯树脂、水煤浆添加剂、固尔亚化学加固材料等系列产品，广泛应用于矿山、建筑、交通、水利、水电等工程，曾用于长江三峡、黄河小浪底水利枢纽、青藏铁路、厦门海沧大桥等国家重点工程。

焦点问题

淮河化工改制设立前主体的法律性质，政府和国资委等机构批准或批复文件的主要内容，各股东的出资额和出资方式；合成公司改制设立淮河化工履行的内外部程序、各股东出资方式、出资比例、评估程序等、转让、受让主体的合法合规性，以及批复或备案机构的适格性；合成公司改制设立淮河化工时新增自然人股东的背景、原因及合法合规性，是否存在改制职工安置遗留问题；请说明合成公司改制设立淮河化工是否存在国有资产流失的情形。

根据淮河化工以及淮南矿业集团的工商登记资料，合成公司系淮南矿业集团独资设立的有限责任公司，淮南矿业集团2004年时系国有独资的有限责任公司，因此合成公司改制为淮河化工时系国有独资公司的全资子公司。

根据安徽省国资委《关于对淮南矿业集团合成材料有限责任公司资产评估项目予以核准的批复》（皖国资产权函［2004］290号），该批复的主要内容为：本项目评估报告格式和内容基本符合规定要求。评估基准日为2004年8月31日，评估报告所揭求的评估结论仅对该公司改制项目有效，自2005年8月31日起失效。

根据安徽省国资委《关于设立安徽淮河化工股份有限公司的批复》（皖国资改革函［2004］299号），该批复的主要内容为：同意合成公司依法整体变更为淮河化工；公司注册资本为3283.69万元，股本总额为3283.69万股，其中，淮南矿业集团出资1017.94万元，比例为31%，股权性质为国有法人股；陈鸿等11位自然人共计出资2265.75万元，比例为69%，股权性质为个人股。

合成公司整体变更为淮河化工后，原合成公司的债权债务由淮河化工承继。

根据安徽省人民政府颁发的《安徽省股份有限公司批准证书》（皖政股［2004］第38号），该批准证书记载的主要内容为：淮河化工主要发起人为淮南矿业（集团）有限责任公司、陈鸿、邓成刚、郭富强、金锐、孙先德、唐君、陶传义、王雪礼、吴长庚、张晓玲、张学凯；股本3283.69万股，其中，国有股1017.94万股，占比31%；个人股2265.75万股，占比69%。

根据公司2004年11月30日、2004年11月2日的记账凭证、合成公司员工身份置换补偿金明细表、淮河化工员工股股本金明细表、各股东的《股权证》、淮南矿业集团2004年10月22日缴款的银行进账单、合成公司于2004年10月18日—2004年10月21日期间向实际自然人股东出具的收据以及向银行缴存现金股金的银行现金交款单，淮河化工设立时，淮南矿业集团以合成公司净资产出资4,397,020.96元，货币出资5,782,424.33元，多缴的0.29元作为负债处理；各自然人股东以身份置换金出资18,434,475元，以货币出资4,223,000元，具体如下：

单位：元

序号	股东名称	出资方式			出资额
		净资产出资	身份置换补偿金	现金出资	
1	淮南矿业	4，397，020.96	—	5，782，424.33	10，179，445.00
2	孙先德	—	5，030，288.00	2，283，000.00	7，313，288.00
3	张学凯	—	2，808，421.00	270，000.00	3，078，421.00
4	唐军	—	2，642，758.00	250，000.00	2，892，758.00
5	金锐	—	2，624，906.00	240，000.00	2，864，906.00
6	陈鸿	—	2，322，709.00	340，000.00	2，662，709.00
7	陶传义	—	2，416，268.00	200，000.00	2，616，268.00
8	郭富强	—	146，103.00	140，000.00	286，103.00
9	张晓玲	—	136，677.00	140，000.00	276，677.00
10	邓成刚	—	122，538.00	120，000.00	242，538.00
11	吴长庚	—	94，260.00	120，000.00	214，260.00
12	王雪礼	—	89，547.00	120，000.00	209，547.00
合计		4，397，020.76	18，434，475.00	10，005，424.33	32，836，920.00

据上，本所律师认为，合成公司改制设立淮河化工业经有权机关批准，股东出资方式符合法律、法规的规定。

根据淮河化工的工商登记资料，有关《审计报告》《评估报告》、职工代表大会决议、淮南矿业集团及安徽省国资委批复等资料，并经本所律师查阅当时有效的《公司法》《国有资产评估管理办法》《国有资产评估项目核准管理办法》《关于国有大中型企业主辅分离辅业改制分流安置富余人员的实施办法》《国务院办公厅转发国务院国有资产监督管理委员会关于规范国有企业改制工作的意见》等法律法规和规范性文件，合成公司本次改制过程合法合规，具体理由如下：

根据《公司法》《国务院办公厅转发国务院国有资产监督管理委员会关于规范国有企业改制工作的意见》《关于国有大中型企业主辅分离辅业改制分流安置富余人员的实施办法》《国有资产评估管理办法》《国有资产评估项目核准管理办法》等当时有效法律法规的规定，合成公司本次改制需取得股东、国有资产监督管理部门的同意，经公司职工代表大会审议改制有关方案，对资产进行审计、评估、就评估结果取得国有资产监督管理部门的核准并就设立股份公司事宜取得省级人民政府批准。

经核查，淮南矿业集团《关于合成公司改制有关问题的批复》（煤企［2004］476号）、《关于合成材料有限责任公司资产处置的批复》（董发［2004］12号），合成公司

2004 年 10 月 8 日召开的职工代表大会决议，《审计报告》（华普金海分审字［2004］第 206 号），《资产评估报告书》（华普金海分评报字［2004］第 016 号），安徽省国资委《关于对淮南矿业集团合成材料有限责任公司资产评估项目予以核准的批复》（皖国资产权函［2004］290 号），《关于设立安徽淮河化工股份有限公司的批复》（皖国资改革函［2004］299 号）以及《安徽省股份有限公司批准证书》（皖政股［2004］第 38 号）等文件，合成公司本次改制已经按照《公司法》等当时有效法律法规的规定履行了必要的内外部程序。

根据当时有效的《公司法》规定，股份有限公司注册资本的最低限额为 1000 万元，发起人可以用货币出资，也可以用实物、工业产权、非专利技术、土地使用权作价出资。对作为出资的实物、工业产权、非专利技术或者土地使用权，必须进行评估作价，核实财产，并折合为股份。发起人以工业产权、非专利技术作价出资的金额不得超过股份有限公司注册资本的 20%。《关于国有大中型企业主辅分离辅业改制分流安置富余人员的实施办法》规定，改制企业的国有净资产按规定进行各项支付的不足部分，应由原主体企业予以补足；剩余部分可向改制企业的员工或外部投资者出售，也可采取租赁、入股或转为债权等方山留在改制企业。

经核查，安徽华普会计师事务所出具的《验资报告》（华普验字［2004］第 0713 号）、淮河化工记账凭证、银行进账单、收据等资料，淮河化工设立时，淮南矿业集团以合成公司净资产出资4,397,020.96元，货币出资5,782,424.33元，多缴的 0.29 元作为负债处理；各自然人股东以身份置换金出资18,434,475元，以货币出资4,223,000元。出资方式和出资比例符合前述有关法律法规的规定。

根据《国务院办公厅转发国务院国有资产监督管理委员会关于规范国有企业改制工作的意见》《关于国有大中型企业主辅分离辅业改制分流安置富余人员的实施办法》《国有资产评估管理办法》《国有资产评估项目核准管理办法》的规定，合成公司本次改制应当进行审计和资产评估，并由省级国有资产管理部门负责资产评估项目核准。

经核查，本次改制涉及的《审计报告》（华普金海分审字［2004］第 206 号）、《资产评估报告书》（华普金海分评报字［2004］第 016 号）、安徽省国资委《关于对淮南矿业集团合成材料有限责任公司资产评估项目予以核准的批复》（皖国资产权函［2004］290 号）等文件，合成公司本次改制进行的审计、评估符合前述有关法律法规的规定。

《国务院办公厅转发国务院国有资产监督管理委员会关于规范国有企业改制工作的意见》规定，国有企业改制方案需按照《企业国有资产监督管理暂行条例》（国务院令第378号，以下简称《条例》）和国务院国有资产监督管理委员会（以下简称国资委）的有关规定履行决定或批准程序，评估结果由依照有关规定批准国有企业改制和转让国有产权的单位核准；《企业国有资产监督管理暂行条例》规定，国有资产监督管理机构负责指导国有及国有控股企业建立现代企业制度，审核批准其所出资企业中的国有独资企业、国有独资公司的重组、股份制改造方案和所出资企业中的国有独资公司的章程。鉴于合成公司系淮南矿业集团的全资子公司，淮南矿业集团股东为安徽省国资委，合成公司本次改制及资产评估结果由安徽省国资委批准，主体适格。

根据合成公司当时的股份制改造方案、员工安置方案、员工身份置换补偿金明细、工资发放表，以及淮河化工出具的说明，合成公司本次改制并增加自然人股东系为深化企业产权制度改革，按照淮南矿业集团的要求实施的，其本次新增的自然人股东均为合成公司当时的员工。

《关于国有大中型企业主辅分离辅业改制分流安置富余人员的实施办法》等当时有关国有企业改制方面法规的规定，改制企业应当按照《中华人民共和国公司法》和其他有关法律法规的规定，通过合资、合作、出售等方式，逐步实现产权主体多元化；……职工个人所得经济补偿金，可在自愿的基础上转为改制企业的等价股权或债权。根据前述规定，合成公司改制时，其员工以身份置换金及货币出资持有改制后淮河化工股份，不违反有关法律法规的规定。

根据合成公司员工安置方案、员工身份置换补偿金明细、淮河化工出具的说明，并经本所律师登陆有关搜索引擎搜索，合成公司改制设立淮河化工过程中，不存在改制职工安置遗留问题。

经本所律师核查，合成公司改制设立淮河化工履行了审计、评估、评估结果核准、职工代表大会审议通过、安徽省国资委批复同意、验资、安徽省人民政府颁发批准证书及工商登记等手续。本所律师认为，改制所涉国有资产已履行相应的评估程序，改制行为也已取得政府相关职能部门的批准，符合当时法律法规规定，不存在国有资产流失情形。

综上，本所律师认为，合成公司本次改制设立淮河化工行为合法合规，符合“股权明晰，股票发行和转让行为合法合规”的挂牌条件。

经本所律师核查，合成公司本次改制前后股东均为淮南矿业集团，亦不存在向第三方处置改制企业资产的情况，因此本次改制不存在国有资产流失的情形。

关于改制后的公司出资的真实性、资本的充足性，股权比例的确定依据，是否存在股权代持或其他股权方面的争议，公司股权是否明晰等问题。

根据合成公司工商登记资料、淮南矿业集团批复等文件，并经本所律师核查，合成公司成立时淮南矿业集团以实物资产作价出资未经资产评估，但并未对公司生产经营和出资作价的合规性构成实质性的影响。

合成公司改制前股东均淮南矿业集团，淮南矿业集团将其拥有的原合成材料厂资产全部投入至合成公司，因此其所持合成公司股权比例为100%，根据淮南矿业集团批复等文件，在合成公司改制过程中无其他第三方参与本次改制。因此，本所律师认为，淮南矿业集团所持合成公司股权不存在股权代持或其他股权方面的争议，股权清晰。

（单位：万元）

资产类别	新增资产原值	现有资产净值	净增加资产	预计折旧年限	每年净增加折旧费用
房屋及建筑物	6，300.86	226.80	6，074.06	20年	303.70
机器设备	3，242.20	242.57	2，999.63	10年	299.96
合计	9，543.06	469.37	9，073.69	—	603.67

根据测算，公司预计将增加603.67万元/年的折旧费用。新增固定资产的折旧费用绝大多数应计入公司制造成本，因此，会降低公司的主营产品毛利率。但同时，根据公司与淮南市产业投资有限公司签订了《淮河化工退成进园搬迁补偿及土地收储协议》，协议约定将一次性收到补偿款8643.22万元。该笔补偿款根据企业会计准则相关规定应作为与资产相关的政府补助处理，由于补偿款与公司新增资产差异较小，每年应随着资产的摊销而转回的营业外收入与新增的折旧费相当，同时会增加公司非经常性损益。综上分析，新厂区的搬迁对于公司经营业绩影响较小，对于公司财务报表的影响仅限于经常性损益与非经常性损益之间的区别。

公司制定了固定资产管理实施细则，并且每年至少一次，在年末会对公司固定资产进行全面清查，并编制《资产清查清册》，公司的固定资产完全反应在公司账簿之中。

公司报告期内利息资本化情况如下：

（单位：元）

项目	2014 年 1—8 月	2013 年度	2012 年度
资本化利息	4，972，148.80	5，878，800.00	1，520，000.00

公司正在实施的退城进园一期项目，其资金来源于2013 年 5 月公司发行了 8，000 万元中小企业私募债，期限 3 年。公司报告期内除新厂区工程项目外的其他资产，全部系公司的自有资金投入购买，不存在期间费用资本化的情形。

《企业会计准则第 4 号——固定资产》第九条，自行建造固定资产的成本，由建造该项资产达到预定可使用状态前所发生的必要支出构成。第十条，应计入固定资产成本的借款费用，按照《企业会计准则第 17 号——借款费用》处理。

根据《企业会计准则第 17 号——借款费用》第四条，企业发生的借款费用，可直接归属于符合资本化条件的资产的购建或者生产的，应当予以资本化，计入相关资产成本；符合资本化条件的资产，是指需要经过相当长时间的购建或者生产活动才能达到预定可使用或者可销售状态的固定资产、投资性房地产和存货等资产。第五条，借款费用同时满足下列条件的，才能开始资本化：（1）资产支出已经发生，资产支出包括为购建或者生产符合资本化条件的资产而以支付现金、转移非现金资产或者承担带息债务形式发生的支出；（2）借款费用已经发生；（3）为使资产达到预定可使用或者可销售状态所必要的购建或者生产活动已经开始。第十二条，购建或者生产符合资本化条件的资产达到预定可使用或者可销售状态时，借款费用应当停止资本化。在符合资本化条件的资产达到预定可使用或者可销售状态之后所发生的借款费用，应当在发生时根据其发生额确认为费用，计入当期损益。公司资本化利息的会计处理符合上述准则所规范的情形。

综上，本所律师认为，公司退城进园项目的土地使用权办理不存在障碍，该事项不会对公司的持续经营构成实质性影响；公司有足够的资源支持项目如期完工；公司已就消化产能制定了应对措施，在预计的产能条件下，增加的折旧对公司业绩影响较小；公司资产完整，不存在费用资本化的情形，利息资本化符合企业会计准则的相关规定。

对于公司土地及房产的合法合规性及公司是否符合合法规范经营、具有持续经营能力的挂牌条件，做如下分析。

淮河化工退城进园一期项目涉及的在建工程尚未取得所占用土地的国有土地使用权证、建设工程规划许可证、建设工程施工许可证等必要的许可和证件，违反有关法律法规的规定，并受到罚款 5 万元的行政处罚。

受到上述处罚后，公司及时缴纳了罚款，并积极与有关政府部门协调，争取尽快取得有关土地使用权及有关许可，经履行挂牌出让手续，淮河化工已于 2015 年 2 月 6 日竞得所占用的 56.9153 亩土地使用权并取得淮南市国土资源局出具的《成交确认书》。

就上述违法行为，淮南市国土资源局出具《说明》，认可淮河化工继续使用上述土地，认为淮河化工未经批准占用上述土地进行工程建设的行为不属于重大违法违规行为，后续也不会对淮河化工进行处罚，并将积极履行有关土地的挂牌出让程序，完善淮河化工用地手续；淮南市城乡建设委员会出具《证明》，认为淮河化工行为不构成重大违法违规，其不会对淮河化工进行行政处罚，有关工程的开工建设已经其审核同意，相关施工许可正在补办中；淮南市城乡规划局出具《说明》，淮河化工上述项目用地规划已经其审核同意，在取得土地使用手续后，将予以补办相关规划许可手续。

鉴于淮河化工预计将取得有关在建工程所占用土地的使用权，有关政府部门亦同意其将来办理有关规划、施工等许可，本所律师认为，淮河化工前述工程建设虽然违反法律规定，但不构成重大违法违规，淮河化工预计将取得该等土地及在建工程的所有权，不会影响淮河化工的持续经营能力，对本次挂牌不构成实质障碍。

专家点评

应该高度重视涉及国资背景的公司整体改制，因为，国有资产流失这个责任谁都承担不起。整体改制前，国有资产交易行为的种类包括产权转让、增资及资产转让三种，涉及到整体方案职代会同意、评估、审计、验资及国资部门审批程序。由于国有资产交易行为涉及的法律适用时间跨度长，适用法律规范性文件多，所以中介机构在核查时应分门别类，对国有资产交易行为当时的合规性进行判断。如果发现有问题，应找有权机关（涉及国资控股权变化的，找本级政府；其他的问题找国资部门或财政部门）出具确权文件。

挂牌公司不能存在重大违法违规行为。若公司报告期内有违法违规行为，处罚部门未出文确认其行为是否重大，主办券商、律师可找依据合理、依法说明不构成重大违法违规，合法、合理；如果主办券商、律师根据相关法律法规不能说明的，则需要主管部门出文。

【案例5】解答国企改制的程序是否合规、国有资产是否流失、职工权益是否损害的案例——普瑞特（股票代码：833905）

企业背景

普瑞特机械制造股份有限公司（原泰山集团泰安市普瑞特机械制造有限公司）始建于1971年，前身是泰安市轻工机械厂，是目前国内先进的白酒、葡萄酒、黄酒、果露酒、果蔬汁、农产品加工成套装备制造企业，是国家高新技术企业、中国驰名商标、国家农产品加工装备研发中心、山东省重点企业技术中心、山东省重点工程技术中心，2006年中国机械500强，中国信息化百强企业。“普瑞特”在业内已被誉为“中国不锈钢薄壁容器品牌”。

案例解读

公司历史沿革过程同样存在国企改制的情况。以下案例详细分析了国有企业改制过程中是否履行审批、评估、挂牌转让等程序，是否有国有资产流失、损害职工的利益的情况：

（一）公司国有企业改制情况

2000年9月8日，泰山集团股份有限公司轻工机械厂（以下简称“轻机厂”）向泰山集团股份有限公司呈报泰轻机字（2000）年第28号《改制报告》申请企业改制。根据改制报告，轻机厂改制具体方案为：成立新的有限责任公司，新公司股本总额待定，由轻机厂经营班子买断或者经营班子持大股，职工参股；新公司成立后，买断轻机厂全部资产，承担其全部债务。该等改制方案已经轻机厂职工代表会议审议并全票（23票）通过。

2000年9月8日，山东泰山锅炉压力容器集团总公司（以下简称锅炉总公司”）向泰安市国有资产经营有限公司（以下简称“泰安国资公司”）呈报鲁泰集字［2000］第11号《关于泰山集团泰安轻工机械厂改制的请示》，提出对轻机厂改制的申请。

2000年9月19日，泰安国资公司向锅炉总公司出具泰国经资字［2000］59号《关于泰安轻工机械厂改制方案的批复》，批复同意改制方案。

2001 年 4 月 2 日，锅炉总公司向泰安市国有资产管理局（以下简称“泰安国资局”）呈报鲁泰集字［2001］第 1 号《关于资产评估立项的请示》，主要内容：为轻机厂改制需要，锅炉总公司计划聘请评估机构，以 2001 年 3 月 31 日为基准日，对轻机厂全部资产进行评估，特申请评估立项。

2001 年 4 月 18 日，泰安市经济贸易委员会（以下简称“泰安经贸委”）出具《关于泰山集团泰安轻工机械厂改制的批复》（泰经贸企字［2001］71 号），批复同意轻机厂改制，组建由职工、经营班子持股的有限公司；要求兼并方式采取购买被兼并企业净资产，承担经总公司界定的被兼并企业全部债权债务的方式。如经评估被兼并企业净资产为零或资不抵债时，按零价购买兼并。

2001 年 4 月 20 日，泰安国资局对锅炉总公司提交的《资产评估立项申请表》（泰安国资局在［2001］第 1002 号）批复同意。根据山东泰安岱宗有限责任会计师事务所（以下简称“岱宗会计所”）出具的岱宗评报字［2001］第 039 号《山东泰山锅炉压力容器集团总公司资产评估报告书》，被评估资产系锅炉总公司所属轻机厂的全部资产负债，评估目的在于锅炉总公司拟出售轻机厂的全部资产和负债，以本次评估结果作为计价依据。委托评估的全部资产账面价值为45,116,905.05元，

调整后账面价值为45,322,126.23元，评估价值为58,041,397.76元，评估增值12,719,271.53元，增值率为 28.06%；全部负债账面价值为59,677,479.00元，调整后账面价值为60,113,623.28元；净资产账面价值为 -14,560,573.95元，调整后账面价值 -14,791,497.05元，评估价值为 -2,072,225.52元，评估增值为12,719,271.53元，增值率 85.99%。

2001 年 7 月 13 日，泰安国资局向锅炉总公司下发泰国资评字［2001］25 号《关于山东泰山锅炉压力容器集团总公司部分资产评估项目审核意见的通知》，就锅炉总公司提交的鲁泰集字［2001］第 5 号《关于资产评估结果确认的申请》和岱宗会计师出具的岱宗评报字［2001］第 039 号《资产评估报告》，批复意见如下：评估项目业经泰安国资局立项，岱宗会计所签字注册资产评估师具备相关评估执业资质，评估基准日为 2001 年 3 月 31 日，同意评估结论，有效期至 2002 年 3 月 31 日，评估结果为资产出售的作价依据。

2001 年 6 月 25 日，普瑞特有限出具《关于泰山集团泰安市普瑞特机械制造有限公司股本的说明》，说明中，普瑞特验资报告记载出资人如下：范伟国 100 万元，岳耀星 60 万元，肖中武 60 万元，李元江 40 万元，赵建东 40 万元，合计 300 万元。因公司注

册登记的需要，以上5位自然人登记注册实际上是普瑞特有限全体股东委托以上5位股东代表实际出资的全体股东登记注册，每位股东权利和义务以个人实际出资额为准。前述5人均在该说明上签字。

2001年8月16日，锅炉总公司与普瑞特有限签署《企业出售协议》，协议主要内容如下：（1）截止资产评估日2001年3月31日，出售企业的净资产为－207.22万元，根据泰安市委、市政府［1998］6号、泰安市经贸委“泰经贸企字（2001）71号”文件要求，轻机厂的出售对价为零；（2）出售资产包括原企业所有附带无形资产，包括商标、专有技术企业名称。

（二）对改制过程中履行的相关程序是否有造成国有资产流失、是否损害职工的利益的核查意见

经本所经办律师核查，轻机厂改制方案，包括资产评估的立项、评估结果的报批等，均履行了相关的审批程序，取得了相关主管部门包括泰安国资局、泰安国资公司、泰安经贸委的的批复同意。鉴于轻机厂资产评估结果为－207.22万元，轻机厂最终按照主管部门批复的改制方案以协议方式零对价转让给普瑞特有限，故该等改制没有造成国有资产流失，轻机厂改制方案已经企业职工代表会议审议通过，不存在损害职工利益的情形，且自轻机厂改制至今，未发现有企业职工就改制过程中个人利益受损而对公司提起相关的诉讼或其他纠纷情形。

专家点评

涉及国资背景的公司整体改制中程序正规是根本，转让价格可以是零对价，程序正规了，国有资产处置的结果就不会流失。

【案例6】名为集体，实为个人产权确认挂牌案例——中外名人（股票代码：830798）

企业背景

中外名人文化产业集团始创于1992年，依托中国中外名人文化研究会的公共关系资源和央视传媒广告资源的独占优势，秉持大盘运作、长线投资、多元整合之经营要

义。集团全线规划经营：媒体广告代理、整合营销传播、广告设计制作、影视节目制作、公关推广策划、文化经纪与传播、企业管理咨询与培训、信息化管理软件、美容科技、国际贸易等诸多业务领域。

案例解读

集体所有制企业通过改制在新三板挂牌的企业并不多，1992 年经济体制改革以后，全民经商办企业。出现很多个人经商却挂靠政府组织或国有公司的“红帽子”公司，这些公司挂牌新三板，对公司产权的确认是改制的重点。

（一）公司的历史沿革

1. 公司设立。

中外名人前身——北京中外名人影视广告公司，系由中国中外名人研究会于 1993 年 11 月 20 日以 150 万元出资设立的集体所有制公司。中诚会计师事务所于 1992 年 12 月 15 日开具（93）中诚验字第 004 号《验资报告》，对北京中外名人影视广告公司的设立进行了验证。

2. 改制为有限责任公司。

1999 年 1 月 25 日，中国中外名人文化研究会作出《关于中国中外名人文化研究会批准北京中外名人影视广告公司改制决定》，该决定批准北京中外名人影视广告公司影视广告公司改制为有限责任公司，并同意经评估后的净资产为陈建国、陈建平个人所有，并通过了中国文学艺术界联合会办公厅的批准。

1999 年 2 月 2 日，北京中外名人影视广告公司影视广告公司以评估后净资产 4,004,592.33元为基础，改制为有限责任公司，并更名为北京中外名人广告有限公司，注册资本 400 万元，其中，陈建平以其拥有的原影视广告公司的净资产 240 万元出资，陈建国以其拥有的原影视广告公司的净资产 160 万元出资，多余部分 4592.33 元作为资本公积。由北京新生代会计师事务所出开具新会验字（99）第 1003 号《验资报告》，北京新生代资产评估事务所出具评呈字（1998）102 号资产评估报告呈送函对上述事项作出验证。

本次变更后股权结构为：

股东名称	出资额（万元）	出资比例（%）
陈建平	240.00	60.00
陈建国	160.00	40.00
合计	400.00	100.00

2013年5月24日，北京市怀柔区人民政府向市集体改制企业上市产权确认工作联席会议办公室下发《北京市怀柔区人民政府关于北京中外名人文化传媒股份有限公司上市产权确认有关问题的函》（怀政函［2013］87号），该函认为："虽然名人影视成立时的登记注册资金为150万元，但文化研究会实际并未出资，因此，不涉及集体资产投入和流失情况。"

2013年10月28日，北京市金融工作局向北京市政府提交《北京市集体改制企业上市产权确认工作联席会议办公室关于北京中外名人文化传媒股份有限公司上市产权确订事宜的请示》（京产权确认办［2013］4号）。请示中说明，名人影视设立时注册资本150万元，系自筹50万元，中国中外名人文化研究会拨款100万元。但实际上只是承诺出资，并未实际执行，《验资报告》是根据当时的承诺情况出具的，并未以最终出资单据为依据。

2013年11月11日，北京市人民政府办公厅向北京市集体改制企业上市产权确认工作联席会议办公室出具的《北京市人民政府办公厅关于北京中外名人文化传媒股份有限公司上市产权确认事宜的通知》显示："经研究，市政府原则同意你办关于北京中外名人文化传媒股份有限公司有关产权情况的确认意见。"

本所律师认为，北京中外名人影视广告公司改制为有限责任公司，中国中外名人文化研究会同意经评估后的净资产为陈建国、陈建平个人所有，得到了北京市政府和怀柔区人民政府等相关有权部门的批准，不存在集体资产投入和流失情况，陈建平、陈建国在北京中外名人广告有限公司拥有的股权合法合规。

（二）影视广告公司改制时资产被认定归陈建国、陈建平个人所有的原因

根据文化研究会2013年3月有出具的《关于北京中外名人影视广告公司设立时出资情况的证明函》，载明名人影视设立时全部资金为陈建平、陈建国个人出资。

另根据陈建国和陈建平于2013年4月出具的《声明与承诺函》显示：名人影视设立时，为文化研究会的挂靠企业，文化研究会从未向名人影视出资，也没有参与过名人影视的经营，名人影视设立时实际出资为50万元，全部为陈建平、陈建国个人投入。

2013年5月24日，北京市怀柔区人民政府向市集体改制企业上市产权确认工作联

席会议办公室下发了《北京市怀柔区人民政府关于北京中外名人文化传媒股份有限公司上市产权确认有关问题的函》（怀政函［2013］87号），该函认为：“虽然名人影视成立时的登记注册资金为150万元，但文化研究会实际并未出资，因此不涉及集体资产投入和流失情况。”

北京市金融工作局于2013年10月28日向北京市政府提交的《北京市集体改制企业上市产权确认工作联席会议办公室关于北京中外名人文化传媒股份有限公司上市产权确订事宜的请示》（京产权确认办［2013］4号）认为：“名人影视设立时注册资本150万元，但文化研究会承诺出资的100万实际并未出资，基余50万元由陈建平和陈建国个人投入，由此，名人影视不涉及集体资产投入和流失情形。建议市政府确认”。

2013年11月11日，北京市人民政府办公厅出具的《北京市人民政府办公厅关于北京中外名人文化传媒股份有限公司上市产权确认事宜的通知》京政办函［2013］90号，显示：“经研究，市政府原则同意你办关于北京中外名人文化传媒股份有限公司有关产权情况的确认意见。”

综上，本所律师认为：

北京中外名人影视广告公司改制为中外名人广告有限责任公司时资产被认定归陈建国、陈建平个人所有，得到了有权部门的确认，依据合法、有效，不存在潜在纠纷；影视广告公司改制得到了上级主管部门中国中外名人文化研究会和中国文学艺术界联合会的批准，并经职工代表大会同意，已履行必要批复程序，改制行为合法、有效。

专家点评

1992年经济体制改革以后，开始大量存在名为“集体而实为个人”的企业和公司。目前，这些现象虽然得到清理，但是仍然少量存在。根据最高人民法院《关于贯彻执行<中华人民共和国民法通则>若干问题的意见（试行）》第四十九条规定：“个人合伙或者个体工商户，虽经工商行政管理部门登记为集体所有制企业，但实际为个人合伙或者个体工商户的，应当按个人合伙或者个体工商户对待。”的司法解释，可以将假集体的“红帽子”摘除。根据《乡村集体所有制企业条例》《城镇集体所有制企业条例》，原集体所有制企业和公司产权确认给个人的，至少由原集体所有制企业和公司的主管部门出具文件同意，如果首发上市甚至必须由省级人民政府同意。

第二节　拟新三板挂牌企业股份制改制问题

一、企业改制的法律概念

核心知识点

企业改制在新三板挂牌这个法律范畴内是指有限责任公司整体变更为股份有限公司。

按照《公司法》的规定，企业改制为股份有限公司主要有发起设立和募集设立两种模式。

《公司法》第七十八条规定，股份有限公司的设立，可以采取发起设立或者募集设立的方式。

发起设立，是指由发起人认购公司应发行的全部股份而设立公司。

募集设立，是指由发起人认购公司应发行股份的一部分，其余股份向社会公开募集或者向特定对象募集而设立公司。

募集设立又分为定向募集设立和公开募集设立两种方式：1994 年 6 月 19 日，国家体改委发布《关于立即停止审批定向募集股份有限公司并重申停止审批和发行内部职工股的通知》以后，停止审批定向募集股份有限公司。1998 年 11 月，按照中国证监会提出的关于企业先改制后发行的要求，公开募集设立方式也于 1998 年年底之后就不再实施。

目前，国内企业改制为股份有限公司实际上只有发起设立一种途径。发起设立又可以分为新设成立和有限公司整体变更两种方式。

新设成立是指按照《公司法》的规定，设立股份有限公司，应当有两人以上二百人以下为发起人，共同出资设立一个新的股份公司；

有限责任公司整体变更是指有限公司符合《公司法》关于设立股份有限公司的条件要求时，由有限公司的股东作为发起人，以有限公司经审计（注：企业新三板挂牌需要聘请具有证券从业资格的审计机构对企业进行财务审计）的净资产等额折股，将有限公司变更为股份有限公司。设立股份公司后，有限公司不复存在，原有限公司的所有资产、债权债务等全部由股份公司承继。其具体条件如：发起人在两人以上；发起人认缴的股本达到法定资本最低限额（500 万元）；公司筹办事项符合法律规定；发起人制定公司章程；有公司名称，建立符合股份有限公司要求的组织机构；有固定的生产经营场所和必要的生产经营条件等。

在这里要注意有限责任公司整体改制与整体变更为股份有限公司的区别。

所谓的整体改制是将原企业或原有限责任公司的所有资产净值折合成股份，而发起设立股份有限公司，原企业注销，原企业股东成为股份有限公司股东。因此，改制后的股份有限公司不是原企业的延续，由于原企业已经注销，为此，整体改制应当办理原企业的注销登记和股份有限公司的新设登记。并且在改制过程中，原企业的债权债务应当向债权债务人发出通知和公告，并由各方就债权债务承担问题达成协议。有限责任公司整体改制，若为国有企业，必须按评估结果进行调帐；非国有企业，不能按照评估结果进行调帐，若调帐，则视同为新设股份公司，业绩不能连续计算。

有限责任公司整体变更为股份有限公司，虽然公司性质不同，但在法律主体上是同一法人主体法人资格的自然延续，不是主体变更，因此，在债权债务方面属于法定承继，不需要公告并取得债权人同意，而在工商登记方面也只是公司类型的变更登记，而非设立登记，有限责任公司整体变更是指按照经审计的净资产 1:1 折股。

本书所表述的是有限责任公司整体变更设立股份有限公司，而新设成立股份公司在实际运作过程中比较少见。

二、企业改制的程序

中介机构参与到企业整体变更为股份有限公司的活动中，必须明确一系列的工作程序，企业改制的程序包括两个部分：

1. 尽职调查、发现问题、解决问题。

通过尽职调查理清企业存在的问题，并提出切实可行的解决方案，在股份公司设立之前予以解决。（注：这个阶段需要企业与中介机构协调，中介机构要对企业进行全面而详细的尽职调查，对存在的种种问题提出可行的解决方案，由企业来具体实施。）这个阶段的工作是股份公司设立的基础，也是企业改制最重要的部分，企业的最终目的——新三板挂牌的成功与否与本阶段紧密相连。本文会在其后对该阶段涉及到的重要问题逐一进行介绍。

对于企业改制项目，主要是对有限公司成立以来的历史沿革的合法性、企业业务状况和发展前景进行全面的了解，具体包括以下几个方面：

（1）股本形成过程的合法性。

从有限公司设立开始，需要关注设立时出资方式（系以现金、实物资产、无形资产等），除以现金出资外，实物资产出资的需要进行审计、评估等相关手续；无形资产出资的需要履行相关手续，如技术认定、评估，以土地出资的需要经过土地评估机构的评估，并需要经国土管理部门的确认（现阶段拟挂牌企业是不允许以商标、商誉等无形资产出资）。

在有限公司持续经营过程中，会出现增资扩股、股权转让等，每一次股权变动时的法律文件（董事会和股东会决议、验资报告、工商变更登记等）是否齐备，行为是否合法。

（2）资产形成过程的合法性。

有限公司持续经营过程中，主要的经营性资产的形成过程。

（3）经营状况。

①经营业绩的真实性；

②关联交易情况；

③财务制度状况；

④财务数据的真实性；

有限公司情况下，由于监管相对较弱、管理者的管理水平、财务人员的水平等原因，不可避免存在财务数据的真实性问题，如民营企业大部分或多或少存在漏税现象，对此只能从大的方面去把握，具体问题必须聘请注册会计师对企业进行审计后才能知道。

⑤特定行业经营的合法性。例如，医药行业是否具备药品生产许可证书、药品批准文号等；房地产行业是否具备房地产开发资质；工程建筑企业是否具备工程建筑资质；通信设备制造企业是否具备入网许可证等等；

⑥公司研究开发能力和核心技术情况；

⑦业务发展前景。

以上需要调阅的资料必须为原始资料。

2. 股份公司的设立。

整体变更或者新设股份公司的程序基本相同，整体变更并以发起设立的方式设立股份公司的主要程序如下：

（1）在中介机构的配合下，与企业达成一致意见，对有限责任公司原全体股东以发起人的名义设立股份有限公司的方案进行确定，确定设立方式、发起人数量、股权比例、注册资本和股本规模、业务范围。在实际操作过程中，应当以有限责任公司股东会的形式进行确定。

（2）对拟出资资产进行资产评估或审计；有限责任公司如有知识产权、固定资产或者其他资产需要评估，则需要聘请有相当资质的资产评估机构来进行评估。如前文所述，审计是需要聘请有证券从业资格的会计师事务所的。

根据《公司法》的规定，“股东可以用货币出资，也可以用实物、知识产权、土地使用权等可以用货币估价并可以依法转让的非货币性财产作价出资”“作为出资的非货币性资产应当评估作价，核实财产，不得高估或者低估”。

关于资产评估需要注意以下几点，一是资产评估的合规性。企业及资产评估机构应当按照国家资产评估管理部门和资产评估行业协会关于资产评估的规程进行资产评估，并按规定的资产评估报告格式制备资产评估资料。二是资产评估报告的有效期。资产评估报告一般自评估基准日起一年内有效，超过有效期，原资产评估报告无效，必须重新进行评估。三是企业聘请的资产评估机构不能与审计机构为同一家中介机构。

（3）签订发起人协议书，明确各自在公司设立过程中的权利和义务。

（4）发起人制订公司章程；企业可以根据自己企业的实际情况对相关条款进行确定。

（5）由全体发起人指定的代表或者共同委托的代理人向公司登记机关申请名称预先核准；一般是由有限责任公司代为办理。

（6）法律、行政法规或者国务院决定规定设立公司必须报经批准，或者公司经营范围中属于法律、行政法规或者国务院决定规定在登记前须经批准的项目的，以公司登记机关核准的公司名称报送批准，履行有关报批手续。

（7）发起人按公司章程规定缴纳出资，并依法办理以非货币性财产出资的财产权的转移手续。

（8）聘请具有证券从业资格的会计师事务所验资并取得验资报告。

（9）出资款缴足后，发起人应当自出资款缴足之日起30日内主持召开公司创立大会，创立大会审议发起人关于公司筹办情况的报告，通过公司章程，选举董事会成员，选举监事会成员，对公司的设立费用进行审核，并对董事会进行授权，授权其办理股份公司设立的相关事宜。

董事会应于创立大会结束后30日内，向公司登记机关报送公司登记申请书，创立大会的会议记录，公司章程，验资证明，法定代表人、董事、监事的任职文件及其身份证明，发起人的法人资格证明或者自然人身份证明，公司住所证明，向工商行政主管部门申请设立登记。

三、企业改制的目的

企业改制应当达到以下基本要求：

（1）形成清晰的业务发展战略目标。

（2）突出主营业务，形成核心竞争力和持续发展的能力；一定要突出主营业务，并能在财务指标上体现出来。新三板的要求是业务明确，是指公司能够明确、具体地阐述其经营的业务、产品或服务、用途及其商业模式等信息。公司可同时经营一种或多种业务，每种业务应具有相应的关键资源要素，该要素组成应具有投入、处理和产出能力，能够与商业合同、收入或成本费用等相匹配。

（3）避免同业竞争，减少和规范关联交易。

同业竞争原则上不允许存在的，但也不是绝对不允许存在，同业竞争如果不能给出合理的解释，很难被全国股份转让系统接受，且全国股份转让系统需要实际控制人出具为避免同业竞争采取的措施及做出的承诺，因此，应当避免存在实际控制人同业竞争的问题。

关于关联交易，要看是否存在关联方关系非关联化的情形。例如，与非正常业务关系单位或个人发生的偶发性或重大交易，缺乏明显商业理由的交易，实质与形式明显不符的交易，交易价格、条件、形式等明显异常或显失公允的交易，应当考虑是否为虚构的交易、是否实质上是关联方交易、该交易背后是否还有其他安排；如存在关联交易，需要论证关联方交易存在的必要性和持续性，以及减少和规范关联交易的具体安排。

（4）产权关系清晰，不存在法律障碍。

（5）建立公司治理的基础，股东大会、董事会、监事会以及经理层规范运作。

（6）具有完整的业务体系和直接面向市场独立经营的能力，做到资产完整、人员独立、财务独立、机构独立、业务独立。

（7）建立健全财务会计制度，会计核算符合《企业财务会计报告条例》《企业会计制度》和《企业会计准则》等法规、规节的要求。

（8）建立健全有效的内部控制制度，能够保证财务报告的可靠性、生产经营的合法性和营运的效率与效果。

四、设立股份有限公司的程序

（1）企业和各中介机构双向选择，正式确定参与改制的各中介机构，包括证券公司、律师、会计师、评估师等，并签订书面合同。

（2）各中介机构全面对企业进行尽职调查。由于介入的阶段不同，尽职调查的目的和方法会存在一定的差异。

（3）各中介机构根据尽职调查的结果，与企业共同制订改制的总方案，并根据方案制订出改制的工作时间表。其中，第一步就是要确定企业的改制设立股份公司的方案和工作时间表。

（4）证券公司、会计师、评估师、律师等的中介机构开始围绕改制总方案和工作时间表协调开展工作。涉及国有资产应开始办理清产核资、财务审计、国有资产评估及备案等手续，对国有股权的管理方案还要报国资主管部门审批同意。

（5）根据审计、评估的初步结果（可以在正式报告之前），确定两人以上、两百人以下的发起人及其出资比例，也可以先签订《发起人意向书》。

此时，律师还应重点调查各发起人（特别是主发起人）的主体资格、资产状况（特别是用于出资设立股份公司的资产，如土地使用权、房产、机器设备、知识产权等）、债权、债务状况等。对于重组进入股份公司的债务应取得债权人的同意函。其中，如涉及国有产权转让应遵守《企业国有产权转让管理暂行办法》的有关规定进行。对于以有限责任公司整体变更为股份公司的，原有限责任公司的各位股东即为股份公司的发起人。

（6）召开发起人会议，正式签订《发起人协议》，办理工商名称预先核准手续。

（7）根据《发起人协议》办理有关出资的事宜，可以刻制股份公司（新设）筹委会公节，开立出资设立股份公司的银行帐户。

（8）如设立股份公司有前置程序，如涉及到金融、石油、煤炭、医药等各种特殊行业的，则需要报有关主管部门批准，取得批文。

（9）律师应负责根据股份公司的设立方式（如发起设立、整体变更等）起草各项文件如章程（草案）、股份公司设立的法律意见书等。

（10）各发起人出资到位，会计师应进行验资并出具《验资报告》（出资变更为认缴制后，此项有所变化），同时办理有关资产的过户登记手续。

（11）股份公司的股东应就公司筹备和注册登记召开会议，选举非职工代表的董事、监事；并就股份公司筹备的重大事宜作出决议。职工代表可以由整体变更前的有限责任公司职工（代表）大会选举，待股份公司成立后，由股份公司的职工（代表）大会选举确认。

（12）到工商行政管理部门办理股份公司设立的工商登记手续，领取《企业法人营业执照》，股份公司正式成立。同时，应办理公告手续。

（13）办理税务登记及有关经营资质证书。

（14）股份公司成立后可正式发放股票并交付给股东。股票是公司签发的证明股东所持股份的凭证。

五、股份公司设立的审批程序

（一）内资企业设立（改建）股份有限公司（以下简称：设立公司）申报审批程序及申报材料目录

1. 申报审批程序。

2006年1月1日正式实施的《新公司法》取消了股份有限公司设立需国务院授权部门或省级人民政府批准的前置审批程序。若公司存在主管部门，则申报审批程序如下：

（1）主发起人向上级主管部门（如有）关于改制设立公司的请示。

（2）上级主管部门同意改制的批复。

2. 申报材料目录。

实务中，各省（市）要求并不完全一致，一般包括：

（1）发起人关于设立公司的请示。

（2）发起人协议书。

（3）工商部门关于企业名称预先核准通知书。

（4）公司设立（改建）方案（包括企业资产重组、人员安置方案、股权设置等）。

（5）公司章程。

（6）资产评估报告（如有）。

（7）省国有资产管理部门对国有资产评估报告的备案文件及对国有股权管理方案的批复文件（仅适用于国有企业）。

（8）省国土资源部门对土地评估的相关文件。

（9）发起人法人资格证明或自然人身份证明。

（10）企业改制法律意见书。

（11）避免同业竞争协议。

（12）关联交易协议。

（13）主发起人或大股东最近一年及一期财务报告。

（14）验资报告（如有）。

如果是民营企业，则无上级政府、机构或者部门审核的要求。

（二）外商投资企业整体变更为股份有限公司

1. 申报审批程序。

（1）外商投资企业向省级商务厅关于设立公司的请示。

（2）省级商务厅审查同意，报商务部审查批准。

（3）商务部审查批准，报注册地外汇管理部门办理资本项目外汇业务核准件。

2. 外商投资企业申报审批材料目录。

（1）原外商投资企业的合同、章程。

（2）原外商投资企业董事会关于企业改组的决议。

（3）原外商投资企业投资者关于终止原合同、章程的决议。

（4）原外商投资企业资产评估报告。

（5）发起人（包括但不限于原外商投资企业投资者）协议。

（6）公司章程。

（7）原外商投资企业的营业执照、批准证书，最近连续三年的财务报告。

（8）设立公司的申请书。

（9）发起人的资信证明。

（10）可行性研究报告。

六、股份有限公司登记程序及申报材料

（一）股份有限公司名称预先核准

设立股份有限公司，全体发起人指定的代表或者共同委托的代理人向有名称核准管辖权的工商行政管理部门申请名称预先核准。申请公司名称预先核准，申请人向有

名称核准管辖权工商行政管理部门提交《企业名称预先核准申请书》，按要求填写，并提交下列材料：

（1）全体发起人指定的代表或共同委托的代理人的委托书及被委托人的身份分证复印件；

（2）全体发起人签署的《公司名称预先核准申请书》；

（3）发起人的法人资格证明或者自然人的身份证明（企业法人应提交加盖发照机关印节的《企业法人营业执照》复印件；事业法人应提交编委批文或《事业单位法人登记证》复印件；社团法人应提交民政部门核发的《社团法人登记证》；自然人应提供身份证复印件）。

（4）发起人协议。

（二）股份有限公司设立登记

申请人凭《企业名称预先核准通知书》向省工商行政管理局领取《公司设立登记申请书》，按要求真写，并提交下列材料：

（1）公司董事长签署的《公司设立登记申请书》；

（2）上级主管部门同意改制的批复（募集设立的股份有限公司还应提交国务院证券管理部门的批准文件）；

（3）创立大会的会议记录；

（4）公司章程；

（5）会计师事务所出具的验资证明（如有）；

（6）发起人的法人资格证明或者自然人身份证明；

（7）载明公司董事、监事、经理姓名、住所的文件以及有关委派、选举或者聘用的证明；

（8）公司法定代表人任职文件和身份证明；

（9）《企业名称预先核准通知书》；

（10）公司住所证明（主要指《房屋所有权证》和房屋租赁一年以上的协议）；

（11）董事会指定的代表或委托的代理人的委托书及被委托人的身份证明（身份证）复印件。

另外，如果经营范围中涉及法律宪政法规规定的必须报经审批的项目，应提交有关行业管理部门的批准文件。

（12）外商投资股份有限公司还需提交商务部批复及批准证书。

七、关于企业整体变更为股份有限公司的几个问题

企业整体变更为股份有限公司，是指将有限责任公司整体以组织形式变更的方式改为股份有限公司，并将公司净资产额相应折合成股份有限公司的实收股本总额，在股权结构、主营业务和资产等方面维持同一公司主体。

企业整体改制为股份有限公司过程中，存在的问题主要有：一是由于证监会对整体改制的相关规定与工商部门的要求不一致，造成折股基础不同，即折股是以经过审计后的账面净资产额还是以经过评估后的净资产额为基础；二是个别公司没有综合考虑各种因素来设计折股比例和股本，没有处理好折股倍数和股票发行溢价倍数的关系，没有为公司下一步股本扩张预留空间；三是对外商投资企业改制审批的特殊规定还不了解。为此，要重点解决好以下几方面的问题。

1. 明确折股的净资产基础。

按照新三板的挂牌要求，企业应当是依法设立且持续经营时间在两年以上的股份有限公司，有限责任公司按原账面净资产值折股整体变更为股份有限公司的，持续经营时间可以从有限责任公司成立之日起计算。对于公司变更，证监会相关规定原则上并没有要求公司必须评估，但若公司根据相关政府部门的要求进行了评估，在审计后净资产高于评估净资产的情况下，可以与工商部门协商以审计值验资。

2. 确定合适的折股比例。

判断和评价净资产折股是否合理，关键是看能否保障新老股东各方的权益不受侵犯，同时兼顾新老股东利益。

一是折股比率应小于或等于1。折股比率是指所折股本与公司账面净资产值之比。按照《公司法》第九十六条“有限责任公司变更为股份公司时，折合的实收股本总额不得高于公司净资产额”的规定，折股比率应小于或等于1，避免股份有限公司虚增股本。

二是折股倍数宜小于将来股票发行溢价倍数。折股倍数是折股比率的倒数；股票溢价倍数是新股发行价格与股票面值之比。折股倍数小于将来股票发行溢价倍数，符合风险与收益相一致的原则。首先，公司目前的收益能力是在老股东治理下建立起来的，老股东承担了公司过去经营的风险，而新股东可以直接享受公司的经营能力；其次，按账面净资产折股，使老股东本身损失了应享有的实际增长的权益价值；然后，

股份转让的锁定期使老股东损失了时间价值。这一标准保证老股东的权益不至于因未来企业上市新股发行而受损失。

3. 外商投资企业改制。

外商投资企业改制为外商投资股份有限公司，需要经过商务部审批，所以外商投资企业在改制中需给这一审批环节留出足够的时间。

4. 中介机构要核查企业设立的程序、主体资格、条件、出资是否符合有关法律、法规、规范性文件的规定，并得到有权部门的批准。

某民营企业由于经营不规范，原大股东直接将原公司的大量机器设备和房产作价作为对新设股份公司的出资，原公司未清算注销，实物资产未实际移交给新公司，房产亦未办理过户登记。该出资行为存在被原公司债权人主张撤销的风险，同时对新公司的出资不到位。解决措施是，大股东向原公司支付合理对价，办理实物移交和房产过户手续。

5. 企业需要说明并披露企业相关增资及股权转让事项，列表分类说明历次增资的资金来源，历次股权转让定价依据，相关工商变更登记的时间。监管机构在涉及到股权转让事宜上特别注意股权转让双方的真实意思表示（中介机构要对真实性进行核查）和是否通过企业的内部决策程序。例如某国有企业进行股权转让，只签订了股权转让的协议，但该股权转让未获得国有资产主管部门的书面批准，存在程序上的瑕疵。

6. 企业如在历史沿革中存在多次无偿及低价股权转让的情况，企业在中介机构的配合下，需要列示上述股权转让基本情况（转让方、受让方、受让数量、转让价格），并说明历次股权转让是否合法合规，是否履行了工商变更登记等手续。还要说明上述股权转让是否存在纠纷或潜在纠纷。企业的中介机构要核查上述问题并出具明确意见。

7. 企业要关注企业的赢利能力，企业的赢利能力关系到企业的发展前景大部分企业所处行业竞争激烈、进入门槛低、周期性波动较大，盈利能力较差，非经常性损益较高，存在较大的经营风险。而且企业的管理也不规范，使企业的持续赢利能力大打折扣。

影响企业持续赢利能力的情况还包括：企业在报告期内公司的实际控制人发生变更，使企业的主体资格不符合企业新三板挂牌的基本条件；企业的股东存在委托持股等代持股情况，存在潜在的股权纠纷；企业的主营业务发生重大的变化或者企业存在亏损，企业的赢利前景有较大的不确定性；企业的产品分散，缺乏明确的发展目标；企业在报告期内对子公司进行了重组，其业绩的真实性及连续性存在瑕疵；企业的信息披露差，挂牌的准备不充分；企业缺乏业务发展的必要的资质，持续发展能力存在不确定性；企业使用的知识产权存在与其他方共用的情况，企业对知识产权的使用受到限制，在未来的经营中存在较大的不利变化的风险。

八、关于企业整体变更为股份公司的方案设计

（一）股本的设计

根据《公司法》第九十九条规定，有限责任公司依法经批准变更为股份有限公司时，折合的股份总额应当相等于公司净资产额。即有限责任公司在审计基准日经有证券从业资格的会计师事务所审计的净资产值为变更后的股份公司的股本，由于在一个时点上，有限公司的净资产不会为整数，一般是取整数折为股本，零数以两种方式解决，一是进行分配，将零数分配给股东，继续挂在账面作为对股东的负债；二是将零数计入资本公积金。

在此需要注意的是，如果公司有较多的参股企业，则合并报表和母公司报表的净资产数量可能出现不一致情况，当出现这种情况时，实践中一般以母公司报表的净资产数为折股依据。

（二）资产状况

根据《公司法》规定，发起人可以用货币出资，也可以用实物、知识产权、土地使用权作价出资。对作为出资的实物、知识产权或者土地使用权，必须进行评估作价，核实财产，并折合为股份。发起人以其他非现金资产出资的，公司应取得其权属证明或完整的所有权。

1. 无形资产。

无形资产出资涉及到土地使用权、商标商誉、专利和非专利技术等方面。

（1）土地使用权。

企业经营性资产相关的土地有四种处置方式：

①企业向国土部门交纳土地出让金，取得土地使用权；

②企业向国土部门租赁使用；

③企业的控股股东向国土部门交纳土地出让金，取得土地使用权后，将土地租赁给企业使用（我们建议尽量不采用租用方式，避免利润调节，增加审核的难度）；

④上述三种方式的组合。

公司原则上应取得完整的土地使用权。如以租赁方式从主发起人或控股股东合法取得土地使用权的，应明确租赁期限及付费方式，以及到期后公司的优先选择权。

（2）商标、商誉。

按照监管机构的要求，设立股份公司时，与股份公司经营性业务相关的商标必须进入股份公司。若企业改制时，其该商标在控股股东处，控股股东应将该商标以及商誉无偿转让给有限公司，不得将商标、商誉作价入股。（原则上随资产走，之所以强调无偿，主要是有限公司的经营业绩中已经包含了该等无形资产的贡献，而且离开了有限公司的现有资产和管理层的努力，该等无形资产就无法体现价值，因此单独作价有损害未来公众股东利益的嫌疑。）

（3）工业产权、非专利技术。

与商标、商誉的处理不同，工业产权、非专利技术可以在合理的价格范围内转让给有限公司。

九、关于企业新三板挂牌前的重组

企业新三板挂牌需要明确一个主体，突出拟挂牌企业的主营业务，使拟挂牌企业形成核心竞争力和持续发展的能力，并能使拟挂牌企业形成清晰的业务发展战略目标；明确拟挂牌企业的主要依据哪项业务能在目前及未来为拟挂牌企业带来持续增长的利润。

公司在改制过程中涉及到的股权、资产及业务重组应当是以拟挂牌企业为目标。

（一）关于企业挂牌前的股权重组问题

股权重组是指股份制企业的股东或股东持有的股份变更，包括股权转让和增资扩股两种形式，即存量的结构调整和增量的股权融资。企业可以通过挂牌前的股权重组优化股权结构、降低资产负债率、满足企业的融资需求，通过引进高端人才，实现高管人员利益与股东利益、企业利益的三位一体。但在实际工作中，不少企业既搞存量股权转让又搞引进战略投资者的增量融资，两方面加起来占总股本的比例很大，引起公司股权较大幅度的变动；有的个别公司则抱着“捞一把”的思想，利用公司挂牌后股权增值的所谓题材，通过高溢价对外出售股权；个别企业以挂牌为名，以引进战略投资为幌子，搞非公开发行，触犯法律法规。这些都给公司挂牌带来负面影响，因此企业在挂牌前的股权重组必须坚持三个“一定”原则，即“比例一定要适当、价格一定要合理、程序一定要规范”。

1. 股权重组的比例问题。

企业新三板挂牌前股权重组，不管是股权转让还是股权融资，都要把握“量”的尺度，比例一定要适当，将股权变动的比例控制在合适的范围内。原则上，我们认为不宜高于20%。如果比例过高，造成改制企业股权发生重大变更，可能会对企业新三板挂牌产生一定影响。当然，目前对新三板的审核过程中，也出现了重大的股权变更乃至于实际控制人发生变化的情况，根据目前新三板审核的要求，只要对公司的生产经营和未来的发展不造成重大障碍的，并如实进行信息披露，还是可以挂牌的。

2. 股权重组的价格问题。

股权重组时，价格一定要合理，充分权衡新老股东的利益。既要防止低价转让或出售，侵害出让方利益，又要防止大股东利用实际控制权随意提高转让或出售价格，侵害受让方利益。此外，同一次增资的折股比例应一致，要体现“公平”原则，并且尽量采取现金出资的方式。

3. 股权重组的认购程序问题。

一是入股资格的确定。增资入股时间不同，对股东资格要求不同。绝大部分企业要在改制前进行增资扩股，如果对象不是原有股东，除企业《公司章程》另有约定外，应征得全体股东的同意，方能取得增资入股的资格。《公司法》规定，有限责任公司增资时股东有优先购买权。对于股份有限公司增资，《公司法》中没有明确规定原有股东的优先认股权，但对相关程序有严格要求。我国的产业政策对于一些特定行业投资人有特殊的要求，企业在引进战略投资者时要充分了解和把握。

二是增资扩股的程序。企业无论在改制前还是在改制后增资扩股，都必须履行法律法规要求的表决程序，有限责任公司须经过股东会表决通过，股份有限公司需通过股东大会决议。

4. 企业在整体变更前引进战略投资者需要注意的问题。

企业整体变更为股份有限公司前，由于资本规模或股东人数达不到股份公司的基本条件，或者在新三板挂牌前急需筹集部分资金以及出于改善公司治理结构的需要等原因，需要引进新的投资者。公司引进新的投资者应注意以下问题：

（1）不影响公司连续计算经营时间（业绩）。如不发生主营业务的重大变化，董事、高级管理人员不发生重大变化，实际控制人不发生变更等。

（2）有利于公司业务的开展和市场拓展，对公司业务和生产经营能产生协同效应。

（3）筹集的资金规模适当。如果新的投资者以资产折股出资，资产规模也应适当。要考虑其出资对公司营业记录可比性的影响。

（4）新股东无论以现金还是实物出资，其折股比例应一致。

（5）新增股份的认购价或折股价一般是在净资产值的基础上溢价一定比例。

（二）关于企业改制中的资产整合问题

资产整合是指企业在新三板挂牌过程中，为了优化资产结构、理顺业务关系、减少关联交易或避免与股东之间的同业竞争等情况，通过合并、分立、收购、出售、债务重组等形式进行的以资产为纽带的企业组织的优化和再造。当前，企业在改制进行资产整合过程中存在的主要问题有：一是资产整合不彻底，没有达到减少关联交易、避免同业竞争、增强公司独立性的目的；二是资产整合比例过大，影响业绩连续计算，增加了新三板挂牌时间成本。

1. 资产整合要以增强独立性，实现企业新三板挂牌为目标。

企业通过资产重组应达到拥有独立完整的生产工艺流程及相关配套设施，将产供销纳入统一体系，与主营业务没有关系的业务资产应予剥离，但是企业经营所必需的后勤保障等部门不宜剥离。

2. 资产整合比例不要影响经营业绩的连续计算。

公司新三板挂牌要保证不能出现影响经营业绩的情况，企业资产整合要考虑到这一因素，尽量避免发生这样的情况，否则将付出高昂的时间成本。

判断主营业务变化考虑的参数：一是性质，指企业主要经营活动的性质发生变化，如产品种类发生根本性改变；二是数量，指企业主要经营活动的性质虽然未发生变化，但是数量发生了重大变化。目前对于“重大”的界定，有关法律法规均无明确的数量标准，只能依赖于专业判断。判断数量是否重大，应看该项资产及其带来的收入占整个企业资产和收入之比，目前惯例掌握的警戒线是30%，超过该比例的，对新三板挂牌时间周期将产生一定影响。

第二章　股东适格性的十三个问题

【案例1】股东拥有境外居留权——奥伦德（股票代码：832016）

【案例2】有外籍股东，但未申请设立外商投资企业的情形——网动科技（股票代码：430224）

【案例3】存在股东是公务员——宏大爆破（股票代码：002683）

【案例4】存在的是公务员退休后担任股东的情形——龙泉股份（股票代码：002671）

【案例5】存在未成年人继承股东身份的适格性的问题——平原非标（股票代码：830849）

【案例6】继承股权并未影响公司股权明晰——华精新材（股票代码：830829）

【案例7】涉及到国有股东——迪尔化工（股票代码：831304）

【案例8】关注国有股东标识及含有国有权益的公司是否能够担任私募基金管理人及普通合伙人——达特照明（股票代码：832709）

【案例9】产权交易所当股东的情况——中晟光电（股票代码：831504）

【案例10】涉及私募投资基金的情况——龙福环能（股票代码：833766）

……

第一节　典型案例

股东适格性问题属于新三板挂牌主体资格问题，而主体资格符合法律、法规和规范性文件的规定是企业新三板挂牌的最基本条件。

【案例1】股东拥有境外居留权——奥伦德（股票代码：832016）

企业背景

深圳市奥伦德科技有限公司（LED封装事业部）是LED外延片、芯片、红外LED芯片、封装、光藕、LED点阵、LEDSMD、数码管、时钟板、LED单灯、光敏二极管、红外接收头等产品专业生产加工的私营股份有限公司，拥有完整、科学的质量管理体系。

案例解读

股东拥有境外居留权不会对企业的性质发生变更的影响，但是拟新三板挂牌的企业要随时与股东沟通，及时向中介机构通报情况的变化。奥伦德就存在此类问题，中介机构解决如下：

公司于2005年12月31日在深圳注册成立，成立时为内资有限责任公司。在2010年12月—2011年8月期间，贝世宏以人民币现金及股权评估作价出资入股公司，经查，贝世宏目前为中国国籍，但于2005年7月取得澳大利亚永久居留权，股转公司因此向公司和中介机构反馈，询问其拥有境外居留权是否影响公司的企业性质。

经核查，2010年12月—2011年8月期间，贝世宏以人民币现金及股权评估作价出资入股公司，具体情况如下：

2010年12月3日，奥伦德有限召开股东会通过决议，同意增加注册资本3096.53万元，其中，贝世宏以人民币618.60万元认缴340.06万元注册资本。

2011年3月20日，奥伦德有限股东会通过决议，同意增加注册资本248.74万元，其中贝世宏以人民币180.45万元认缴96.94万元注册资本。

2011 年 4 月 18 日，奥伦德有限召开股东会通过决议，同意吴质朴、贝世宏等人将其持有的奥伦德光电股权经评估作价增资入股奥伦德有限，其中贝世宏将持有奥伦德光电 39% 的股权依据评估值作价 1387.617 万元计入公司出资，其中 754.17 万元计入实收资本，633.44 万元计入资本公积。

2014 年 8 月 25 日，奥伦德有限召开股东会通过决议，同意整体变更设立股份有限公司，以截至 2014 年 6 月 30 日经审计确认的净资产 15055.60 万元按 1∶0.4649433 的折股比例折为股本 7000 万股。各发起人按照各自在奥伦德有限所占注册资本比例，划分对股份有限公司的股权比例，其中贝世宏持有公司 1191.17 万股，占公司股权 17.02%。

中介机构认为，贝世宏虽拥有境外居留权但未取得其他国家国籍，对公司出资均来源于境内投资经营积累资金，且其出资行为履行了全部的程序，其持有境外居留权的情形不会影响公司的企业性质发生变更。

专家点评

中国公民取得境外永久居留权后投资入股的，如对公司出资的资金来源于境内，则并不适用现行外商直接投资外汇管理法规，也不会影响公司的企业性质。

【案例 2】有外籍股东，但未申请设立外商投资企业的情形——网动科技（股票代码：430224）

企业背景

北京网动网络科技股份有限公司，是一家云视讯运营服务商。公司自成立以来，已为政府、军队、能源、金融、保险、教育、医疗等多种行业提供了云视讯解决方案，涵盖视频会议、远程培训、视频定损、视频接访、首长督查、应急指挥、紧急调度、部队通信等方面的实际应用。网动拥有多项国家专利产品和软件产品著作权。

案例解读

2009 年 2 月，公司股东马滨与股东李明共同设立有限公司，公司设立时马滨已具有澳大利亚国籍，但因其对外商投资法律制度缺乏了解，因此，投资事项未申请设立外商投资企业。中介机构对网动科技存在问题的解决的基本思路如下：

（1）外籍股东退出；

（2）现有股东承诺承担连带责任；

（3）工商管理部门出具证明。

上述方案均获得了股转公司的认可。在实务中也经常出现此类情况，公司股东一直是中国公民身份，在公司新三板挂牌准备工作阶段，个别股东可能出现身份的变化，如获得外国国籍，这样就会导致公司的性质的变化，变成中外合资企业，这点需要公司和中介机构特别注意。

依据讯网天下设立时的《内资企业设立登记（备案）审核表》及北京市工商局海淀分局颁发的营业执照，公司的性质为内资企业。2012 年 6 月，马滨于讯网天下减资时退出了该公司，马滨以外籍身份出资设立有限责任公司并持有讯网天下股权的法律瑕疵因此得到消除。

讯网天下已于 2012 年 9 月由有限责任公司整体变更为股份有限公司，并改名为网动科技该整体变更行为和股份公司设立后的股权结构合法、合规、真实、有效。股份公司不存在终止经营或被吊销营业执照的情形。

股份公司现有股东已出具承诺函，承诺：本公司前身北京讯网天下科技有限公司成立时，其股东马滨已取得澳大利亚国籍，马滨以外籍身份出资设立有限责任公司并持有讯网天下股权，其股东资格存在法律瑕疵。该问题已因马滨于讯网天下 2012 年 6 月减资时退出了该公司而得到消除。如政府主管机关因马滨以外籍身份设立有限责任公司并持有有限公司股份的股东资格法律瑕疵对本公司进行处罚，将由公司现有股东最终按现有持股比例承担公司因此受到的全部经济损失，该等责任为连带责任，无需公司承担任何费用。

2012 年 11 月 15 日，北京市工商行政管理局海滨分局出具《证明》：证明公司近两年没有因违反工商行政管理法律法规受到查处的记录。马滨在有限公司设立时的股东资格法律瑕疵不会对公司的持续经营、申请挂牌的主体资格产生实质性影响。

专家点评

根据《中外合资经营企业法》外国合营者可以是个人，但中国合营者仅是公司、企业或其他经济组织，并不包括个人。这样看来，马滨在有限公司设立时因为有个人股东存在，中外合资企业是办不下来的，但马滨退股后，有限公司设立时股东资格存在法律瑕疵已经得到纠正，不良法律后果又有现有股东兜底，因此，对挂牌并无实质性不良影响。

【案例3】存在股东是公务员——宏大爆破（股票代码：002683）

企业背景

广东宏大爆破股份有限公司创建于1988年，为广东省国资委下属广东省广业资产经营有限公司控股企业，是中国第一家露天矿山采剥服务上市企业，是国内爆破技术先进、采剥能力强、矿山工程服务项目最齐全的矿山民爆一体化服务商之一。公司的主项资质为矿山工程施工总承包一级，是国家高新技术企业，拥有广东省省级技术中心。

焦点问题

发行人原股东张凤春为公务员身份，后来将股权转让给傅建秋，该股权转让行为是否真实、合法、有效，是否存在股权代持情形。

案例解读

宏大爆破属于原来存在公务员股东，后转让股份。

（一）发行人2005年增资扩股、引进自然人股东张凤春的背景及原因

发行人2003年改制并增资后，业务及资产规模均得到了迅速的发展，发行人需要继续扩大经营规模，资金瓶颈的问题再次凸显。

发行人2005年经股东会决议通过《增资扩股方案》，同意广业公司及其控制的3

家国有企业和33名自然人现金增资，增资后，公司注册资本为65,000,000元。

在本次现金增资的过程中，发行人部分员工由于家庭积蓄不足等原因而不愿出资，在充分尊重员工出资意愿的前提下，郑炳旭、王永庆等领导发挥带头作用，不仅积极自筹资金增资，同时引进外部自然人股东张凤春，并带动了31名公司员工现金增资。

发行人2005年增资扩股时，张凤春现金出资30万元，占发行人0.4615%的股权。

发行人2009年度股东大会审议通过《2009年度利润分配及公积金转增的议案》，以2009年12月31日总股本87,000,000股为基数，以归属母公司资本公积转增股本52,200,000元（相当于每10股转增股本6股）。转增前，公司注册资本为87,000,000元，转增后，公司注册资本为139,200,000元，转增后，张凤春持有发行人的股份为480,000股，占发行人0.3448%的股权。

（二）发行人原自然人股东张凤春转让其所持有发行人全部股权的程序

鉴于发行人原自然人股东张凤春于取得和持有发行人股份期间是国家公务员，虽然张凤春的持股行为已经过广业公司认可，且他本人已于2010年8月退休，但为规范起见，本所律师于2010年12月建议发行人对张凤春的持股行为进行清理；

2011年3月18日，张凤春与傅建秋签订《股份转让协议》，该协议约定张凤春将其持有的发行人480,000股以每股5元的价格转让予傅建秋。股权转让后，傅建秋持有发行人1,520,000股，占总股本的0.9257%，张凤春不再持有发行人任何股份。上述股权转让的定价是参考了发行人2010年9月28日增资的每股价格（该价格是在评估基础上经多方商讨决定，并经广东省国资委的批复同意）。因此，此次股权转让的定价公允，合法有效；

2011年3月24日，发行人就张凤春股权转让事宜向广东省工商行政管理局完成股东变更及章程变更手续，变更后张凤春不再是发行人股东，傅建秋合计持有发行人的股份数变更为1,520,000股，占总股本的0.9257%；

2011年3月26日，傅建秋通过银行汇款支付全部股权转让款2,400,000元给张凤春；股权转让后，傅建秋持有发行人1,520,000股，占总股本的0.9257%。

2011年4月1日，张凤春、傅建秋分别出具《承诺函》，承诺：此次股权转让双方是自愿、真实意思表示，不存在代持股情况，股权转让款已全额支付，不存在任何纠纷或潜在纠纷。

综上所述，就上述股权转让，本所律师分别查验了张凤春与傅建秋身份证件、股权转让协议、股权转让款银行转帐凭证；发行人2011年3月股权变更工商登记资料；进行了当面访谈以及取得张凤春、傅建秋的《承诺函》等相关资料，在此基础上本所律师认为，此次股权转让双方均具有完全民事行为能为，股权转让是双方自愿、真实意思表示，双方签订的《股权转让协议》内容真实有效，不存在通过协议、信托或其他方式代他人持有公司股权，也不存在委托他人代为持有公司股权情况，傅建秋用自有资金已全额支付股权转让款给张凤春，股权转让已完成相关工商变更登记手续，此次股权转让履行了必要的法律程序，不存在纠纷或潜在纠纷，股权转让行为真实、合法、有效。

分析：

1. 引进张凤春作为股东，带动公司员工现金增资。

2. 中介机构建议下，张凤春转让所持有股份给傅建秋，转让价格为5元/股；股权转让的定价是参考了发行人2010年9月28日增资的每股价格（该价格是在评估基础上经多方商讨决定，并经广东省国资委的批复同意）。

3. 上述双方签订《承诺函》，确认股权转让真实有效。

专家点评

宏大爆破则是为了避嫌，直接要求公务员身份股东将所持有的股权转让给其他人，彻底消除可能的法律瑕疵。此种模式最彻底，也最直接。在大量的拟挂牌新三板企业中，可能会存在股东是公务员的情形，原则上需要该股东将持有股份转让出去的。中介机构核查的重点在于股权是否真正进行了转让，股权交割的银行流水是必备核查内容。

【案例4】存在的是公务员退休后担任股东的情形——龙泉股份（股票代码：002671）

核心知识点

《中共中央办公厅、国务院办公厅关于县以上党和国家机关退（离）休干部经商办企业问题的若干规定》要求：党和国家机关的退休干部，不得兴办商业性企业，不得到这类企业任职，不得在商品买卖中居间取酬，不得以任何形式参与倒卖生产资料和紧俏商品，不得向有关单位索要国家的物资，不得进行金融活动。

企业背景

山东龙泉管道工程股份有限公司创建于1959年，从事水泥制品生产已有50多年的历史，系国家管道行业定点生产预应力钢筒混凝土管（PCCP）的骨干厂家、国家大型企业。公司系中国水泥制品工业协会、中国水利企业协会、中国工程建设标准化协会（管道结构）会员单位、国家标准《预应力钢筒混凝土管》（GB/T19685—2005）起草单位之一。

焦点问题

前水利部副部长周文智于2001年正式退休，自2002年起担任江泰保险经纪股份有限公司董事至今，自2004年起担任中国水务集团有限公司非执行董事至今。

案例解读

关于周文智、刘江宁、沈建明和赵效德出资入股发行人以及赵效德出任发行人副总经理等事项的核查。

核查结果如下：

（一）关于周文智退休前职务及目前任职对投资发行人的影响

经核查，周文智于2001年正式退休，退休前担任水利部副部长，自2002年起担任江泰保险经纪股份有限公司董事至今，自2004年起担任中国水务集团有限公司非执行董事至今。

龙泉有限于2009年12月增资1，630万元，其中周文智认缴40万元，占增资后注册资本的0.85%。2010年3月，龙泉有限整体变更为山东龙泉管道工程股份有限公司后，周文智共持有发行人606，167股股份，占股份总数的0.85%，至今未变。

1. 关于周文智退休前职务对投资发行人的影响。

鉴于周文智在2001年退休前担任水利部副部长，我们查阅了有关党政干部廉洁从政的法律、法规和政策，其中涉及到党政机关干部（含离退休）个人投资行为的主要有：

（1）《中央办公厅国务院办公厅关于党政机关在职干部不要与群众合办企业的通知》（1984）；

（2）《中共中央、国务院关于严禁党政机关和党政干部经商、办企业的决定》（1984）；

（3）《中共中央、国务院关于进一步制止党政机关和党政干部经商、办企业的规定》（1986）；

（4）《中共中央办公厅、国务院办公厅关于县以上党和国家机关退（离）休干部经商办企业问题的若干规定》（1988）；

（5）《中国共产党党员领导干部廉洁从政若干准则（试行）》（1997）；

（6）《中国共产党党员领导干部廉洁从政若干准则（试行）实施办法》

（1997）；

（7）《中国共产党纪律处分条例》（2004）；

（8）《中华人民共和国公务员法》（2006）；

（9）《行政机关公务员处分条例》（2007）；

（10）《中国共产党党员领导干部廉洁从政若干准则》（2010）；

（11）《中国共产党党员领导干部廉洁从政若干准则实施办法》（2011）。

就个人投资问题，上述法律、法规和政策主要针对的是在职的党政机关领导干部，而第（2）、（4）、（5）、（6）、（8）、（10）项涉及到离退休干部（含退居二线干部），现分析如下：

（1）《中共中央、国务院关于严禁党政机关和党政干部经商、办企业的决定》（1984）

该文件规定：

乡（含乡）以上党政机关在职干部（包括退居二线的干部），一律不得以独资或合股、兼职取酬、搭干股分红等方式经商、办企业；也不允许利用职权为其家属、亲友所办的企业谋取利益。

鉴于周文智于2001年正式退休，并非退居二线，因此该文件不适用于周文智的情况。

（2）《中共中央办公厅、国务院办公厅关于县以上党和国家机关退（离）休干部经商办企业问题的若干规定》（1988）

该文件规定：

党和国家机关的退休干部，不得兴办商业性企业，不得到这类企业任职，不得在商品买卖中居间取酬，不得以任何形式参与倒卖生产资料和紧俏商品，不得向有关单位索要国家的物资，不得进行金融活动。

该文件所禁止退休干部兴办的企业是指“商业性企业”，而不是针对所有企业。龙泉有限是生产性企业，并且不是周文智所兴办，因此，周文智参股发行人并不违反该规定。

（3）《中国共产党党员领导干部廉洁从政若干准则（试行）》（1997）、《中国共产党党员领导干部廉洁从政若干准则（试行）实施办法》（1997）、《中国共产党党员领导干部廉洁从政若干准则（试行）》（1997）第二条规定：禁止私自从事营利活动。不准有下列行为：（一）个人经商、办企业。

《中国共产党党员领导干部廉洁从政若干准则（试行）实施办法》（1997）第三条规定：

《廉政准则》的适用范围，包括已到退（离）休年龄尚未办理退（离）休手续，以及已办退（离）休手续但返聘后又担任相应领导职务的党员领导干部。

鉴于周文智于2001年退休，且未被返聘后又担任相应领导职务。因此，周文智参股发行人不违反《中国共产党党员领导干部廉洁从政若干准则（试行）》（1997）以及《中国共产党党员领导干部廉洁从政若干准则（试行）实施办法》（1997）的规定。

（4）《中华人民共和国公务员法》（2006）、《中国共产党党员领导干部廉洁从政若干准则》（2010）。

①《中华人民共和国公务员法》（2006）第一百零二条规定：

公务员辞去公职或者退休的，原系领导成员的公务员在离职三年内，其他公务员在离职两年内，不得到与原工作业务直接相关的企业或者其他营利性组织任职，不得从事与原工作业务直接相关的营利性活动。

②《中国共产党党员领导干部廉洁从政若干准则》（2010）第二条规定：

禁止私自从事营利性活动。不准有下列行为：（六）离职或者退休后三年内，接受原任职务管辖的地区和业务范围内的民营企业、外商投资企业和中介机构的聘任，或者个人从事与原任职务管辖业务相关的营利性活动。

鉴于周文智于2001年退休，至2009年投资入股龙泉有限，时间间隔已有八年。因此，周文智参股发行人并持股至今不违反《中华人民共和国公务员法》（2006）以及

《中国共产党党员领导干部廉洁从政若干准则》（2010）的规定。

综上所述，经核查，本所律师认为，周文智退休后投资入股龙泉有限，并持股至今，不违反所适用的党政机关干部廉洁自律的法律、法规和政策要求。

2. 关于周文智目前任职对投资发行人的影响。

（1）周文智自2002年起担任江泰保险经纪股份有限公司董事至今，但未在管理层中担任职务。该公司是多家国有企业等投资者设立的股份制企业，聘任周文智为董事之一。

经核查，本所律师认为，周文智参股发行人不违反《国有企业领导人员廉洁从业若干规定》（2010）以及《中央企业贯彻落实国有企业领导人员廉洁从业若干规定实施办法》（2011）的相关规定。

（2）周文智自2004年起担任中国水务集团有限公司非执行董事至今。中国水务集团有限公司系民营香港上市公司（0855），不属于国有企业或国有控股企业。因此，周文智担任该公司非执行董事，对其投资发行人无影响。

（二）关于刘江宁目前任职对投资发行人的影响（略）

（三）关于沈建明目前任职对投资发行人的影响（略）

（四）关于赵效德曾任公务员对投资发行人及担任高级管理人员的影响

经核查，赵效德于2003年12月—2009年11月在淄博市博山区财政局农业税收征收管理局任局长，行政级别为副科（乡）级，该局主要负责农业税、契税、耕地占用税、特产税的征收管理，属于淄博市博山区财政局下属科室，赵效德当时所担任的职务不属于淄博市博山区财政局领导成员。2009年11月，赵效德因工作年限已满30年，根据《中华人民共和国公务员法》第八十八条的相关规定，经本人申请和组织批准离职公务员岗位。

龙泉有限于2009年12月增资1，630万元，其中赵效德认缴76万元，占增资后注册资本的1.63%。2010年3月，龙泉有限整体变更为山东龙泉管道工程股份有限公司后，赵效德共持有发行人1,151,717股股份，占股份总数的1.63%，至今未变。

经查阅，与赵效德情况相关的法律、法规、政策有《中国共产党党员领导干部廉洁从政若干准则（试行）》（1997）、《中华人民共和国公务员法》（2006）、《中国共产

党党员领导干部廉洁从政若干准则》(2010),现分析如下:

1.《中国共产党党员领导干部廉洁从政若干准则(试行)》(1997)第二条、第十二条规定:

禁止私自从事营利活动。不准有下列行为:(一)个人经商、办企业。

本准则适用于党的机关、人大机关、行政机关、政协机关、审判机关、检察机关中县(处)级以上党员领导干部;人民团体、事业单位中相当于县(处)级以上党员领导干部;国有大型、特大型企业中层以上党员领导干部,国有中型企业党员领导干部,实行公司制的大中型企业中由国有股权代表出任或者由国有投资主体委派(包括招聘)的党员领导干部、选举产生并经主管部门批准的党员领导干部、企业党组织的领导干部。

2.《中华人民共和国公务员法》(2006)第一百零二条规定:

公务员辞去公职或者退休的,原系领导成员的公务员在离职三年内,其他公务员在离职两年内,不得到与原工作业务直接相关的企业或者其他营利性组织任职,不得从事与原工作业务直接相关的营利性活动。

3.《中国共产党党员领导干部廉洁从政若干准则》(2010)第二条、第十五条规定:

禁止私自从事营利性活动。不准有下列行为:(六)离职或者退休后三年内,接受原任职务管辖的地区和业务范围内的民营企业、外商投资企业和中介机构的聘任,或者个人从事与原任职务管辖业务相关的营利性活动。

本准则适用于党的机关、人大机关、行政机关、政协机关、审判机关、检察机关中县(处)机以上党员领导干部;人民团体、事业单位中相当于县(处)级以上党员领导干部。

2011年11月10日,淄博市博山区人民政府出具《证明》,对上述事实予以证明并确认:"赵效德在山东龙泉管道工程股份有限公司任副总经理职务和投资入股,不违反有关法律、法规和政策的限制性规定"。

根据赵效德的工作经历以及上述规定,经核查,本所律师认为:

1. 赵效德在担任公务员期间,不属于所在淄博市博山区财政局的领导成员,作为公务员适用上述规定中"两年"限制期限的要求。

2. 赵效德在职期间主管的是农业税、契税、耕地占用税、特产税的征收管理,发行人与其原工作业务不直接相关,赵效德投资发行人及担任高级管理人员不违反《中华人民共和国公务员法》(2006) 的相关规定。

3. 赵效德担任公务员期间的行政级别是副科(乡)级,不属于县(处)级以上干部,因此不适用《中国共产党党员领导干部廉洁从政若干准则(试行)》(1997)、《中国共产党党员领导干部廉洁从政若干准则》(2010)。

综上所述,赵效德在发行人担任副总经理职务并投资入股,不违反有关法律、法规和政策的限制性规定。

经过分析:

1. 周文智系前水利部副部长,于2001年退休,2009年出资入股龙泉有限,时间间隔已有八年,不违反相关法规定;

2. 周文智自2002年起担任江泰保险经纪股份有限公司董事至今,但未在管理层中担任职务。自2004年起担任中国水务集团有限公司非执行董事至今。中国水务集团有限公司系民营香港上市公司(0855),不属于国有企业或国有控股企业。该等任职对发行人IPO无影响。

3. 赵效德于2003年12月—2009年11月在淄博市博山区财政局农业税收征收管理局任局长,行政级别为副科(乡)级。龙泉有限于2009年12月增资1630万元,其中赵效德认缴76万元,占增资后注册资本的1.63%。赵效德在担任公务员期间,不属于所在淄博市博山区财政局的领导成员,作为公务员适用上述规定中"两年"限制期限的要求,但发行人业务与其原工作业务并非直接相关。综之,赵效德在发行人担任副总经理职务并投资入股,不违反有关法律、法规和政策的限制性规定。

专家点评

公务员退休,只要在限制期限和限制地区之外担任股东,没有任何问题,也不存在法律瑕疵。

【案例5】存在未成年人继承股东身份的适格性的问题——平原非标(股票代码:830849)

企业背景

河南平原非标准装备股份有限公司是主要从事涂装设备及非标设备设计制造、安装调试的专业化公司。河南平原非标准装备股份有限公司注册资金 5500 万元人民币，员工 1000 多人，其中具有各专业工程技术人员及经济管理人员 200 多人。拥有设备制造安装所需的各类专业设备、检测设备及机械加工设备 900 多台（套）。

公司股东姚若辰出生于 2001 年。姚若辰行使股东权利的具体情况、其股东适格性及如何行驶股东权利义务。

经核查，孙振文先生于 2012 年 1 月 16 日因病在河南省郑州市去世。根据河南省郑州市黄河公证处于 2012 年 3 月 16 日出具的（2012）郑黄证民字第 2737 号、第 2738 号《公证书》：孙振文生前持有的公司7,001,400股的股份属于其遗留的个人财产，其配偶姚征表示自愿放弃对该遗产的继承权。因此，孙振文持有的公司股份由其子女孙罡、孙睿、姚若辰共同继承。根据孙罡、孙睿、姚若辰（姚征代）于 2012 年 3 月 16 日签署的《析产协议》和河南省郑州市黄河公证处出具的（2012）郑黄证民字第 2739 号《公证书》，孙罡、孙睿、姚若辰（姚征代）经协商一致签订了《析产协议》，约定由姚若辰继承平原非标3,361,400股股份，孙睿继承平原非标2,000,000股股份，孙罡继承平原非标1,640,000股股份；河南省郑州市黄河公证处确认：当事人在订立协议时具有法律规定的民事权利能力和民事行为能力，签订的《析产协议》意思表示真实，协议内容符合《中华人民共和国民法通则》的规定。

2012 年 3 月，公司及平原集团分别召开股东大会，根据上述股份继承结果修改了其各自的《公司章程》，并办理了工商备案手续。

截至本《补充法律意见书》出具之日，公司股东姚若辰已满 10 周岁但未满 18 周岁，为限制民事能力人。由其母姚征作为其监护人及法定代理人代理其行使公司股东权利及承担股东义务。

2014 年 6 月 6 日，姚征出具《承诺书》：“姚若辰尚未成年，本人为姚若辰之母，根据《中华人民共和国民法通则》的相关规定为其监护人及法定代理人。

本人代表姚若辰行使其作为河南平原非标准装备股份有限公司股东的权利不存在任何障碍，对河南平原非标准装备股份有限公司历次股东大会所做决议之程序及效力均无任何异议，亦不存在任何法律纠纷。

本人将继续严格依照《中华人民共和国公司法》及《河南平原非标准装备股份有限公司章程》的规定代表姚若辰行使其作为河南平原非标准装备股份有限公司股东的

权利并承担相应的股东义务。”

中介机构认为，在孙振文先生去世后，根据《中华人民共和国继承法》的有关规定，其法定继承人姚若辰依法享有继承公司股份中属于其应当继承股份的权利，不存在法律、法规规定的不得为公司股东的情形。姚若辰作为限制民事能力人，由其母作为其法定代理人代理其行使公司股东权利承担股东义务符合《中华人民共和国民法通则》的有关规定。姚征作为姚若辰法定代理人行使其股东权利的具体行为合法合规。

未成年人依法可以持有股权，但由于其是限制行为能力人，由其母亲代理其行使公司股东权利和承担义务是合法合理的。

专家点评

国家工商行政管理总局于2007年6月25日下发《关于未成年人能否成为公司股东的答复》（工商企字131号），该答复明确了未成年人可以成为公司股东。因此，未成年人可以持有股权成为股东，但应由其法定代理人代理其行使公司股东权利承担股东义务。

【案例6】继承股权并未影响公司股权明晰——华精新材（股票代码：830829）

企业背景

无锡华精新材股份有限公司成立于2006年12月，于2012年5月完成股份制改造，公司的主要产品取向硅钢和强附着高塑性连续热镀铝锌合金钢带都为高新技术产品。公司核心产品取向硅钢主要应用于变压器（铁芯）制造行业。是国家发改委、工信部重点扶持的国家重点发展领域的关键产品，并被列入国家专项项目，获得国家、省、市各级的财政扶持。

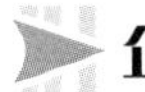

焦点问题

公司股东陈海星已于2013年去世，所持股份正在办理继承手续，该部分股份的继承方式、继承人情况、有无纠纷或潜在纠纷、会否产生代持是潜在问题所在。我们来分析该次继承会否导致公司股权存在不确定性、是否符合“股权明晰”的挂牌条件。

经核查，股东陈海星持有公司股份56912股，占公司股份总额的0.09%，还持有华精咨询0.52%的股权。根据无锡市公安局钱桥派出所2014年3月14日出具的户籍信息证明，该股东已经于2013年5月去世，户口已经注销。该股东所持股份及股权由其继承人继承。

陈海星配偶王美珠已向公司提供由江苏省无锡市梁溪公证处于2014年4月14日出具的（2014）锡梁证民内字第3034号《公证书》，公证事项为继承。

《公证书》中已查明如下事实：（1）被继承人陈海星于2013年5月18日死亡。（2）陈海星的父亲是陈锡芳（于2012年1月11日死亡）；陈海星的母亲是蒋南娣；妻子是王美珠；子女是陈涛。（3）王美珠申请继承陈海星下列财产：陈海星生前是华精咨询的股东，持有该公司0.52%的股份；陈海星生前是华精新材股东，持有该公司股份56912股。上述两公司的股份中属于陈海星的份额已成其遗产。（4）根据陈海星的上述法定继承人称，陈海星生前就上述财产无遗嘱（遗赠），亦未与他人签订遗赠扶养协议。对此，截至公证书出具之日亦未有人提出异议。（5）王美珠表示要求继承被继承人陈海星的上述遗产，蒋南娣、陈涛均表示自愿放弃继承被继承人陈海星的上述遗产。根据陈海星死亡及继承事实，并依据《中华人民共和国继承法》（以下简称《继承法》）第三条、第五条、第十条、第二十五条、第二十六条的规定，被继承人陈海星的遗产应由其父亲陈锡芳、母亲蒋南娣、妻子王美珠、儿子陈涛共同继承。陈海星父亲陈锡芳先于其死亡，陈海星母亲蒋南娣、儿子陈涛均表示放弃继承被继承人陈海星的遗产，因此，被继承人陈海星的上述遗产应由其妻子王美珠一人继承。

根据《中华人民共和国公证法》（以下简称《公证法》）第三十六条规定，经公证的民事法律行为、有法律意义的事实和文书，应当作为认定事实的根据，但有相反证据足以推翻该项公证的除外。

综上，基于陈海星的死亡事实，以及《继承法》《公证法》等相关法律、法规规定，陈海星持有的公司56912股份及华精咨询0.52%的股权属于陈海星的遗产，应由其妻子王美珠继承，相关工商变更正在进行过程中。该部分股份及股权的继承法律事实明确，股份及股权的继承人已经确定，无纠纷或潜在纠纷，不会产生代持，该次继承不会导致公司股权（股份）存在不确定性，符合新三板“股权明晰”的挂牌条件。

专家点评

公司股权清晰是挂牌的重要条件，由于股东去世前未对股权进行安排，因此，法定继承人需要对该股权进行分配，以明确股权所有。

【案例7】涉及到国有股东——迪尔化工（股票代码：831304）

核心知识点

《中华人民共和国企业国有资产法》，其第三十条规定：“国家出资企业合并、分立、改制、上市，增加或者减少注册资本，发行债券，进行重大投资，为他人提供大额担保，转让重大财产，进行大额捐赠，分配利润，以及解散、申请破产等重大事项，应当遵守法律、行政法规以及企业章程的规定，不得损害出资人和债权人的权益。”第三十三条规定：“国有资本控股公司、国有资本参股公司有本法第三十条所列事项的，依照法律、行政法规以及公司章程的规定，由公司股东会、股东大会或者董事会决定。由股东会、股东大会决定的，履行出资人职责的机构委派的股东代表应当依照本法第十三条的规定行使权。”

公司法人股东华阳集团为国有独资公司，其出资入股公司、以及公司改制履行的国有股备案、登记或批复程序值得引起人们注意。

2005年4月30日，华阳迪尔向宁阳县国资局提交了《企业国有资产产权占有登记表》，并得到宁阳县国资局确认。2008年3月26日，宁阳县国资局下发了《中华人民共和国企业国有资产产权登记证》，确认华阳迪尔的国有资产。

2003年华阳集团出资入股宁阳迪尔时，华阳集团《公司章程》第十二条规定：“董事会决定公司的经营计划和投资方案。”2003年4月15日，华阳集团召开了三届二次董事会，会议审议通过了向宁阳迪尔出资入股及增资扩股的议案。华阳集团董事会决议对宁阳迪尔的出资履行了合法程序。

2014年1月24日，华阳集团召开了董事会，审议通过了《关于山东华阳迪尔化工有限公司股份制改造的议案》《关于山东华阳迪尔化工有限公司改制成为股份公司后拟向全国中小企业股份转让系统申请股票挂牌交易的议案》。华阳集团董事会决议对华阳迪尔的改制等重大事项均予以认可并履行了合法决策程序。

宁阳县人民政府于2010年3月27日核发的宁政发［2010］29号《宁阳县人民政府关于公布县国有资产管理局履行出资人职责企业名单的通知》：县国资局履行出资人职责的企业增加、减少、股权变化及名称变更，县政府授权县国资局随时予以公布。并附《宁阳县国资局履行出资人职责企业名单（第一批）》，其中华阳集团属于县国资局直接履行出资人职责的企业。

根据以上文件，华阳集团对华阳迪尔改制、挂牌事项于2014年1月13日向宁阳县国资局提交了"华阳字［2014］38号"请示文件，并于2014年1月14日得到宁阳县国资局出具的"宁国资［2014］6号"同意华阳迪尔改制及挂牌的审批文件。

华阳迪尔的改制、挂牌等重大事项履行了董事会、股东大会决策程序，代表华阳集团出席会议的董事刘勇、监事李西东在会议决议上签字。据此说明华阳迪尔设立、改制等重大事项履行了股东决策流程，符合《中华人民共和国企业国有资产法》的规定，亦按照《中华人民共和国公司法》对工商局要求备案的内容进行了登记备案，程序合法合规。

华阳迪尔于2014年6月9日向宁阳县国资局提交了《企业国有资产变动产权登记表》，并得到宁阳国资局确认。

综上，本所律师认为华阳集团出资入股公司、以及公司改制履行的程序完备、合法有效。

企业背景

迪尔化工填料有限公司始建于1992年，是化工部生产化工填料的重点归口企业，是全国化学（技术、情报）中心站理事单位、中石油和化勘察设计协会会员，中国纯碱工业协会会员，中国民营企业家协会会员。企业占地面积15000平方米，建筑面积8000平方米，固定资产5000万元，全体员工238多人，中高级技术专业人员16人，生产有金属填料、陶瓷、塑料填料、鲍尔环及塔内件等18个系列，70多个产品，年生产能力8000吨以上，年销售额8000万元以上的大型化工填料生产企业。

国有企业入股及入股后公司的改制需要国资部门的审批。

【案例8】关注国有股东标识及含有国有权益的公司是否能够担任私募基金管理人及普通合伙人——达特照明（股票代码：832709）

企业背景

达特照明成立于2001年，注册资金10016.4737万元，总资产近5亿元。主营业务集城市亮化规划设计、融投资、施工维护于一体，是全国一家拥有设计施工“双甲”资质、专注市政景观亮化、擅长市县区新兴城市夜景建设的综合性照明工程企业。

焦点问题

（1）结合当地国有资本管理部门的相关规定，说明杭州诚鼎创业投资合伙企业（有限合伙）是否属于国有企业，是否需要依法履行国有股权设置批复程序；（2）上述股东投资于公司及参与公司股份改制的程序的合法合规性。查阅关于历次国有股权设置批复的情况。

案例解读

公司股东杭州诚鼎创业投资合伙企业（有限合伙）的合伙人杭州市城市建设发展有限公司为国有独资企业。

（一）含有国有权益的机构投资者出资的合法合规性

根据公司提供的杭州诚鼎的相关股东资料并经信达律师查询全国企业信用信息公示系统：

杭州诚鼎的有限合伙人之一杭州市城市建设发展有限公司为国有独资公司，其股东为由杭州市政府出资设立的杭州市城市建设投资集团有限公司。其中，杭州市城市建设发展有限公司持有杭州诚鼎19.588%的出资份额，并通过杭州诚鼎投资管理有限公司间接持有杭州诚鼎0.8248%的出资份额，合计持有杭州诚鼎20.4128%的出资份额。

杭州文广投资控股有限公司系由杭州市广播电视科学技术研究所和杭州文化广播

电视集团投资设立的公司，其持有杭州诚鼎10.309%的出资份额。

2011年1月5日，杭州市城市建设投资集团有限公司出文同意杭州市城市建设发展有限公司与上海诚鼎投资管理有限公司等投资者共同投资设立投资管理公司并同意以该投资管理公司作为普通合伙人，杭州市城市建设发展有限公司作为有限合伙人参与基金投资。

2012年2月20日，杭州市人民政府国有资产监督管理委员会确认杭州诚鼎不属于标注上市公司国有股东标识的企业。

根据《中华人民共和国企业国有资产法》第五条“国家出资企业，是指国家出资的国有独资企业、国有独资公司，以及国有资本控股公司、国有资本参股公司”的规定以及《上市公司国有股东标识管理暂行规定》和《国务院国有资产监督管理委员会关于施行<上市公司国有股东标识管理暂行规定>有关问题的函》(国资厅产权［2008］80号）的有关规定，信达律师认为，杭州诚鼎作有限合伙企业组织，且其中国有出资人合计持有的出资比例为30.7218%，不属于国有企业，其投资达特照明的行为不需要履行国有股权设置批复程序。

（二）杭州诚鼎投资于公司及参与公司股份改制的程序的合法合规性

杭州诚鼎持有公司3.8%的股权，系于2013年11月通过增资的方式成为公司的股东，未参与公司股份改制。杭州诚鼎投资于公司业经公司股东大会审议通过并进行了相应的工商变更登记，合法合规。杭州诚鼎投资于公司不需要履行国有股权设置批复程序。

鉴于公司股东中不存在国有企业，信达律师认为，公司历次增资不需要履行国有股权审批、评估等程序，公司的历次增资程序合法合规。

1. 基金管理人杭州诚鼎投资管理有限公司、杭州市城市建设发展有限公司及杭州文广投资控股有限公司是否属于普通合伙人，如是，结合相关法律规定，详细分析含有国有权益的公司是否能够担任私募基金管理人及普通合伙人，并发表明确意见。

根据公司提供的杭州诚鼎的相关股东资料并经信达律师查询全国企业信用信息公示系统，除杭州诚鼎投资管理有限公司系普通合伙人外，杭州市城市建设发展有限公司及杭州文广投资控股有限公司不是普通合伙人。

根据《中华人民共和国合伙企业法》（以下简称“《合伙企业法》”）第三条的规

定，国有独资公司、国有企业、上市公司以及公益性的事业单位、社会团体不得成为普通合伙人；而根据《国家发展改革委办公厅关于印发全国股权投资企业备案管理工作会议纪要和股权投资企业备案文件指引/标准文本的通知》（发改办财金［2012］1595号），国有企业系指国有股权合计达到或超过50%的企业。

经核查，杭州市城市建设发展有限公司持有杭州诚鼎投资管理有限公司40%的股权。

综上，信达律师认为，杭州诚鼎投资管理有限公司不属于《合伙企业法》第三条规定的不得成为普通合伙人的国有企业；同时，《中华人民共和国证券投资基金法》并未禁止含有国有权益的公司担任私募基金管理人，因此其担任私募基金管理人及普通合伙人没有法律障碍。

2. 结合当地国有资产管理的相关法律法规，详细分析含有国资成分的合伙企业股权投资基金对外股权投资时是否需要履行国资审批程序。

根据《中华人民共和国企业国有资产法》第五条“国家出资企业，是指国家出资的国有独资企业、国有独资公司，以及国有资本控股公司、国有资本参股公司”的规定以及《国家出资企业产权登记管理暂行办法》第三条“国家出资企业、国家出资企业（不含国有资本参股公司）拥有实际控制权的境内外各级企业及其投资参股企业（以下统称企业），应当纳入产权登记范围。国家出资企业所属事业单位视为其子企业进行产权登记”的规定，对外股权投资时需履行国资审批程序的企业应为国有股权合计达到或超过50%或拥有实际控制权的企业。

同时，经查询《杭州市人民政府办公厅关于加强区县（市）国有资产监督管理的指导意见》（杭政办［2009］13号）、《杭州市国资委出资企业重大事项管理操作指引》（杭国资发［2013］208号）等有关规定，未发现有要求国有股权未达到50%的合伙企业对外投资时需履行国资审批程序的相关规定。

综上，信达律师认为，杭州诚鼎作有限合伙企业组织，且其中国有出资人合计持有的出资比例未超过50%，并不属于需要履行国资审批程序的国有企业，其投资达特照明的行为不需要履行国有股权设置批复程序。

专家点评

《上市公司国有股东标识管理暂行规定》，国有股东是指政府机构、部门、事业单位、国有独资企业或出资人全部为国有独资企业的有限责任公司或股份有限公司独家持股或上述单位或企业合计比例达到或超过50%的公司制企业及公司全资或绝对控股子公司，公司国有股东股权比例低于50%的其对外投资行为不需要履行国有股权设置批复程序；法律并未禁止国有股权低于50%的公司或企业担任私募基金管理人。

【案例9】产权交易所当股东的情况——中晟光电（股票代码：831504）

企业背景

中晟光电设备（上海）股份有限公司于2011年5月在上海浦东张江高科技园区成立。公司致力于建立一个以中国为基地，世界领先的高端装备、技术和工艺制成企业，主要为LED和电子功率器件等产业提供具有世界先进水平的国产MOCVD设备与技术服务。

焦点问题

常州产权交易所作为中晟光电股东的适格性，即公司股权是否明晰，是否存在委托持股、信托持股。

经核查，常州产权交易所于2012年3月以增资方式投资入股江苏中晟，该次增资经江苏省商务厅“苏商资审字［2012］第04074号”《关于同意江苏中晟半导体设备有限公司增资的批复》核准及江苏省常州工商行政管理局登记，常州产权交易所成为江苏中晟股东。

常州产权交易所系由常州市财政局、体改委、经贸委联合组建、在江苏省常州工商行政管理局注册登记的全民所有制企业法人，具备独立法人资格。根据常州市人才工作领导小组办公室“常人才办投［2011］18号”《关于投资江苏中晟半导体有限公司的通知》，常州产权交易所代表常州市龙城英才创业投资引导基金投资江苏。根据《常州市龙城英才创业投资引导基金管理办法》，常州产权交易所经常州市政府批准作为引导基金的出资人代表，代行出资人权利和义务。

本所律师核查后认为，常州产权交易所作为常州市龙城英才创业投资引导基金出资人代表投资江苏中晟，未违反《公司法》等关于股东资格的规定。截至本补充法律意见出具之日，公司股权清晰，不存在委托持股、信托持股情况。

专家点评

全民所有制企业法人无论是产权交易所还是研究所，只要履行审批程序，都可以。

【案例10】涉及私募投资基金的情况——龙福环能（股票代码：833766）

企业背景

龙福环能科技股份有限公司是一家以资源循环利用为主营业务、节能环保低碳型的化纤纺织企业，建成了世界唯一一条从废旧聚酯回收、瓶片清洗加工、纺丝到工艺美术纺织品织造一条龙的循环经济产业链，再生涤纶长丝产品广泛应用到工业和民用等多个领域，带动发展了一批以再生涤纶毛毯为主导，包括地毯、装饰布、传送带、服装面料在内的产业集群。

焦点问题

描述前述股东的股东性质，是否属于私募投资基金管理人或私募投资基金。若是，其是否按照《证券投资基金法》《私募投资基金监督管理暂行办法》及《私募投资基金管理人登记和基金备案办法（试行）》等相关规定履行了登记备案程序，并分别在《推荐报告》《法律意见书》中说明核查对象、核查方式、核查结果。

案例解读

公司存在四家企业法人股东一家合伙企业股东。

1. 本所律师通过查询中国证券投资基金业协会的公告信息，龙福环能的法人股东中，吉林现代于2014年4月29日办理了《私募投资基金证明》；吉林现代的管理人海通吉禾股权投资基金管理有限责任公司已于2014年4月29日获得了《私募投资基金管理人登记证书》；润沃投资已于2015年1月7日获得了《私募基金管理人登记证明》；和君荟盛于2014年5月4日办理了《私募投资基金证明》；和君荟盛的管理人上海和君股权投资管理合伙企业（有限合伙）已于2014年5月4日获得了《私募投资基金管理人登记证书》；滨海汇富已于2014年11月24日获得了《私募投资基金备案证明》。

经查验，大方商贸的经营范围为纺织品、化纤制品、塑料制品、机械配件、五金制品的批发零售；废旧物资回收、销售。不属于《私募投资基金监督管理办法》中定义的私募基金。无需办理私募基金备案。

根据滨州市财政局出具的《确认函》，黄河三角洲为滨州市财政局下属事业单位出资设立的，根据对黄河三角洲股权结构的查验，本所律师认为，黄河三角洲不属于私募投资基金。

2. 本所律师核查了公司工商档案、发起人协议、股权转让协议、历次股东会和股东大会会议文件以及公司股东出具的承诺函，经核查，公司股东未与第三方签订不利于所持有公司股份稳定的任何协议或条款（包括但不限于：代持、业绩对赌、利润保证、股份回购等）。

综上，本所律师认为，公司引入机构投资者不存在与公司对赌或其他投资安排。

专家点评

私募投资基金或私募投资基金管理人作为挂牌公司的股东必须按照《私募投资基金监督管理暂行办法》及《私募投资基金管理人登记和基金备案办法（试行）》等相关法律法规履行登记备案程序。职工持股平台并非私募投资基金，不用履行登记备案程序。

【案例11】存在国企职工当股东的情况——智远科技（股票代码：836837）

企业背景

珠海智远电气科技有限公司位于珠海高科技产业集群地——珠海清华科技园区，

专注于电力系统电能质量产品的研发、设计、生产、销售和服务。目前，主要业务包括电力系统专业测评和服务、电力系统谐波治理服务、电力系统无功补偿服务、智能化电网接入服务以及私人定制化智能电气设备等。

焦点问题

罗清的股东适格性。

案例解读

公司股东罗清2002年8月至今任广州铁路集团公司长沙收入稽核所审核会计。

本所律师核查了罗清的身份证明文件，与罗清本人进行了访谈，查阅了工商登记资料以及其成为公司股东时的《股权转让合同》、广州铁路集团公司人事处出具的《关于罗清持股问题的说明》以及我国法律法规对持股资格的限制性规定等。

经核查：

1. 根据《国资委关于实施<关于规范国有企业职工持股、投资的意见>有关问题的通知》(国资发改革〔2009〕49号)中所规定的“企业中层以上管理人员是指国有企业的董事会成员、监事会成员、高级经营管理人员、党委（党组）领导班子成员以及企业职能部门正副职人员等”的规定，罗清在广州铁路集团公司长沙收入稽核所担任审核会计职务，不属于国有企业中层以上管理人员。

2. 根据广州铁路集团公司长沙收入稽核所出具的说明：“本所罗清同志（性别：女；身份证号：430102196503020528）在本所从事专职会计工作，担任副主任科员，不属于国资委禁止对外持股的中层以上管理人员。”

据此，本所认为，股东罗清虽然在广州铁路集团公司长沙收入稽核所担任审核会计，但是其国企员工的身份并不属于国资委相关规定中禁止持股的“中层以上管理人员”，罗清的股东适格性合法、合规。

专家点评

国资委禁止对外持股的中层以上管理人员成为公司股东。

【案例 12】高校教师入股的情况——依能科技（股票代码：836803）

企业背景

成都依能科技股份有限公司是一家专注于数字化学习领域的高新技术企业、软件企业，同时也是四川省软件行业协会常务理事单位。依能公司致力于数字化学习相关产品、辅助工具的开发、应用和推广，以推动人类的教育革命为目标。公司前身是教育部现代远程职业教育资源开发基地、软件研究中心，也是高等教育出版社的教育软件开发基地。

案例解读

自依能有限设立至今，罗辉一直为四川农业大学旅游学院教师，未担任该学院及该校领导职务；2015 年 9 月 25 日，四川农业大学旅游学院出具《情况说明》："我院不反对罗辉及罗丽萍在外投资设立公司/合伙企业及在外任职。"

本所律师认为，现行《中华人民共和国教师法》《关于加强高等学校反腐倡廉建设的意见》等相关法律法规、规范性文件均未明确禁止教师对外投资，仅规定直属高校党政领导班子成员不得再校内外其他经济实体中兼职；同时，经本所律师查阅《教育部关于积极发展、规范管理高效科技产业的指导意见》（教技发［2005］2 号）、《成都市促进国内外高校院所在蓉协同创新的若干政策措施》（成委办［2014］29 号）等有关规定，该等规定均鼓励高效科研人才积极参与科技成果转化和创业活动；由此，罗辉作为高校教师，未担任高校领导职务，其对外投资并任职的行为并不违反有关法律法规及规范性文件的规定；另外，根据四川农业大学旅游学院出具的上述《情况说明》以及罗辉出具的说明文件，罗辉对外投资、任职不影响其在学校的正常教育教学工作，亦获得了所在学院的认可，合法、有效。

专家点评

有关法律法规及规范性文件并不禁止一般高校教师对外投资并任职，但如果属于参照公务员序列管理的事业单位人员，则并不能对外进行投资，其法律依据是《公务员法》第一百零六条：法律、法规授权的具有公共事务管理职能的事业单位中除工勤人员以外的工作人员，经批准参照本法进行管理。

【案例13】证券公司间接持股的情况——博润通（股票代码：831252）

核心知识点

根据《全国中小企业股份转让系统主办券商推荐业务规定》第三十三条规定，存在下列情形之一的，主办券商不得推荐申请挂牌公司股票挂牌："（一）主办券商直接或间接合计持有申请挂牌公司百分之七以上的股份，或者是其前五名股东之一；（二）申请挂牌公司直接或间接合计持有主办券商百分之七以上的股份，或者是其前五名股东之一；（三）主办券商前十名股东中任何一名股东为申请挂牌公司前三名股东之一；（四）主办券商与申请挂牌公司之间存在其他重大影响的关联关系。主办券商以做市目的持有的申请挂牌公司股份，不受本条第一款限制。"

企业背景

武汉博润通数码科技有限公司成立于2010年3月18日，专注于动漫运营模式创新探索和动漫制作"新工艺、新技术"研发应用，是集动画片出品、制作、运营、3G新媒体内容供应于一体的科技型动漫公司。

焦点问题

天风汇盈壹号（武汉）创业投资中心对公司进行投资是否符合主办券商推荐业务相关规定。

经本所律师核查，天风汇盈壹号（武汉）创业投资中心（有限合伙）（以下简称"汇盈壹号"）系由天风天睿投资有限公司（以下简称"天睿投资"）、天风天睿汇盈（武汉）投资管理有限公司（以下简称"天睿汇盈"）和深圳市融通资本财富管理有限公司于2014年3月24日在武汉市东湖高新区工商行政管理局登记设立，执行事务合伙人由天风天睿汇盈（武汉）投资管理有限公司委派冯晓明担任；合伙期限：2014年3月24日—2017年3月23日；注册地址：武汉市东湖高新技术开发区关东科技工业园华光大道18号高科大厦4层01室；经营范围：股权投资或股权相关的债权投资，或投资于与股权投资相关的其他投资基金；为客户提供与股权投资相关的投资顾问、投资管理、财务顾问服务（不含国家法律法规、国务院决定限制和禁止的项目；不得以任何方式公开募集和发行基金)。(上述范围中依法须经批准的项目，经相关部门批准后方可开展经营活动)。天睿投资为天风证券的全资子公司，天睿汇盈为天睿投资的控股子公司，天睿投资持有天睿汇盈 65% 的股权。天风证券通过间接持股的方式合计持有汇盈壹号 18. 67% 的股权。

汇盈壹号作为一家独立从事股权投资或股权相关的债权投资等投资业务的专业投资机构，目前持有博润通股份 10% 的股权，为博润通股份第三大股东。天风证券作为主办券商并未直接持有股博润通股份的股权，且通过上述间接持股的方式合计持有博润通股份 1. 867% 的股权，持股比例未超过博润通股份的 7% 。

本所律师经核查认为，天风证券不是博润通股份的前五名股东之一，未直接或间接合计持有博润通股份百分之七以上的股份；博润通股份不是天风证券前五名股东之一，未直接或间接合计持有天风证券百分之七以上的股份；主办券商天风证券的前十名股东中任何一名股东均非博润通股份的前三名股东之一；天风证券除间接持有博润通股份 1. 867% 的股权外，与博润通股份之间不存在其他有重大影响的关联关系。且经过核查，博润通已与天风证券达成后续股票做市意向，即天风证券后续会做为博润通股票做市商，其通过天风汇盈壹号（武汉）创业投资中心持有的博润通股票是以做市为目的，不受《全国中小企业股份转让系统主办券商推荐业务规定》第三十三条第一款规定之限制。

根据上述核查结果，本所律师认为，天风汇盈壹号（武汉）创业投资中心对博润通股份进行投资符合主办券商推荐业务相关规定。

专家点评

为了保证券商作为中介机构的独立性，《全国中小企业股份转让系统主办券商推荐业务规定》规定了四种主办券商不得推荐申请挂牌公司股票挂牌的情形，其实答案很简单，只要不是主办券商，不论谁是持股方，券商可以与有挂牌公司 7% 以上的股权关系。现实中就有这种情况，因为业务不熟，有些主办券商持有挂牌公司 7% 以上股权，申报时才发现有问题，不得已只能更换主办券商。

第二节　基本概念和要求

一、基本概念

这里涉及到的股东适格性主要是指企业在整体变更改制成股份公司的时候作为发起人的身份。适格的股东，即要求公司的股东不存在相关法律法规规定不得或限制成为企业股东的情形。必须是符合法律、法规和规范性文件要求的，不适合当股东的情况如公务员、国有企业领导人员、证券公司从业人员、职工持股会和工会、事业单位（大学、研究所）、县以上妇联、共青团、文联以及各种协会、基金会、会计师事务所、审计事务所、资产评估机构、律师事务所、外商投资性公司或者个人。不符合要求的就必须予以纠正，否则会影响企业的新三板挂牌。

1. 基本规定。

根据《公司法》《证券法》的要求，如果股份有限公司是发起设立的，发起人必须符合以下要求：有2人以上、200人以下为发起人，其中须有过半数的发起人在中国境内有住所；公司股东在新三板挂牌过程中应当符合该条件，并不违反其他法律法规的限制性条款。

发起人是指依照有关法律规定订立发起人协议，提出设立股份有限公司申请，认购公司股份，并对公司设立承担责任的人。发起人应具有完全的民事行为能力和民事责任能力，独立地承担民事责任。

根据《民法通则》《公司法》等法律、法规的规定，股份有限公司发起人应当具备以下资格：

（1）能独立地承担民事责任的自然人。但外商投资股份有限公司的中方发起人不得为自然人；

（2）企业法人；

（3）除法律、法规禁止其从事投资和经营活动之外，事业单位和社会团体法人，具备企业法人条件的，应当先申请企业法人登记，才可作为发起人；

（4）出资额已缴足、已经完成原审批项目、已经开始缴纳企业所得税的外商投资企业可以作为发起人；

（5）具备法人的条件并经依法登记为法人的农村集体经济组织具有发起设立股份

有限公司的资格；

（6）个人独资企业、职工持股会组织等因不具备法人资格而不能成为发起人；

（7）党政机关、司法行政部门以及党政机关主办的社会团体不能作为股份公司的发起人。会计师事务所、审计事务所、资产评估机构、律师事务所不得作为投资主体成为股份公司的股东。基金会不能投资设立企业；

（8）其他组织，法律、法规另有规定的除外。

2. 公司股东中不能有法律禁止和限制担任股东的人员；如公检法机关人员、国家公务员等是不允许从事商业经营活动的。如根据《国家公务员暂行条例》规定，国家公务员不得经商、办企业以及参与其他盈利性的经营性活动。新三板挂牌企业的股东中存在公检法机关人员、国家公务员的，应当在有限责任公司进行整体变更成股份公司之前进行清理，通常的做法是将其持有的股份转让给无法律禁止或者限制担任股东的人员或者其放弃公职，如果该股东持有拟新三板挂牌企业的股份数额达到相当的数量，其转让股份的行为会影响到公司的实际控制人发生变化，则其必须放弃公职。

二、股东适格性问题需要关注的要点

股东适格是企业在新三板挂牌首要解决的问题，全国中小企业股份转让系统公司发布的《挂牌审查一般问题内核参考要点（试行）》第 1. 1 点关于股东主体适格，需要主办券商及律师就“股东是否存在或曾经存在法律法规、任职单位规定不得担任股东的情形或不满足法律法规规定的股东资格条件等主体资格瑕疵问题”进行核查并对公司股东适格性发表明确意见。

现我们对有关于股东适格的法律法规进行梳理，以备查阅：

序号	身份	是否禁止成为公司股东	法律法规
1	公务员	禁止	《公务员法》第五十三条第十四款规定，“公务员必须遵守纪律，不得从事或者参与营利性活动，在企业或者其他营利性组织中兼任职务”。
2	党政机关的干部和职工	禁止	根据《关于严禁党政机关和党政干部经商、办企业的决定》以及《关于进一步制止党政机关和党政干部经商、办企业的规定》，国家机关法人的干部和职工，除中央书记处、国务院特殊批准的以外，一律不准经商、办企业。因此，国家机关法人的干部和职工不得投资公司成为股东。《中国共产党党员领导干部廉洁从政若干准则》第二条规定，禁止私自从事营利性活动，不准个人或者借他人名义经商、办企业。

续表

序号	身份	是否禁止成为公司股东	法律法规
3	处级以上领导干部配偶、子女	有条件禁止	根据中央纪委《关于"不准在领导干部管辖的业务范围内个人从事可能与公共利益发生冲突的经商办企业活动"的解释》（中纪发［2000］4号）、《关于省、地两级党委、政府主要领导配偶、子女个人经商办企业的具体规定（试行）》（中纪发［2001］2号）和各地市纪委《关于区、县党政机关局级领导干部的配偶、子女不准在领导干部管辖的业务范围内投资兴办可能与公共利益发生冲突的企业。
4	县以上党和国家机关退（离）休干部	禁止	《中共中央办公厅、国务院办公厅关于县以上党和国家机关退（离）休干部经商办企业问题的若干规定》明确禁止县级以上党和国家机关退的（离）休干部，不得兴办商业性企业。
5	国有企业领导人	有条件禁止	《国有企业领导人员廉洁从业若干规定》第五条规定，国有企业领导人员不得有利用职权谋取私利以及损害本企业利益的下列行为：（1）个人从事营利性经营活动和有偿中介活动，或者在本企业的同类经营企业、关联企业和与本企业有业务关系的企业投资入股
6	国企领导人配偶、子女	有条件禁止	《国有企业领导人员廉洁从业若干规定》第六条规定，国有企业领导人员应当正确行使经营管理权，防止可能侵害公共利益、企业利益行为的发生。不得有下列行为： 国有企业领导人员的配偶、子女及其他特定关系人，在本企业的关联企业、与本企业有业务关系的企业投资入股。
7	现役军人	禁止	《中国人民解放军内务条令》第一百二十七条规定，军人不得经商，不得从事本职以外的其他职业和传销、有偿中介活动，不得参与以营利为目的的文艺演出、商业广告、企业形象代言和教学活动，不得利用工作时间和办公设备从事证券交易、购买彩票，不得擅自提供军人肖像用于制作商品。
8	银行工作人员	不明确	《银行业金融机构从业人员职业操守指引（2011版）》等未做明确禁止，但有些商业银行有内部规章约束。
9	在职教师	允许	《教师法》和《教师职业道德规范》未禁止教师成为公司股东。
10	未成年人	允许	国家工商行政管理总局于2007年6月25日《关于未成年人能否成为公司股东的答复》（工商企字131号）：《公司法》对未成年人能否成为公司股东没有作出限制性规定。因此，未成年人可以成为公司股东，其股东权利可以由法定代理人代为行使。"
11	家庭成员	允许	家庭成员共同出资设立有限责任公司，必须以各自拥有的财产作为注册资本，并各自承担相应的责任，登记时需提交财产分割的书面证明或者协议。
12	国有企业职工	有条件禁止	《关于规范国有企业职工持股、投资的意见》
13	职工持股会和工会	禁止	《中国证券监督管理委员会法律部关于职工持股会及工会持股有关问题的法律意见》（法协字［2002］第115号），其二、在民政部门不再接受职工持股会的社团法人登记之后，职工持股会不再具备法人资格，不再具备成为上市公司股东及发起人的主体资格，而工会成为上市公司的股东与其设立和活动的宗旨不符

续表

序号	身份	是否禁止成为公司股东	法律法规
14	分公司	禁止	有限责任公司或股份有限公司可以对公司制企业、集团所有制企业投资，但其所设立的分公司不能对外投资。
15	一人公司	有条件允许	一人有限公司原则上可以成为公司的股东；自然人只能投资设立一个一人有限公司，而且该一人有限公司不能投资设立新的一人有限公司。
16	商业银行	有条件允许	商业银行原则上不能成为非金融机构的股东，但国家另有规定的除外，如司法判决或抵押质押等不属于主动投资行为。
17	被吊销营业执照的公司	允许	拟上市股东被吊销营业执照，但其法人资格并未就此消亡，营业执照的吊销只说明其丧失了经营资格，其法人资格依旧存在，因此不影响其对股份的持有。但因为营业执照被吊销，可能存在法人资格丧失的风险，由此导致股权的不确定性。因此拟上市鉴于股权的稳定性考虑，若出现被吊销营业执照的法人股东，还是建议转给他人。
18	非营利性非企业法人	有条件允许	总体上来说，机关法人、社会团体法人、事业单位法人等非企业法人都可以投资设立有限责任公司、股份有限公司和外商投资企业等。但是一般来说，国家政府性质的非盈利性的非企业法人不具备股权投资的主体资格。
19	基金公司	允许	未作禁止性规定
20	个人独资企业	允许	个人独资企业可以作为有限公司的股东，并可设立分支机构。不得投资设立非公司企业法人
21	外商投资企业	允许	出资额已缴足、已经完成原审批项目、已经开始缴纳企业所得税的外商投资企业可以作为发起人。
22	合伙企业	允许	合伙企业可以作为有限公司的股东，并可以设立分支机构。
23	中介机构	禁止	会计师事务所、审计事务所、律师事务所和资产评估机构不能作为其他行业股份有限公司的发起人。
24	事业单位	禁止	《中央行政事业单位国有资产管理暂行办法》第二十九条规定，各部门行政单位和参照公务员法管理的单位，不得将国有资产用于对外投资。其他事业单位应当严格控制对外投资，不得利用国家财政拨款、上级补助资金和维持事业正常发展的资产对外投资。
25	高校	禁止	教育部发布了《教育部关于积极发展、规范管理高校科技产业的指导意见》（教科发［2005］2号文），该文对部属高校做出了如下规定：高校除对高校资产公司进行投资外，不得再以事业单位法人的身份对外进行投资。
26	社会团体法人	允许	除法律法规禁止其从事的投资和经营活动之外，社会团体法人可以成为上市公司发起人。
27	村民委员会	允许	未作禁止性规定

第三章　股权的十七个问题

【案例1】股权代持的解决——朋万科技（股票代码：836011）

【案例2】以公证方式解决代持几百人的特殊案例——淮河化工（股票代码：832263）

【案例3】非股份代持零对价转让——春秋鸿（股票代码：831051）

【案例4】大比例股权质押的案例——千叶珠宝（股票代码：833585）

【案例5】关注股权质押的合法合规性——龙福环能（股票代码：833766）

【案例6】担忧无法偿还贷款而导致股权稳定性的案例——中晟光电(股票代码：831504)

【案例7】关于对赌协议的核查——宝藤生物（股票代码：835720）

【案例8】担心对赌影响股权明晰条件的案例——网信联动（股票代码：833720）

【案例9】子公司股权回购条款和抵押条款是否会损害到拟挂牌公司和债权人利益的情形——奥伦德(股票代码：832016)

【案例10】以股权抵债的案例——迪尔化工（股票代码：831304）

……

第一节　典型案例

股东及由此形成的股权属于挂牌主体资格问题，而主体资格符合法律、法规和规范性文件的规定是企业新三板挂牌的最基本条件。法律、法规要求拟新三板挂牌企业在实际控制人和控股股东、主要资产和业务、主要管理层构成方面具有稳定性，并且股东对公司的出资以及因出资而形成的股权具有确定性，不存在瑕疵和潜在的纠纷或风险。

【案例1】股权代持的解决——朋万科技（股票代码：836011）

企业背景

成都朋万科技股份有限公司成立于2011年7月，自成立至今，公司坚定地以打造具有影响力的精品游戏作为研发理念。

焦点问题

股权代持是中国证监会、股转中心的红线，绝对不允许，新三板挂牌条件中明确规定拟挂牌企业的股权要明晰，不能存在股权纠纷或者潜在纠纷，股权代持显然不符合要求，但是在实务中代持又是普遍存在的情况，那如何解决代持则成为需要关注的要点。

（一）股权代持的具体情况

孟书奇系投资者，认为成都朋万科技有限公司的发展前景广阔，与其主要股东发展理念相符，拟对公司进行战略投资。2013年11月10日，孟书奇与成都朋万科技有限公司原股东刘刚、张勇、孙超、肖毅、孙欣鑫、李毅签订《投资协议书》，约定孟书奇以货币方式投资成都朋万科技有限公司37.2万元，占公司注册资本的31%。孟书奇仅进行战略投资，不参与公司实际经营和管理，表决权全部委托给公司执行董事刘刚行使，并承诺不管公司是否改制、是否在新三板挂牌或上市，其表决权委托均不得撤销。投资人只以其投资额为限享有投资收益及承担投资亏损。孟书奇作为隐名股东，其所享有的股权由赵庆彤代持。

2013 年 11 月 20 日，孟书奇与赵庆彤签订《股权代持协议》，委托赵庆彤作为自己对成都朋万科技有限公司出资（实际出资人民币 37.2 万元，占公司注册资本的 31%，享有公司 31% 的股权）的名义出资人和名义股东，并代为行使出资人或股东权利。赵庆彤代为行使的权利包括：以自己的名义将受托行使的代持股权作为在公司股东登记名册上具名、在工商机关予以登记、代为收取股息或红利；不包括与股东身份相关的其他权利如出席股东会并行使表决权、以及行使公司法与目标公司章程授予股东的其他权利。

2013 年 11 月 20 日，孟书奇与刘刚签订《表决权委托协议》，将与股东身份相关的其他权利如出席股东会并行使表决权、以及行使公司法与目标公司章程授予股东的其他权利全部不可撤销地委托目标公司股东刘刚（身份证号：51062519761228473X）代为行使。

（二）股权代持的产生及解除

据本所律师核查，深圳市千奇网络科技有限公司（以下简称“千奇网络”）持有成都朋万科技有限公司 9.73% 的股份，千奇网络系深圳第七大道科技有限公司（以下简称“第七大道”）的全资子公司。2010 年 3 月 3 日，孟书奇入股第七大道，第七大道系上海永翀投资中心（有限合伙）（以下简称“永翀投资”）的全资子公司，孟书奇对第七大道出资额为 12238.232 元，持股比例为 1.972%。

2009 年 7 月 1 日，孟书奇与第七大道签订《劳动合同》（合同期限自 2009 年 7 月 1 日起—2011 年 6 月 30 日止）及《员工保密协议》，其中《员工保密协议》第八条约定，孟书奇在职期间，非经第七大道同意，不在与第七大道生产、经营同类产品或提供同类服务的其他企业担任职务，包括股东；员工在离职后仍负有前款义务。

2011 年 5 月 11 日，孟书奇与第七大道再次签订《劳动合同》，期限自 2011 年 5 月 11 日—2015 年 5 月 10 日，职位为首席运营官，有竞业限制的约定。2011 年 5 月 11 日，孟书奇担任第七大道董事。2013 年 5 月 30 日，孟书奇将所持第七大道股权全部转让给北京畅游时代数码技术有限公司并辞去董事职务。2014 年 2 月 29 日，北京畅游时代数码技术有限公司管委会通过公司邮件告知全体员工，孟书奇不再担任首席执行官。

根据2011年4月22日通过的《深圳第七大道科技有限公司章程》第三十一条规定"首席运营官为公司管理层"，第三十八条规定"未经股东同意，管理层不得自营或者为他人经营与所任职公司同类的业务或者损害本公司利益的活动；从事上述业务或活动的，所有收入应当归公司所有"。

第七大道于2013年5月1日通过、经工商部门备案的《深圳第七大道科技有限公司章程》，将2011年4月22日通过的《深圳第七大道科技有限公司章程》第三十八条改为第三十三条，规定管理层不得自营或为他人经营与所任职公司同类的业务，否则所有收入归公司所有。

2013年12月13日，第七大道出具《关于批准孟书奇投资成都朋万科技有限公司的股东会决议》，决议如下："经公司全体股东讨论一致同意豁免孟书奇公司章程规定第三十三条：'未经股东同意，管理层不得自营或者为他人经营与所任职公司同类的业务或者损害本公司利益的活动；从事上述业务或活动的，所有收入应当归公司所有'义务，且准予孟书奇投资成都朋万科技有限公司，成为其股东"。2013年11月20日，孟书奇采用让赵庆彤代持的方式投资朋万科技有限。

根据对孟书奇的访谈，虽然第七大道与朋万科技都是从事游戏行业的公司，但实际上所从事的领域不同，不存在竞争。具体而言，第七大道是回合制网页游戏研发商，朋万科技是ARPG网页游戏研发商。回合制网页游戏和ARP网页游戏有着本质的区别，两种类型的游戏研发商在游戏设计理念积累和对市场的把握上都需要足够的积淀，很难有一家游戏研发商能同时做好不同类型的网页游戏。而且，第七大道既没有经营，也未打算经营ARPG网页游戏。因此，事实上两家公司不存在竞争，孟书奇入股朋万科技也不构成违约。但是，为了避免嫌疑，孟书奇请赵庆彤代为持股。

2014年2月19日，北京畅游时代数码技术有限公司群发邮件通知所有员工解除竞业限制。

2014年3月5日，第七大道与孟书奇签订《关于取消离职竞争限制义务的协议书》，双方确认并同意就孟书奇于录用及续签之时与第七大道签署的劳动合同、员工保密协议及其他相关协议或合同中约定的，以及第七大道各项规节制度的关于孟书奇在职期间及离职后竞业限制义务的相关内容在本协议书生效后立即失效。自签署本协议书之日起，无论因何事由，孟书奇无需向第七大道履行任何竞业限制义务。基于双方对竞业限制义务的取消确认，孟书奇同意并确认离职后不会就竞业限制补偿向第七大道提出任何仲裁、诉讼主张。该协议已于2014年3月5日生效。

2014 年 6 月 17 日，孟书奇与赵庆彤签订《股权代持解除协议》，解除双方的股权代持关系，在本协议签订之日起三日内将赵庆彤代持的股权全部变更登记到孟书奇名下，所需税费由孟书奇承担，孟书奇不向赵庆彤支付任何费用，双方不存在纠纷或潜在纠纷。

2015 年 9 月 14 日孟书奇出具《关于股权代持解除情况的承诺函》，承诺如下：

1. 本人与赵庆彤就公司股权的代持安排已完全解除，本人与赵庆彤未因代持事项存在纠纷或潜在纠纷；

2. 本人目前持有的公司股权权属清晰，不存在代持或其他权利安排；

3. 自 2013 年 3 月 5 日后，本人不存在负担任何竞业限制义务以至于不可入股公司的情形；

4. 本人未因入股公司而与第七大道或其他法律主体产生纠纷，如因入股公司而导致本人被起诉、被请求赔偿或产生法律纠纷的，所有法律责任将由本人承担，如因前述原因导致公司损失的，所有损失将由本人负责赔偿"。

根据本所律师的核查和对相关人员的访谈，以及相关人员出具的书面承诺函，至此，公司不存在任何形式的股权代持。孟书奇投资朋万科技的行为不存在对第七大道的违约，正因为如此，第七大道于 2013 年 12 月 13 日出具了《关于批准孟书奇投资成都朋万科技有限公司的股东会决议》；2014 年 3 月 5 日，第七大道与孟书奇签订《关于取消离职竞争限制义务的协议书》。决议豁免了孟书奇竞业限制义务，对其投资行为予以追认，该豁免范围的起始期间应当自孟书奇投资朋万科技的行为发生之时，即 2013 年 11 月 10 日。同时双方签署的《关于取消离职竞争限制义务的协议书》也明确表示自签署本协议书之日起，无论因何事由，孟书奇无需向第七大道履行任何竞业限制义务，孟书奇离职后不会就竞业限制补偿向第七大道提出任何仲裁、诉讼主张。

综上所述，本所律师认为，第七大道实质上已经明确表示放弃追究 2013 年 11 月 10 日—2013 年 12 月 13 日，即代持期间至竞业限制义务豁免期间孟书奇的责任。因而，未来第七大道、朋万科技与孟书奇之间不会因此存在纠纷或潜在纠纷，朋万科技股权清晰，孟书奇在投资朋万科技有限时，其投资行为、股权及股东身份不存在纠纷或潜在纠纷，不会对公司挂牌造成实质性障碍。

专家点评

股份代持有其存在的现实意义，如果没有挂牌的打算，股份代持根据《合同法》《信托法》的规定并不必然导致无效，但如果到新三板进行挂牌，“股权清晰”是挂牌的前提条件，公司股东股份代持必须得到解除。代持的解除包括以下三个步骤：一是股份代持的形成，这个需要法律文件来支撑，例如《股份代持协议书》、银行资金流水等；二是股份代持解除的过程，一般建议使用《股份转让协议》和《股份代持解除协议书》来办理，《股份转让协议》签署后进行工商变更登记，股东变更登记完成后签署《股份代持解除协议书》；三是在挂牌前在中介机构的主导下就公司历史上存在的股份代持及解决，进行访谈，形成《访谈笔录》，当事人于《确认函》中确认对目前的股权架构没有异议。

【案例 2】以公证方式解决代持几百人的特殊案例——淮河化工（股票代码：832263）

企业背景

江苏淮河化工有限公司隶属于中国化工集团公司，是一家以合成氨、硝酸为基础，以硝化、加氢为特色的化工中间体生产企业。有机、无机类产品配套成龙、互为依托。拥有各类专业技术人员百余名，建有省级企业技术中心，通过 ISO 9001 质量体系认证，并拥有自主经营进出口权。

1. 经本所律师核查：

（1）淮河化工设立时存在股权代持现象，登记在郭富强、张晓玲、邓成刚、吴长庚、王雪礼名下的淮河化工股份系其自身所有，孙先德等其余 6 名自然人股东作为李少冰等 485 名员工股东的持股代表，登记为淮河化工的股东。淮河化工设立时，其员工股东实际持股情况如下：

（表略）

（2）自 2004 年设立至 2010 年 3 月期间，淮河化工实际股东之间发生了如下股份转让：

①股份转让方及转让股份情况：

序号	姓名	转让股份数（股）	截至2010年3月持股数（股）

（表略）

②股份受让方及受让股份情况：

序号	姓名	转让股份数（股）	截至2010年3月持股数（股）

（表略）

③经上述股份转让，截至2010年3月29日，淮河化工员工股东股东实际持股情况如下：

序号	姓名	持股数（股）	持股比例（%）

（表略）

前述股份转让发生时，股份转让双方并未签订股权转让协议，但经本所律师核查，上述股份转让方申请不再成为公司股东均有书面记载，股份转让方亦签字确认其已收到股份转让价款，本所律师对其中23名股份转让方进行了访谈，访谈对象均确认其股份形成、转让情况属实，且已收到全部股份转让款项，目前不持有或委托他人持有公司股份，与公司及公司现有股东之间不存在股权方面争议或纠纷。

（2）2010年3月29日，公司召开二届二次职工代表大会，审议通过了《关于内部职工股整合的方案》。根据整合方案，除公司在岗中高层管理人员外，其他382名员工股东将其实际持有股份共14,561,303股转让给33名在岗中高层管理人员。

2010年3月30日，上述员工股东与孙先德、张学凯、唐君、金锐、陈鸿、陶传义等6名持股代表签订《授权委托书》，自愿转让本人实际持有的全部股份，并授权受托人代为办理相关股权转让事宜。

2010年4月2日，6名持股代表与27名在岗中高层管理人员签署了《股份转让合同》。本次股份转让的具体情况如下：

受让人姓名	受让前持股数（股）	受让股份数（股）	受让后持股数（股）

（表略）

淮南市求是公证处对上述职工代表大会、《授权委托书》和《股份转让合同》进行了公证，并出具了相应的《公证书》。

2010年4月23日，淮河化工召开2010年第一次临时股东大会，审议通过了《关于修改公司<章程>的议案》，对章程中股东持股情况作相应修改，该章程已在安徽省工商局办理了备案手续。至此，淮河化工已不存在委托持股情形。

2. 基于上述事实，本所律师认为：

（1）淮河化工设立时存在委托持股关系，且委托持股现象一直持续至2010年3月，但根据前述事实以及本所律师对部分股权转让方的访谈，在相关委托持股关系的形成及演变过程中，相应的股东权利和义务归属清晰明确，委托方和受托方未因股权代持发生纠纷，也不存在任何潜在纠纷。截至2010年4月，该等委托持股情形得到彻底清理和规范，相关各方在淮河化工中的实际持股数和持股比例得以还原，不会出现因委托持股的规范清理而引起的权益纠纷。因此，淮河化工历史沿革中存在的委托持股现象，不会对发行人本次挂牌构成实质性法律障碍。

（2）淮河化工设立及历次股权变动真实、合法、有效。

3. 根据淮河化工股东承诺和本所律师核查，截至本法律意见书出具日，淮河化工股东所持有的淮河化工股份均不存在质押情形，也不存在被冻结及其他争议情况。

综上所述，本所律师认为，公司符合“股权明晰、股份发行转让合法合规”的挂牌条件。

专家点评

就大范围存在股份代持及清理的问题，其难点在于整个清理过程的真实性与合规性，以公证的方式解决大范围存在股份代持及清理是一个很好的思路。在我们国家公证具有很强的证明效力，公证文件一出，其他文件的证明效力减弱。当然，考虑到现实的风险，并不是所有的公证机构愿意对此问题进行公证。

【案例3】非股份代持零对价转让——春秋鸿（股票代码：831051）

企业背景

春秋鸿文化投资公司成立于2005年12月，以影视投资为核心业务，与明星经纪（春秋鸿演艺经纪公司）、娱乐行销（春秋天下娱乐行销公司）、传统广告（绎春秋广告公司）形成产业互动格局。

焦点问题

请公司补充披露2011年公司五名股东将股权无偿转让给实际控制人的过程中，交易对价为0元的原因。是否存在股权代持及解除代持的情况，公司股权结构是否清晰，是否存在潜在股权纠纷。

（一）2011年公司五名股东将股权无偿转让给实际控制人的过程中，交易对价为0元的原因

根据公司的说明，以上股权无偿转让的原因为：绎春秋的股东原为刘岩、王晓临，在上述股权转让的同时，刘岩、王晓临分别与春秋鸿签署了《股权转让协议》，分别将其持有的绎春秋75%、25%的股权全部无偿转让给春秋鸿，从而使绎春秋成为了春秋鸿的全资子公司。

在上述绎春秋成为春秋鸿子公司的过程中，刘岩和王晓临向春秋鸿无偿投入了绎春秋的全部股权，而此时春秋鸿的其他股东并未相应增加出资，春秋鸿其他股东的股权比例应当得到稀释，基于以上，李永良、王明东、孙炜、杨向阳、赵文经协商一致同意分别将其所持公司部分股权无偿转让给了刘岩，以达到股权比例相应调整的目的。

（二）是否存在股权代持的情况

根据公司的说明，本次股权转让不存在股权代持和解除代持的情况。针对上述股权转让的情况，为避免转让方与受让方潜在的争议和纠纷，转让方和受让方已经签署了《确认函》，确认上述股权转让为真实意愿，本次股权转让行为真实、合法、有效。转让方与受让方就上述股权的权属不存在任何现实和潜在的争议和纠纷，也不存在股权代持的情况。

综上，本次股权转让0对价的情况存在合理理由，根据转让方与受让方签署的《确认函》，本次股权转让不存在任何现实和潜在的争议和纠纷，也不存在股权代持的情况。

本次股权转让已经履行了必要的法定程序，并办理了工商变更登记手续。据此，本所律师认为，公司股权结构清晰，不存在争议和纠纷。

专家点评

股份代持解决中，通过0对价的股权转让方式完成股份代持清理，是一种比较常见的形式，但是没有股份代持也是用这种零对价来进行交易，有些难理解。可以这么认为，公司部分股东拿自己其他公司的股权无偿给了公司，公司其他股东得到利益，其他股东作为补偿，将自己持有另外公司的股份无偿转让给前者股东。

【案例4】大比例股权质押的案例——千叶珠宝（股票代码：833585）

企业背景

千叶珠宝是北京市千叶珠宝股份有限公司旗下的品牌。千叶珠宝成立于2001年，是集珠宝款式设计、制作工艺研发、钻石贸易及零售业务为一体的综合专业珠宝品牌。

焦点问题

股权质押是否可能导致公司控制权发生变化、是否影响公司持续经营能力。

案例解读

公司披露，公司约有56.0815%的股份设置了质押。

（一）尽调过程

本所律师查阅了控股股东、实际控制人控制的相关企业的工商资料、相关的借款合同及担保合同、相关方出具的声明承诺等制度文件。

（二）事实依据

1. 千叶珠宝的全套工商注册登记文件。
2. 相关借款合同、授信协议及（反）担保合同。
3. 资金还款凭证。
4. 林明杰、雁舞之合、合众劲旅出具的相关说明。

（三）分析过程

1. 公司股权质押担保债权的情况。

（1）林明杰股权质押过程。

2014年7月4日，根据公司实际控制人林明杰与北京市文化科技融资担保有限公司（以下简称“文科担保”）签订的《股权质押反担保合同（综合授信）》（合同编号：WKD2014字第C0034－1号），林明杰将其当时持有的公司10%的股权和其在质押存续期间内所产生的孳息及派生权益质押给文科担保。此笔质押已于2014年7月10日在北京市工商局东城分局办理股权质押登记手续。

2014年11月15日，根据公司实际控制人林明杰与文科担保签订的《股权质押反担保合同（综合授信）》（合同编号：WKD2014字第C0121－1号），林明杰将其当时持有的公司4%的股权和其在质押存续期间内所产生的孳息及派生权益质押给文科担保。此笔质押已于2014年11月20日在北京市工商局东城分局办理股权质押登记手续。

2014年12月5日，根据公司实际控制人林明杰与文科担保签订的《股权质押反担保合同（综合授信）》（合同编号：WKD2014字第C0158－1号），林明杰将其当时持有的公司3%的股权和其在质押存续期间内所产生的孳息及派生权益质押给文科担保。此笔质押已于2014年12月17日在北京市工商局东城分局办理股权质押登记手续。

2015年3月26日，根据公司实际控制人林明杰与招商银行股份有限公司北京朝外大街支行（以下简称“招商银行”）签订的《最高额质押合同》（合同编号：2015朝外授005号），林明杰将其当时持有的公司30%的股权及其所生孳息质押给招商银行。此笔质押已于2015年3月24日在北京市工商局办理股权质押登记手续。

（2）合众劲旅、雁舞之合股权质押及注销过程。

2015年2月11日，根据公司股东雁舞之合、合众劲旅分别与文科担保签订的《股权质押担保合同》（合同编号：WKD2015字第C0018－1号和WKD2015字第C0018－2号），雁舞之合和合众劲旅将其分别持有的当时公司4.8211%的股权和4.3209%的股权和其在质押存续期间内所产生的孳息及派生权益质押给文科担保。此两笔质押已于2015年2月12日在北京市工商局办理股权质押登记手续。

上述两笔股权质押已于2015年7月6日在北京市工商局办理股权质押注销登记手续。

2. 公司股权质押担保债权的履约情况。

经核查，截至本补充法律意见书出具之日，公司依约按时支付利息，主债务履行正常，不存在违约情形。

（四）结论意见

经核查，相关股东以所持公司股权质押担保的公司贷款债务，公司作为主债务人均正常履行债务，未发生违约情形。根据《审计报告》及公司的说明，公司的财务状况良好，具备偿还上述债务的能力，债权人对上述股权质押行权的可能性较小，因此上述股权质押情形不会导致公司实际控制人发生变化，不会对公司持续经营产生重大不利影响，公司符合“股权清晰”“具有持续经营能力”的挂牌条件。

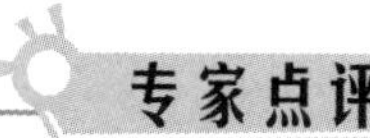

专家点评

公司股权质押可能导致公司股权变化，从而给公司挂牌带来不确定性。从另一个角度考量，公司股权能够质押给银行，说明公司的质的还是不错的。应重点考察挂牌前还在生效的质押合同，毕竟不再履行的质押合同对公司的股权不会造成影响。

【案例5】关注股权质押的合法合规性——龙福环能（股票代码：833766）

企业背景

龙福环能科技股份有限公司是一家以资源循环利用为主营业务、节能环保低碳型的化纤纺织企业，建成了世界唯一一条从废旧聚酯回收、瓶片清洗加工、纺丝到工艺美术纺织品织造一条龙的循环经济产业链，再生涤纶长丝产品广泛应用到工业和民用等多个领域，带动发展了一批以再生涤纶毛毯为主导，包括地毯、装饰布、传送带、服装面料在内的产业集群。

焦点问题

（1）股权质押程序的合法合规性；（2）结合公司财务状况，测算并说明对上述股权质押的行权可能性，及所对应债务的偿还能力；（3）公司股权权属是否明晰，是否存在潜在纠纷，是否存在公司控制权发生变化的风险、是否影响公司持续经营能力。

案例解读

2015 年 1 月 6 日，段建国将本公司 1800 万股进行了股权质押。

经查验，2014 年 12 月 19 日，公司股东段建国与天津物产化轻国际贸易有限公司（以下简称“物产化轻公司”）签订《股权质押协议》，该协议约定：段建国将持有公司的 1800 万股股份质押给物产化轻公司，就公司与物产化轻公司的 10，000 万元债务提供担保。

2015 年 1 月 6 日，协议双方就上述股权质押事项在滨州市工商行政管理局进行了股权出质登记。滨州市工商行政管理局于当日出具《股权出质设立登记通知书》（滨工商股质登记设字【2015】第 0001 号），内容如下：质权登记编号：37160020151126511；出质股权数额：1800.0 万元（股）；出质人：段建国；质权人：物产化轻公司。

综上所述，本所律师认为股权质押双方签订了《股权质押协议》，履行了登记备案程序，上述股权质押程序符合法律法规的要求。

根据公司提供的书面说明，公司近几年为应对化纤市场的低迷，扩展毛毯业务，产业链拉长造成流动资金占用增加，资产负债率偏高。但公司在银行信誉良好，形成了稳定的合作关系，近期工商银行的长期借款也已到位。公司已于 6 月初和 7 月初向物产化轻公司各归还了 1000 万元，未对公司流动资金形成大的影响。后续款项公司计划每月还款。通过核查公司负债项目期后明细账，截至 2015 年 7 月 31 日，公司负债的偿还情况如下：

（单位：元）

项目	2015 年 4 月 30 日余额	增加	减少		2015 年 7 月 31 日余额
			偿还	其他减少	
短期借款	581，065，320.48	264，357，221.99	319，843，632.76		525，578，909.71
应付票据	347，200，000.00				347，200，000.00
应会账款	115，969，378.98		3，456，891.23		112，512，487.75
其他应付款	164，318，492.76		25，784，230.45		138，534，262.31
长期借款	50，000，000.00	80，000，000.00			130，000，000.00
长期应付款	12，500，000.00		2，500，000.00		10，000，000.00
递延收益	24，366，833.39			859，749.99	23，507，083.40
其他负债项目	15，877，879.19		2，109，646.65		13，768，232.54
合计	1，311，297，904.80	82，520，643.88	87，227，532.45	859，749.99	1，301，100，975.71

如上表所示，公司 2015 年 4 月 30 日—7 月 31 日共偿还负债87,227,532.45元。根据上述还款情况，根据公司提供的说明公司资产负债率持续较高，但随着公司运营效率的提高，公司能够通过经营活动获取充足的现金，满足公司到期债务的偿付义务，质权人行使质权的可能性不大。

根据公司出具的书面承诺及本所律师对公司股东的访谈，公司股东段建国将 1800 万股份质押给物产化轻公司，并已办理了股权质押登记，截至本补充法律意见书出具日尚未解除。除上述股权质押事项外，公司的其他股东不存在质押或其他任何形式的转让限制情形，也不存在任何形式的股权权属纠纷或潜在纠纷，公司股权明晰，权属明确。段建国现持有公司 7098 万股，如公司不能按期还款，上述质权人行使质权后，段建国持有公司 5298 万股，仍为公司第一大股东，因此公司不存在实际控制权变化的风险，对公司的持续经营能力不构成实质性影响。

专家点评

公司控股股东将股权质押，其目的是为了公司借贷融资的需要，并非为了个人，应予支持。就本案例而言，即使质权人行使质权，公司也不存在实际控制权变化的风险，对公司的持续经营能力不构成实质性影响。

【案例 6】担忧无法偿还贷款而导致股权稳定性的案例——中晟光电（股票代码：831504）

企业背景

中晟光电设备（上海）股份有限公司于 2011 年 5 月在上海浦东张江高科技园区成立。公司致力于建立一个以中国为基地，世界领先的高端装备、技术和工艺制成企业，主要为 LED 和电子功率器件等产业提供具有世界先进水平的国产 MOCVD 设备与技术服务。

焦点问题

公司是否向控股股东支付资金使用费及存在其他附属条款、是否存在无法偿还并影响公司股权稳定性的风险，公司是否符合“股权明晰”的挂牌条件。

公司担保贷款余额为人民币200.86万元，公司担保贷款的资金用途为短期流动资金借款用于购货，公司将于贷款到期日偿还贷款。公司具备足够偿还贷款的货币资金（自有资金），截至2014年10月，公司银行现金存款余额超过人民币1000万元，能够按期偿还贷款。公司不存在向控股股东支付资金使用费及存在其他附属条款情形。

本所律师核查后认为，截至本补充法律意见书出具之日，公司具备偿还能力，担保贷款金额较小且贷款及偿还均正常进行，不存在影响公司股权稳定性的风险，公司符合“股权明晰”的挂牌条件。

专家点评

公司对外借贷，大股东以股权质押形式进行担保比较常见，如果公司现金流比较好，负债率比较低的情况下，大股东股权的稳定性还是有保障的。

【案例7】关于对赌协议的核查——宝藤生物（股票代码：835720）

企业背景

上海宝藤生物医药科技股份有限公司成立于2008年，为上海市高新技术企业，用业内最前沿的技术将多组学和疾病的临床信息构建的大数据进行多维的整合分析及深度挖掘，开发并建立各类疾病的精准医学和临床应用产品。公司为国内外医疗机构、集团客户和个人提供肿瘤、心血管疾病、感染类疾病、妇幼疾病和其他疾病的早期筛查、风险评估、精确分型、精准治疗、疗效监控和预后判断等系统化的精准医疗服务。

焦点问题

（1）公司是否为对赌一方；（2）对赌条款是否实际履行；（3）是否影响公司股权稳定性，是否影响公司持续经营，公司股权是否清晰。

经核查，公司股东中的机构投资者为久有投资，游马地投资、东方投资及乐仁堂投资。其中，久有投资与公司存在对赌条款，除久有投资的其他投资者与公司不存在对赌条款，具体如下：

1. 2013年12月，宝藤有限与楼敬伟及久有投资签署了《张家口通泰久有股权投资基金合伙企业（有限合伙）与上海宝藤生物医药科技有限公司及楼敬伟之增资协议》（以下简称“《增资协议》”），上述各方同意本次增资的增资价款（即增资对价）为4000万元，其中宝藤有限新增注册资本555.56万元，其余3444.44万元计入宝藤有限资本公积。同时，本次《增资协议》还约定了上市时间保证及股份回购等对赌条款，具体如下：

“第九条　各方同意，以尽最大努力实现目标公司于2017年12月31日前完成首次公开发行股票并上市为一致目标。”

“第十一条　股份回购

（1）回购的前提条件：①宝藤有限2014年、2015年、2016年年度实现净利润累计总和未能达到人民币6，000万元。②公司存续期间，楼敬伟与宝藤有限解除劳动关系。③公司三分之一以上（含三分之一，或虽不足三分之一但可能对公司正常的生产经营造成严重影响）的核心技术人员与宝藤有限解除劳动关系。若满足以上任意一条，则视为触发回购条款。

（2）回购的年利率为8%。回购对价的金额＝实缴增资价款×（1＋回购年利率）^3－投资方持有宝藤有限股权期间从宝藤生物以现金形式分得的税后股利。

如果宝藤有限触发回购条件，则久有投资有权在触发条件的一个月内，向宝藤有限发出回购通知，要求宝藤有限收购久有投资所持有的宝藤有限全部或部分股权。在签订股权回购协议后30日内支付100%的回购款。”

上述《增资协议》涉及上市时间保证及股份回购等对赌条款，2015年11月27日，上述三方签署了《张家口通泰久有股权投资基金合伙企业（有限合伙）与上海宝藤生物医药科技股份有限公司及楼敬伟之增资协议补充协议（一）》，就上市时间保证及股份回购事宜进行了补充约定，具体如下：

“（1）各方同意《增资协议》中‘第九条、首次公开发行股票并上市’和‘第十一条、股份回购’自始不发生效力，久有投资不得依据其内容向宝藤生物主张权利。

（2）补充协议签订后，除《增资协议》以及补充协议外，各方于补充协议签订之前就上市时间保证和股份回购等相关事项所签署的任何其他协议均自始不发生效力，各方之间不存在任何其他与此内容相关的约定。”

2. 2015年6月，公司分别与上述机构投资者签署了《上海宝藤生物医药科技有限公司增资协议》，具体约定如下：“宝藤有限拟引入特定对象包括但不限于投资者对股份公司进行溢价增资，增资总规模不超过增资后股本20%为准，增资每股价值按人民币 32 元确认。特定对象之增资款部分按股价折算股份后计为股份公司注册资本，增资股份数额 = 增资款除以每股价格 32 元，每股面值 1 元人民币普通股；其余（为增资款减除增资股份数额价值之余额部分）注册资本计入股份公司资本公积。”

经核查，公司与上述机构投资者签订的《增资协议》不存在对赌协议安排及其他投资安排。

3. 经公司及机构投资者确认，截至本法律意见书出具之日，公司与机构投资者不存在对赌协议或其他投资安排；公司与久有投资签署的《增资协议》中公司为对赌一方，但目前该《增资协议》涉及的上市时间保证及股份回购的对赌条款已解除，且自上述协议签订至今，久有投资未按照协议要求公司履行对赌条款。

综上所述，本所律师认为，公司曾经在与久有投资签订的《增资协议》中约定了上市时间保证及股份回购等对赌条款，公司未实际履行过对赌条款，且该对赌条款已解除，不会影响公司股权稳定性，不会影响公司持续经营，公司股权清晰。

专家点评

此前，股转系统通过反馈意见明确表明，如投资者与挂牌公司间存在对赌条款，应予以清理。而对投资者与挂牌公司股东之间的对赌条款，股转系统大多持默许态度。但随着股转系统审核的日益趋严，上述对赌条款的核查标准近日发生了变化：

1. 不能对公司未来的行为进行某种限制。例如：对未来公司增资价格进行限定，不高于本次转让价格；业绩补偿款不够，公司应进行分红。

2. 不得约定领售权、随售权、限售权。领售权：股东未来必须跟随投资者一同出售挂牌公司股份；随售权：股东转让股份时，投资者有权要求一同出售股份；控股股东转让其所直接或间接持有的部分或全部公司股份时，需取得投资者同意。

3. 不能约定一票否决权。即投资者在股东大会或投资者派驻的董事在董事会享有一票否决权。

就本案例而言公司对赌条款已解除，不会影响公司股权稳定性，不会影响公司持续经营，公司股权清晰。

【案例 8】担心对赌影响股权明晰条件的案例——网信联动（股票代码：833720）

企业背景

网信创立于 2001 年，总部现位于深圳市南山区高新技术产业区，是国家级高新技术企业，专门从事无线电通信和信息领域里的技术研究、工程应用、网络规划和性能管理。网信拥有技术团队和自主知识产权的产品平台，并且提供技术服务、咨询，提供和实施解决方案。

焦点问题

公司股权明晰问题及公司现有股权是否存在权属争议纠纷。

案例解读

《公开转让说明书》披露，公司曾与创新投资、君盛泰石、中稷创世、红土信息签署协议，约定相关股份回购事项，到期日为 2014 年 12 月 31 日。

（一）与深圳创新投签署的协议

根据公司、公司股东袁宁武、王延生、袁宁燕、深圳天佑投资与深圳创新投签订的《深圳市网信联动技术有限公司之增资协议》《深圳市网信联动技术有限公司增资协议之补充协议》及《深圳市网信联动技术有限公司股权回购补充协议》，前述协议的主要对赌条款如下：

1. 股权转让

（1）公司上市或被整体并购前，未经深圳创新投书面同意，公司股东袁宁武、王延生、袁宁燕、深圳天佑投资不得向第三方转让其所持全部或部分公司股权；（2）公司上市前，袁宁武、王延生不得转让其全部或者大部分公司股权导致公司控制权发生变更；（3）跟售权：公司股东袁宁武、王延生、袁宁燕、深圳天佑投资经深圳创新投同意向公司股东以外第三方转让其股权时，深圳创新投有权选择是否按相同价格及条件与转让股权的原股东按股权比例一同转让其股权给同意受让方。

2. 业绩承诺及补偿条款

（1）公司承诺2010年经审计的净利润不低于1300万元，否则由公司股东袁宁武、王延生、袁宁燕、深圳天佑投资补偿深圳创新投股权或现金：2010年补偿股权=3000万元/（2010年实际净利润×11.54）－20%，且补偿上限为5%；或2010年补偿现金=3000万元－（2010年实际净利润×11.54）×20%；（2）公司承诺2011年经审计的净利润不低于2500万元，否则由公司股东袁宁武、王延生、袁宁燕、深圳天佑投资补偿深圳创新投股权或现金：2011年补偿股权=3000万元/（2011年实际净利润×6）－20%，且补偿上限为5%；或2011年补偿现金=3000万元－（2011年实际净利润×6）×20%。

3. 反稀释条款

（1）2010年12月31日前，如有投资者对公司增资，则按照2010年融资后市盈率11.54倍，公司当年实现净利润及本轮投资人稀释之后的股权比例计算，本轮投资者股权对应之公司价值不得低于3000万元，否则公司融资后的投资后估值应依据公司实际完成的净利润×11.54重新计算，袁宁武和王延生应按照新的公司估值无偿向投资者转让部分股权或补偿现金，使投资者所占的股权比例反映公司融资后的估值。

（2）2011年12月31日前，如有投资者对公司增资，则按照2011年融资后市盈率6倍，公司当年实现净利润及本轮投资人稀释之后的股权比例计算，本轮投资者股权对应之公司价值不得低于3000万元，否则公司融资后的投资后估值应依据公司实际完成的净利润×6重新计算，袁宁武和王延生应按照新的公司估值无偿向投资者转让部分股权或补偿现金，使投资者所占的股权比例反映公司融资后的估值。

4. 股权回购条款

如公司在2014年12月31日之前未能成功实现资本市场公开上市，则深圳创新投可选择要求袁宁武及王延生回购深圳创新投持有的全部或部分公司股权，赎回价格为：深圳创新投对公司的投资额按8%年利率（单利）计算的本利和与回购日公司审计报表深圳创新投股权对应的净资产孰高计算。

（二）与北京君盛投资、北京中稷投资、深圳红土投资签署的协议

根据公司、公司股东袁宁武、王延生、袁宁燕、深圳天佑投资与北京君盛投资、北京中稷投资、深圳红土投资签订的《深圳市网信联动技术有限公司之增资协议》及《深圳市网信联动技术有限公司增资协议之补充协议》，前述协议的主要对赌条款

如下：

1. 股权转让

（1）公司上市前，未经北京君盛投资、北京中稷投资、深圳红土投资书面同意，公司股东袁宁武、王延生不得将其持有公司股份进行质押，并不得转让；（2）跟售权：公司股东袁宁武、王延生、袁宁燕、深圳天佑投资经北京君盛投资、北京中稷投资、深圳红土投资同意向公司股东以外第三方转让其股权时，北京君盛投资、北京中稷投资、深圳红土投资有权选择是否按相同价格及条件与转让股权的原股东按股权比例一同转让其股权给同意受让方；或者按第三方给出的相同的条款和条件购买原股东拟出售的股份。

2. 业绩承诺及补偿条款

（1）公司承诺2011年经审计的净利润不低于2700万元，否则由公司股东袁宁武、王延生、袁宁燕、深圳天佑投资补偿北京君盛投资、北京中稷投资、深圳红土投资股权或现金：2011年补偿股权＝5000万元/（2011年实际净利润×16.37）－11.31%；或2011年补偿现金＝5000万元－（2011年实际净利润×16.37）×11.31%；

（2）公司承诺2012年经审计的净利润不低于4000万元，否则由公司股东袁宁武、王延生、袁宁燕、深圳天佑投资补偿北京君盛投资、北京中稷投资、深圳红土投资股权或现金：2012年补偿股权＝5000万元/（2012年实际净利润×11.05）－11.31%；或2012年补偿现金＝5000万元－（2012年实际净利润×11.05）×11.31%。

3. 股权回购条款

如公司在2014年12月31日之前未能成功实现资本市场公开上市，则北京君盛投资、北京中稷投资、深圳红土投资可选择要求公司股东袁宁武、王延生、袁宁燕、深圳天佑投资回购北京君盛投资、北京中稷投资、深圳红土投资持有的全部或部分公司股权，赎回价格为：北京君盛投资、北京中稷投资、深圳红土投资对公司的投资额按8%年利率（单利）计算的本利和与回购日公司审计报表北京君盛投资、北京中稷投资、深圳红土投资股权对应的净资产孰高计算。

（三）协议的变更

2015年7月，公司、公司股东袁宁武、王延生、袁宁燕、深圳天佑投资与深圳创新投及深圳红土投资签署的《深圳市网信联动技术有限公司股权回购之补充协议》，对回购时间等条款进一步约定如下：

（1）深圳创新投及深圳红土投资同意股权回购时间延期至2015年12月31日，回购条件及计算方式保持不变；

（2）如公司在2015年年底前递交新三板挂牌申请，且申请挂牌过程的期间跨度到2016年，在此期间深圳创新投及深圳红土投资同意不启动股权回购；

（3）公司在新三板成功挂牌后，在公司挂牌后两年内，深圳创新投及深圳红土投资可择机通过股权转让实现退出，如退出的金额小于深圳创新投及深圳红土投资的投资成本加约定利息之和，公司股东袁宁武、王延生、袁宁燕、深圳天佑投资承诺予以补足。

2015年8月，公司、公司股东袁宁武、王延生、袁宁燕、深圳天佑投资与深圳中稷投资签署的《深圳市网信联动技术有限公司股权回购之补充协议》，对回购时间等条款进一步约定如下：

深圳中稷投资同意股权回购时间延期至2016年12月31日，回购条件及计算方式保持不变。

2015年8月，公司、公司股东袁宁武、王延生、袁宁燕、深圳天佑投资与北京君盛投资签署的《深圳市网信联动技术有限公司股权回购之补充协议》，对回购时间等条款进一步约定如下：

（1）北京君盛投资同意股权回购时间延期至2015年12月31日，回购条件及计算方式保持不变；

（2）如公司在2015年底前递交新三板挂牌申请，且申请挂牌过程的期间跨度到2016年，在此期间北京君盛投资同意不启动股权回购；

（3）公司在新三板成功挂牌后，在公司挂牌后两年内，北京君盛投资可择机通过股权转让实现退出，如退出的金额小于北京君盛投资的投资成本加约定利息之和，公司股东袁宁武、王延生、袁宁燕、深圳天佑投资承诺予以补足。

（四）对赌的履行

根据公司提供的工商登记文件、公司、公司股东袁宁武、王延生、袁宁燕、深圳天佑投资与北京君盛投资、北京中稷投资、深圳红土投资签署的《深圳市联动技术有限公司关于股权转让与股权补偿协议》、公司、公司股东袁宁武、王延生、袁宁燕、深圳天佑投资与深圳创新投及深圳红土投资签署的《深圳市网信联动技术有限公司股权回购之补充协议》、公司的财务报表、审计报告及公司的确认、公司股东袁宁武、王延生、袁宁燕的确认，并经核查，对于上述协议中到期对赌条款，截至本补充法律意见书出具之日，除以下事项，其余到期对赌条款均履行正常，未发生违反对赌条款约定的事项，具体情况如下：

公司、公司股东袁宁武、王延生、袁宁燕、深圳天佑投资与北京君盛投资、北京中稷投资、深圳红土投资签署的《深圳市联动技术有限公司关于股权转让与股权补偿协议》约定，因公司未实现2012年年度的业绩承诺，依据《深圳市网信联动技术有限公司增资协议之补充协议》应向北京君盛投资、北京中稷投资、深圳红土投资补偿股权或现金。北京君盛投资、北京中稷投资、深圳红土投资同意由公司原股东以股权形式进行业绩补偿，公司股东袁宁武、王延生、袁宁燕、深圳天佑投资合计应补偿北京君盛投资、北京中稷投资、深圳红土投资股权6.44%。2014年5月，公司股东袁宁武、王延生、袁宁燕、深圳天佑投资已分别将其应转让的股权转让至北京君盛投资、北京中稷投资、深圳红土投资。

（五）对赌对公司股权结构的影响

根据公司提供的上述协议及公司股东的书面确认，投资者有权在对赌条款约定的回购情形发生时要求股东根据约定的价格回购其所持公司股份。即公司无须就对赌条款承担义务，上述协议中对赌为股东与股东之间对赌，合法有效。鉴于对赌条款是协议各方真实意思之表达，股权回购属于协议明确约定的条款，如发生约定的股权回购情形，且投资者依照协议行使股权回购的权利，股东将须按照约定的价格回购投资者所持公司股份。该行为系公司股权内部转让行为，不会造成股东之间的股权纠纷，公司股权清晰。

信达律师认为，公司股权清晰，对赌条款的执行不会对公司本次挂牌并公开转让构成实质性障碍。

专家点评

主要对赌条款已经实现，剩余对赌条款约定的回购情形发生在股东与股东之间，该行为系公司股权内部转让行为，公司股权清晰。

【案例9】子公司股权回购条款和抵押条款是否会损害到拟挂牌公司和债权人利益的情形——奥伦德（股票代码：832016）

企业背景

深圳市奥伦德科技有限公司（LED封装事业部）是LED外延片、芯片、红外LED芯片、封装、光藕、LED点阵、LEDSMD、数码管、时钟板、LED单灯、光敏二极管、红外接收头等产品专业生产加工的私营股份有限公司，拥有完整、科学的质量管理体系。

焦点问题

相关协议中是否存在损害申请挂牌公司和债权人利益情形。

根据公司提供的增资协、抵押合同等相关文件，该等协议的具体内容如下：

（一）增资协议及其补充协议

1. 增资条款。

江门奥伦德增加注册资本2045.2304万元，全部由粤科财政投资以货币4500万元认缴，其中2045.2304万元计入目标公司的注册资本，溢价部分2454.7696万元计入江门奥伦德的资本公积；粤科财政投资对江门奥伦的增资时的估值为11000万元，增资完成后，粤科财政投资占江门奥伦德的出资比例为29.03%。

2. 交割条款。

江门奥伦德在交割完成后的10个工作日内应向工商登记主管部门办理增资工商登记，将粤科财政投资在工商登记主管部门登记为江门奥伦德的股东，办理完毕工商变更登记。

3. 股权转让限制条款。

自粤科财政投资向江门奥伦德缴纳投资款之日起三年内，未经粤科财政投资事前书面同意，现有股东不得向股东之外的第三方转让目标公司的股权，现有股东之间不得因股权转让导致江门奥伦德的实际控制人发生变更。

4. 股权回购条款。

（1）自粤科财政投资向江门奥伦德缴纳投资款之日起算，粤科财政投资持有江门奥伦德股权满三年后，有权决定是否按照协议约定的价款向奥伦德有限转让江门奥伦德的全部或部分股权；

（2）粤科财政投资按照约定转让江门奥伦德股权时，奥伦德有限应无条件且收购粤科财政投资转让的全部股权，受让价款为粤科财政投资认购江门奥伦德增资缴纳的投资款×（1+6%×投资期限/360）－粤科财政投资持有江门奥伦德股权期间分得的税后利润，投资期限的计算方法为自粤科财政投资向江门奥伦德缴纳投资款之日起（含当日），至粤科财政投资收到奥伦德有限支付的全部股权转让款之日起（不含当日）止之间的实际天数；

5. 股权回购担保条款。

公司以其拥有江门奥伦德的全部股权、江门奥伦德拥有的土地使用权及其附属物为本次股权回购提供担保。

（二）抵押和股权质押合同

1. 抵押合同。

（1）抵押物条款。

抵押物为江门奥伦德有权处分的土地使用权及该土地上的建筑物。经双方确认，本合同项下抵押物的评估价值为13807000元。

（2）抵押债权、抵押期限条款。

本合同项下抵押吴的抵押期限为自抵押权生效起至《主债权合同》项下债务履行期限届满之日起两年；抵押财产所担保的债务金额为《主债务合同》项下股权回购时的受让价款。

2. 股权质押合同。

（1）抵押物条款。

奥伦德有限将持有江门奥伦德的全部股权（对应出资额为5000万元）及其权益作为《增资协议》及其补充协议项下回购担保物。

（2）担保债务及期限条款。

奥伦德有限在《增资协议》及其补充协议项下按约定价格回购粤科财政持有江门奥伦德的全部股权；质押期限为自质押权生效起至《增资协议》及其补充协议项下债务履行期限届满之日起两年。

经核查，粤科财政投资的实际控制人为广东省政府。

根据《广东省人民政府办公厅关于省财政经营性资金实施股权投资管理的意见（试行）》（粤府办［2013］16号）、《省财政经营性资金实施股权投资管理操作规程（试行）》（粤财工［2013］280号）的相关规定：

（1）为充分发挥财政资金的引导和激励作用，提高资金使用效益，遵循循环使用、滚动支持的原则，通过阶段性持有股权、适时退出获得合理回报实现财政资金良性循环和保值增值；

（2）省财政产业扶持类专项资金在1000万元以上的重大项目，具备股权投资条件的，原则上应实施股权投资；

（3）产业扶持类专项资金投资参股期限一般为3～5年，最长不超过10年，出资额占被投资企业的股份原则上不超过其总股本的30%；

（4）产业扶持类专项资金投资项目必须具备明确的退出条件和方式，达到一定的投资年限或约定投资条件，应适时进行股权转让、股票减持、其他股东回购以及清算等，实现财政资金退出；

（5）财政经营性资金可对所投资的省重点发展产业、高新技术初创期企业、公用事业设施建设企业等给予让利，如前三年优惠股息、在投入时约定退出期限和回报率、按同期银行贷款基准利率收取一定的利息（或同业企业平均股息）等。

根据公司提供的说明并经核查，江门奥伦德符合上述相关产业扶持政策文件的规定，由粤科财政投资以现金出资的方式对江门奥伦德进行增资入股，从而持有江门奥伦德的部分股权。同时为保证财政资金的后期退出，双方协商约定了相关股权回购条款，并将江门奥伦德的有关资产和股权进行抵押或质押，相关协议条款合法有效，不存在损害公司和债权人利益的情形。

综上，信达律师认为，公司与粤科财政投资签订的相关协议不存在损害公司和债权人利益的情形。

专家点评

挂牌公司以持有子公司的股权质押给财务投资者，本身不涉及挂牌公司的股权结构，但挂牌公司持有子公司的股权系重大资产，重大资产的不良变化可能影响公司的持续发展。

【案例 10】以股权抵债的案例——迪尔化工（股票代码：831304）

核心知识点

根据《最高人民法院关于如何确定公民与企业之间借贷行为效力问题的批复》“公民与非金融企业（以下简称企业）之间的借贷属于民间借贷。只要双方当事人意思表示真实即可认定有效。但是，具有下列情形之一的，应当认定无效：（一）企业以借贷名义向职工非法集资；（二）企业以借贷名义非法向社会集资；（三）企业以借贷名义向社会公众发放贷款；（四）其他违反法律、行政法规的行为。”

企业背景

迪尔化工填料有限公司始建于 1992 年，是化工部生产化工填料的重点归口企业，是全国化学（技术、情报）中心站理事单位、中石油和化勘察设计协会会员，中国纯碱工业协会会员，中国民营企业家协会会员。企业占地面积 15000 平方米，建筑面积 8000 平方米，固定资产 5000 万元，全体员工 238 多人，中高级技术专业人员 16 人，生产有金属填料、陶瓷、塑料填料、鲍尔环及塔内件等 18 个系列，70 多个产品，年生产能力 8000 吨以上，年销售额 8000 万元以上的大型化工填料生产企业。

焦点问题

上述股权折抵借款行为的合规性，公司股权是否存在争议。

案例解读

2007 年 1 月，飞达化工与孙立辉达成股权折抵借款的调解书，飞达化工以其持有的公司 257. 4801 万元出资额折抵其所欠孙立辉的 257. 4801 万元借款及利息。

飞达化工与孙立辉于 2006 年 11 月 28 日签订《借款协议》及《质押协议》。

飞达化工与孙立辉之间的借款行为是双方真实意思表示且不存在上述批复中认定无效的情形，因此，双方的借款行为合法有效。

根据《中华人民共和国合同法》《中华人民共和国担保法》，并经本所律师核查，飞达化工与孙立辉签订的《借款协议》及《质押协议》中并未约定“若到期无法还款，以股权折抵借款”类似的流质条款，也不存在损害国家、集体或第三人利益等无效及可撤销的情形，协议合法有效。

飞达化工未在约定期限内归还借款，双方诉至法院，山东省泰安市中级人民法院依法出具（2006）泰民一初字第70号《民事调解书》，双方当事人自愿达成以股权折抵借款的协议，并由法院协助执行完毕。

根据《公司法》第七十二条规定：“人民法院依照法律规定的强制执行程序转让股东的股权时，应当通知公司及全体股东，其他股东在同等条件下有优先购买权。其他股东自人民法院通知之日起满二十日不行使优先购买权的，视为放弃优先购买权。”

经本所律师核查和公司说明，山东省泰安市中级人民法院在协助执行时，未书面通知全体股东，但股东对此事都了解，未有人提起优先购买权，当时公司股东除刘政军、张明华和迪尔集团之外，其余股东现仍为公司股东且均出具了所持股权真实、不存在股权争议的承诺。刘政军于2007年5月将股权全部转让给李志、迪尔集团于2011年7月将股权全部转让给兴迪尔，转让为双方真实意思表示、程序合法；张明华已去世，其全部股权由其儿子张少逸继承。

综上，本所律师认为，上述股权折抵借款的行为合法合规，股权不存在争议。

专家点评

公司原股东以股权抵偿债务，公司其他股东未有人提起优先购买权，原债权人成为新股东。

【案例11】存在股权托管情形的——南京试剂（股票代码：833179）

企业背景

南京化学试剂股份有限公司始建于1958年，是专业从事各类化学试剂研发、生产、销售和技术服务的高新技术企业，是中国化学试剂工业协会副理事长单位及江苏省化学试剂委员会理事长单位。主要产品有化学试剂、药用辅料、催化剂、电子化学品等十余类共1300多种，广泛应用于科研院校的教学试验和医药、石化、影像、电子、新能源等多个领域的研究生产。

焦点问题

核查南京股权托管中心的设立依据、主营业务、股本结构、主管机构、是否符合国发【2011】38号文对清理整顿各类交易场所的相关规定、是否通过了省人民政府的验收并报国务院备案。南京股权托管中心是否为合法股权交易场所。

根据《加强改制企业股权托管工作的通知》（宁国资办［2004］99号），南京市改制企业均应按规定办理股权托管手续。经本所律师核查，南试有限属于必须到南京产权交易中心办理股权托管手续的企业。

南京产权交易中心成立于1994年10月24日，经营范围为：许可经营项目：无一般经营项目：储存、发布企业资产交易信息；承办有关交易可行性论证；组织产权、股权转让；闲置资产调剂；拍卖；咨询服务；为交易双方代办企业资产出售；兼并、转让具体手续、企业破产清算。

2007年3月15日，南京证券有限责任公司与南京产权交易中心向南京市发改委、南京市国资委提交了《关于成立“南京股权托管中心有限责任公司”的请示》（宁证券［2007］88号），申请设立南京股权托管中心有限责任公司（以下简称“股权托管中心”），业务范围包括：（1）原南京产权交易中心对有限责任公司的股权托管业务划入股权托管中心；（2）原南京证券有限责任公司对非上市股份有限公司的股权托管业务划入股权托管中心；（3）股权托管中心为托管企业提供代理分红派息、信息披露、股权质押等一系列股权托管衍生服务。

2007年3月26日，南京市发改委和南京市国资委联合下发《关于同意设立南京股权托管中心有限责任公司的批复》（宁发改企改字［2007］220号）文件，同意组建股权托管中心，专业从事南京市非上市公司的股权托管、过户、查询、分红等业务。

股权托管中心现持有南京市工商行政管理局于2015年1月5日核发的注册号为320100000039947的《企业法人营业执照》，其基本信息如下：住所为南京市秦淮区御道街56号707室，法定代表人为高俊忠，注册资本为200万元，公司类型为有限责任公司，经营范围为非上市公司的股权托管、信息咨询及相关服务。（依法须经批准的项目，经相关部门批准后方可开展经营活动）。营业期限为2007年7月16日—2027年7月15日。

目前，股权托管中心的股权结构如下：

序号	股东名称	出资额（万元）	持股比例（%）
1	南京紫金投资集团有限责任公司	100	50
2	南京裕国资产管理中心	100	50
合计		200	100

经本所律师核查，股权托管中心实际经营的业务为非上市公司的股权托管、信息咨询及相关服务。

经核查，本所律师认为，南京股权托管中心有限责任公司不属于股权交易场所，无需经过国务院38号文验收。

请主办券商和律师核查公司在南京股权托管中心托管股权的股东名单、持股数量、占总股本比例，是否在南京股权托管中心进行过股权转让行为。并对公司改制后股权转让的合法合规性发表明确意见。

经本所律师核查，2006年8月30日南京产权交易中心与南试有限签订《股权托管委托书》后，一直委托南京产权交易中心对南试有限全部股权进行托管。具体股东名单、持股数量、占总股本比例详见法律意见书第七节“公司的股本及其演变”。

南试有限于2006年发生过第一次股权转让，具体情况详见法律意见书第七节“公司的股本及其演变”之“（一）南试有限的设立及历次股权变动”之“2. 南试有限2004年股权/出资额转让”。

经核查，该次股权转让系南京化学试剂一厂改制的一部分，经过公司股东会决议程序，并经南京化建产业（集团）有限公司及南京市振兴办“三联动”改革工作检查验收小组同意，股权转让各方签署了相关协议，并在工商行政管理部门办理了工商备案登记，因此该次股权转让合法合规。

经南京化建产业（集团）有限公司批示，“经2006年10月20日市振兴办”三联动“改革工作检查验收小组研究，同意南试有限按变更后的股权结构予以托管和注册登记”。因此，南试有限依据变更后的股权结构在南京产权交易中心进行了股权托管。

南京化学试剂一厂改制完成后发生过一次股权转让，具体情况为：2014年2月，南试有限股东薛瑞蕴等11人将股权分别转让给王志刚等10人（详见法律意见书第七节“公司的股本及其演变”）。

经核查，本所律师认为，王志刚等10人均为南试有限员工，本次股权转让依据

《公司法》等法律法规的规定履行了公司股东会决议程序，股权转让各方签署了《股权转让协议》，股权转让事宜在南京市工商行政管理局备案后，也在托管单位履行了备案手续。

经核查，本所律师认为，南试有限改制完成后未有在南京股权托管中心进行过股权转让行为。因此，南试有限改制后股权转让合法、有效。

专家点评

南京股权托管中心对公司的股权进行托管，但并不涉及股权转让，股权转让是公司股东之间的事宜，托管中心并不介入，股权转让是否生效不因托管产生影响。

【案例 12】存在交叉持股的情况——新斯顿（股票代码：837084）

企业背景

四川新斯顿制药有限责任公司，是一家高新技术制药企业。以中药现代化为目标，中西药并举的发展模式，逐步向生物制品、保健品等经营领域涉足。公司十分重视科研开发，采取自主研发与合作开发相结合，先后与全国各大科研院所建立了紧密的合作关系。

焦点问题

公司股权结构是否清晰，有无纠纷或潜在纠纷。

案例解读

公司股权结构中存在交叉持股情形。

经本所律师核查公司及其关联方的工商档案，并经公司确认，公司的股权结构如下：

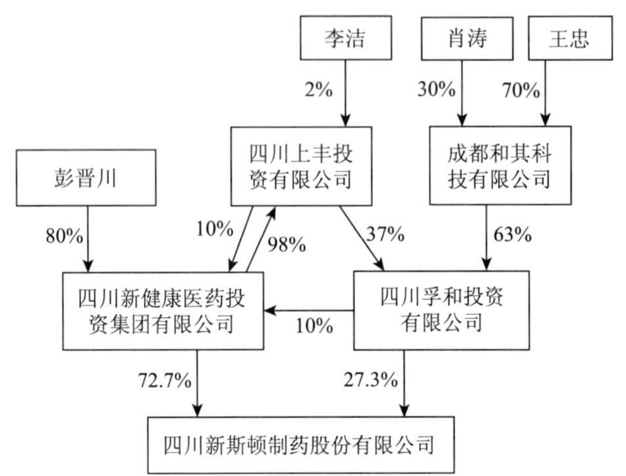

根据股份公司出具的《说明》，公司股权结构中存在交叉持股情形系公司、相关公司及人员对交叉持股及其影响没有认识，且公司、相关公司与人员在办理工商变更时，工商局亦未禁止办理所致。

根据股份公司股东新健康集团及孚和投资出具的承诺函，并经本所律师核查，股份公司的股份系各股东实名持有，不存在信托、委托代持或其他类似的安排；各股东持有的股份不存在质押、冻结或者设置第三方权益的情形；亦不存在任何形式的股权纠纷，股权结构明晰。

本所律师认为，公司股权结构不违反《公司法》等有关法律法规的强制性规定，不影响公司实际控制人的认定，亦不会对公司可持续经营造成重大影响，新健康集团及孚和投资持有股份公司的股权结构清晰、权属分明、真实确定、合法合规。因此，股份公司股权明晰，无纠纷或潜在纠纷。

专家点评

交叉持股是指两个公司直接或间接相互持有对方股权的现象，交叉持股问题在我国法律领域并未禁止，但鉴于交叉持有可能会导致资本虚增，在证券发行市场一般被禁止。例如甲、乙公司都为注册资本100万元，甲乙公司分别向对方定增100万股份，两个公司资本总额增加到200万元，但事实上是甲乙公司都向对方退还了出资，两个公司净资本无变化。

上述案例中，公司与股东并无交叉持股，这应是股转公司不再关注的原因。

【案例 13】同次股权转让，定价不一的情况——迪尔化工（股票代码：831304）

核心知识点

根据《公司法》第七十一条规定："有限责任公司的股东之间可以相互转让其全部或者部分股权。股东向股东以外的人转让股权，应当经其他股东过半数同意。股东应就其股权转让事项书面通知其他股东征求同意，其他股东自接到书面通知之日起满三十日未答复的，视为同意转让。其他股东半数以上不同意转让的，不同意的股东应当购买该转让的股权；不购买的，视为同意转让。经股东同意转让的股权，在同等条件下，其他股东有优先购买权。两个以上股东主张行使优先购买权的，协商确定各自的购买比例；协商不成的，按照转让时各自的出资比例行使优先购买权。公司章程对股权转让另有规定的，从其规定。"

企业背景

迪尔化工填料有限公司始建于 1992 年，是化工部生产化工填料的重点归口企业，是全国化学（技术、情报）中心站理事单位、中石油和化勘察设计协会会员，中国纯碱工业协会会员，中国民营企业家协会会员。企业占地面积 15000 平方米，建筑面积 8000 平方米，固定资产 5000 万元，全体员工 238 多人，中高级技术专业人员 16 人，生产有金属填料、陶瓷、塑料填料、鲍尔环及塔内件等 18 个系列，70 多个产品，年生产能力 8000 吨以上，年销售额 8000 万元以上的大型化工填料生产企业。

焦点问题

两次转让单价分别为 1 元和 2 元，股权转让是否合规。

案例解读

2003 年 3 月，有限公司进行第一次股权转让。

经本所律师核查，2003 年《公司章程》第七条规定："股东转让其出资额，应严格按照《公司法》的规定，经股东会讨论通过。”公司针对股权转让召开了股东会，转受各方都签订了《股权转让协议》，但各股东向华阳集团转让的股权均未作股权转让事项的书面通知，且在《股权转让协议》中未写明其他股东是否放弃优先购买权，形式上存在瑕疵。

根据公司说明及本所律师核查，2001年3月，公司成立之初，华阳集团未入股公司，随着公司的发展，华阳集团欲以原出资额2倍的价格收购公司51%股权，从而达到控股的目的，遂于2003年3月与公司股东签订股权转让协议。但鉴于华阳集团只收购公司51%股权，为公平起见，华阳集团承诺以原出资额2倍的价格收购每位股东51%的出资额，即每1元出资额对应2元。但由于当时公司经济效益欠佳，部分股东欲转让其所持有的全部出资额，退出公司，遂自愿将剩余的股权与其他股东达成股权转让协议，价格参照实际出资额认定，即每1元出资额对应1元。

本所律师认为：第一，各股东向华阳集团转让股权的行为履行了相应的股东会决策程序，程序合法合规；第二，公司所有股东均参与了此次转让，对股权转让事宜全部知情，并且根据《股权转让协议》的约定实际履行了转让行为，用行动作出了真实意思表示；第三，股权价格由转受双方协商确定属合同双方意思自治行为，不存在损害国家、社会及其他第三方利益的情形，合法有效；第四，上述股权转让行为未损害公司及债权人利益；第五，有限责任公司的股权转让出现“同次转让、不同定价”的情形并不违反法律法规的相关规定。

综上，本所律师认为，此次股权转让行为合法合规。

专家点评

股权系公司股东私权，股东以什么价格转让并未被法律禁止，只要按照公司法履行相关程序即可，但公司对外增资的价格应该一致，否则会影响公司利益。

【案例14】股权转让时出让方已注销——新斯顿（股票代码：837084）

企业背景

四川新斯顿制药有限责任公司，是一家高新技术制药企业。以中药现代化为目标，中西药并举的发展模式，逐步向生物制品、保健品等经营领域涉足。公司十分重视科研开发，采取自主研发与合作开发相结合，先后与全国各大科研院所建立了紧密的合作关系。

焦点问题

（1）公司上述股权转让是否合法合规；（2）上述股权转让是否存在纠纷或潜在纠纷；（3）公司股权是否明晰。

案例解读

2004 年 6 月 18 日，晨龙实业与新健康药业签订了《股权转让协议书》，股权转让价格为 50.00 万元。本次股权转让中，因晨龙实业已注销，应由四川省烟草公司成都分公司签署相关股权转让协议，因此股权转让人的主体资格存在法律瑕疵，但新健康药业与晨龙实业签订的《股权转让协议》仍加盖了晨龙实业公节并有晨龙实业负责人汪栋的签字确认，新健康药业也按照《股权转让协议书》向成都鑫和商贸有限责任公司转账支付了股权转让款。

（一）公司上述股权转让是否合法合规

如《法律意见书》“七、股份公司的股本及其演变/（二）有限公司的股本演变”所述，晨龙实业系集体所有制企业，于 1998 年 4 月 30 日向工商行政管理部门提交了注销申请。2004 年 6 月 18 日，晨龙实业与新健康药业签订《股权转让协议书》，双方约定晨龙实业将其所持有的公司 10% 的股权以人民币 50 万元转让给新健康药业，并由成都鑫和商贸有限责任公司代为收取股权转让价款。

根据晨龙实业注销时的工商档案，晨龙实业注销后的人员安置、设备、设施、物资、债务等处理情况，由上级主管部门即四川省烟草公司成都分公司全权负责。

根据晨龙实业负责人汪栋及部分晨龙实业集体成员的出具的《确认函》，确认晨龙实业注销时，全体集体成员已知悉且同意由上级主管部门四川省烟草公司成都分公司全权负责处理成都晨龙实业开发公司注销后的债权债务及其他一切权益；确认全体集体成员已知悉且同意晨龙实业将所持新斯顿 10% 的股权以 50 万元的价格转让给新健康药业，并由成都鑫和商贸有限责任公司代为收取该次股权转让价款；确认该次股权转让不损害集体利益。

2015 年 10 月 23 日，四川省烟草公司成都市公司出具《情况说明》：“我公司原名称是四川省烟草公司成都分公司，现名称更改为四川省烟草公司成都市公司。

2004 年 6 月 18 日，我公司在清理三产公司脱钩过程中，将下属的成都晨龙实业开发公司在四川新斯顿制药有限责任公司 120 万元出资额（实际出资 50 万元）以 50 万元的价格转让给成都新健康药业有限公司。由于成都晨龙实业开发公司在 1998 年 4 月 30 日就向工商行政局提交了注销申请，因此本次股权转让于 2004 年 7 月 27 日由我公司另一个三产企业——成都鑫和商贸有限责任公司代成都晨龙实业开发公司收取了 50 万元的股权转让款。本次股权转让无争议。本次股权转让没有损害国家、集体和其他第三人的合法权益。”

本所律师认为，晨龙实业于该次股权转让前已注销，晨龙实业作为公司该次股权转让协议的签订主体，存在法律瑕疵。根据《中华人民共和国城镇集体所有制企业条例》第十九条的规定，“集体企业财产清算后的剩余财产，按照下列办法处理：（一）有国家、本企业外的单位和个人以及本企业职工个人投资入股的，应当依照其投资入股金额占企业总资产的比例，从企业剩余财产中按相同的比例偿还；（二）其余财产，由企业上级管理机构作为该企业职工待业和养老救济、就业安置和职业培训等费用，专款专用，不得挪作他用。”晨龙实业注销后，其所持新斯顿有限的股权应当由晨龙实业的出资人——即晨龙实业的全体集体成员继承。

但根据晨龙实业负责人汪栋及部分晨龙实业集体成员的确认以及晨龙实业注销时的工商档案记载，晨龙实业的全体集体成员已同意由上级主管部门四川省烟草公司成都分公司全权处置晨龙实业所持有新斯顿有限的股权。因此，四川省烟草公司成都分公司有权处置晨龙实业所持新斯顿有限的股权。四川省烟草公司成都市公司已于 2015 年 10 月 23 日出具《情况说明》，确认本次股权转让无争议，且没有损害国家、集体和其他第三人的合法权益。同时，公司本次股权转让已在工商行政管理部门备案登记，公司已经通过历年的工商年检，截至本法律意见书出具之日，公司未因本次股权转让瑕疵受到工商行政管理部门的处罚。因此，本次股权转让合法合规。

（二）上述股权转让是否存在纠纷或潜在纠纷。

如本条第一项所述，晨龙实业的主管部门四川省烟草公司成都市公司、晨龙实业的负责人汪栋及部分集体成员均已出具有关文件，确认本次股权转让无争议。

同时，公司本次股权转让已在工商行政管理部门备案登记，自 2004 年股权转让之日至本法律意见书出具之日亦未发生因本次股权转让引起的股权权属纠纷，并且公司控股股东新健康集团及实际控制人彭晋川已出具《承诺》，若本次股权转让对公司或第三人造成损失，由其赔偿公司或第三人的全部损失。

综上，本所律师认为，公司本次股权转让虽然存在法律瑕疵，但对公司现有股权结构稳定性不构成影响，公司本次股权转让不存在纠纷或潜在纠纷。

（三）公司股权是否明晰

如本条第一二项及《法律意见书》中“三、股份公司申请股票挂牌的实质条件/（四）股权明晰，股票发行和转让行为合法合规”所述，本所律师认为，公司股权明晰。

专家点评

公司股东的法人资格注销但仍持有公司股权，说明公司股东注销前并未实现清算，根据公司法的规定，公司股东的清算组有权代表公司股东对公司的股权进行处置。

【案例15】信托公司短暂持股——中外名人（股票代码：830798）

企业背景

中外名人文化产业集团始创于1992年，依托中国中外名人文化研究会的公共关系资源和央视传媒广告资源的独占优势，秉持大盘运作、长线投资、多元整合之经营要义。集团全线规划经营：媒体广告代理、整合营销传播、广告设计制作、影视节目制作、公关推广策划、文化经纪与传播、企业管理咨询与培训、信息化管理软件、美容科技、国际贸易等诸多业务领域。

焦点问题

前述股权受让和转让行为是否合法、合规。

案例解读

2004—2007 年间，北京国际信托有限公司（以下简称“北京信托”）先受让股权，后转出。

2004 年 11 月 19 日，北京国际信托投资有限公司与北京中外名人广告有限公司签订的《信托融资框架协议》，中外名人广告有限公司为获取中央电视台《星光大道》栏目的独家总代理权，需要向中央电视台预付广告代理费，为此需要融资，融资款项将由北京国际信托投资有限公司通过发行资金信托计划向社会公众募集。中外名人广告有限公司及其股东北京奔达投资有限公司及北京中外名人文化传媒发展有限公司同意，在中外名人广告有限公司清偿信托贷款期间，由其上述股东将自己合法持有的中外名人广告有限公司 80% 的股权零转让给乙方。有关股权将由北京国际信托投资有限公司在中外名人广告有限公司完全履行完毕信托贷款合同清偿义务后零转让归还原股东。本次股权转出和转入，是基于信托融资方的风险控制，用股权转让方式实现对股权质押内容，在信托贷款清偿完毕后归还原股东。

另据公司提供的《说明》：“2003 年北京中外名人广告有限公司中标《星光大道》独家代理经营项目，因公司自有资金不足，与北京国际信托投资有限公司达成合作，北京国际信托投资有限公司提供融资，拟以控股股东北京奔达投资有限公司持有其公司股权设立股权质押，因当时办理该项业务工商局不受理股权质押内容，为规避北京国际信托投资有限公司的资金风险，办理了股权转让，后该项目结束后，北京国际信托投资有限公司退还该股权”。

根据本所律师调取的北京奔达投资有限公司和北京中外名人文化传媒发展有限公司的工商资料显示，此次股权转让和受让的两股东均履行了公司内部股东会决议，并签订了股权转让合同，北京中外名人广告有限公司的其他股东均出具了放弃优先购买权的承诺，本次股权转让和受让行为均履行了相应的内部决策程序，转让程序合法、有效。

专家点评

信托公司的股权转出和转入，系用股权转让方式实现对股权质押内容，并在在信托贷款清偿完毕后归还原股东。本次股权转让和受让的两股东均履行了公司内部股东会决议，并签订了股权转让合同。因此，对公司股权的明晰不产生不利影响。

【案例16】存在不同价格转让股权的情况——杰盛通信（股票代码：831113）

企业背景

杰盛通信创立于1981年，专注于综合室内覆盖系统（POI）、2G&3G无源器件/吸顶天线、射频模块、直放站、馈线卡&接地排安装件等无线覆盖领域，是集研发、制造、销售、工程服务为一体的专业通信企业。

案例解读

股权转让在《公司法》中有明确的规定，这个问题在资本运作中多为监管机构所关注，新三板亦不例外，在实务中非常容易出现的就是由于股权转让过程中不规范而导致的纠纷，或者是对于法律规定理解出现偏差，这些情况都会影响企业挂牌新三板，违反挂牌最主要的一个条件——股权清晰。

《反馈意见（财务部分）》中重点问题第一项：2012年2月公司第二次股权转让，朱小定、陶启瑞分别将其所持本公司88%、12%的股权（对应出资额440万元、60万元）转让给叶青、方洁人，叶青、方洁人分别支付股权转让价款540万元、60万元。请公司补充披露此次转让中叶青、方洁人取得股份价格不同的原因、定价依据、是否存在股权代持的情况。请主办券商、律师补充核查。

2012年2月21日，有限公司召开股东会一致同意如下决议：(1）同意股东陶启瑞将其所持本公司12%的股权（原出资额为60万元）转让给方洁人，其他股东放弃优先购买权。(2）同意股东朱小定将其所持本公司88%的股权（原出资额为440万元）转让给叶青，其他股东放弃优先购买权。同日，出让方陶启瑞、朱小定与受让方方洁人、叶青签订《股权转让协议》。根据各方协商，叶青实际支付股权转让款540万元（含支付有限公司遗留债务100万元），方洁人实际支付股权转让款60万元。2012年3月5日，上海市工商行政管理局宝山分局核准了上述变更登记。

双方股东自愿股权转让，且对公司资产、负债情况进行了综合考虑，确定转让基准价格，再由双方在此基础上协商确定了转让价格，该价格未损害国家和第三人的合法权益，应为合法有效。鉴于方洁人和叶青支付能力，叶青愿意个人多支付100

万元，本次股权转让涉及的转让方与受让方对此情况充分了解，且无异议。公司股东叶青和方洁人均出具承诺，确认其所持股份为本人真实持有，不存在股份代持行为。

专家点评

基于意思自治的原则，股转公司一般不对股权交易的价格进行判断，股转公司在这个问题上，主要怀疑杰盛通信存在股权代持。但是用不同的价格进行股权转让，还是股东之间就股权的价值共同作出判断的，是基于股东的自愿，因此解释清楚并如实披露就可以了。

【案例17】股权转让未支付对价的情况——黑美人（股票代码：831443）

企业背景

湖南黑美人茶业有限公司是一家集茶叶科研、茶园基地建设、黑茶文化传播于一体的大型现代化企业，主要经营安化黑茶的生产、加工与销售。

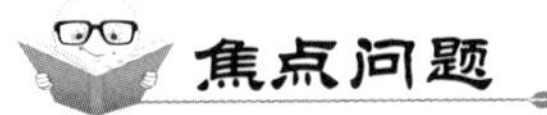

焦点问题

请说明转让真实的判断依据。

案例解读

股转公司对其股权转让是否真实存在疑问。报告期公司实际控制人吴少华将其持有的全星工贸的股权转让给其儿媳廖芬，未实际支付价款，转让后吴少华仍能对全星工贸施加重大影响。

（一）股权转让原因、未支付价格的原因

项目小组已在《公开转让说明书》第62页补充披露全星工贸股权转让相关情况，具体如下：

由于全星工贸的主营业务为“日用百货、农副产品等的批发兼零售”，在报告期内

虽然兼营茶叶经销业务，但与公司主业方向并不完全相符。随着公司陆续开设黑美人品牌直营店，出于品牌建设的目的，直营店全部销售黑美人茶叶产品。全星工贸名下店铺销售产品过杂，并不适合打造为直营店，因此，实际控制人吴少华决定将该公司股权转让给儿媳廖芬，将其精力集中于发展公司主业。

2014 年 2 月 18 日，全星工贸作出股东会决议，同意新增注册资本 120 万元，由新股东邓振良认缴，增资后全星工贸注册资本由 80 万元增加至 200 万元；同意原股东吴少华将其对全星工贸 64 万元出资转让给新股东廖芬；同意原股东吴岍将其对全星工贸 16 万元出资转让给新股东廖芬。

2014 年 2 月 18 日，吴少华与廖芬签订《股权转让协议》，将其对全星工贸 64 万元出资作价 64 万元转让给廖芬。同日，吴岍与廖芬签订《股权转让协议》，将其对全星工贸 16 万元出资作价 16 万元转让给廖芬。2014 年 3 月 7 日，益阳市工商局核准了该次股权转让变更登记手续。

由于吴少华、吴岍向廖芬转让股权系家庭成员内部转让，因此，受让人廖芬未实际向转让人吴少华、吴岍支付转让价款。股权转让各方承诺上述股权转让系真实转让，不存在股权代持安排，确认不存在股权纠纷或任何潜在纠纷。

（二）股权转让真实的判断依据

经核查，2014 年 3 月吴少华将其持有的全星工贸 64 万元出资全部转让给廖芬。就该次股权转让事宜，转让各方履行了如下法律程序：

（1）2014 年 2 月 18 日，全星工贸股东会作出决议，同意吴少华将其 64 万元出资转让给廖芬；2014 年 2 月 18 日，吴少华与廖芬签订股权转让协议，对股权转让事宜进行了约定；2014 年 3 月 7 日，该次股权转让完成工商变更登记手续。

（2）吴少华、廖芬出具说明，确认：上述股权转让系在家族成员内部转让，受让人廖芬未实际向吴少华支付股权转让价款；该次股权转让系真实转让，不存在股权代持安排；各方对该次股权转让事宜无异议，不存在股权纠纷或其他潜在争议。

（3）吴少华出具确认书，明确豁免廖芬支付股权转让款的义务，廖芬无需就受让益阳绿色全星工贸有限公司 64 万元出资一事向吴少华支付任何对价。

基于上述核查情况，项目小组认为，上述股权转让系转让各方真实意思表示，并已履行了相关法定程序，虽未实际支付转让价款，但转让方吴少华已明确豁免廖芬支付股权转让款的义务，且转让各方已确认股权转让的真实性以及不存在股权代持安排，因此，股权转让行为合法、真实。

公司律师认为，该次股权转让系在家族成员内部转让，虽未实际支付股权转让价款，但相关方已确认该次股权转让的真实性以及不存在股权代持安排，转让方吴少华已明确豁免廖芬支付股权转让款的义务，转让行为合法、真实。

专家点评

涉及到在直系亲属直接进行股权转让的，股转公司认可不用支付股权转让价款的情况，当然需要在直系亲属间签署相关的确认文件。

第二节　基本概念

一、深度解析

股权转让，是公司股东依法将自己的股东权益有偿转让给他人，使他人取得股权的民事法律行为。股权转让是股东行使股权经常而普遍的方式，中国《公司法》规定股东有权通过法定方式转让其全部出资或者部分出资。

股权自由转让制度，是现代公司制度最为成功的表现之一。随着中国市场经济体制的建立，国有企业改革及公司法的实施，股权转让成为企业募集资本、产权流动重组、资源优化配置的重要形式，但由此引发的纠纷在公司诉讼中也是最为常见，其中股权转让合同的效力是该类案件审理的难点所在。

股权转让协议是当事人以转让股权为目的而达成的关于出让方交付股权并收取价金，受让方支付价金得到股权的意思表示。股权转让是一种物权变动行为，股权转让后，股东基于股东地位而对公司所发生的权利义务关系全部同时移转于受让人，受让人因此成为公司的股东，取得股东权。

但股权转让合同的生效并不等同于股权转让生效。股权转让合同的生效是指对合同当事人产生法律约束力的问题，股权转让的生效是指股权何时发生转移，即受让方何时取得股东身份的问题，所以，必须关注股权转让协议签订后的适当履行问题。

二、公司法的相关规定

1. 有关有限责任公司的股权转让。

第七十一条　有限责任公司的股东之间可以相互转让其全部或者部分股权。

股东向股东以外的人转让股权，应当经其他股东过半数同意。股东应就其股权转让事项书面通知其他股东征求同意，其他股东自接到书面通知之日起满三十日未答复的，视为同意转让。其他股东半数以上不同意转让的，不同意的股东应当购买该转让的股权；不购买的，视为同意转让。

经股东同意转让的股权，在同等条件下，其他股东有优先购买权。两个以上股东主张行使优先购买权的，协商确定各自的购买比例；协商不成的，按照转让时各自的出资比例行使优先购买权。

公司章程对股权转让另有规定的，从其规定。

第七十二条　人民法院依照法律规定的强制执行程序转让股东的股权时，应当通知公司及全体股东，其他股东在同等条件下有优先购买权。其他股东自人民法院通知之日起满二十日不行使优先购买权的，视为放弃优先购买权。

第七十三条　依照本法第七十一条、第七十二条转让股权后，公司应当注销原股东的出资证明书，向新股东签发出资证明书，并相应修改公司章程和股东名册中有关股东及其出资额的记载。对公司章程的该项修改不需再由股东会表决。

第七十四条　有下列情形之一的，对股东会该项决议投反对票的股东可以请求公司按照合理的价格收购其股权：

（一）公司连续五年不向股东分配利润，而公司该五年连续盈利，并且符合本法规定的分配利润条件的；

（二）公司合并、分立、转让主要财产的；

（三）公司章程规定的营业期限届满或者章程规定的其他解散事由出现，股东会会议通过决议修改章程使公司存续的。

自股东会会议决议通过之日起六十日内，股东与公司不能达成股权收购协议的，股东可以自股东会会议决议通过之日起九十日内向人民法院提起诉讼。

第七十五条　自然人股东死亡后，其合法继承人可以继承股东资格；但是，公司章程另有规定的除外。

2. 有关股份公司的股权转让。

第一百三十七条　股东持有的股份可以依法转让。

第一百三十八条　股东转让其股份，应当在依法设立的证券交易场所进行或者按照国务院规定的其他方式进行。

第一百三十九条　记名股票，由股东以背书方式或者法律、行政法规规定的其他方式转让；转让后由公司将受让人的姓名或者名称及住所记载于股东名册。

股东大会召开前二十日内或者公司决定分配股利的基准日前五日内，不得进行前款规定的股东名册的变更登记。但是，法律对上市公司股东名册变更登记另有规定的，从其规定。

第一百四十条　无记名股票的转让，由股东将该股票交付给受让人后即发生转让的效力。

第一百四十一条　发起人持有的本公司股份，自公司成立之日起一年内不得转让。公司公开发行股份前已发行的股份，自公司股票在证券交易所上市交易之日起一年内不得转让。

公司董事、监事、高级管理人员应当向公司申报所持有的本公司的股份及其变动情况，在任职期间每年转让的股份不得超过其所持有本公司股份总数的百分之二十五；所持本公司股份自公司股票上市交易之日起一年内不得转让。上述人员离职后半年内，不得转让其所持有的本公司股份。公司章程可以对公司董事、监事、高级管理人员转让其所持有的本公司股份作出其他限制性规定。

第一百四十二条　公司不得收购本公司股份。但是，有下列情形之一的除外：

（一）减少公司注册资本；

（二）与持有本公司股份的其他公司合并；

（三）将股份奖励给本公司职工；

（四）股东因对股东大会作出的公司合并、分立决议持异议，要求公司收购其股份的。

公司因前款第（一）项至第（三）项的原因收购本公司股份的，应当经股东大会决议。公司依照前款规定收购本公司股份后，属于第（一）项情形的，应当自收购之日起十日内注销；属于第（二）项、第（四）项情形的，应当在六个月内转让或者注销。

公司依照第一款第（三）项规定收购的本公司股份，不得超过本公司已发行股份总额的百分之五；用于收购的资金应当从公司的税后利润中支出；所收购的股份应当在一年内转让给职工。

公司不得接受本公司的股票作为质押权的标的。

第一百四十三条　记名股票被盗、遗失或者灭失，股东可以依照《中华人民共和国民事诉讼法》规定的公示催告程序，请求人民法院宣告该股票失效。人民法院宣告该股票失效后，股东可以向公司申请补发股票。

第一百四十四条　上市公司的股票，依照有关法律、行政法规及证券交易所交易规则上市交易。

第一百四十五条　上市公司必须依照法律、行政法规的规定，公开其财务状况、经营情况及重大诉讼，在每会计年度内半年公布一次财务会计报告。

第四章　股权激励的四个问题

【案例1】实际控制人转让股权给管理及核心技术人员是否为股权激励——安华智能（股票代码：430332）

【案例2】核心员工的股权激励——国科海博（股票代码：430629）

【案例3】为不改变发行人性质由员工配偶受让股权激励——欧浦钢网（股票代码：002711）

【案例4】无偿赠与的股权激励——铜牛信息（股票代码：430243）

第一节　典型案例

股权激励是企业为了激励和留住核心人才，而推行的一种长期激励机制。有条件的给予激励对象部分股东权益，使其与企业结成利益共同体，从而实现企业的长期目标。

【案例1】实际控制人转让股权给管理及核心技术人员是否为股权激励——安华智能（股票代码：430332）

企业背景

安华智能成立于1998年，公司主营数据中心设计、建设、检测、运维，是行业领先的新一代云数据中心整体服务提供商。华智能始终关注客户需求和行业最新技术，已构建覆盖华中、华北、华东、华南、西北等地的服务网络，已为政府、金融、企业、公共民生等各个领域客户提供安全可靠、节能智慧数据中心的整体服务。

焦点问题

姚美君将股份转让于公司管理人员与核心技术人员是否为公司股权激励行为。

案例解读

2013年6月，姚美君将股权转让给12位自然人，其中部分为公司管理人员与核心技术人员。

本所律师依据有关法律法规规定对2013年6月，姚美君将其持有的安华有限股权转让给12位自然人（以下简称：本次转让）是否为公司股权激励行为进行了核查，经核查认为本次转让给公司管理人员与核心技术人员的行为不是公司股权激励行为，具体理由如下：

1. 本次转让的目的不是激励员工。

本次转让的目的为公司股东变现部分资金而不是激励员工。杨剑波与姚美君作为公司创始股东在公司发展过程中以自有资金对公司不断投入，为了公司长远发展，安华股份2013年之前并未对股东进行分红。鉴于公司股东个人家庭生活资金紧缺，因此亟需变现部分股权以获取资金。

2. 本次转让对象并不针对公司员工。

本次转让的转让对象并不是针对安华有限员工进行，参加受让安华有限股权的员工是基于对安华有限的了解以及对公司未来发展的信心愿意受让股权。此外，本次转让对象中，肖耀华、肖莉、王辉均不是安华有限的员工而受让了本次转让中的大部分股权。

3. 转让价格参照历次增资价格。本次转让价格是参照安华有限历史上历次股权增资价格进行，并未折价转让，同时公司控股股东并未对受让方提供财务资助。

本所律师认为，本次转让不是公司针对员工的股权激励行为。

专家点评

股权激励的主流途径是指公司增发股票给公司高管、核心技术人员，这里特别说明的是根据会计准则，股份的授予价格与市场价格或与未来股份行权价格的差额，应确认为费用，在股权激励的期间里以一定比例进行分摊，结果会对公司的利润进行一定的冲抵；还有一种途径是控股股东以较低价格转让持有的股份给公司高管、核心技术人员，目的是把大家绑在一起，增强公司的凝聚力、战斗力、核心竞争力，在技术型公司中股权激励尤其重要。从时间上来讲可分为挂牌前的股权激励和挂牌后的股权激励，挂牌前的股权激励相对比较自由些，挂牌后的股权激励收到一定的限制：1. 定向发行（增发）。根据非上市公众公司监管问答——定向发行（二）规定，非上市公众公司不可以直接向持股平台、员工持股计划定向发行股份，要发只能通过设立的员工持股计划，认购私募股权基金、资产管理计划等接受证监会监管的金融产品来参与增发。2. 股权转让。根据中国证监会《股权激励有关事项备忘录2号》规定，股东不得直接向激励对象赠予（或转让）股份。股东拟提供股份的，应当先将股份赠予（或转让）上市公司，并视为上市公司以零价格（或特定价格）向这部分股东定向回购股份。新三板挂牌企业为了规范治理，基本未采取该种方式获得激励的股份，也有少数通过间接转让给持股平台达到法律规避的案例。

安华智能的本次转让对象并不全是公司员工且受让了多数股权，受让的转让价格也参照增资价格，因此本次转让不属于股权激励。

【案例2】核心员工的股权激励——国科海博（股票代码：430629）

企业背景

成都国科海博信息技术股份有限公司成立于2002年8月，是成都鼎鑫浩润投资有限公司、中航工业成都飞机设计研究所、成都高投创业投资有限公司等9位股东共同出资设立的高新技术企业。公司专注于行业信息化及相关产品的研发，在军工科研信息化建设领域，有非常深入的研究和成功应用经验，已经为多个军工行业客户提供定制化、顾问式的应用软件开发、系统集成及专业服务支持。同时，公司面向智能公交、农林水利、科研制造等行业的信息化建设需求，重点研制应急预防、减灾救灾、敏捷管理等信息化产品。

焦点问题

针对高投创业、国科海博和陈柯签署的增资协议中第5.5条的实际执行情况，请发表意见。

案例解读

高投创业增资协议第5.5条，公司承诺在2013年底完成公司核心员工股权激励事宜的实际执行情况。高投创业增资协议第5.5条约定，公司承诺2013年年底完成公司核心员工股权激励，股权激励股份为480万股，占公司股份的8%。

根据公司出具的情况说明并经本所律师核查，公司用于股权激励的持股主体永盛和已于2013年9月成立，并于2013年12月向公司增资100万元，增资后永盛和持有公司62.5万股股份，占公司总股本的1.04%。国科海博股权激励的股份尚未达到高投创业增资协议第5.5条约定的数量，但根据高投创业增资补充协议二的约定，高投创业同意豁免国科海博未完全履行高投创业增资协议第5.5条的违约责任。各方一致同意在国科海博股转系统挂牌及定向发行的申请获得批准之日起一年以内，继续以永盛和作为主体，按国科海博股东大会审议通过的股权激励方案以定向发行的方式完成对国科海博核心员工的激励，使得永盛和届时持有国科海博的股份数占国科海博股本总数的8%。如仍未按上述约定完成股权激励，陈柯按高投创业增资协议第8.1条的约定向高投创业承担违约责任，且陈柯保证不通过占用国科海博资金或转让其持有的国科海博股份的方式筹集所需资金。

本所律师认为，国科海博核心员工股权激励方案正在执行过程中，虽然目前股权激励的股份尚未达到高投创业增资协议第5.5条约定的数量，但是根据高投创业增资补充协议二，高投创业同意豁免国科海博未完全履行增资协议第5.5条约定的违约责任，且各方一致同意公司核心员工股权激励方案完成时间调整至国科海博股转系统挂牌及定向发行的申请获得批准之日起一年之内。

专家点评

根据《全国中小企业股份转让系统业务规则（试行）》第2.6条规定：申请挂牌公司在其股票挂牌前实施限制性股权或股票期权等股权激励计划且尚未行权完毕的，应当在公开转让说明书中披露股权激励计划等情况。4.1.6条：挂牌公司可以实施股权激励，具体办法另行规定。

目前主流的激励模式主要为限制性股权、股票期权，上市公司也是这么玩的。

1. 限制性股权。是指公司以一定价格授予激励对象一定数量的本公司股票（一般低于二级市场上的价格，否则人家也不买），股票会设定锁定期，即一定时间内持有股票但不能出售，在公司业绩达到设定的考核指标后，方可按照在一定期限售卖一定比例的股票。如为了绑定现有人才，则限制性股权激励是最好的选择，因为股权激励的实施，将公司业绩与激励对象的利益绑定，激励对象必须努力工作实现解锁。

2. 股票期权。是一种选择权，指公司授予激励对象于未来在规定的时期内以事先确定的价格（行权价）和条件购买公司一定数量的股票的权利。股票期权的行权价格会按照公司业绩进行合理推测，确定一个低于二级市场的价格，如公司目前最近的一次股票发行价格25元/股，且股票价格处于稳步上升阶段，预计一年后股票价格会达到35元/股，那么可以设定12个月时激励对象的行权价格可以为20元，激励对象为获得利差，也就有了内在的动力。

【案例3】为不改变发行人性质由员工配偶受让股权激励——欧浦钢网（股票代码：002711）

企业背景

广东欧浦钢铁物流股份有限公司成立于2005年，是一家集“电子商务”与“现代物流”为一体的大型第三方现代钢铁物流服务性企业。公司在大型仓储、剪切加工、运输调度、金融质押的物流基础上，又继续推出高效配送、物业租赁等业务，形成完整的物流供应链，为用户提供多功能、一体化的综合性服务，进一步诠释了电子商务与现代物流的核心竞争力优势。

焦点问题

萧铭昆为其配偶陈秀萍代持股份的具体原因，该代持情形的合法性，是否为规避相关法律法规的规定。

（一）法律法规的相关规定

1.《指导外商投资方向规定》（国务院令第346条）。

第二条：“外商投资项目分为鼓励、允许、限制和禁止四类。鼓励类、限制类和禁止类的外商投资项目，列入《外商投资产业指导目录》。不属于鼓励类、限制类和禁止类的外商投资项目，为允许类外商投资项目。允许类外商投资项目不列入《外商投资产业指导目录》。”

2.《外国投资者并购境内企业的规定》（商务部令2009年第6号，下称“6号令”）。

第二条：“本规定所称外国投资者并购境内企业，系指外国投资者购买境内非外商投资企业（以下称“境内公司”）股东的股权或认购境内公司增资，使该境内公司变更设立为外商投资企业（以下称“股权并购”）……”

第四条第二款：“依照《外商投资产业指导目录》不允许外国投资者独资经营的产业，并购不得导致外国投资者持有企业的全部股权；需由中方控股或相对控股的产业，该产业的企业被并购后，仍应由中方在企业中占控股或相对控股地位；禁止外国投资者经营的产业，外国投资者不得并购从事该产业的企业。”

第六条第一款：“外国投资者并购境内企业设立外商投资企业，应依照本规定经审批机关批准，向登记管理机关办理变更登记或设立登记。”

第十条：“本规定所称的审批机关为中华人民共和国商务部或省级商务主管部门（以下称“省级审批机关”），登记管理机关为中华人民共和国国家工商行政管理总局或其授权的地方工商行政管理局，外汇管理机关为中华人民共和国国家外汇管理局或其分支机构。”

第二十一条：“外国投资者股权并购的，投资者应根据并购后所设外商投资企业的投资总额、企业类型及所从事的行业，依照设立外商投资企业的法律、行政法规和规节的规定，向具有相应审批权限的审批机关报送下列文件：……”

3.《商务部关于下放外商投资股份公司、企业变更、审批事项的通知》（商资函［2008］50号）。

第二条：“限额以下（转制企业以评估后的净资产值计算）外商投资股份公司的设立及其变更（包括限额以下外商投资上市公司其他有关变更），由省级商务主管部门负责审批（第三条涉及事项除外）。”

4.《商务部关于进一步改进外商投资审批工作的通知》（商资函［2009］7号）。

第二条：“原在商务部审核权限内的鼓励类且不需要国家综合平衡的外商投资企业（含股份公司）设立、增资、合同/章程及其变更事项，均由省、自治区、直辖市、计划单列市、新疆生产建设兵团、副省级城市（包括哈尔滨、长春、沈阳、济南、南京、杭州、广州、武汉、成都、西安）商务主管部门（以下称省级商务主管部门）和国家级经济技术开发区审核。外商投资企业设立境外分支机构的，由企业注册地省级商务主管部门或省人民政府授权的地市级商务主管部门审核，并应征得我驻外使（领）馆经商处（室）的书面同意。”

5.《关于外商投资的公司审批登记管理法律适用若干问题的执行意见》（工商外企字［2006］81号）。

第十二条：“外商投资的公司申请变更登记的期限应当符合《公司登记管理条例》的规定。法律、行政法规规定或者国务院决定公司和公司登记事项在变更登记前须经批准的，应当自审批机关批准之日起30日内申请办理变更登记。逾期申请的，申请人应当报原审批机关确认文件效力或者另行报批”

第十三条：“外商投资的公司申请变更登记应当依照《公司登记管理条例》第二十七条、第二十九条、第三十一条、第三十二条、第三十三条、第三十四条、第三十五条规定提交相应的文件。因下列情形办理有关登记事项变更登记时还应当提交原审批机关的审批文件以及变更后的批准证书：……”

6.《外商投资企业投资者股权变更的若干规定》（［1997］外经贸法发第267号）。

第九条："由于本规定第二条（一）、（二）项原因需要变更股权的，企业应向审批机关报送下列文件：……"

第十一条："由于本规定第二条（三）项原因需要变更股权的，应符合外经贸部和国家工商行政管理局的有关专项规定，企业除报送第九条（一）、（二）、（三）、（四）、（五）项规定的文件外，还应向审批机关报送企业投资者签订的股权变更协议"

第二十一条："除法律、法规另有规定外，外商投资股份有限公司非上市股份的转让，参照本规定执行。"

（二）萧铭昆受让并持有发行人股权不存在规避法律法规规定的情形

1. 根据公司的确认，并经本所律师查阅公司的工商登记信息材料，现场走访公司的主要生产经营场所，访谈公司业务部门的负责人，公司业务种类主要包括仓储、加工、综合物流等。

2. 根据《指导外商投资方向规定》（国务院令第346条）及萧铭昆受让发行人股份时有效的《外商投资产业指导目录（2007年修订）》，公司经营的"仓储、加工、综合物流"业务不属于禁止类的外商投资项目，即使由陈秀萍直接持有发行人股份（共12万股，占发行人股本总额的0.1%），也不会出现6号令第四条第二款所列的禁止性情形。

（三）萧铭昆受让并持有发行人股权的原因

核查发行人于2010年8月对包括陈秀萍在内的员工实施股权激励，但陈秀萍此时已取得澳门永久性居民身份，若由陈秀萍直接受让发行人股份，根据6号令第二条该情形属于"外国投资者并购境内企业"的情形，发行人应按照6号令第六条第一款、第十条及第二十一条的要求向商务主管机关报送相关的申请文件、履行必要的审批手续，发行人的企业性质也将变更为外商投资股份有限公司，致使发行人在企业性质变更后适用《关于外商投资的公司审批登记管理法律适用若干问题的执行意见》（工商外企字［2006］81号，第十二条、第十三条）、《外商投资企业投资者股权变更的若干规定》（［1997］外经贸法发第267号，第九条、第十一条、第二十一条）、《商务部关于下放外商投资股份公司、企业变更、审批事项的通知》（商资函［2008］50号，第二条）及《商务部关于进一步改进外商投资审批工作的通知》（商资函［2009］7号，第二条）等法律、行政法规及规范性文件关于外商投资股份有限公司变更及审批程序的特别规定。

经本所律师对中基投资、发行人的负责人及萧铭昆、陈秀萍夫妇进行访谈，自发行人设立以来，陈秀萍一直担任发行人财务部经理，中基投资向陈秀萍转让发行人股份纯粹系基于陈秀萍多年来对发行人的贡献而对其实施的激励，而非欲与具有境外身份的自然人合资运营发行人的业务，发行人无意因实施股权激励而使其企业性质变更为外商投资股份有限公司，这也不符合发行人发展的长远目标及规划；因此，为不改变发行人的企业性质，考虑到萧铭昆在婚姻关系存续期间取得的发行人股份为夫妻的共同财产，萧铭昆、陈秀萍夫妇同意由萧铭昆受让并持有发行人股份；经本所律师审阅萧铭昆与中基投资签署的《股权转让协议》，中基投资向萧铭昆转让发行人的股份系双方真实的意思表示。

（四）结论意见

基于上述，本所认为，萧铭昆代其配偶陈秀萍受让并持有发行人股份具有合理的原因，不会导致纠纷或潜在的纠纷，不存在规避外商投资管理法律法规的情形，合法、有效。

专家点评

激励实施方案有以下三种：

1. 由激励对象设立持股公司。缺点是双重税负，除了持股公司抛售所持有的股票收益在扣除投资成本需缴纳缴纳所得税，当持股公司的自然人分配股利时，自然人还需按照20%的税率缴纳个人所得税。

2. 由激励对象设立有限合伙企业。与公司间接持股双重税负相比，合伙企业税负较低，合伙企业抛售所持有公司股票时，所获收益仅需由合伙人缴纳个人所得税。这种方案的缺点是有限合伙企业为“人和”组织形式，人多嘴杂不好管理，另外合伙企业的合伙人加入、退出不如公司方便。

3. 自然人直接持股。缺点是不容易绑定激励对象，持股人方便套现，股权激励短期化。

欧浦钢网为达到股权激励而又不触碰外资红线，将股权授予了激励对象指定的对象——其配偶，鉴于股权的收益归夫妻双方共有，这样也达到了股权激励的目的。本次激励的股份共12万股，占公司股本总额的0.1%，数额不大，属于特例，如股权激励数额过高，本案例则不具有参考价值。

【案例4】无偿赠与的股权激励——铜牛信息（股票代码：430243）

企业背景

北京铜牛信息科技股份有限公司由北京时尚控股有限责任公司控股，为北京市国资委下属二级企业，是北京市高新技术企业和软件企业。公司通过了ISO 9001质量管理体系和ISO 27001信息安全管理体系认证，获得了北京市通信管理局颁发的增值电信业务经营许可证，是专业的互联网数据中心服务、互联网接入服务、高端IT技术服务和云计算服务提供商。

铜牛针织集团及高鸿波等九方用于出资的无形资产为出资各方共同拥有的非专利技术"易纺制衣ERP系统技术"，受出资人委托，北京新京联成资产评估有限公司对该项无形资产进行评估，并出具了新京评报字［2005］第B0096号评估报告书，确认该项非专利技术的评估值为78万元。

根据《科学技术进步法》《促进科技成果转化法》《国务院办公厅转发科技部等部门关于促进科技成果转化的若干规定》及《北京科委关于促进科技成果转化若干规定的实施办法》等法律法规，并经铜牛集团公司第三届第七次董事会批准，铜牛集团董事会于2005年9月通过了《北京铜牛针织集团有限责任公司关于易纺制衣ERP系统非专利技术激励方案》，铜牛集团为了"依靠公司现有人才的同时吸纳其他软件开发人员，将易纺制衣ERP系统形成的非专利技术模块化、市场化、产业化，并通过市场化运作服务于其他服装生产型企业"，决定将易纺制衣ERP系统形成的非专利技术进行市场评估，按照各参与人员的贡献大小给予分割，并一同出资成立北京铜牛信息科技有限公司。

经北京新京联成评估有限公司对易纺制衣ERP系统形成的非专利技术进行评估后，其价值为人民币78万元整，铜牛集团将评估值的16.67%（即13万元）以股权形式激励给付军，10.90%（即8.5万元）以股权形式激励给高鸿波，8.96%（即7万元）以股权形式激励给王泉，6.41%（即5万元）以股权形式激励给刘毅，6.41%（即5万元）以股权形式激励给黄飞，3.85%（即3万元）以股权形式激励给皮纪梅，3.85%（即3万元）以股权形式激励给李舜尧，1.92%（即1.5万元）以股权形式激励给张永刚。2005年9月14日，铜牛集团、高鸿波等签署了"非专利技术分割协议书"，明确了各出资方对该非专利技术拥有的权益比例。

依据该分割协议书，全体出资人于2005年9月21日签署了"高新技术成果说明书及确认书"，一致同意将该高新技术成果作价78万元投入到有限公司中。其中，铜牛针织集团以该高新技术成果出资32万元，占注册资本的32%；付军以该高新技术成果出资13万元，占注册资本的13%；高鸿波以该高新技术成果出资8.5万元，占注册资本的8.5%；王泉以该高新技术成果出资7万元，占注册资本的7%；刘毅以该高新技术成果出资5万元，占注册资本的5%；黄飞以该高新技术成果出资5万元，占注册资本的5%；皮纪梅以该高新技术成果出资3万元，占注册资本的3%；李舜尧以该高新技术成果出资3万元，占注册资本的3%；张永刚以该高新技术成果出资1.5万元，占注册资本的1.5%。

专家点评

股权激励的方式是赠与，比较少见。需要提醒的是对于赠与人而言，因为赠与是无偿法律行为，股权转让无收益，也就无所所得税的缴纳，对于受赠人而言，如果自然人是因企业奖励员工而受赠股权，那么员工受赠股权的收益应视为“工资、薪金所得”，按九级累进税率计征个人所得税。

第二节　基本概念

一、概念界定

股权激励是一种通过经营者获得公司股权形式给予企业经营者一定的经济权利，使他们能够以股东的身份参与企业决策、分享利润、承担风险，从而勤勉尽责地为公司的长期发展服务的一种激励方法。

二、重点关注

在实践中，股权激励已经比较普遍。但是要注意到的是，传统意义上的股权激励和资本市场的股权激励是两个概念，资本市场上的股权激励要严格按照我国《公司法》等相关法律法规和中国证监会等机构的规范性文件的要求进行，否则就不能进入中国资本市场。大家都熟知的阿里巴巴的美国上市，其内部的合伙人制度就与我国法律有冲突而无法在国内A股IPO，在中国香港也无法满足香港联交所的要求，最终选择了美国市场。中国企业挂牌新三板，在股权激励问题上要严格按照资本市场的要求做，企业对这个问题要特别关注。

第五章　实际控制人的九个问题

【案例1】夫妻为实际控制人的认定——紫罗兰（股票代码：832052）

【案例2】签署《一致行动协议书》认定实际控制人——分豆教育（股票代码：831850）

【案例3】夫妻被认定为实际控制人——中电方大（股票代码：430411）

【案例4】一致行动人为控股股东、实际控制人的认定——思考投资（股票代码：831896）

【案例5】无控股股东而以一致行动人为实际控制人的案例——智远科技（股票代码：836837）

【案例6】无实际控制人的情况——奥油化工（股票代码：832044）

【案例7】报告期内实际控制人变更——恒大淘宝（股票代码：834338）

【案例8】公司实际控制人是否滥用公司控制权——众合医药（股票代码：430598）

【案例9】实际控制人未追溯至最终出资人——星原丰泰（股票代码：430233）

第一节　典型案例

俗话说，“因人而成事”，企业的掌门人是谁很重要，在很多情况下，企业的控股股东和实际控制人就是一个企业的灵魂。在资本市场的实务中，一般均将实际控制人做最基本的理解，即谁能实际控制公司，谁就是实际控制人。实际控制人可能通过股权关系对公司实施控制，也可能通过投资关系、协议或者其他安排对公司实施控制。

这点和我国《公司法》中的规定有所差异，在我国《公司法》中规定实际控制人不是公司的股东，但实务中这一点已经被淡化，即控股股东是自然人的情况下，除非该控股股东与其他人存在特别的协议，一般控股股东同时就是实际控制人。当然也不能就此认为这个和《公司法》的规定存在矛盾或者错误之处。法律永远是滞后于社会的发展的，企业、资本市场也不例外。

【案例 1】夫妻为实际控制人的认定——紫罗兰（股票代码：832052）

核心知识点

根据《公司法》第二百一十六条第（二）项的规定，控股股东，是指其出资额占有限责任公司资本总额百分之五十以上或者其持有的股份占股份有限公司股本总额百分之五十以上的股东；出资额或者持有股份的比例虽然不足百分之五十，但依其出资额或者持有的股份所享有的表决权已足以对股东会、股东大会的决议产生重大影响的股东。根据《公司法》第二百一十六条第（二）项的规定，实际控制人，是指虽不是公司的股东，但通过投资关系、协议或者其他安排，能够实际支配公司行为的人。

企业背景

新疆紫罗兰餐饮管理股份有限公司主要服务范围是提供以中西式快餐为主的餐饮服务。

案例解读

经查验，李军持有公司264.6万股股份，占公司股本总额的31.88%；张青持有公司144.52万股股份，占公司股本总额的17.41%。经查验，李军及张青二人为夫妻关系，二人合计直接持有公司49.29%股份；另外，李军、张青二人合计持有青鹤集团99.2%的股权，且青鹤集团持有紫罗兰食品98.46%的股权，二人通过青鹤集团实际控制紫罗兰食品及紫罗兰食品持有的紫罗兰餐饮6.02%的股份；李军、张青二人直接和间接控制的紫罗兰餐饮股份比例超过50%；二人能够对公司股东大会的决议产生重大影响，且通过投资关系能够实际支配公司行为。

综上，本所律师认为，自然人李军、张青夫妻二人为公司的控股股东、实际控制人。公司的控股股东和实际控制人系根据《公司法》的相关规定及公司实际情况认定，认定依据充分、合法。

专家点评

现行法规关于公司控股股东和实际控制人的认定：

《公司法》法条中明确实际控制人不是公司的股东，但实务中已经发生变化，一般认为：实际控制人就是实际控制公司的人或机构，在控股股东是自然人时控股股东同时就是实际控制人。实际控制人认定应追到自然人、国资委或集体产权主管部门。认定实际控制人以股权关系而论，持股50%以上或实际支配挂牌公司股份表决权超过30%，也可以协议安排对公司实施控制，如几个小股东签署《一致行动协议书》，听从其中一个小股东的，通过集合投票将股份数累计，实现对公司的控制。根据证监会《上市公司收购管理办法》（2008年修订）第八十三条的规定，一致行动人是指通过协议、合作、关联方关系等合法途径扩大其对一个上市公司股份的控制比例，或者巩固其对上市公司的控制地位，在行使上市公司表决权时采取相同意思表示的两个以上的自然人、法人或者其他组织。同时规定如无相反证据，投资者为夫妻、近亲属关系的，为一致行动人。

专家点评

《中华人民共和国公司法》第二百一十七条第（二）项、第（三）项	控股股东：是指其出资额占有限责任公司资本总额百分之五十以上或者其持有的股份占股份有限公司股本总额百分之五十以上的股东；出资额或者持有股份的比例虽然不足百分之五十，但依其出资额或者持有的股份所享有的表决权已足以对股东会、股东大会的决议产生重大影响的股东。 实际控制人：是指虽不是公司的股东，但通过投资关系、协议或者其他安排，能够实际支配公司行为的人。
《全国中小企业股份转让系统挂牌公司信息披露细则（试行）》第四十八条（六）（七）（五）	控股股东：指其持有的股份占公司股本总额50%以上的股东；或者持有股份的比例虽然不足50%，但依其持有的股份所享有的表决权已足以对股东大会的决议产生重大影响的股东。 实际控制人：指通过投资关系、协议或者其他安排，能够支配、实际支配公司行为的自然人、法人或者其他组织。 控制：指有权决定一个公司的财务和经营政策，并能据以从该公司的经营活动中获取利益。有下列情形之一的，为拥有挂牌公司控制权： （1）为挂牌公司持股50%以上的控股股东； （2）可以实际支配挂牌公司股份表决权超过30%； （3）通过实际支配挂牌公司股份表决权能够决定公司董事会半数以上成员选任； （4）依其可实际支配的挂牌公司股份表决权足以对公司股东大会的决议产生重大影响； （5）中国证监会或全国股份转让系统公司认定的其他情形。

【案例2】签署《一致行动协议书》认定实际控制人——分豆教育（股票代码：831850）

核心知识点

根据《公司法》第二百一十六条的规定，控股股东，是指其出资额占有限责任公司资本总额百分之五十以上或者其持有的股份占股份有限公司股本总额百分之五十以上的股东；出资额或者持有股份的比例虽然不足百分之五十，但依其出资额或者持有的股份所享有的表决权已足以对股东会、股东大会的决议产生重大影响的股东。第二百一十六条的规定，实际控制人，是指虽不是公司的股东，但通过投资关系、协议或者其他安排，能够实际支配公司行为的人。

企业背景

北京分豆教育科技股份有限公司，成立于2011年1月，简称分豆教育，是云智能教育企业。

焦点问题

控股股东、实际控制人认定的理由和依据，并核实其认定依据是否充分、合法。

（一）分析过程

股份公司的发起人于鹏持有公司1047万股，占股份公司股本总额的26.85%，为股份公司的第一大股东，于鹏所持股份虽不足50%，但依其持有的股份所享有的表决权已足以对股东大会的决议产生重大影响，故于鹏为股份公司的控股股东。

2014年3月18日增资前，杨静持有圣殿山有限80%的出资，担任监事；陈世平持有圣殿山有限20%出资，担任执行董事兼总经理；于鹏虽不持有出资额，但其时任副总经理，负责公司日常经营管理，且于鹏与杨静为夫妻关系，杨静与陈世平为母女关系，三人对公司重大决定及对公司财务、人事、经营决策等具有控制力，共同控制公司。2014年3月18日增资后，于鹏持有32.72%的股份，尹志远持有25.63%的股份，2014年11月17日增资后，于鹏持有26.85%的股份，尹志远持有21.03%的股份，2014年3月18日增资至今，于鹏担任董事长；尹志远担任总经理；且二人与于鹏的法定一致行动人杨静、陈世平、许波共同签订了《一致行动协议书》，约定在公司会议提案及表决、公司高管提名及投票选举以及在公司的其他有关经营决策中意思表示一致。故自2014年3月18日增资后至今，于鹏与尹志远变更为实际控制人。

（二）结论意见

经核查，本所律师认为，控股股东、实际控制人认定的理由和依据充分且合法。

专家点评

两个最大股东股权合计持有超过50%，且签署《一致行动协议书》，就共同控制公司进行了约定，应认定为共同实际控制人。

【案例 3】夫妻被认定为实际控制人——中电方大（股票代码：430411）

企业背景

北京中电方大科技股份有限公司，成立于 2004 年，该公司是处于软件和信息技术服务业的安全与应急服务提供商。拥有提供公共安全和电力安全服务所必需的全部核心软硬技术、安全与应急理论、安全与应急技能、专家资源和核心经营团队。

焦点问题

第一大股东邓岳辉和第二大股东刘红英构成共同实际控制人，理由如下：

1. 直接持有公司股权或支配公司股份的表决权。

根据公司的工商登记档案文件并经核查，截至本补充法律意见书出具日，邓岳辉持有公司 600 万股，占公司总股本 50%；刘红英持有公司 360 万股，占公司总股本 30%，邓岳辉和刘红英夫妇均直接持有公司的股份并支配公司股份的表决权。

2. 共同控制人行动一致。

根据公司的历次股东大会（股东会）和董事会等三会文件资料、公司章程，报告期内，邓岳辉和刘红英夫妇在公司历次股东大会（股东会）的表决、董事会的表决以及对董事的提名均由其个人直接表决，投票意向一致、表决结果一致。

邓岳辉和刘红英夫妇共同作为公司实际控制人，对公司股东大会、董事会的决议具有实质性影响，对董事、高级管理人员的任免起到关键作用。

3. 共同控制人稳定无重大变更。

经核查，邓岳辉和刘红英夫妇共同作为发行人的实际控制人，系基于婚姻关系，依据婚姻法的规定形成的共同共有关系，邓岳辉和刘红英夫妇对公司和公司股份的共同控制权在其婚姻存续期间一直是稳定的、有效的，且邓岳辉和刘红英夫妇作为公司的共同实际控制人，均承诺按照《全国中小企业股份转让系统业务规则（试行）》2. 8 规定解除转让限制，邓岳辉和刘红英共同拥有公司控制权的情况在挂牌之日起三年可预期期限内是稳定有效存在的，共同拥有公司控制权没有且不会出现重大变更。

综上，本所律师认为，邓岳辉现持有公司 50% 的股份，为公司控股股东，目前担任公司法定代表人兼董事长、总经理，刘红英现持有公司30%的股份，为公司第二大股东，现任公司董事、财务总监、董事会秘书。二人对公司的经营管理和决策施加重大影响，实际控制公司的经营管理，构成共同实际控制人。

专家点评

判断实际控制人，股权比例证明力最大，夫妻双方合计持有的股权达到80%，被认定为共同实际控制人是顺理成章的。

【案例4】一致行动人为控股股东、实际控制人的认定——思考投资（股票代码：831896）

核心知识点

《公司法》第二百一十六条（二）的规定："控股股东，是指其出资额占有限责任公司资本总额百分之五十以上或者其持有的股份占股份有限公司股本总额百分之五十以上的股东；出资额或者持有股份的比例虽然不足百分之五十，但依其出资额或者持有的股份所享有的表决权已足以对股东会、股东大会的决议产生重大影响的股东。"

企业背景

浙江思考投资管理股份有限公司成立于2010年，是一家私募证券基金管理公司。公司长期聚焦于大宗交易的投资研究，业务范围涉及股权和股票市场，致力于为高净值个人及机构客户提供专业的资产管理服务，追求客户资产的长期稳健增值，公司目前为全球多家商业银行及外资投资机构管理近25亿元规模基金产品。

焦点问题

控股股东、实际控制人认定的理由和依据。

案例解读

基于上述的认定，岳志斌持有800万股股份，占公司股份总数的21.92%，为公司第一大股东，比公司第二股东纪翔的持股比例多10%以上，但根据其所持有的股份比例尚不能单独对股东大会决议产生重大影响。鉴于公司股东持股比例尚不能形成单一的控股股东和实际控制人，为了对公司形成有效决策，避免公司股权分散可能对公司造成的影响，2014年7月15日，岳志斌与胡巧赛、钱湘英、毛海蓉、王文玮、李荣刚、张寿清、纪翔、雷湘明、覃小梅、付敏贵、邱杰、孟祥龙等12位公司股东签署了《一致行动协议》。根据该协议约定，协议各方同意，在处理有关公司经营发展且根据公司法等有关法律法规和《公司章程》需要由公司股东大会、董事会作出决议的事项时均应采取一致行动。协议各方在对其所持有的公司股份进行任何卖出、质押等处分行为或新增买入时，应通过相互协商以保持一致意见和行动。上述13位股东共同持有公司3350万股股份，占公司股份总数的91.78%，其股权比例已超过股本总额百分之五十以上，足以对公司股东会、股东大会的决议产生重大影响，形成有效决策。

综上所述，本所律师认为基于上述事实与理由，岳志斌、胡巧赛、钱湘英、毛海蓉、王文玮、李荣刚、张寿清、纪翔、雷湘明、覃小梅、付敏贵、邱杰、孟祥龙共同构成公司的控股股东、实际控制人，认定依据充分，不违反法律法规规。

专家点评

这个案例认定的共同实际控制人值得探讨。这13位股东代表了公司股份总数的91.78%，就是一个股东大会的翻版，13名股东共同控制，也就是说股东大会对公司控制，股东大会是公司最高权力机构，控制公司是必然的。

【案例5】无控股股东而以一致行动人为实际控制人的案例——智远科技（股票代码：836837）

企业背景

珠海智远电气科技有限公司位于珠海高科技产业集群地——珠海清华科技园区，专注于电力系统电能质量产品的研发、设计、生产、销售和服务。目前主要业务包括电力系统专业测评和服务、电力系统谐波治理服务、电力系统无功补偿服务、智能化电网接入服务以及私人定制化智能电气设备等。

案例解读

（一）控股股东

截至本法律意见书出具之日，公司并无单独持有股份超过50%的股东。公司历史上股权结构较为分散，历次股权变动都不存在持有的股权占公司股本总额50%以上的股东；也不存在持有股权的比例虽然不足50%，但依其出资额或者持有的股权所享有的表决权足以对股东（大）会决议产生重大影响的股东。任何单一股东均不能对公司决策形成实质性控制，公司无控股股东。

（二）实际控制人

根据《公司章程》及公司工商登记资料显示2012年设立至2014年2月期间，公司股权比例较为分散，各股东均无法实际控制公司。

自2014年2月25日有限公司第三次增资吸收薛胤作为新股东以来，吴维志、薛胤、贺旭、李晓晞四人合计持股比例均在50%以上，对于公司的重大事项、财务、经营决策及人事任免等决策，四人均在事前通过协商达成一致意见，并通过公司股东（大）会决议的方式共同控制公司。

截至本法律意见书签出具之日，吴维志持有公司288.9万股股份，占公司股本总额的27%；薛胤持有公司134.82万股股份，占公司股本总额的12.6%；贺旭持有公司115.56万股股份，占公司股本总额的10.6%；李晓晞持有公司86.67万股，占公司总股本的8.1%；四人合计持有公司58.5%的股份。且股份公司成立后，吴维志担任公司的董事长，薛胤担任公司董事、总经理，贺旭担任公司的董事，李晓晞担任公司的董事。四人能够通过股东大会、董事会决议决定公司的经营管理决策及管理人员的选任，实际控制公司。

为保证公司控制权的持续、稳定，吴维志、薛胤、贺旭、李晓晞于2015年9月10日共同签署了《一致行动人协议》，主要条款包括：（1）各方同意，在处理有关公司经营发展且根据公司法等有关法律法规和公司章程需要由公司股东大会、董事会作出决议的事项时均应采取一致行动。（2）采取一致行动的方式为：就有关公司经营发展的重大事项向股东大会、董事会行使提案权和在相关股东大会、董事会上行使表决权时保持一致。（3）各方同意，本协议有效期内，在任一方拟就有关公司经营发展的重大事项向股东大会、董事会提出议案之前，或在行使股东大会或董事会等事项的表决权之前，一致行动人内部先对相关议案或表决事项进行协调；出现意见不一致时，以一致行动人中所持股份最多的股东意见为准。（4）在本协议有效期内，除关联交易需要回避的情形外，各方保证在参加公司股东大会行使表决权时按照各方事先协调所达成的一致意见行使表决权。各方可以亲自参加公司召开的股东大会，也可以委托本协议他方代为参加股东大会并行使表决权。（5）在本协议有效期内，除关联交易需要回避的情形外，在董事会召开会议表决时，相关方保证在参加公司董事会行使表决权时按照各方事先协调所达成的一致意见行使表决权。如担任董事的一方不能参加董事会需要委托其他董事参加会议时，应委托本协议中的他方董事代为投票表决。（6）各方应当遵照有关法律、法规的规定和本协议的约定以及各自所作出的承诺行使权利。

通过上述《一致行动人协议》，吴维志、薛胤、贺旭、李晓晞四人不仅根据其合计持有58.5%的股权处于控股地位且确保了未来意见一致，除上述《一致行动人协议》外，公司股东未签订任何可能影响公司控制权稳定性的协议，亦不存在可能影响公司控制权稳定的安排。据此，吴维志、薛胤、贺旭、李晓晞四人为公司的共同实际控制人。

据此，本所认为，吴维志、薛胤、贺旭、李晓晞为公司的实际控制人。

专家点评

在股权比较分散，任何一方难以通过股权控制公司时，通过签署《一致行动人协议》保持公司控制权稳定，比较符合公司利益。

【案例6】无实际控制人的情况——奥油化工（股票代码：832044）

企业背景

洛阳炼化奥油化工股份有限公司位于洛阳市吉利区。公司依托中国石油化工股份有限公司洛阳分公司，致力于发展精细化工，拥有30万吨/年轻烃深加工装置，有脱水、脱硫、加氢、分离、反应等单元组成。

焦点问题

要求根据公司股东持股情况，结合股东参与公司管理情况，依法、合理说明不存在实际控制人的依据，并明确其依据是否充分、合法。

案例解读

公司第一大股东洛阳炼化工程有限责任公司持有公司900万股，占公司总股本的31.93%；根据《公司法》第二百一十六条第（二）项的规定，炼化工程为公司控股股东。

炼化工程的第一大股东为石化工程，持股比例为13.28%；第二大股东刘宝林持股比例为9.94%，张社军的持股比例为8.17%，其他股东持股比例均不超过5%；并且炼化工程各股东之间不存在一致行动协议等约定，任何单一股东或数名股东均无法对炼化工程形成有效的单一或共同控制，依据《公司法》第二百一十六条之规定，炼化工程不存在控股股东和实际控制人。

公司除第一大股东炼化工程外，其余19名自然人股东持股比例较分散，自然人股东刘宝林持有公司177万股，占公司总股本的6.28%；张社军持有公司146万股，占公司总股本的5.18%；其他股东持股均不超过5%，并且公司各股东之间不存在一致行动协议等约定，任何单一股东或数名股东均无法对公司形成有效的单一或共同控制；即根据股东持股情况，公司无实际控制人。

此外，经本所律师核查，报告期内公司董事和高级管理人员变化情况如下：

姓名	奥油有限阶段		股份公司阶段	是否公司股东	持有公司股份比例（%）
	2010年7月—2014年4月	2014年4月—2014年7月	2014年7月至今		
刘宝林	董事	董事	董事长	是	6.28
张社军	董事	董事	董事	是	5.18
杨志强	董事长、总经理	董事长、总经理	董事	是	4.68
裴铁豹	董事	董事	董事	是	4.36
任中亮	—	—	副董事长	否	—
李春霞	董事	董事	董事	是	3.62
李进杰	—	董事	董事、总经理	是	3.51
张进里	—	董事	董事、副总经理	是	3.02
梅春霞	—	—	董事、董事会秘书	否	—
鲁振岭	—	—	副总经理	是	2.84
崔建国	—	—	副总经理	否	—
樊淑娟	财务负责人	财务负责人	财务负责人	否	—
申道坤	董事	—	—	否	—
杨威葆	董事	—	—	否	—

公司董事刘宝林、张社军、裴铁豹和李春霞同时担任控股股东炼化工程董事且除担任公司董事外并不在公司担任其他职务；此外，本所律师查阅了公司报告期内历次股东会（股东大会）、董事会决议等相关文件，结合《公司章程》《股东大会议事规则》《董事会议事规则》的相关规定及上述公司董事和高级管理人员变化情况，公司股东的持股情况与其担任公司董事及高级管理人员、参与公司管理的情况没有必然联系，没有任何单一股东能够通过公司治理结构的安排对股东大会、董事会的决议造成实质性重大影响，也没有任何单一股东可以对公司决策形成实质性影响；即根据公司股东参与公司管理的情况，公司无实际控制人。

综上，本所律师认为，根据公司股东持股情况和股东参与公司管理的情况，公司无实际控制人，公司实际控制人的认定依据充分、合法。

专家点评

公司的股东较多，控股股东持股比例较低，股权结构分散，公司股权结构分散，没有任何股东能够通过公司治理结构的对股东大会及董事会产生实质性影响。因此，公司无实际控制人。

【案例 7】报告期内实际控制人变更——恒大淘宝（股票代码：834338）

企业背景

广州恒大淘宝足球俱乐部是中国广州的一所职业足球俱乐部，现参加中国足球超级联赛。2010 年 3 月 1 日，恒大集团买断球队全部股权，俱乐部更名为广州恒大足球俱乐部。2012 年，俱乐部首次参加亚洲足球俱乐部冠军联赛并进入八强；2013 年，获得亚洲足球俱乐部冠军联赛冠军，这也是中国足球俱乐部第一次问鼎该项赛事的冠军，同年获亚足联最佳俱乐部奖。2014 年 6 月 5 日，阿里巴巴入股恒大俱乐部 50% 的股权；2014 年 7 月 4 日，俱乐部更名为广州恒大淘宝足球俱乐部。

焦点问题

（1）实际控制人发生变更的原因，目前公司股权是否明晰，是否存在潜在的股权纠纷；（2）对比公司管理团队的变化，说明公司经营的持续性、管理团队的稳定性；（3）实际控制人变更前后客户的变化情况；以及公司财务状况与经营成果变化情况等。就实际控制人变更对公司业务经营、公司治理、经营决策、董监高变动、持续经营能力等方面是否产生重大影响发表明确意见。

案例解读

报告期实际控制人的变化情况。

报告期内，公司股权结构及实际控制人变动情况如下：

项目	许家印为实际控制人	无实际控制人	
	2013年1月1日—2014年7月4日	2014年7月4日—2015年5月25日	2015年5月25日至今
股东及股权结构	恒大集团持有公司100%股权	恒大集团、阿里中国分别持有公司50%的股权	恒大集团、阿里中国分别持有公司60%和40%的股权
实际控制人	许家印	无实际控制人	无实际控制人

关于实际控制人变更。报告期内，公司引入股东阿里中国前后，实际控制人发生变更。

（一）公司实际控制人发生变更的原因及目前股权情况

经本所律师核查，2014年7月，公司实际控制人由许家印先生变更为无实际控制人，实际控制人发生变更的原因系公司增资扩股引入股东阿里中国。本次增资后，恒大集团、阿里中国分别持有公司50%的股权。2015年5月，恒大集团对公司进行增资，截至本补充法律意见书出具之日，恒大集团、阿里中国分别持有公司60%和40%的股权。

新增股东阿里中国后：（1）2014年7月—2015年5月期间，恒大集团和阿里中国分别持有公司50%的股权；（2）2015年5月至今，恒大集团和阿里中国分别持有公司60%和40%股权。在上述期间，根据《公司章程》，双方股东均无法单独控制公司董事会、股东大会的表决结果，双方股东之间也未签署一致行动协议。因此，自2014年7月起，公司无实际控制人。

根据公司股东恒大集团和阿里中国出具的声明，公司股东所持公司股份均为股东真实所有，不存在委托持股、信托持股的情形，亦不存在权属纠纷；股东所持本公司股份未设定质押，未被采取冻结、查封等强制性措施，也不存在其他任何限制。

综上所述，本所认为，2014 年 7 月，引入股东阿里中国后，根据《公司章程》，双方股东均无法单独控制公司董事会、股东大会的表决结果，双方股东之间也未签署一致行动协议。因此，阿里中国入股后公司无实际控制人。截至本补充法律意见书出具之日，公司股权明晰，不存在潜在纠纷。

（二）报告期内实际控制人变更并未影响公司经营活动的持续性和管理团队的稳定性

根据公司提供的工商资料及出具的说明，并经本所律师核查，报告期内，公司高级管理人员变化情况如下：

自 2013 年 1 月 1 日至阿里中国入股前，刘永灼为公司总经理；2014 年 7 月 3 日，恒大淘宝有限召开董事会，聘任康冰为公司总经理；2015 年 6 月 9 日，公司第一届董事会第一次会议聘任康冰为总经理、麦建乐为副总经理、张延辉为财务负责人、高寒为董事会秘书。

阿里中国主要通过提名公司董事人选的方式，参与公司的重大经营决策，并通过形成董事会决议，聘任或解聘公司高级管理人员。公司管理团队主要负责根据股东大会、董事会作出的相关决议，具体实施公司的日常经营活动。

报告期内，公司管理团队人数有所增加，新任管理人员具有较高的专业水平和胜任能力。上述管理团队的变化有利于加强对公司的管理，提高公司的持续经营能力。整体改制为股份公司后，公司聘任了精干高效的管理团队，新聘管理人员在公司工作年限较长，管理团队具有一定的稳定性。

（三）实际控制人变更前后客户的变化情况，以及公司财务状况与经营成果变化情况等

根据《审计报告》、恒大淘宝提供的客户名单等文件资料及出具的说明，并经本所律师核查，公司实际控制人变更后，新增客户淘宝（中国）软件有限公司（公司主要为其发布客场球衣广告），除此之外，公司客户未发生其他重大变化。

实际控制人变更后，阿里中国根据《公司章程》的约定，增派了董事人选和股东代表监事，上述人员均有着丰富的行业经验和经营管理经验，有利于不断完善公司治

理结构，加强公司的重大经营决策及投资方案的有效性和科学性。

综上，本所认为，截至本补充法律意见书出具之日，实际控制人变更未对公司财务状况与经营成果产生重大影响。

专家点评

鉴于公司控制权能够决定和实质影响公司的经营方针、决策和经营管理层的任免，公司控制权发生可能给发行人的持续发展和持续盈利能力带来不利影响。但在实际控制人变更经过时间验证，未对公司财务状况与经营成果产生重大影响，那么实际控制人变更就不是监管的要素了。

【案例8】公司实际控制人是否滥用公司控制权——众合医药（股票代码：430598）

企业背景

上海众合医药科技股份有限公司是一家专业从事创新抗体药物研发和产业化的高科技医药企业，位于上海张江药谷，实验场所近千平方米，各种研发设备齐全。公司由长期从事生物技术药物包括重组制品、疫苗和单克隆抗体药物研发和产业化的国内外专业技术团队创建，核心团队先后主持完成了多个新生物制品的研发和产业化。

焦点问题

公司、实际控制人及股东等相关方与江苏众汇、上海宝盈等企业是否存在“对赌”等投资价格调整、优先权、反稀释、拖带权、认沽权等特殊条款或利益安排，及该等条款对公司控制权、权益、公司治理的影响，股东之间是否存在（或潜在）纠纷及其对公司治理及正常运营的影响。

案例解读

经访谈公司实际控制人熊俊先生，熊俊先生本人与公司或公司其他股东不存在“对赌”等投资价格调整、优先权、反稀释、拖带权、认沽权等特殊条款或利益安排；

公司与其他股东之间也不存在对赌”等投资价格调整、优先权、反稀释、拖带权、认沽权等特殊条款或利益安排。

永卓博济、江苏众汇、珠海华朴于2013年12月16日分别出具《确认函》，确认其分别与众合医药其他股东之间不存在对赌”等投资价格调整、优先权、反稀释、拖带权、认沽权等特殊条款或利益安排。

上海宝盈资产管理有限公司于2013年12月16日分别出具《确认函》，确认其与众合医药股东之间不存在对赌”等投资价格调整、优先权、反稀释、拖带权、认沽权等特殊条款或利益安排。据此，本所律师认为，公司、实际控制人及股东与永卓博济、江苏众汇、珠海华朴及上海宝盈资产管理有限公司之间不存在“对赌”等投资价格调整、优先权、反稀释、拖带权、认沽权等特殊条款或利益安排。

专家点评

鉴于公司控制权往往能够决定和实质影响公司的经营方针、决策和经营管理层的任免。因此，需要通过制度强化对实际控制人权力的控制，如制定《关联交易决策制定》《累积投票制度》《股东大会会议事规则》与《董事会议事规则》的回避制度等。

【案例9】实际控制人未追朔至最终出资人——星原丰泰（股票代码：430233）

企业背景

北京星原丰泰电子技术股份有限公司成立于2004年，坐落于北京市昌平区沙河镇豆各庄彩易达科技园内，总面积为10000平方米，注册资金2000万元。星原丰泰是以开发、生产和销售DC－DC系列，及AC－DC系列电源的及研发设计生产销售于一体的电源供应商。高频模块开关电源为主的专业化高新技术企业。

公司的实际控制人为北京京仪集团有限责任公司，京仪集团是北京控股集团有限公司的全资子公司，北京控股集团有限公司的出资人为北京市国有资产监督管理委员会。实际控制人的认定依据：

（1）京仪集团拥有对其所属企业改制、重组、合并、分立等重大事项的审批权。

根据《北京市国资委关于贯彻落实<关于规范国有企业改制工作意见>的通知》（京国资改发字〔2004〕23号）和《北京控股集团有限公司企业改制工作规定》（试行），北京市国资委审核批准所出资企业中的国有独资企业、国有独资公司的重组、股份制改造、合并、分立等重大事项。除上述应由市国资委或市政府决定或批准的改制事项外，所出资企业依法决定或批准其所属企业的其他改制事项，并报市国资委备案。

北京控股集团有限公司作为北京市国资委下属的国有独资公司，对集团直接出资企业中的国有独资企业、国有独资公司的重组、股份制改造、合并、分立等重大事项拥有审批权限。除应由集团决定或批准的事项外，集团直接出资企业依法决定或批准其所属企业的其他改制事项，批准后相关文件报集团备案。因此京仪集团拥有对其所属企业改制、重组、合并、分立等重大事项的审批权限。

（2）公司设立、公司控股股东北京自动化技术研究院收购非国有股东股权、增资及改制均为京仪集团批复后实施。

（3）北京自动化技术研究院的出资人为京仪集团。

综上，京仪集团可以通过北京自动化技术研究院控股的方式决定星原丰泰的经营和财务政策及管理层人事任免等重大事项，同时拥有对星原丰泰改制重组、增资、合并、分立等重大事项的审批权限。因此，京仪集团为星原丰泰的实际控制人。

主办券商及律师认为，京仪集团能够通过控股北京自动化技术研究院以及对公司改制重组、增资、合并、分立等重大事项的审批权限实际支配公司行为，是公司的实际控制人。

专家点评

实际控制人一般追溯至自然人、国资部门或集体企业主管部门。就上述案例而言，国资部门授权国有企业享有出资人的权利并承担义务，因此国有企业也可以成为公司的实际控制人。提醒注意的是，根据2016年7月1日颁布的《企业国有资产交易管理办法》，国家出资企业所属子企业的产权转让、增资由国家出资企业确定审批权限，这样以后会有越来越多的国有企业成为挂牌公司的实际控制人。

第二节　基本概念

一、控股股东

根据《公司法》的规定：

控股股东，是指其出资额占有限责任公司资本总额百分之五十以上或者其持有的股份占股份有限公司股本总额百分之五十以上的股东；出资额或者持有股份的比例虽然不足百分之五十，但依其出资额或者持有的股份所享有的表决权已足以对股东会、股东大会的决议产生重大影响的股东。

在这里有一种新情况，如果在股东之间签署了或者存在表决权代理、表决权信托等类似安排，足以使股东所拥有的表决权比例结构与股东持股结构不一致，且能够对股东会产生重大影响的，在实际上已经成为控制公司的股东，但严格依据公司法规定，此种股东不能被界定为控股股东，对于这类股东，是否需要界定为控股股东值得探讨。

二、实际控制人

根据《公司法》的规定：

实际控制人，是指虽不是公司的股东，但通过投资关系、协议或者其他安排，能够实际支配公司行为的人。

关于对实际控制人的理解，也可以参考《上市公司收购管理办法》第八十四条对上市公司实际控制人的规定：

有下列情形之一的，为拥有上市公司控制权：

（一）投资者为上市公司持股50%以上的控股股东；

（二）投资者可以实际支配上市公司股份表决权超过30%；

（三）投资者通过实际支配上市公司股份表决权能够决定公司董事会半数以上成员选任；

（四）投资者依其可实际支配的上市公司股份表决权足以对公司股东大会的决议产生重大影响；

（五）中国证监会认定的其他情形。

对实际控制人概念的理解，在实际操作过程中，其范围要大于《公司法》所述的内容，更靠近《上市公司收购管理办法》规定的内容；简而言之，实际控制人就是实际控制公司的自然人，法人或其他组织。

三、对实际控制人认定的理解

中国证监会《〈首次公开发行股票并上市管理办法〉第十二条“实际控制人没有发生变更”的理解和适用——证券期货法律适用意见第1号》（证监法律字［2007］15号）出台后，实际控制人认定的标准得到了统一和规范，该规定没有列举什么样情形下是实际控制人，需要根据规定的认定原则进行认定。

认定实际控制人非常必要，对企业的实际控制人的认定不准确，会对企业的申报新三板挂牌造成不好的影响。例如某企业原由一对夫妇合计持有55%以上的股权，作为该企业的实际控制人，之后该企业引进了战略投资者，该夫妇所持的股权比例下降到50%，随后这对夫妇中的一方去世，去世一方的股权由其配偶与未成年子女继承，该企业遂认定由于该夫妇在世的一方实际上行使了其全家的股权，其为企业的实际控制人。但上述认定不符合《证券期货法律适用意见第1号——关于“实际控制人没有发生变更”的理解和适用》的规定。

企业的实际控制人对企业的控制需要在两个方面上认识，即股权层面的控制和实质上对决策权的控制。借鉴国际会计准则和中国新会计准则可以对实际控制有一个很明确的定义：实际控制对公司执行等方面一系列重要的影响力，影响公司的资金的流动以及战略发展方向。在国家税务总局颁布的《特别纳税调整实施办法（试行）》中，认为控制指“在股份、资金、经营、购销等方面构成实质控制”。

《公司法》第二百一十七条规定了虽不是公司股东，但通过投资关系、协议或者其他安排能够实际支配公司行为的人这一类型实际控制人，这个定义揭示了实际控制人的一个重点，即实际控制人的行为能够实际支配与决定公司行为。

在股权层面上对企业的控制可以通过股东所持有的股份比例来判断，这个比较直观，但是是否对决策产生最终的影响，则需在多方面进行考虑。根据前述对实际控制人概念的理解，企业新三板挂牌过程中对企业实际控制人的认定，要以《公司法》的规定为基础，借鉴财务方面的定义做扩大解释。

例如，企业的控股股东为某大型的国有企业，该国有企业是直属国务院国资委的，如果认定这个企业的实际控制人为国务院国资委，并不违反《公司法》的规定，但在实际意义不起任何作用，因此，认定该企业的实际控制人为实质上控制企业的控股股东——某大型的国有企业，更加符合实际情况。

一种情况是，企业的股权非常的分散，大股东所持有的股权比例也达不到控股的地步，某些企业的股东在创业之初约定了基本平均的股权比例，在企业发展到一定程度后，这种状况一时无法得到改变。在这种情况下，认定企业的实际控制人就存在困难。

有的企业最近三年持有表决权最多的股东发生变化，但企业以股东间存在代持股协议为由而主张不构成实际控制人变化的，考虑到企业可以倒签有关文件，目前监管机构一律不予支持该主张。存在代持关系的，但不影响企业符合新三板挂牌的基本条件的，监管机构要求中介机构对此问题出具明确的核查意见。对于存在表决权代理或者转让协议、一致行动协议等问题的解决比照上述处理方式解决。

本书作者认为，存在这种情况的企业可以考虑：一是如果企业经营管理的非常优秀，管理层长期稳定的，并且通过了某种安排或者协议约定了保证管理层稳定的条款，按照企业股权分散且确实无控股股东存在的事实，认定企业的股东为共同控制人比较合适；二是不认定实际控制人，的确是存在没有实际控制人情况的企业，当然这个问题还需要监管机构对此问题的确认。

在实践中，了解一个企业的控股股东可以通过各种途径很容易的知道，但是这个企业的实际控制人在某些情况下则很难辨别。实际控制人可以是控股股东，也可以是控股股东的股东，甚至是除此之外的其他自然人、法人或其他组织。不了解一个企业的实际控制人是谁，尤其是新三板挂牌的企业，就难以辨别由实际控制人操纵的关联交易，也无法对其关联交易是否公允及是否会对公司和其他股东利益造成影响作出正确的判断，从而可能使投资人蒙受不必要的损失。

四、法律对控股股东和实际控制人的要求

《公司法》《证券法》对新三板挂牌企业的控股股东、实际控制人义务和责任的规定主要表现在以下几个方面：

（1）对公司、其他股东及公司债权人负有诚信义务。诚信义务源于英美法系国家对公司董事义务的要求，近年被延伸至股东对公司、其他股东及公司债权人的义务，并衍生出“刺穿公司面纱”和股东的派生诉讼制度，作为股东违背其诚信义务对债权人和其他股东应承担的责任或法律后果。《公司法》首次引入这些概念，在第二十条第一款对包括控股股东在内的股东应负的诚信义务作了总括性规定。根据该规定，公司

股东尤其是控股股东的诚信义务主要体现在三个方面：一是对公司的诚信义务，即应当遵守法律、行政法规和公司章程，依法行使股东权利，不得滥用股东权利损害公司的利益；二是对其他股东的诚信义务，即不得利用其控制地位，滥用股东权利损害其他股东的利益；三是对于公司债权人的诚信义务，即应当依法行使股东权利，不得滥用公司法人独立地位和股东有限责任损害公司债权人的利益。

（2）违背诚信义务应当依法承担责任。《公司法》第二十条第二款规定："公司股东滥用股东权利给公司或者其他股东造成损失的，应当依法承担赔偿责任"。这一规定为股东的直接诉讼和派生诉讼提供了基本的法律依据，健全了中小股东的保护机制。

《公司法》第二十条第三款规定："公司股东滥用公司法人独立地位和股东有限责任，逃避债务，严重损害公司债权人利益的，应当对公司债务承担连带责任。"该规定包含了公司法人人格否认制度的基本内容，是我国公司法领域的重大制度性突破。所谓"否定公司法人人格"，又称为"刺穿公司面纱"，这一制度自美国法院首倡，已为德、英、法、日等国仿效，逐渐成为两大法系共同认可的一项法律原则。其基本法理是：当公司的法人人格被不正当使用时，公司的独立法人地位掩盖了掩藏在公司背后的不当行为人的非法行为，若继续拘泥于公司的独立人格和股东的有限责任原则，实有悖于有限责任制度的真正目的；因此，在公司的独立法人人格和股东的有限责任被滥用，公司债权人利益受到侵害的特定情形下，将无视公司独立的法人地位，否认股东的有限责任原则，令不当行为人（主要包括公司的股东尤其是具有控制力的股东）对公司的债权人直接承担责任．例如，当公司存在财产、业务、组织管理不独立，"两块牌子、一套人马"；公司股东严重侵占公司资产，使公司失去基本的偿债能力；公司的资本严重不足等现象时，都有可能被认为公司与公司股东的法律人格已混同，公司的独立人格实际上已经不存在，依美国法院的形象比喻，公司这时已经表现为其主要股东的"化身"或者"傀儡""伪装""工具"，公司独立人格的这层面纱就应当被揭开，让公司主要股东对公司的债务承担责任。公司法人人格否认制度旨在防止公司独立法人人格和股东有限责任被滥用，以维护公司法人制度和股东有限责任的本质，保护公司债权人利益，保证市场竞争的公正、有序。但应当指出的是，无论是中小股东的派生诉讼制度还是"刺穿公司面纱"制度，其行使更多地依赖司法等配套制度的支持。

（3）禁止利用关联关系损害公司利益。通过非公允的关联交易进行利益输送、损害公司利益，是控股股东、实际控制人滥用控制地位的突出表现之一。《公司法》规定了对关联交易行为的规范，为控股股东或实际控制人通过关联交易从上市公司输出利益设置了必要的制度屏障。根据《公司法》第二十一条的规定，公司的控股股东、实际控制人不得利用其关联关系损害公司利益，由此给公司造成损失的，应当承担赔偿责任。《公司法》第一百二十二条还规定："上市公司在一年内购买、出售重大资产超过公司资产总额百分之三十的，应当由股东大会作出决议，并经出席会议的股东所持表决权的三分之二以上通过。"关联股东或者受有关联的实际控制人支配的股东，应当回避表决。对董事会决议事项所涉及的企业有关联的董事也应当回避表决。

（4）禁止违规担保。上市公司违规担保现象，一直是我国证券市场难以根治的顽疾，严重损害了上市公司和中小股东的利益。为遏制这一现象，防止股东及关联人损害公司和其他股东的合法权益，《公司法》明确要求，公司为股东或者实际控制人提供担保，必须经股东会或者股东大会决议批准，被担保股东或者受被担保的实际控制人支配的股东，应当回避表决。该项表决由出席会议的其他股东所持表决权的过半数通过。另外，为加强对上市公司担保行为的规制，根据《公司法》规定，上市公司在一年内提供担保的金额超过公司资产总额百分之三十的，应当由股东大会作出决议，并经出席会议的股东所持表决权的三分之二以上通过。

（5）依法履行信息披露义务为防止实际控制人通过"影子股东"或者关联股东对发行人或者上市公司实施实际控制，规避法律责任和义务，《证券法》对控股股东和实际控制人在各个阶段的信息披露义务以及违反该义务所应承担的法律责任都作了明确规定。首先，《证券法》对发行人或上市公司的控股股东、实际控制人的信息披露义务进行了总括性的要求，即发行人或上市公司的控股股东、实际控制人负有诚信义务，应当确保其提供的文件真实、准确、完整，不得有虚假记载、误导性陈述或者重大遗漏；若其未按照规定披露信息，所披露的信息有虚假记载、误导性陈述或者重大遗漏，或者指使信息披露义务人从事虚假披露的，应当依法承担法律责任；若其对发行人、上市公司的虚假信息披露有过错，致使投资者在证券交易中遭受损失的，应当与发行人、上市公司承担连带赔偿责任。其次，《公司法》对控股股东、实际控制人在证券发行、上市阶段以及此后的持续信息披露阶段都有明确的信息披露要求，规定在招股说明书、上市公告、定期报告、临时报告中，都应当如实披露发行人或上市公司的控股股东和实际控制人。

（6）禁止利用上市公司收购损害被收购公司及其股东的合法权益。为防止收购人通过一致行动人分散持股等方式规避要约收购义务，逃避收购监管，《证券法》从两个方面加强了对收购人的控股股东、实际控制人的规制力度：一是扩大了收购监管的范围，与《公司法》关于“实际控制人”的概念相呼应，并引入“一致行动”的概念，将“通过协议或者其他安排与他人共同持有”的股份也纳入监管范畴。二是加强了相应的法律责任，明确规定收购人或其控股股东利用上市公司收购，损害被收购公司及其股东的合法权益的，监管部门对其责令改正，给予警告；情节严重的，处以罚款。给被收购公司及其股东造成损失的，收购人及其控股股东应当依法承担赔偿责任，并对直接责任人员给予警告，处以罚款。

五、实际控制人诚信问题的把握和处理

一般可以从以下几个方面考察控股股东和实际控制人的诚信：

第一，考虑公司的历史沿革，看实际控制人或大股东在对企业的投资方面是否有出资不到位的情况，或者是不是有虚假投资，如果有的话，就认为在诚信上是存在缺陷的。

第二，关注有没有存在侵犯其控股的公司其他股东利益的行为。

第三，考虑是否存在资金占用问题，还有违规担保等。

对于以上行为，有以下处理方式：

第一，出现了违法行为，需要纠正。最近三年一期或者两年一期，最少是一期不存在损害发行人利益的行为，才能认为是已经纠正了。如果已经纠正了，应该是可以符合新三板挂牌条件。

第二，认定是否存在损害其他的社会公众利益的重大的违法行为，主要需评判断违法行为所涉及的利益。

第六章　出资的十个问题

【案例1】房产出资瑕疵——亚茂光电（股票代码：831693）

【案例2】外方以无形资产出资——中晟光电（股票代码：831504）

【案例3】使用置换方式解决出资瑕疵问题——俪德照明（股票代码：832435）

【案例4】对出资程序合法合规性进行审查的案例——众益传媒（股票代码：831882）

【案例5】延迟出资的两个案例——银橙传媒（股票代码：830999）和连能环保（股票代码：430278）

【案例6】实缴出资未到位即进行股权转让的案例——软智科技（股票代码：832144）

【案例7】疑似对外投资抽逃资本的案例——天阶生物（股票代码：430323）

【案例8】以著作权评估作价出资的——影达传媒(股票代码：833206)

【案例9】债转股及股东增资资金来源于向公司的借款——爱尚鲜花（股票代码：836638）

【案例10】在报告期内存在债转股的情形——龙福环能（股票代码：833766）

第一节 典型案例

关于股东的出资，一直是拟新三板挂牌企业在申报过程中受到股转公司重点关注的问题，尤其是企业在设立之初和历史沿革中历次的出资情况，尤为重要。

【案例1】房产出资瑕疵——亚茂光电（股票代码：831693）

核心知识点

股东以房产出资或增资，必须权属清晰并于出资后完成权属证书变更至公司名下。

企业背景

宁波亚茂光电股份有限公司位于创建于1992年，经历20多年的发展和努力，已成为拥有近千名员工，27000平方米土地，38000平方米厂房面积，总资产达3.1亿元，致力于LED灯、HID灯、节能灯、远程智能调控系统、电子镇流器等其他配套电器研制、开发的大型照明生产企业。

焦点问题

（1）公司采取的措施是否足以弥补出资瑕疵，公司是否存在相应的法律风险；（2）是否存在虚假出资事项，公司是否符合“股票发行和转让行为合法合规”的挂牌条件。以上瑕疵补正的会计处理方式是否符合《企业会计准则》的规定。

案例解读

亚茂照明设立时的出资系由曹茂军、陈吉飞以登记所有权人为溪口亚茂的房产证号为奉另字第0953号的房屋所有权出资。

1998年2月28日，奉化市溪口镇工业办公室出具《证明》，确认登记所有权人为溪口亚茂的房产证号为奉另字第0953号的房屋所有权性质为私有，属曹茂军所有。根据溪口亚茂名义出资人奉化市溪口镇人民武装部于2013年6月14日出具的《关于原奉化市溪口亚茂照明电器公司投资情况的证明》，以及其上级主管部门奉化市溪口镇人民政府于2013年7月2日出具的《关于奉化市溪口亚茂照明电器有限公司投资情况的证明》，中国人民解放军浙江省奉化市人民武装部于2013年6月25日出具的《对关于确认原奉化市溪口亚茂照明电器公司产权的请示报告的批复》，溪口亚茂实际出资人为曹茂军个人，其名义出资人溪口镇人民武装部在其存续期间既未出资亦未以任何形式参与对溪口亚茂的经营管理工作，认定曹茂军为溪口亚茂所有剩余资产及其债权债务的唯一所有权人。

综上，本所律师认为，曹茂军、陈吉飞用以出资的房屋所有权系其个人所有，权属明确；根据本补充法律意见书1.2.1至1.2.3及后文1.4所述，本所律师认为，公司不存在虚假出资事项，公司历次出资均已履行了必要的内部决策程序和相关工商变更登记手续，不存在现实及潜在的法律纠纷，符合“股票发行和转让行为合法合规”的挂牌条件。

专家点评

以实物资产、专利技术、非专利技术、土地使用权等非货币形式的资产进行出资，含新设公司时的出资和增资时的出资，必须权属清晰，产权无争议，并就该资产进行评估作价。该资产必须同时具备两个条件：一是可以用货币评估作价；二是可以依法进行转让。

【案例2】外方以无形资产出资——中晟光电（股票代码：831504）

企业背景

中晟光电设备（上海）股份有限公司于2011年5月在上海浦东张江高科技园区成立。公司致力于建立一个以中国为基地，世界领先的高端装备、技术和工艺制成企业，主要为LED和电子功率器件等产业提供具有世界先进水平的国产MOCVD设备与技术服务。

焦点问题

该事项对申请挂牌公司中晟光电资本充足性是否造成影响。

案例解读

中晟光电的股东有外资股东，该股东历史上有以无形资产出资的情形，中介机构进行了以下处置。公司控股股东江苏中晟的注册资本中包括无形资产出资。

经核查，2011 年 3 月 10 日，江苏华晟天龙光电设备股份有限公司与华晟光电设备（香港）有限公司签订《专有技术出资作价协议》由华晟光电设备（香港）有限公司以专有技术作价人民币 3523.8 万元出资。

用于出资的专有技术由上海华贤资产评估有限公司进行评估、上海银信汇业资产评估有限公司进行评估报告复核并出具“沪银信汇业评核字（2011）第 003 号”《关于沪华贤评报字（2010）第 121 号 <关于“金属有机化学气相沉淀（MOCVD）设备”专有技术评估报告>的复核报告》。

2011 年 4 月 20 日，江苏中晟书面确认已与华晟光电设备（香港）有限公司签订《非专利技术转让合同》，收到用于出资的专有技术。

2011 年 4 月 22 日，该出资由常州富润会计师事务所进行验资并出具“常富润验（2011）B075 号”《验资报告》。

本所律师认为，华晟光电设备（香港）有限公司本次专有技术出资，以及出资程序符合当时有效的《公司法》《注册资本登记管理规定》等法律法规。

根据中晟光电历次验资报告，江苏中晟未以专有技术无形资产对中晟光电进行出资；除按账面净资产折股外，中晟光电股东均以货币出资且经审验不存在出资不实的情形。因此，本所律师认为，江苏中晟无形资产出资情形对中晟光电资本充足性不存在影响。

专家点评

根据 2011 年 1 月 8 日开始实行的《中外合资经营企业法实施条例》，外国合营者可以工业产权或者专有技术作为出资，但应当报审批机构批准。

【案例3】使用置换方式解决出资瑕疵问题——俪德照明（股票代码：832435）

企业背景

上海俪德照明科技股份有限公司创立于2009年，注册资本为1250万元，是一家专业从事“交流直接驱动LED光源集成电路芯片”及其相关LED灯具的研发、生产和销售于一体的综合型照明企业。

焦点问题

（1）公司采取的措施是否足以弥补出资瑕疵，公司是否存在相应的法律风险；（2）是否存在虚假出资事项，公司是否符合“股票发行和转让行为合法合规”的挂牌条件。以上瑕疵补正的会计处理方式是否符合《企业会计准则》的规定。

案例解读

俪德照明股东将个人持有的专利、专利申请对公司进行出资，但该专利、专利申请存在被认定为职务发明的可能，这些专利、专利申请经评估后进入公司注册资本，如被认定为职务发明，公司注册资本并未实缴。

2012年6月6日，公司股东陈卫平与公司签订《财产赠与协议》，将其持有的“与LED芯片技术相关的四项技术专利和九项已进入专利申请的技术”（简称“无形资产技术组合”）无偿赠与公司。

2012年6月18日，坤元资产评估有限公司以2012年5月31日为评估基准日，出具编号为坤元评报［2012］213号的《陈卫平先生拟作价出资的技术组合资产评估项目资产评估报告》，经评估，陈卫平持有的无形资产技术组合价值为951.00万元。

鉴于上述无形资产技术组合系公司董事长兼总经理陈卫平所有，且与公司主营业务存在较大相关性，存在被认定为职务发明的可能，为彻底夯实公司资本，维护其他股东的利益，公司决定以现金形式对该无形资产进行置换。

2014年5月，公司2013年度股东大会通过决议，同意股东陈卫平、张高柏、杨慧、陈国英和徐健等五位自然人以货币资金396.00万元及扣除个人所得税后的未付股利 304.00 万元合计 700 万元对前述无形资产出资进行置换。同时，陈卫平承诺将上述技术组合的所有权无偿转让与本公司所有。

2014 年 6 月 27 日，华普天健会计师事务所就上述无形资产出资夯实事宜出具了“会验字［2014］2575 号”《验资报告》，经审验，截至 2014 年 6 月 27 日，前述 700 万元货币出资已足额缴纳。

综上，本所律师认为，公司此次出资已通过货币资金置换予以解决，经公司股东大会决议通过并经《验资报告》验证，不存在虚假出资。

专家点评

无论何种出资不实瑕疵，要确保出资确实到位、资本确实充足，这时，需要原股东补足该出资，最直接的和简单的方式是股东拿出现金进行补足。

【案例 4】对出资程序合法合规性进行审查的案例——众益传媒（股票代码：831882）

湖南众益文化传媒股份有限公司是一家拥有自主知识产权的专业媒体生产和运营的大型传媒企业。2007 年经湖南省首届湘商大会招商引资回湘籍投资发展，是湖南省新媒体行业中短期投入最大、发展速度最快的企业。公司旗下拥有高端楼宇广告、户外大牌、机场广告、高尔夫 LED 广告、湖南金鹰 955 电台广告酒行业代理权及长沙地铁 2 号线广告行代权。

公司出资履行程序的完备性、合法合规性。

（一）核查过程

本所律师查验了公司设立至今的工商档案资料、设立及历次注册资本变更时的

《验资报告》、股东会会议文件。

（二）核查情况及核查意见

1. 众益有限设立及历次增资时各股东均以货币出资，履行了必要的程序，合法合规。

2. 众益有限整体变更设立众益传媒时履行的程序如下：

2014 年 7 月 25 日，天健所出具天健审［2014］2 –246 号《审计报告》，对众益有限截至 2014 年 6 月 30 日的财务报表进行了审计，截至审计基准日 2014 年 6 月 30 日，众益有限（母公司）的净资产为18,226,896.42元。

2014 年 7 月 25 日，开元评估出具开元评报字［2014］1 –049 号《湖南众益文化传媒有限公司拟整体变更为股份有限公司之公司净资产评估报告》，经评估，截至评估基准日 2014 年 6 月 30 日，众益有限（母公司）净资产评估值为 2188.80 万元。

2014 年 7 月 25 日，众益有限召开股东会，会议审议通过如下决议：

（1）同意将众益有限依法整体变更为股份有限公司，股份有限公司的名称为“湖南众益文化传媒股份有限公司”；

（2）同意公司以截至 2014 年 6 月 30 日经审计的净资产18,226,896.42元为基数，折为股份有限公司的股本 1500 万股，净资产超过注册资本部分作为股份有限公司的资本公积，各股东以其在有限公司的股东权益认购股份有限公司全部股份，各股东在股份有限公司中的持股比例不变。

2014 年 7 月 25 日，众益有限的全体股东共同签订了《湖南众益文化传媒有限公司整体变更设立湖南众益文化传媒股份有限公司的发起人协议》(以下简称“《发起人协议》”)。根据该协议，股份公司名称为湖南众益文化传媒股份有限公司，股份公司总股本为 1500 万股，每股面值为 1 元，全部股份由发起人以其持有的有限公司股权对应的截至 2014 年 6 月 30 日净资产认购。

2014 年 8 月 10 日，公司召开发起人会议暨第一次股东大会。会议审议通过了《关于湖南众益文化传媒有限公司整体变更为湖南众益文化传媒股份有限公司（筹）的议案》《关于 < 湖南众益文化传媒股份有限公司（筹）章程 > 的议案》《关于选举湖南众益文化传媒股份有限公司（筹）第一届董事会董事的议案》和《关于选举湖南众益文化传媒股份有限公司（筹）第一届监事会非职工代表监事的议案》。

2014 年 8 月 15 日，湖南省工商局向众益有限核发了（湘）名私字［2014］第 17906 号《企业名称变更核准通知书》，核准众益有限的企业名称变更为“湖南众益文化传媒股份有限公司”。

2014 年 8 月 20 日，长沙市工商局向公司核发了注册号为 430100000010769 的《企业法人营业执照》，公司名称为湖南众益文化传媒股份有限公司，企业类型为非上市股份有限公司，住所为长沙市芙蓉区隆平高科技园长星路 189 号 2 号楼，法定代表人文高永权，注册资本为 1500 万元，经营范围为“设计、制作、代理、发布国内各类广告；展示、展览的策划、设计、组织；企业顾问；三维动画设计；家具装饰设计；包装设计；多媒体设备、电子产品、机械设备的技术开发、技术转让、技术咨询、技术服务及推广；多媒体设备、电子产品、机械设备的生产、加工、销售；计算机系统集成”。

2014 年 9 月 10 日，天健所出具天健验（2014）2－20 号《验资报告》，验证截至 2014 年 7 月 31 日，股份公司已收到全体出资者所拥有的截至 2014 年 6 月 30 日众益有限经审计的净资产18,226,896.42元，并将上述资产折合股本 1500 万元，资本公积 3,226,896.42元。

据此，本所律师认为，股东历次出资履行了必要的程序，合法合规。

专家点评

公司设立至今的工商档案资料、设立及历次注册资本变更时的《验资报告》、银行入账单、股东会会议等文件是证明公司历次出资合法合规的关键资料，应妥善保管。有些公司的文件管理混乱，很多的重要的原始文件保管不善丢失或者损毁，对公司的资本运作产生负面影响。

【案例 5】延迟出资的两个案例——银橙传媒（股票代码：830999）和连能环保（股票代码：430278）

案例解读

延迟出资会导致股东出资义务违约，也会影响到公司的资本充足和正常的生产经营。

银橙传媒（830999）的前身银橙有限成立于 2010 年 3 月 9 日，注册资本 100 万元，成立时缴纳第一期出资 20 万元，第二期出资 80 万元于 2012 年 5 月 10 日缴足，距公司成立时间已超过两年，违反了当时有效的《公司法》关于注册资本须在成立后两年内缴足的规定。股转公司因此予以了关注并提出询问，公司及中介机构对股转公司的反馈是：

上海市工商局奉贤分局已于2014年6月3日签发证明，银橙有限在其管辖期间（自2010年3月成立至2010年4月迁往上海市工商局前），未发现有因违反工商行政管理法律法规的违法行为而受到工商行政管理机关行政处罚的记录。根据银橙有限成立时的三名股东王宇、隋恒举、李清龙的书面说明，因资金筹措等方面的原因，在银橙有限成立后两年内未能及时完成第二期出资，在完成资金筹措后，立即进行了第二期出资及其验资和工商变更登记工作，出资迟延未对公司的正常经营形成重大不利影响，且公司未因此受到工商行政管理部门的处罚；三人同时承诺，未来将严格遵守《公司法》等法律、法规、规范性文件关于公司注册资本管理的规定，避免出现相同或者类似的情形，如公司因上述出资延迟问题而受到工商行政管理部门处罚的，由其承担全部经济损失。

连能环保（430278）也是由于未能在两年内及时缴足出资，股转公司就此提出了反馈问题："公司披露，子公司连能机电科技于2008年1月9日成立，股东于2007年12月25日缴付首期出资，于2010年11月26日缴付第二期出资。请主办券商和律师就未能在两年内及时缴足出资是否属重大违法违规情形发表意见，并对是否构成挂牌障碍发表意见。"

《中华人民共和国公司法》第二十六条第一款规定：有限责任公司的注册资本为在公司登记机关登记的全体股东认缴的出资额。公司全体股东的首次出资额不得低于注册资本的百分之二十，也不得低于法定的注册资本最低限额，其余部分由股东自公司成立之日起两年内缴足；其中，投资公司可以在五年内缴足。第二百条规定：公司的发起人、股东虚假出资，未交付或者未按期交付作为出资的货币或者非货币财产的，由公司登记机关责令改正，处以虚假出资金额百分之五以上百分之十五以下的罚款。

《中华人民共和国行政处罚法》第二十九条规定：违法行为在二年内未被发现的，不再给予行政处罚。法律另有规定的除外。前款规定的期限，从违法行为发生之日起计算；违法行为有连续或者继续状态的，从行为终了之日起计算。经本所律师核查，连能机电科技股东在2010年11月26日缴付了第二期出资，2010年12月2日，上海市工商行政管理局闵行分局核准了本次变更登记。有关行政机关也未在法定期间内给与任何行政处罚。连能机电科技股东双方对延期缴付第二期出资不存在争议。

根据上述规定及本所律师核查，本所律师认为，子公司连能机电科技未能在两年内及时缴足出资违反了《中华人民共和国公司法》第二十六条第一款规定，属于违法违规情形，存在瑕疵。但连能机电科技股东在2010年11月26日缴付了第二期出资，弥补了上述违法违规行为，2010年12月2日，上海市工商行政管理局闵行分局核准了本次变更登记。行政机关也未在法定期间内给与任何行政处罚，丧失对该行为的行政处罚权。同时，连能机电科技股东双方对延期缴付第二期出资不存在争议。故该情形不属于重大违法违规，不会对挂牌构成障碍。

专家点评

尽管银橙有限设立过程存在出资迟延的瑕疵，但是最后还是缴足了这些出资，该迟延问题已得到及时纠正，银橙有限未因此而受到行政处罚，不影响其成立及存续的合法有效性，银橙传媒仍符合“依法设立并合法存续两年”的挂牌条件。

及时纠正错误并能顺利解决是保证公司存续合法有效性的基本原则，因为未收到行政部门的处罚，也未侵害到公司、股东和第三方的权益，银橙传媒和连能环保历史沿革中的这个问题获得了解决。

【案例6】实缴出资未到位即进行股权转让的案例——软智科技（股票代码：832144）

企业背景

深圳软智科技有限公司是一家专业提供ERP管理软件的高科技企业。软智科技公司是具有软件产品自主版权的、经国家认定的软件企业，专业从事管理软件的开发、销售，公司具有的高素质的技术队伍。

焦点问题

股权转让的合法合规性以及是否存在争议是否侵害公司及股东权益。出资是否实缴到位，是否影响公司注册资本的充足。

案例解读

此种问题在实务中很普遍，股转公司的反馈问题是：公司第一期出资实缴未到位，即对未缴足部分股权进行了股权转让，是否合法合规？

（一）第二次增资第一期出资

2010 年 3 月 4 日，胡昌书、马勇与科颐通信召开股东会，通过如下决议：公司新增注册资本 350 万元，其中，科颐通信认缴 192.5 万元，胡昌书认缴 140 万元，马勇认缴 17.5 万元。本次增加注册资本 350 万元由全体股东分 2 期于 2012 年 3 月 3 日之前缴足，首次出资额 70 万元由科颐通信于 2010 年 3 月 4 日前一次性缴足，第二期 280 万元出资于 2012 年 3 月 3 日前缴足，其中科颐通信缴纳 122.5 万元，胡昌书缴纳 140 万元，马勇缴纳 17.5 万元。本次变更后，公司注册资本为人民币 500 万元，实收资本为 220 万元，尚有 280 万元未缴足。

（二）第二次增资第二期出资与股权转让

2011 年 4 月 14 日，马勇、科颐通信与胡昌书分别签署《股权转让协议》，约定：马勇将其持有的软智有限 17.5 万元股权（认缴尚未实缴）无偿转让给胡昌书，科颐通信将其持有的软智有限 63.5 万元股权（认缴尚未实缴）无偿转让给胡昌书。同日，软智有限通过股东会决议，同意马勇、科颐通信分别将其已认缴但未出资的 17.5 万元、63.5 万元股权转让给胡昌书。本次变更后，科颐通信还应缴纳 59 万元，胡昌书还应缴纳 221 万元。

2011 年 4 月 18 日，江苏瑞远会计师事务所出具编号为苏瑞远验字（2011）E-018 号《验资报告》，审验证明：截至 2011 年 4 月 15 日，软智科技已收到科颐通信、胡昌书缴纳的第二期出资，共计 280 万元，其中，股东科颐通信以货币出资 59 万元，胡昌书以知识产权（软件著作权）出资 221 万元。

综上，中介机构认为，本次股权转让系股东认缴但未出资部分股权的转让，转让双方签署了股权转让协议，并通过了公司股东会决议等内部程序，股权转让合法合规，不存在任何纠纷或潜在争议。认缴部分股权转让后，受让股东按规定履行了出资义务，相关会计师事务所对用于出资的货币和无形资产出具了验资报告予以验资，其中无形资产由评估机构进行了评估并办理了相关转移手续，股东出资均已实缴到位，不影响公司注册资本的充足性；并且，股权转让后最终出资形式及比例符合当时《公司法》关于出资形式、现金出资比例的规定。

专家点评

实缴出资未到位即进行股权转让，解决的办法就是受让股东代替了原股东承担出资义务，且该出资义务能顺利履行，获得股权转让协议、股东会决议、验资等内部、外部审批确认。

【案例7】疑似对外投资抽逃资本的案例——天阶生物（股票代码：430323）

企业背景

北京世贸天阶生物科技股份有限公司是一家从事生物制药及化学制药研发、制造、营销为一体的高科技公司。公司在北京注册了北京世贸东瑞医药科技有限公司，专门从事新药的科研工作；在江苏盐城拥有世贸天阶制药（江苏）有限责任公司，专门进行重组蛋白类药物及化学药物的生产制造；设立了盐城市生物溶栓工程技术研究中心，专门从事生物制药技术的优化及实验室研究。公司的产业发展方向将专注于治疗人类重大疾病的生物新药咨询的研究、生产与销售。

焦点问题

是否存在抽逃出资、借钱出资的情形。

案例解读

天阶生物在申报过程中股转公司的反馈问题提到抽逃注册资本的情况。2012年12月31日，其他应付款中存在应付江苏新日月投资发展有限公司、盐城世贸天阶生物科技有限公司4500万元借款。

2012年7月，天阶生物对盐城世贸天阶生物科技有限公司的出资过程中存在借钱出资情形，其中3500万元系江苏新日月投资发展有限公司（张慧君控股，已在公开转让说明书中披露）借款，另外1000万元系自外部单位借款。盐城世贸天阶生物科技有限公司成立后，盐城生物偿还了1000万元外部单位借款。盐城生物成立后，一直未实际运营，没有发生其他债权、债务关系，该行为没有损害盐城生物的公司、股东及第三人的利益，工商行政管理局亦没有认定为违法行为。2013年3月，天阶生物将盐城生物的全部股权转让，并清偿了欠款。本所律师认为，公司存在借款出资的情形，但不存在抽逃出资的情形。2013年3月，公司将出资全部转让，并清偿了因出资所借用的款项，对公司的生产经营不存在重大不利影响。

专家点评

公司对外投资设立子公司后，由子公司替公司偿还投资时的借款，公司作为股东涉嫌抽逃注册资本。实质上此行为并不涉及挂牌公司注册资本是否夯实问题，但公司抽逃行为涉及行政违法，由于挂牌前涉及股权进行转让，欠款进行清偿，执法行政部门发文确认，不利法律后果已经得到纠正，所以对挂牌并无实质性影响。

【案例8】以著作权评估作价出资的——影达传媒（股票代码：833206）

企业背景

影达文化传媒成立于2009年1月，注册地位于上海松江影视园区，打造影视文化产业中的创作销以及衍生品开发的产业体系。专业团队中项目领军人士拥有超过10年的业内经验，完成的影视广告片作品累计超过百部，在全国范围内拥有行业资源，与国内主流媒体合作基础牢固，具备以国际标准独立完成影视文化项目与商业演出活动的专业能力。

案例解读

2013年11月19日，影达传媒有限第三次增资。

本次变更包括注册资本、实收资本均自1200万元增加至1700万元，股东余慧玲认缴全部新增注册资本，并以电影《世博小达人》及电视纪录片《人民币》著作权评估作价出资。本次变更履行了以下程序：

2013年9月17日，上海平正评估有限公司出具《影视著作权价值评估报告》（平正评报字［2013］第091号），评估对象为余慧玲拥有的电影《世博小达人》著作权（《作品登记证书》编号：沪作登字-2013-I-00101501号）、电视纪录片《人民币》著作权（《作品登记证书》编号：沪作登字-2013-I-00101500号），评估基准日2013年9月8日，评估结果为533.48万元。

2013年10月8日，影达传媒有限召开股东会会议（本次增资前股东），全体股东全部同意：股东余慧玲以3D电影《世博小达人》和专题纪录片《人民币》版权以知识产权形式投资，作价500万元计入公司注册资本，其余33.48万元计入公司资本公积。

2013年10月8日，影达传媒有限与余慧玲签署《投资协议》，约定影达传媒有限接受余慧玲以3D电影《世博小达人》和专题纪录片《人民币》两项影视著作权作为知识产权投入影达传媒有限，500万元计入实收资本，超过折价的33.48万元计入资本公积金。

2013年10月8日，影达传媒有限召开股东会会议（本次增资后股东），全体股东全部同意：股东余慧玲以3D电影《世博小达人》和专题纪录片《人民币》版权以知识产权形式投资，作价人民币500万元计入公司注册资本，其余33.48万元计入公司资本公积金；执行董事、法定代表人、监事不变；通过章程修正案。

2013年10月30日，余慧玲与影达传媒有限在上海市版权局办理了3D电影《世博小达人》和专题纪录片《人民币》的著作权转让合同备案，备案证书编号分别为：沪著合备字-2013-0644号、沪著合备字-2013-0643号。该等证书载明：合同性质为转让，转让人余慧玲，受让人影达传媒有限；权利种类为全部权利；合同期限为2013年10月8日至无期限；许可地域范围为全世界。

2013年11月5日，上海信捷会计师事务所出具《验资报告》（信捷会师字［2013］第Y18232号），经审验，截至2013年10月8日，影达传媒有限已收到余慧玲缴纳的新增注册资本（实收资本）合计500万元，出资方式为无形资产。

该《验资报告》在“验资事项说明”部分载明：余慧玲出资的著作权价值经上海平正评估有限公司评估（平正评报字［2013］第091号），并经全体股东确认；无形资产转移已经完成并已办理转移备案手续。

2013年11月19日，影达传媒有限办理完成本次注册资本、实收资本的工商变更登记手续。本次增资完成后，影达传媒有限的股权结构如下：

（1）关于作价出资著作权的权属。

2010年5月12日，影达传媒有限与余慧玲签署了《关于合作拍摄电影“世博小达人”的协议》。该协议约定：因影达传媒有限资金、人员的因素限制，双方同意由余慧玲负责投资支付本项目拍摄的全部费用；影达传媒有限负责以公司名义申请办理“摄制电影许可证”及“电影片公映许可证”；电影的著作权归实际投资人余慧玲所有。

余慧玲、影达传媒就专题纪录片《人民币》出具了书面《说明》。该《说明》确认：专题纪录片《人民币》由余慧玲委托影达传媒有限拍摄，余慧玲负责投资支付拍摄的全部费用，著作权归实际投资人余慧玲所有；因该片投资较小，当时未签署书面合同。

根据《著作权法》第十五条规定：“受委托创作的作品，著作权的归属由委托人和受托人通过合同约定”，电影《世博小达人》与专题纪录片《人民币》作为委托创作作品，按照著作权归属委托人的约定，其著作权人为委托人余慧玲。

2013年9月5日，电影《世博小达人》和电视纪录片《人民币》在上海市版权局办理了作品登记，作品登记号分别为沪作登字－2013－I－00101501、沪作登字－2013－I－00101500，登记著作权人为余慧玲。

（2）关于作价出资著作权的价值。

如上文所述，余慧玲出资的两部作品著作权价值履行了资产评估、验资、股东会决议确认以及公司登记机关核准的程序，符合《公司法》和《公司登记管理条例》的规定。

影达传媒有限2014年4月30日会计报表未对该两部作品计提减值准备。大华会计师《股改审计报告》对该期会计报表出具了标准无保留意见。

2014年5月14日，上海众华资产评估有限公司（具有证券期货相关业务评估资格证书）针对电影《世博小达人》和电视纪录片《人民币》分别出具了两份《余慧玲个人所拥有的部分资产追溯性评估报告》（沪众评报字［2014］第289号、沪众评报字［2014］第290号），评估值分别为500万元、33.48万元，合计533.48万元。

影达传媒2014年7月31日会计报表未对该两部作品计提减值准备。大华会计师《挂牌审计报告》对报告期会计报表出具了标准无保留意见。在审计过程中，2014年8月1日，影达传媒有限委托上海市广播电视节目制作业行业协会召开了“电影《世博小达人》评估座谈会”，就《世博小达人》的商业化价值和发行进行了讨论评估，大华会计师派员参加。

因此，本所律师认为，余慧玲认缴的新增注册资本500万元已以电影《世博小达人》和电视纪录片《人民币》著作权缴纳，程序合法，并已足额缴纳，不存在出资不实情形。

专家点评

著作权作为无形资产的一种，可以用来进行出资，但应履行资产评估、验资、股东会决议确认以及公司登记机关核准的程序。

【案例9】债转股及股东增资资金来源于向公司的借款——爱尚鲜花（股票代码：836638）

企业背景

上海爱尚鲜花股份有限公司成立于2008年，公司旗下包括O2O、B2C业务板块，在线下整合了全国12000多家合作与加盟花店，业务覆盖全国600多个城市。在上游通过收购、参股和战略合作等方式，整合国内鲜花种植基地10000多亩，并获得厄瓜多尔皇家玫瑰、荷兰七彩玫瑰等品种的进口代理权。公司目前正在全国100多个大中城市建立鲜花工厂和冷库分仓，进一步掌控整个鲜花供应链。

焦点问题

（1）用于出资的债权的形成过程，债权的真实性；（2）债转股出资的真实性、合法性、有效性，是否存在直接使用公司资金进行出资的虚假出资行为、公司出资是否规范。

案例解读

本所律师查阅了公司本次增资的相关工商资料、会议文件、借款协议、投资协议、入帐凭证及银行对账单等资料，对麦恋有限2013年6月第一次增资情况进梳理，本次用于增资的债权形成情况如下：

2012年12月3日，陈荣与麦恋有限前身台州市爱尚礼品有限公司签订了借款协议，约定爱尚礼品向陈荣借款人民币100万元，用于日常经营活动，后双方于同日签订了投资协议，约定届时将陈荣本次增资前对爱尚礼品100万元的借款转为对爱尚礼品的投资款，同时由其向爱尚礼品另外支付500万元的投资款。在上述投资协议签订后，2013年6月3日，公司就本次增资召开股东会并通过了相关决议。

2013年，经各股东及投资人协商一致，拟向麦恋有限进行增资。由于投资人资金紧张，本次增资采取股东先向麦恋有限借款，随后归还的方式。2013年5月，邹小锋向公司借款90万元，其余股东向邹小锋借款后再各自投入公司，其中陈荣向邹小锋借款28万元。此次增资款90万元全部计入公司实收资本。

至此，产生了邹小锋欠麦恋有限90万元、陈荣欠邹小锋28万元、麦恋有限欠陈荣100万元的债权债务关系。对此三方签订了债务抵销协议，将陈荣欠邹小锋28万元、邹小锋欠公司90万元中的28万元以及公司欠陈荣100万元中的28万元进行抵销。抵销后，公司与股东之间的债权债务关系变为：麦恋有限欠陈荣72万元、邹小锋欠麦恋有限62万元。

麦恋有限欠陈荣72万元的处理情况：陈荣以72万元债权及500万元货币对麦恋有限增资，全部计入公司资本公积。

至此，麦恋有限本次增次完成，各股东具体增资情况如下：

股东	认缴新增注册资本（万元）	增资价格（万元）	出资方式
邹小锋	26.00	26.00	货币
刘成容	26.00	26.00	货币
陈荣	28.00	600.00	货币、债权
台州米蓝	10.00	10.00	货币
合计	90.00	662.00	

邹小锋欠麦恋有限62万元业已全部还清。

综上本所律师认为，本次用于出资的债权的形成过程真实合法。

专家点评

债转股，顾名思义即是将债权转化为股权，债转股使得企业的债务减少，注册资本增加，原债权人不再对企业享有债权，而是成为企业的股东，债转股的出资方式实际就是货币出资，用以出资的债权必须是合法债权。

公司股东向公司借款，对公司增资，实际上是占用公司资金的一种形式，于挂牌前必须得到清理和解决，为公平起见，资金占用方需向公司支付一定利息。

【案例 10】在报告期内存在债转股的情形——龙福环能（股票代码：833766）

企业背景

龙福环能科技股份有限公司是一家以资源循环利用为主营业务、节能环保低碳型的化纤纺织企业，建成了世界唯一一条从废旧聚酯回收、瓶片清洗加工、纺丝到工艺美术纺织品织造一条龙的循环经济产业链，再生涤纶长丝产品广泛应用到工业和民用等多个领域，带动发展了一批以再生涤纶毛毯为主导，包括地毯、装饰布、传送带、服装面料在内的产业集群。

焦点问题

债权是否真实、是否因此存在出资不实的情形、是否符合《公司法》等法律法规的规定。

案例解读

据公开转让说明书披露，公司报告期内存在债转股事项。

经查验，2014 年 9 月 12 日，公司（甲方）与黄河三角洲（乙方）签署《人民币金融稳定专项资金借款合同》，黄河三角洲为股份公司提供短期借款 3000 万元，借款用于续贷业务临时周转，期限三个月，年利率为 12%，借款到期日一次还本付息，该借款于 2014 年 12 月 14 日到期。

2013 年 6 月 7 日，股份公司与滨海汇富签署《借款协议》，滨海汇富向股份公司提供借款 3500 万元。借款期限为一年，年利率为 12%。该借款于 2014 年 6 月 8 日到期。

2015 年 2 月 10 日，股份公司与润沃投资签署《山东润沃投资管理有限公司金融稳定专项资金借款合同》，润沃投资向股份公司提供借款 2500 万元。借款期限为 2015 年 2 月 11 日—2015 年 3 月 10 日，年利率为 24%。

经查验公司的工商资料，2015 年 3 月 28 日，公司召开 2015 年第一次临时股东大会，同意公司在 2015 年 4 月份进行增资扩股，扩股数量不超过 7200 万股，价格不低于

3.5元/股。增资形式包括现金出资和债转股两种。

2015年4月12日，公司分别与段建光、翟长群、孙彦豪等31名自然人和大方商贸签订了《龙福环能科技股份有限公司投资协议》，约定：股份公司本次拟新增总股本1055万股；认购人认购的新增股份的价格为3.5元/股，共计3，692.5万元。

2015年4月24日，滨州华腾有限责任会计师事务所出具了“鲁滨华会事注验字【2015】第2号”《验资报告》，对上述出资予以验证，其中1055万元计入注册资本，其余2637.50万元计入资本公积。

2015年4月23日，公司与黄河三角洲签订《龙福环能科技股份有限公司债转股投资协议》约定：公司拟新增加股本893万股；黄河三角洲以其持有的经《评估报告》（鲁滨华评字［2015］第16号）所评估的公司债权，作价3125.50万元对公司进行增资；债转股价格为3.5元/股，共计3125.50万元。

2015年4月23日，公司与滨海汇富签订《龙福环能科技股份有限公司债转股投资协议》约定：公司拟新增加股本1000万股；滨海汇富以其持有的经《评估报告》（鲁滨华评字［2015］第17号）所评估的公司债权，作价3500万元对公司进行增资；债转股价格为3.5元/股，共计3500万元。

2015年4月23日，公司与润沃投资签订《龙福环能科技股份有限公司债转股投资协议》约定：公司拟新增股本746万股；润沃投资以其持有的经《评估报告》（鲁滨华评字［2015］第18号）所评估的公司债权，作价2611万元对公司进行增资；债转股价格为3.5元/股，共计2611万元。

本所律师对形成上述债权的协议进行了查验，认为债转股涉及的债权真实、有效。

2015年4月26日，滨州华腾有限责任会计师事务所出具了鲁滨华会事注验字【2015】第3号《验资报告》，对上述出资予以验证，其中2639万元计入注册资本，其余6597.50万元计入资本公积。

2015年4月29日，公司就上述增加注册资本事项办理了工商变更登记。

经查验，公司本次债转股事项已经公司股东大会审议通过并签署了相关正式协议文件，履行了债权评估、注册资本验资程序，并办理了工商变更登记手续。

综上所述，本所律师认为本次债转股事项中涉及的债权真实，不存在出资不实的情况，符合《公司法》等法律法规的规定。

专家点评

债转股中，由于公司资金紧张而向大股东借款，大股东将债权转化为股权的比较常见，也有资产负债率却很高的企业，因经济下行等缘故而出现严重的财务问题，从而无法按时清偿债务，通过这种债转股的方式被动引入外来股东的情形。

第二节　深度解析

一、出资的法律规定

《公司法》第二十七条规定，股东可以用货币出资，也可以用实物、知识产权、土地使用权等可以用货币估价并可以依法转让的非货币财产作价出资；但是，法律、行政法规规定不得作为出资的财产除外。

对作为出资的非货币财产应当评估作价，核实财产，不得高估或者低估作价。法律、行政法规对评估作价有规定的，从其规定。

因此，发起人可以以货币资产、实物资产、无形资产及债权、股权等方式出资。其中，实物资产指公司生产经营所需的物品，包括房产、机器设备、办公设备、交通工具、原材料等；无形资产主要指企业生产经营所需的土地使用权、水面养殖权和采矿权等。

关于以实物出资，在这里特别要指出：股东以实物折价入股的，其出资应当是能用于该企业生产经营必需的物品，包括交通工具、办公用房、办公用品、生产经营设备、原材料及产品等，以经营性资产出资，应同时将与该业务密切关联等商标、特许经营权出资折股。与该企业无关联关系的实物不能作为出资。另外，用于出资的实物不得设定担保，设定担保的实物资产属于权利受限的实物，不具备出资的条件。实物资产出资必须进行评估作价，还需要到有权机关办理产权过户手续，

2009 年 1 月 14 日，国家工商行政管理总局颁布并施行了《股权出资登记管理办法》，该办法规定投资人可以其持有的在中国境内设立的有限责任公司或者股份有限公司（以下统称股权公司）的股权作为出资，投资于境内其他有限责任公司或者股份有限公司。

企业股东以股权作为出资的，应当注意的是：

一是股东可以以其持有的股权（在其公司内占控股地位的股权）出资设立公司，但用以出资的股权应不存在权利瑕疵及潜在纠纷。

二是股东用以出资的股权应当是其能够控制、且作为出资的股权所对应企业的业务应与所组建公司的业务基本一致。业务无关联的，并不适合进行出资。

三是该股权的出资表现为在工商行政主管部门的登记备案。四是股东以其持有的股权作为出资，需要按照《公司法》的规定办理股权转让手续。

中国证监会和股转公司要求公司股东的出资合法、合规，出资方式及比例应符合《公司法》相关规定。

在实务中，股转公司已经要求中介机构核查公司出资的过程，并就核查的细节进行说明并发表法律意见。

二、目前拟挂牌新三板企业在出资问题上主要涉及的问题

（一）关于企业历史沿革中股东出资的问题

企业作为拟新三板挂牌企业很多在历史沿革中存在出资的问题，具体包括：

1. 出资未按期到位。

《公司法》第二十八条　股东应当按期足额缴纳公司章程中规定的各自所认缴的出资额。股东以货币出资的，应当将货币出资足额存入有限责任公司在银行开设的账户；以非货币财产出资的，应当依法办理其财产权的转移手续。

股东不按照前款规定缴纳出资的，除应当向公司足额缴纳外，还应当向已按期足额缴纳出资的股东承担违约责任。

第八十三条　以发起设立方式设立股份有限公司的，发起人应当书面认足公司章程规定其认购的股份，并按照公司章程规定缴纳出资。以非货币财产出资的，应当依法办理其财产权的转移手续。

发起人不依照前款规定缴纳出资的，应当按照发起人协议承担违约责任。

根据《公司法》和《公司注册资本登记管理规定》规定，股东或者发起人应当按期足额缴纳公司章程中规定的各自所认缴的出资额或者所认购的股份。因此，发起人或股东应当做到以下几点：

第一是及时足额缴纳出资。注册资本中以货币出资的，股东应当将其认缴的出资足额存入新设立公司所在地银行的“专用帐户”。公司成立前，任何单位和个人不得动

用“专用帐户”内的资金。对于注册资本中以非货币性资产出资的，公司章程应当就资产转移的方式、期限等做出规定，并按章程规定办理资产转移和产权过户手续。

第二是不得虚假出资或抽逃资本。即公司成立后，不得非法抽逃其出资或转走其出资。包括抽回其股本、转走其作为股金存入银行的资金、将已经作价出资的房屋产权、土地使用权又转移于他人等。

2. 出资方式不合适。

对企业已经实际使用的出资或者能获得其相关收益的，但由于缺少必要的出资手续的情况，则只需补办手续即可。如果公司未实际使用，亦未获取相关收益，那这相当于股东未及时缴纳出资。因此企业除了补办手续外，还应考察此类瑕疵出资的比重。

股东出资的非货币资产未进行评估的情况，则需要中介机构应事后核查非货币资产在当时的价值，若有不足，则应补足。若不足金额占比较大，恐怕还得在补足后规范运行一段时间。在这个问题上主要是存在非货币资产评估比较困难的情况，证明其评估的合理性也较难；还有就是非货币资产经常存在作价过高的情况，从而引出出资不到位的问题。

3. 用房屋使用权出资的。

4. 用合同权益出资的。

5. 用本公司财产重复出资的。

股东拿原本属于公司的资产来出资的情况，则需要由股东补足出资，并充分解释说明当时行为的主观动机。因为这一问题不像未及时出资那样仅涉及股东诚信问题，还涉及到了公司财产边际，即公司独立性也有缺陷。所以，处理要更加重视和谨慎。最好在规范运行一段时间后再考虑申报。

6. 虚假出资（有违法嫌疑）。

监管部门对此问题非常关注。作为拟新三板挂牌企业，这是公司设立之初是否合法的问题，一个企业的根本问题。了解企业出资方面是否存在问题，需要律师与会计师有更多的和细致的沟通，因为这个问题很多是需要会计师和律师来共同把关的。

处理上述问题，要区别对待。如果是上述 6 个问题，涉及的金额不大，时间不长，企业及时进行了处理和纠正，并且如实的披露，则不会有重大的影响。如果存在虚假出资且在改制成为股份公司之前仍然未补足，或者出资不到位的比例非常高，则需要综合考虑这种情况对企业申报上市造成的影响。

三、关于无形资产出资涉及到的问题

根据《公司法》的规定，股东可以用货币出资，也可以用实物、知识产权、土地使用权等可以用货币估价并可以依法转让的非货币财产作价出资；但是，法律、行政法规规定不得作为出资的财产除外。在具体操作上，根据《公司法》及相关法律法规的规定，以知识产权出资的，应当依法办理其财产权的转移手续，即到法定机构办理知识产权的权利转移手续，即“过户登记”。如果没有“过户登记”，知识产权在法律上仍然没有发生转移，出资人仍然没有完成出资。因此，以专利权作为出资的，当事人在签订书面出资协议后，并向国务院专利行政部门办理变更登记手续，由国务院专利行政部门予以公告。关于非专利技术类型的无形资产权利如何转移和变更目前在认定上比较困难，在实践中不容易把握。

根据《公司法》的规定，知识产权的出资必须进行评估作价，核实财产，不得高估或者低估作价。因此，知识产权出资必需进行评估，评估应该聘请具有相应资质的资产评估机构进行。在实践中存在无形资产评估作价过高的问题，导致出资不到位，如果的确存在这个问题，则用现金补足，不会对企业新三板挂牌造成实质性的障碍。

最后，按照公司法的要求，知识产权办理转移登记手续后，还必须经依法设立的验资机构验资，并出具验资证明。

监管机构将关注公司现有商标、专利、专有技术等知识产权的取得或使用情况以及对股份公司核心竞争力的影响。公司还应如实披露公司自主研发的主要技术成果；公司与关联方有偿使用该无形资产的协议情况等；如存在无形资产交易，该无形资产的摊销年限及对拟新三板挂牌企业未来经营产生的影响（用前三年与未来三年对比的方式，披露该项交易对经营财务指标的影响）。

另外企业在以无形资产出资时，还要考虑是否会存在潜在的知识产权纠纷以及是否以职务发明用做出资。企业应当把无形资产也即知识产权问题作为企业的重中之重，企业要确立公司知识产权发展和有效保护的战略，要有专门的机构处理企业知识产权事宜，对涉及到知识产权的法律问题要通过专业的法律服务机构来处理。

四、关于无形资产在历史沿革中的问题

高科技型企业，以无形资产作为原始出资的情况比较典型，而且企业以轻资产较多，因此关于无形资产出资比例过高的问题就比较突出。

例如某公司，2001 年设立，股东投入到公司的无形资产占注册资本的 33%。

1993 年《公司法》规定："以工业产权、非专利技术作价出资的金额不得超过有限责任公司注册资本的百分之二十，国家对采用高新技术成果有特别规定的除外。"其关于无形资产的比例是 20%，如按照旧《公司法》的规定，则该公司的无形资产出资比例违法。

该公司提供了证明出资合法的文件是国家科委、国家工商局《关于以高新技术成果出资入股若干问题的规定》（国科发政字【1997】326 号），其中规定：以高新技术成果出资入股，作价总额可以超过公司注册资本的百分之二十，但不得超过百分之三十五。出资入股的高新技术成果应符合的条件：（一）属于国家科委颁布的高新技术范围；（二）为公司主营产品的核心技术；（三）技术成果的出资者对该项技术合法享有出资入股的处分权利，保证公司对该项技术的财产权可以对抗任何第三人；（四）已经通过国家科委或省级科技管理部门认定。

但是依据这个文件，公司就要提供股东作为出资的该技术成果已经当时通过国家科委或省级科技管理部门认定的文件。而股东无法提供。

在 21 世纪初，国内各界对无形资产出资的问题有过争论，1993 年的《公司法》规定，"工业产权、非专利技术作价出资的金额不得超过有限责任公司注册资本的百分之二十"。在社会经济的发展过程中被认为其已经存在不符合发展的问题，因此，在 1999 年 12 月修改的《公司法》中，添加了一条"国家对采用高新技术成果有特别规定的除外"，这在事实上为各地灵活地制定相关政策预留了空间。从 2000 年开始，对于高技术成果出资入股比例问题，北京、上海、深圳的高科技园区都制定了新的政策，不再进行限制。

例如北京在 2000 年年底颁布的《中关村科技园区条例》第十一条规定，"高新技术成果作价出资占企业注册资本的比例，可以由出资各方协商约定"。与之相应，2001 年 3 月，北京市出台了《中关村科技园区企业登记注册管理办法》，规定"以高新技术成果出资设立公司和股份合作企业的，对其高新技术成果出资所占注册资本（金）和股权的比例不作限制，由出资人在企业章程中约定。""企业注册资本（金）中以高新技术成果出资的，对高新技术成果应当经法定评估机构评估。""经全体出资人确认的高新技术成果可以作为注册资本（金）登记注册。""在《营业执照》'经营范围'栏的最后项下注明作为非货币出资的技术成果的价值金额、占注册资本的比例以及是否办理了财产转移手续的情况。"

2000 年 5 月 16 日，北京市工商行政管理局颁布的《北京市工商行政管理局关于中关村科技园区高新技术企业注册登记改制改组工作的试点意见》（京工商发［2000］127 条）第六条关于“鼓励投资者对园区内高新技术企业投资，以工业产权、非专利技术作价出资的，其作价出资的总金额占注册资本（金）的比例最高可达 60%，另有约定的除外”的规定；

根据上述三项规定，可以证明该公司在 2001 年无形资产出资比例占注册资本 33% 是符合北京市的相关规定的。

因此可以认为，该公司在历史沿革上曾经出现的出资比例不符合 1993 年《公司法》的情况，只要这个比例在注册当时是有地方文件和政策支持，并且公司的条件也完全符合，就不构成瑕疵。这是在特定历史条件下出现的事务，而之所以出现这种情况，也是中国法律制度不断适应社会发展，在进步过程中逐步出现的情况，目前新的《公司法》对无形资产的出资比例已经没有限制了。

企业在改制过程中涉及到上述问题，如果在报告期间内该出资比例已经符合了法律、法规的要求，则不会对企业新三板挂牌构成实质性的障碍。

五、关于无形资产的出资形式

股东以无形资产作为出资其形式有一定限制。即无形资产必须符合可以用货币估价和可以依法转让的要求，股东不得以信用、自然人姓名、商誉、特许经营权等作价出资。涉及到以非专利技术出资的，股东应以法定方式向公司交付该技术以及公司在使用该技术上有无存在障碍（这个问题需要股东与公司在出资的时候以协议的形式进行约定。）涉及到以专利权和计算机软件著作权出资的，应注意其剩余保护年限及是否许可第三人使用的情况、对公司经营的影响。再就是无形资产出资需要评估作价。

六、关于无形资产中介机构需要特别关注以下几个问题

1. 无形资产是否属于职务成果或职务发明。

如果属于股东在公司任职的时候形成的，无论是否以专利技术或者非专利技术出资，股东都有可能涉嫌利用公司提供物质或者其他条件完成的该等职务成果（职务发明），该等专利技术或者非专利技术应当属于职务成果（职务发明），应当归属于公司。

解决方案：

因为职务成果或者职务发明已经评估、验资并过户至公司，此种情况下，一般的

做法是通过减资程序规范，财务上将已经减掉的无形资产做专项处理，并将通过减资置换出来的无形资产无偿赠送给公司使用，但是此种情况下，该等无形资产研发费用不能计提。

需要注意的是：实践中有些地方工商登记部门允许企业通过现金替换无形资产出资处理无形资产出资不规范问题。但是大部分工商登记部门因为法律上没有相关规定的原因，拒绝公司通过现金置换无形资产出资的方案，但是减资是公司法允许的方案，工商登记部门容易接受，但是不能进行专项减资，即专项减掉无形资产，但是会计师可以在减资的验资报告进行专项说明公司本次减资的标的是无形资产。

2. 无形资产出资是否与主营业务相关。

实践中，有些企业为了申报高新技术企业，创始股东与大学合作，购买与公司主营业务无关的无形资产通过评估出资至公司，或者股东自己拥有的专利技术或者非专利技术后来因为种种原因，虽然评估出资至公司，但是公司后来主营业务发生变化或者其他原因，公司从来没有使用过该等无形资产，则该等行为涉嫌出资不实，需要通过减资程序予以规范。

3. 无形资产出资是否已经到位。

实践中，有些企业股东以无形资产出资至公司，但是后续并未办理资产过户手续，该等情形一般可根据中介机构的意见在股改前整改规范即可。

（1）以国有资产出资的，应遵守有关国有资产评估的规定。

（2）公司注册资本缴足，不存在出资不实情形。

实践中，有些公司在创业初期存在找中介公司进行代验资的情形，也有一些从事特殊行业的公司，相关法律规定注册资本达到一定的标准才可以从事某些行业或者可以参与某些项目的招投标而找中介公司进行代验资的情形。该等情形涉嫌虚假出资，大部分企业在财务上处理该等问题时，验资进来的现金很快转给中介公司提供的关联公司，而拟挂牌公司在财务报表上以应收账款长期挂账处理。该等情况的解决方案，一般是公司股东找到相关代验资的中介，由股东将曾经代验资的款项归还给该中介，并要求中介机构将公司目前挂的应收账款收回。如果拟挂牌公司已经将代验资进来的注册资本通过虚构合同的方式支付出去，或者做坏账消掉，则构成虚假出资，该等情形，中介机构需要慎重处理，本着解决问题，规范公司历史上存在的法律瑕疵，在公司没有造成损害社会及他人利益的情况下，公司应当根据中介机构给出的意见进行补足，具体应当以审计师给出的意见做财务处理。

第七章　企业资产的十二个问题

【案例1】使用集体用地涉及到的法律问题——爱尚鲜花（股票代码：836638）

【案例2】资产权属未能明确，未履行必要手续——淮河化工（股票代码：832263）

【案例3】无偿租用股东土地——奥油化工（股票代码：832044）

【案例4】公司国有划拨土地是否合规及存在被收回风险——谢裕大（股票代码：430370）

【案例5】租赁房产未取得房产证的情况——普瑞特（股票代码：833905）

【案例6】租赁无产权的房屋对公司的影响——奥伦德（股票代码：832016）

【案例7】房产未更名及办证——淮河化工（股票代码：832263）

【案例8】共有专利的特殊情况——龙福环能（股票代码：833766）

【案例9】对知识产权事项的全面核查——淮河化工（股票代码：832263）

【案例10】专利纠纷——华安股份（股票代码：430279）

……

第一节　典型案例

资产指企业拥有或控制的能以货币计量的经济资源，包括各种财产、债权和其他权利，企业应当具备与之生产经营相匹配的资产要素，例如土地、厂房、商标、专利等。企业的资产是监管机构审核的重中之重，尤其是关注对土地、房产及知识产权权属情况的审核。

【案例 1】使用集体用地涉及到的法律问题——爱尚鲜花（股票代码：836638）

企业背景

上海爱尚鲜花股份有限公司成立于 2008 年，公司旗下包括 O2O、B2C 业务板块，在线下整合了全国 12000 多家合作与加盟花店，业务覆盖全国 600 多个城市。在上游通过收购、参股和战略合作等方式，整合国内鲜花种植基地 10000 多亩，并获得厄瓜多尔皇家玫瑰、荷兰七彩玫瑰等品种的进口代理权。公司目前正在全国 100 多个大中城市建立鲜花工厂和冷库分仓，进一步掌控整个鲜花供应链。

焦点问题

（1）公司所使用的土地的性质和用途；（2）公司土地租赁关系的合法性、有效性，包括但不限于主体是否适格，是否涉及改变土地用途，是否需要并已经履行相关村民决策，以及政府部门的审批、登记手续；（3）是否存在租赁事项无效的风险，是否存在无法转为国有土地和取得新的使用权证的风险、是否存在公司集体土地被收回的风险，对公司持续经营是否会产生重大不利影响，以及公司针对风险的具体应对措施。

案例解读

本所律师查阅了公司与昆明市晋宁县墩子村委会三组签订的租赁合同、昆明市晋宁县墩子村委会出具的证明等资料，核查公司租赁土地的合法合规性。

（1）爱尚鲜花于2013年11月11日向墩子村委会三组承租了位于昆明市晋宁县墩子村委会三组鲜花交易市场内停车场（面积约一亩）土地，用于鲜花的临时仓储与中转。

根据中华人民共和国质量监督检验检疫总局和中国国家标准化管理委员会发布的《土地利用现状分类》及昆明市晋宁县墩子村委会三组出具的证明，公司所承租土地的性质为集体土地。

（2）根据《土地管理法》第十条规定，农民集体所有的土地依法属于村农民集体所有的，由村集体经济组织或者村民委员会经营、管理。根据昆明市晋宁县墩子村委会三组出具的有关土地使用性质证明及昆明市晋宁县墩子村委会三组与公司签订的租赁合同，公司所承租的集体土地系墩子村委会三组经营管理。

公司租赁集体土地从事与鲜花相关的农业生产经营活动，不涉及改变土地用途。

根据《中华人民共和国土地管理法（2004）修正》《中华人民共和国村民委员会组织法（2010）修订》之规定，公司租赁墩子村委会三组集体所有的土地应由墩子村村委会村民代表会议通过。经核查，上述集体土地租赁未履行相关村民决策和相关部门批准，存在租赁事项无效和集体土地被收回的风险。

（3）鉴于公司向村集体组织承租土地的情况，公司实际控制人邹小锋作出说明，上述土地面积较小，租金较少，公司利用率不高，且在昆明当地寻找可替代性仓库与储存中心不存在障碍，因此，上述租赁合同无效不会对公司的持续经营产生重大不利影响。同时承诺，若因该土地租赁及场地搬迁使公司遭受相关部门处罚或其他损失的，一律由实际控制人本人承担。

针对上述瑕疵及风险，截至本补充法律意见书出具之日，公司已与出租方签订了终止协议，不再承租上述集体土地，由公司根据经营需要另行寻找符合要求的场地。

专家点评

国务院办公厅《关于严格执行有关农村集体建设用地法律和政策的通知》（国办发〔2007〕71号）规定：1. 严格执行土地用途管制制度；2. 严格规范使用农民集体所有土地进行建设；3. 严格控制农村集体建设用地规模；4. 严格禁止和严肃查处“以租代征”转用农用地的违法违规行为。承包、租赁农村集体土地应包括以下两方面内容：一是不改变农用地的用途；二是经本集体经济组织成员的三分之二以上同意并报乡（镇）人民政府批准。

因租赁集体土地程序存在瑕疵，爱尚鲜花终止了该协议，法律风险已经消除，对挂牌不构成实质性影响。

【案例2】资产权属未能明确，未履行必要手续——淮河化工（股票代码：832263）

企业背景

安徽淮河化工股份有限公司是一家生产高分子合成材料的建材企业，位于安徽省淮南市洞山西路。公司主要生产经营研发“熊猫牌”NF高效减水剂、“美亚牌”树脂锚固剂、金属锚杆、不饱和聚酯树脂、水煤浆添加剂、固尔亚化学加固材料等系列产品，广泛应用于矿山、建筑、交通、水利、水电等工程，曾用于长江三峡、黄河小浪底水利枢纽、青藏铁路、厦门海沧大桥等国家重点工程。

焦点问题

公司资产权属是否清晰，是否存在纠纷或潜在纠纷。

案例解读

（一）公司资产概况

根据公司的房产证、土地使用证、专利证书、商标注册证、淮南市房地产管理局出具的《说明》、淮南市国土资源局、淮南市城乡规划局及淮南市城乡建设委员会出具的说明和证明等资料，淮河化工目前拥有的主要资产包括49处房产、1处在建工程、1宗国有土地使用权、7项注册商标、35项专利权，以及生产经营所需的主要生产经营设备。

（二）公司资产权存在的问题

公司资产权属是否清晰，是否存在纠纷或潜在纠纷经查验公司房产证、土地使用权证、专利证书、商标注册证、专利年费缴纳凭证，登陆中国专利查询系统、中国商标网对相关专利、注册商标进行检索核查，登陆全国法院被执行人信息查询系统、中国执行信息公开网、中国裁判文书网等网站以及主要搜索引擎进行信息检索核查，公司前述资产权属清晰，不存在纠纷或潜在纠纷，但存在下列瑕疵：

1. 公司尚有5，496.6平方米的房产未及时办理房屋产权证书。

该等房产因历史原因未能及时办理房屋产权证书，淮南市房地产管理局出具《说明》，认为淮河化工对上述房产拥有所有权，该等房产因历史原因未办理房屋产权证书的情形不构成违法违规，该等房产房屋产权证书的办理不存在障碍。因此，本所律师认为该等房产权属清晰，淮河化工对该等房屋所有权的行使不存在法律障碍。

2. 淮河化工目前的在建工程尚未取得所占用土地的国有土地使用权证、建设工程规划许可证、建设工程施工许可证等必要的许可和证件，违反有关法律法规的规定，并受到罚款5万元的行政处罚。

受到上述处罚后，公司及时缴纳了罚款，并积极与有关政府部门协调，争取尽快取得有关土地使用权及有关许可，经履行挂牌出让手续，淮河化工已于2015年2月6日竞得所占用的56.9153亩土地使用权并取得淮南市国土资源局出具的《成交确认书》。

就上述违法行为，淮南市国土资源局出具《说明》，认可淮河化工继续使用上述土地，认为淮河化工未经批准占用上述土地进行工程建设的行为不属于重大违法违规行为，后续也不会对淮河化工进行处罚，并将积极履行有关土地的挂牌出让程序，完善淮河化工用地手续；淮南市城乡建设委员会出具《证明》，认为淮河化工行为不构成重大违法违规，其不会对淮河化工进行行政处罚，有关工程的开工建设已经其审核同意，相关施工许可正在补办中；淮南市城乡规划局出具《说明》，淮河化工上述项目用地规划已经其审核同意，在取得土地使用手续后，将予以补办相关规划许可手续。

鉴于淮河化工预计将取得有关在建工程所占用土地的使用权，有关政府部门亦同意其将来办理有关规划、施工等许可，本所律师认为，淮河化工前述在建工程的权属清晰，淮河化工对该等在建工程所有权的行使不存在法律障碍。

专家点评

公司5496.6平方米的房产未办理房屋产权证书，但当地房地产管理部门认为公司对上述房产拥有所有权，该等房产因历史原因未办理房屋产权证书的情形不构成违法违规，该等房产房屋产权证书的办理不存在障碍。公司在建工程在未取得土地证的情形下，未批先建，但公司已受让该土地使用权，取得政府国土、规划部门出具有关证照的说明。公司土地、房产存在的法律风险已经消除，对挂牌不存在实质性影响。

【案例3】无偿租用股东土地——奥油化工（股票代码：832044）

企业背景

洛阳炼化奥油化工股份有限公司位于洛阳市吉利区。公司依托中国石油化工股份有限公司洛阳分公司，致力于发展精细化工，拥有30万吨/年轻烃深加工装置，有脱水、脱硫、加氢、分离、反应等单元组成。

焦点问题

公司无偿租用控股股东炼化工程的土地情况，包括但不限于该土地的性质、用途、权属情况；协议签署情况；对公司持续经营的影响。

（一）公司无偿租用控股股东炼化工程的土地情况

经本所律师核查，公司目前的生产经营场所占用土地系无偿租用控股股东炼化工程名下位于洛阳市吉利区中原路北侧（防腐基地）的国有划拨用地（占地面积为22940.99m^2，合34.45亩）；土地性质为划拨用地，土地的用途为工业用地，土地使用权人为炼化工程。

（二）协议签署情况

公司于2011年1月1日与控股股东炼化工程签署了《土地无偿使用协议书》，协议中约定：炼化工程将坐落于洛阳市吉利区中原路北侧（防腐基地）（面积22940.99m^2，合34.45亩）的所属土地无偿租给公司使用，使用期限为11年，自2011年1月1日—2021年12月31日。

（三）对公司持续经营的影响

由于公司现有生产项目前期建设投入较大，为确保公司能够正常、稳定使用控股股东名下的土地，控股股东炼化工程于2014年10月21日出具《承诺》，承诺按照双方协议约定，在2021年12月31日前仍由奥油化工无偿使用上述土地，在上述期间，如因上述国有划拨土地使用权原因或因炼化工程原因，导致奥油化工需要另租其他生产经营场地进行搬迁，炼化工程将以连带责任方式全额补偿奥油化工的搬迁费用、因生产停滞所造成的损失以及其他费用，并且承担一切因使用上述土地上未经竣工验收的建筑物所产生的全部责任，确保奥油化工不会因此遭受任何损失。

此外，洛阳市吉利区人民政府于2014年7月22日出具了《关于洛阳炼化奥油化工有限公司租赁土地的证明》显示，洛阳炼化奥油化工有限公司为洛阳炼化工程有限责任公司子公司，现生产经营所占用土地系租用洛阳炼化工程有限责任公司名下的划拨土地；截至目前，奥油化工在该土地上修建的5万吨/年异辛烷联产化工级异丁烷项目未受到任何行政处罚；另，奥油化工租用地块近五年无拆迁计划。

专家点评

公司生产经营用地虽系控股股东炼化工程名下的国有划拨用地，但公司与其签署了无偿租用该地的长期协议，控股股东出具了相关《承诺》保证公司不会因此遭受任何损失。当地政府出具证明显示该地块五年内没有拆迁计划。故公司的持续经营能力不会因此受到影响。

【案例4】公司国有划拨土地是否合规及存在被收回风险——谢裕大（股票代码：430370）

企业背景

谢裕大茶叶股份有限公司是一家集生产、加工、销售、科研为一体，涉及茶叶（黄山毛峰、太平猴魁、祁门红茶、六安瓜片、花茶等）、茶食品的研发、生产、销售、基地建设、茶油、旅游等茶文化相关联产业的现代化大型企业。

关于公司使用国有划拨用地的协议、使用费用、主要用途以及有无被追缴费用、土地被收回的风险的核查意见。

（1）公司使用国有划拨用地的协议、使用费用、主要用途截至本补充法律意见书出具日，谢裕大茶叶尚使用一宗国有划拨土地（该土地使用权的基本情况详见《法律意见书》“十一、谢裕大茶叶的主要财产”之“（二）土地使用权及国有农业用地承包经营权”内容）。根据谢裕大茶叶出具的说明、国有土地使用证以及黄山市徽州区人民政府（以下简称“徽州区人民政府”）出具的《关于谢裕大茶叶股份有限使用国有划拨土地的说明》等资料，该宗土地来源、使用费用、主要用途及协议情况如下：

谢裕大茶叶在2010年8月成立后，考虑到次年鲜叶收购季节时公司临时储存场地不足，故请求政府相关部门帮助解决前述问题。为支持茶叶企业发展，徽州区人民政府决定以划拨方式将上述国有土地无偿提供给谢裕大茶叶使用，用于鲜叶收购季节的储存事宜。谢裕大茶叶已经取得该宗土地的国有土地使用证，土地使用权类型为划拨，未签订国有划拨用地协议。

（2）有无被追缴费用、土地被收回的风险。

上述国有土地系徽州区人民政府以划拨方式无偿提供给公司使用，不存在被追缴费用的情形。

根据《中华人民共和国城镇国有土地使用权出让和转让暂行条例》第四十七条“对划拨土地使用权，市、县人民政府根据城市建设发展需要和城市规划的要求，可以无偿收回，并可依照本条例的规定予以出让”。

该宗国有划拨土地使用权存在被收回的可能。但鉴于该宗土地面积小、仅用于鲜叶收购季节临时储存，同时谢裕大茶叶现有出让类型的土地已能满足鲜叶收购季节储存的需求。因此，该宗国有划拨土地使用权虽存在被收回的风险，但对公司的生产经营不会产生重大影响，并且谢裕大茶叶目前正在办理该宗国有划拨土地补办协议出让的手续。

就上述国有划拨土地的使用事项，2013 年 11 月 22 日，徽州区人民政府出具了《关于谢裕大茶叶股份有限使用国有划拨土地的说明》，认为谢裕大茶叶使用前述国有划拨土地系徽州区人民政府“以划拨方式无偿提供给其使用。谢裕大茶叶股份有限公司使用前述土地不存在违法违规情形，不存在追缴费用和行政处罚的风险”，并且已同意谢裕大茶叶“按照《协议出让国有土地使用权规范（试行）》中关于原划拨土地使用权人申请办理协议出让的规定，就前述国有划拨土地补办协议出让手续”。

专家点评

划拨国有土地使用权是指土地使用者经县级以上人民政府依法批准，无偿取得的或者缴纳补偿安置等费用后取得的没有使用期限限制的国有土地使用权，划拨国有土地使用权不得单独转让、出租、抵押，如果土地使用者需要将划拨土地用于交易。根据国家土地管理法律法规的规定，工业、商业、旅游、娱乐和商品住宅等经营性用地，应当出让，非国企公司存在划拨地的还真不多，鉴于公司的国有划拨土地使用事项已由政府出具说明，认为不存在违法违规情形，不存在追缴费用和行政处罚的风险，并且已同意办理协议出让，因此公司土地存在的法律瑕疵已得到有效处理，不对挂牌产生实质性障碍。

【案例 5】租赁房产未取得房产证的情况——普瑞特（股票代码：833905）

企业背景

普瑞特机械制造股份有限公司（原泰山集团泰安市普瑞特机械制造有限公司）始建于 1971 年，前身是泰安市轻工机械厂，是目前国内进的白酒、葡萄酒、黄酒、果露酒、果蔬汁、农产品加工成套装备制造企业，是国家高新技术企业、中国驰名商标、国家农产品加工装备研发中心、山东省重点企业技术中心、山东省重点工程技术中心，2006 年中国机械 500 强，中国信息化百强企业，“普瑞特”在业内已被誉为“中国不锈钢薄壁容器品牌”。

（1）房产的权属是否清晰，是否存在权属纠纷或潜在纠纷；（2）房产对于公司正常生产经营的重要性；（3）无法办理产权证的原因，是否存在完全无法办理的问题，补办事项的进展是否可行、可预期；（4）分析公司存在的风险、相应的风险管理措施其有效性、风险可控性，量化发生房屋拆迁将给公司带来的搬迁费用和经济损失；（5）以上事项是否影响公司的持续经营能力。

（一）房产的权属是否清晰，是否存在权属纠纷或潜在纠纷

经本所经办律师核查，公司自有房屋所有权情况如下：

序号	证号	坐落	用途	面积 m^2
1	泰房权证泰字第 249834 号	泰安市南关大街 16 号 2#4#5#6#7	非住宅	3932. 89
2	泰房权证泰字第 249835 号	泰安市南关大街 16 号 10#11#12#13#9#	非住宅	2989. 52
3	泰房权证泰字第 249836 号	泰安市南关大街 16 号 16#17#18#19#26#	非住宅	4466. 01
4	泰房权证泰字第 249837 号	泰安市南关大街 16 号 23#24#	非住宅，住宅	1178. 3
5	泰房权证泰字第 249838 号	泰安市南关大街 16 号 27#28#29#31#32#	非住宅	2019. 27
6	泰房权证泰字第 249839 号	泰安市泰安科学城 B 区 13#	非住宅	1987. 64

本所认为，公司拥有的房产系通过合法方式取得，权属状况清晰，已取得完备的权属证书，不存在重大产权纠纷或潜在纠纷。

经本所经办律师核查，公司承租了 1 处房产并与出租方签订了租赁合同，房产出租方未提供有效的产权证书，但该房产出租方已经在相关租赁协议中确认对所出租的钢构厂房拥有完整的所有权，有权对外出租并收取租金。本所认为，公司通过租赁取得上述房产的使用权合法有效，房产出租方未提供有效产权证的瑕疵不会构成本次挂牌的实质性障碍。

（二）房产对于公司正常生产经营的重要性

公司的自有房产和租赁房产作为公司及其子公司的主要生产经营场所，主要用作

办公、生产等，是公司正常生产经营的基础条件。公司取得上述6处自有房产的权属证书，权属明晰，对公司生产经营的稳定持续发展起重要作用；公司上述1处承租房产的出租方确认其对该房产拥有完整的所有权，公司对该房产拥有合法有效的使用权并有权在该房产进行正常生产经营。

为防范该租赁厂房未取得产权证书的风险，公司在泰安市高新技术开发区建设新厂区，公司计划待新厂区2015年年底建设完成后将使用该租赁厂房的子公司普瑞特五星予以搬迁，因此，上述租赁房产未取得权属证书对公司的生产经营不会产生实质性影响。

（三）无法办理产权证的原因，是否存在完全无法办理的问题，补办事项的进展是否可行、可预期

公司的自有房产均已取得完备的权属证书；租赁房产虽未取得权属证书，但出租方确认对所出租的钢构厂房拥有完整的所有权，该等租赁事宜合法合规。公司已计划待新厂区建设完成后将使用该租赁厂房的子公司普瑞特五星予以搬迁，故该租赁厂房能否补办房产证对公司生产经营无重大影响。

（四）分析公司存在的风险、相应的风险管理措施其有效性、风险可控性，量化发生房屋拆迁将给公司带来的搬迁费用和经济损失

关于租赁房产出租方未取得房产权属证书的风险，公司目前在泰安市高新技术开发区建设新厂区，该在建工程相关手续合法合规，已取得泰土国用（2013）第K－0078号《土地使用权证》、地字第370900201400002号《建设用地规划许可证》、建字第370900201400025号《建设工程规划许可证》、建字第370900201400026号《建设工程规划许可证》、建字第370900201400027号《建设工程规划许可证》、编号为TK2014－015号的《建筑工程施工许可证》。根据公司说明，预计该在建工程于2015年年底建设完成，公司计划届时将目前使用上述租赁房产的普瑞特五星整体搬迁至新厂区。因此，租赁房产未取得权属证书对公司的生产经营不会产生实质性影响。

根据公司提供的《设备搬迁费用统计表》，公司的搬迁费用主要涉设备搬迁，设备搬迁费用合计约为109.5万元。普瑞特五星的整体搬迁服务于公司整体业务布局，不应视为房屋拆迁给公司带来的经济损失。

（五）以上事项是否影响公司的持续经营能力

经本所经办律师核查，公司自有房产均已取得完备的权属证书；租赁房产的出租

方确认对所出租的钢构厂房拥有完整的所有权；为防范上述租赁厂房未取得产权证书对公司带来的风险，公司已计划待新厂区建设完成后将使用该租赁厂房的子公司普瑞特五星予以搬迁，搬迁计划服务于公司整体业务布局，搬迁费用并非由于租赁房产的拆迁风险而产生。本所认为，以上事项不会影响公司持续经营能力。

专家点评

公司租赁房产如未能取得产权证书，在如实披露的情形下需要说明该事项对公司经营的影响，如具备非主要经营场所、有可替代性、租赁面积小、准备搬迁、大股东承诺兜底等要素，可以认为对公司的持续盈利能力不产生重大影响。

【案例6】租赁无产权的房屋对公司的影响——奥伦德（股票代码：832016）

企业背景

深圳市奥伦德科技有限公司（LED封装事业部）是LED外延片、芯片、红外LED芯片、封装、光藕、LED点阵、LEDSMD、数码管、时钟板、LED单灯、光敏二极管、红外接收头等产品专业生产加工的私营股份有限公司，拥有完整、科学的质量管理体系。

焦点问题

公司主要经营场所为租赁取得，上述房产是否存在权利瑕疵以及公司的应对措施，量化分析搬迁对公司财务状况和持续经营的影响。

经核查，公司存在权利瑕疵的租赁房产具体情况如下：

序号	房屋位置	租赁日期	面积（m^2）	租赁用途	备注
1	深圳市宝安区石岩街道塘头工业园第三工业区A栋1楼	2014.08.04—2016.08.03	2，400	厂房	未取得房产证
2	深圳市光明新区光明同富裕工业园01－02地块厂房D栋1楼	2014.07.01—2015.06.30	2，045	厂房	未取得房产证

根据公司的说明并经核查，上述租赁房产主要用于生产背光用SMD LED芯片、光

电耦合器等产品，对厂房层高及空间等无特殊要求，周边地区寻找可替代厂房较多，如因租赁物业瑕疵或被拆迁导致不能继续使用，公司亦可租用其他厂房物业，不会对其经营活动造成重大影响。对此，公司控股股东及实际控制人吴质朴出具承诺：若由于上述该等租赁物业不能正常使用或被强制拆除，本人将承担因此而产生的相应经济损失。

根据公司的说明并经核查，如因上述租赁房产需要搬迁，公司将厂房整体搬迁到周边地区，估计搬迁及设备调试工作可以在2个月内完成，搬迁费用大概需要100万元。搬迁会对公司产生短暂停工、人员流失等影响，但是公司可以通过提前备货、分批搬迁等方式进行规划，能有效减少公司因搬迁停工造成的业务影响。目前公司周边地区厂房租赁价格基本一致，搬迁至新厂房不会导致公司房租租金大幅上涨，亦不会对公司财务状况和持续经营产生重大影响。

专家点评

公司租赁的房屋具备可替代性，且租赁行为近期具备连续性，因此不会对公司的持续经营能力构成重大影响。

【案例7】房产未更名及办证——淮河化工（股票代码：832263）

企业背景

安徽淮河化工股份有限公司是一家生产高分子合成材料的建材企业，位于安徽省淮南市洞山西路。公司主要生产经营研发“熊猫牌”NF高效减水剂、“美亚牌”树脂锚固剂、金属锚杆、不饱和聚酯树脂、水煤浆添加剂、固尔亚化学加固材料等系列产品，广泛应用于矿山、建筑、交通、水利、水电等工程，曾用于长江三峡、黄河小浪底水利枢纽、青藏铁路、厦门海沧大桥等国家重点工程。

焦点问题

（1）公司部分房产仍登记在原合成材料厂名下，变更是否存在障碍，以上房产是否存在权利瑕疵，是否对公司生产经营构成（潜在）不利影响。（2）公司尚有5496.6平方米的房产因历史原因未办理房屋产权证书，淮南房地产管理局出具说明，不存在办理障碍。该房产对应的规划等程序是否已履行完毕，是否存在其他办理障碍，是否对公司生产经营构成（潜在）不利影响。请发表明确核查意见。

根据有关购买合同、淮河化工的说明，并经本所律师核查，权证字号为［全］房字第1－4－10027号、［全］房字第1－4－10047号、［全］房字第1－4－10045号、［全］房字第1－4－10043号的房屋产权证书所载所有权人为原合成材料厂，但淮河化工购买该等房产的手续完备，上述房产未能及时办理产权人名称变更系因购买上述房产后，淮南市洞山西路拟进行扩建并拆除公司原有办公楼，公司拟在上述房产基础上进行改扩建而未及时办理产权人名称变更手续，后道路扩建工程因故未能实施，导致改扩建工程及房屋产权人名称变更手续拖延至今。

鉴于淮河化工拥有上述四处房产的所有权，且该等房产原已办理有关产权证书，本所律师认为，该等房屋产权证书的变更不存在障碍，淮河化工对该等房产的所有权不存在权利瑕疵，有关产权证书未及时办理变更的情形对公司生产经营不构成不利或潜在的不利影响。

根据淮河化工的说明，并经本所律师核查，淮河化工5496.6平方米房产未能及时办理房屋产权证书主要系因该等房产建成时间均比较早，当时未严格按照法律规定办理规划、产权登记等有关手续，后公司实施“退城进园”项目，将在建成新厂区后整体搬迁，上述房产价值已列入拆迁补偿费用中，因此，至今未办理房屋产权证书。

鉴于上述情形系因历史原因造成，有关房产将予以拆除并接受补偿，本所律师认为上述情形对公司生产经营不构成不利影响。

专家点评

根据物权法的规定，不动产物权的设立、变更、转让和消灭，经依法登记，发生效力；未经登记，不发生效力，但法律另有规定的除外。因此，房产证书是证明房产权属的依据，公司拥有的四处房产已办理有关产权证书，只是未及时办理变更，根据房产主管部门确认，公司部分房产产权证书办理不存在法律障碍，因此，公司房产事宜对公司资产权属的真实性没有影响，对公司的持续经营无不利影响。

【案例8】共有专利的特殊情况——龙福环能（股票代码：833766）

企业背景

龙福环能科技股份有限公司是一家以资源循环利用为主营业务、节能环保低碳型的化纤纺织企业，建成了世界唯一一条从废旧聚酯回收、瓶片清洗加工、纺丝到工艺美术纺织品织造一条龙的循环经济产业链，再生涤纶长丝产品广泛应用到工业和民用等多个领域，带动发展了一批以再生涤纶毛毯为主导，包括地毯、装饰布、传送带、服装面料在内的产业集群。

焦点问题

公司与他人共有专利的使用及收益分配是否合法合规。

案例解读

公司存在一名为“一种无卤阻燃再生聚酯纤维的制备方法”的发明专利与东华大学共有。

根据《“东华大学——龙福环能科技联合研发中心”合作协议》，公司和东华大学对于专利的使用和收益分配方式进行了明确约定，根据公司提供的书面说明，公司与东华大学联合申报的“一种无卤阻燃再生聚酯纤维的制备方法”发明专利所对应的技术成果，属于上述协议的范围，双方按照协议约定享有权益。公司与东华大学联合申报的上述专利所对应的技术成果，仍然处在实验室和中试阶段，尚未产生经济效益，未发生“甲方按一定比例奖励乙方人员”的事项。

综上所述，本所律师认为，《“东华大学——龙福环能科技联合研发中心”合作协议》中关于专利的使用及收益分配是基于双方真实意思表示所达成的一致协议，不存在《合同法》中导致该协议无效或可撤销的事项，亦不存在违反《专利法》及《专利法实施条例》等法律法规的规定，公司与他人共有专利的使用及收益分配符合相关法律法规的规定。

共有专利为专利法律、法规允许，关于专利的使用及收益分配可以自主约定，公司与东华大学共有的专利对应的技术成果，仍然处在实验室和中试阶段，该专利并不是公司生产经营的核心技术，目前对公司经营不产生影响。就挂牌而言，专利这块应关注的是否是职务发明，很多老板使用单位的物质条件进行发明创造，本应是职务发明，专利权人应是公司，但登记的专利权人是老板，这种情况的处理方式是老板将该专利无偿转让给公司。

【案例9】对知识产权事项的全面核查——淮河化工（股票代码：832263）

企业背景

安徽淮河化工股份有限公司是一家生产高分子合成材料的建材企业，位于安徽省淮南市洞山西路。公司主要生产经营研发“熊猫牌”NF 高效减水剂、“美亚牌”树脂锚固剂、金属锚杆、不饱和聚酯树脂、水煤浆添加剂、固尔亚化学加固材料等系列产品，广泛应用于矿山、建筑、交通、水利、水电等工程，曾用于长江三峡、黄河小浪底水利枢纽、青藏铁路、厦门海沧大桥等国家重点工程。

焦点问题

（1）是否存在权利瑕疵、权属争议纠纷或权属不明的情形，公司相对应的解决措施及其有效性；（2）知识产权方面是否存在对他方的依赖，是否影响公司资产、业务的独立性；（3）存在知识产权纠纷的诉讼或仲裁的，量化分析诉讼或仲裁对公司持续经营能力的影响。

根据公司专利证书、商标注册证、专利年费缴纳凭证、公司关于知识产权权属清晰等事项的声明等资料，并经本所律师登陆中国商标网、中国专利查询系统、全国法院被执行人信息查询系统、中国执行信息公开网、中国裁判文书网等网站以及主要搜索引擎进行信息检索核查，截至本补充法律意见书出具日，淮河化工所拥有的知识产权包括35 项专利、7 项注册商标，该等知识产权均为淮河化工独自拥有、自主研发，权属清晰，未因上述知识产权权属和权利瑕疵发生过诉讼或仲裁，但淮河化工曾与济南澳科因是否侵犯其专利权（专利名称为“一种锚注锚索”，专利号为 ZL200920226255.4）事宜发生过纠纷，并最终与济南澳科达成调解协议：

淮河化工停止生产和销售济南澳科 ZL200920226255.4 号专利所保护的产品；淮河化工自协议签订之日起 15 日内向有关部门提出暂停使用其获发的中空锚注矿用锚索《矿用产品安全标志证书》的请求；淮河化工自协议签订之日起 15 日内向济南澳科支付 18 万元；淮河化工承担济南澳科支出的公证费 800 元、律师费 15000 元。上述协议签署后，淮河化工已履行约定义务，停止生产中空锚注矿用锚索，注销了有关《矿用产品安全标志证书》，并向济南澳科支付了有关费用。

经核查，淮河化工主要产品销售收入情况，2014 年年度中空锚注矿用锚索销售收入占公司全部产品销售收入比例约为 0.36%，公司停止生产该产品对公司持续经营不构成重大影响。

据此，本所律师认为，公司知识产权系其自主研发、独自拥有，不存在权利瑕疵、权属争议纠纷或者权属不明的情形；公司在知识产权方面不存在对他方的依赖，不会影响公司资产、业务的独立性；公司涉及的知识产权纠纷对公司持续经营能力不构成重大影响。

专家点评

生产型企业应合法拥有与其生产经营相适应的知识产权，具有独立核心技术，如果仅靠剽窃、抄袭、仿制别人的技术和产品，一定是没有持续经营能力的。就淮河化工而言，一项产品与其他公司有知识产权方面的争议，鉴于该产品的主营收入占比非常小，且和当事方达成和解，因此对公司的经营和持续性盈利不产生实质性影响。

【案例 10】专利纠纷——华安股份（股票代码：430279）

企业背景

武汉华安科技股份有限公司，拥有国家级博士后科研工作站，是国家级高新技术企业，国家科技行动计划行业标准制定单位，专注于公共安全和应急指挥系统产品的研发、生产和销售。公司自主研发的系统产品包括：行业应急指挥调度管理平台、UHF 专网紧急通讯系统、数据链路服器、交互式智能指挥系统、海量视频综合管理系统、网络舆情与重要目标分析管理系统、3G 和 4G 单兵、警务通执法记录仪系列产品等。

案例解读

华安股份在报告期内涉及专利诉讼，其解决的方案为，进行信息披露，法院判决公司败诉，公司如实披露信息，并做重大风险专家点评。

报告期内，公司发生一起专利纠纷：自然人曹永军诉公司生产销售的 DS－1C 型号的执法记录仪产品侵犯其实用新型专利。兰州市中级人民法院一审判决公司败诉，2012 年 11 月 23 日，甘肃省高级人民法院二审调解结案。调解结果为：

公司须向原告支付于本案二审结案前生产、销售和许诺销售 DS－1C 型号的执法记录仪产品的专利补偿费用 45 万元，于 2013 年 3 月 31 日前一次性付清。针对涉诉产品双方既往不咎，对其再生产事宜，由公司与原告再行协商。自 2012 年 11 月 24 日起，公司已停止生产涉诉产品，零星销售涉诉产品 34，102.56 元，为调解协议生效前生产。因公司已决定不再生产涉诉产品，所以公司将不再与原告就涉诉产品的再生产事宜进行协商。2013 年 4 月 10 日，公司按照调解协议向原告全额支付了 45 万元专利补偿费用。

公司的主要产品包括执法记录仪、3G 单兵、UHF 数字化应急指挥系统等三大类。公司研发过的执法记录仪产品共有 DS－1A、DS－1B、DS－1C、DS－1D、DS－1E（以下分别简称“1A、1B、1C、1D、1E”）五个型号，其中 1A、1B、1C、1E 形成过销售，1D 为公司报告期内的研发产品，没有形成生产销售，1C 为涉诉产品。

前述事项可能存在以下风险：

（1）2011 年、2012 年 1C 型号的执法记录仪产品收入占公司营业收入比重分别为 80.84%、30.41%，非 1C 型号的执法记录仪产品收入占公司营业收入比重分别为 3.01%、26.71%，虽然 2012 年 1C 型号的执法记录仪产品收入占比已大幅下降，非 1C 型号的执法记录仪产品收入占比明显提高，但是 1C 型号的执法记录仪产品的停产仍可能对公司经营造成不利影响；

（2）由于公司将不会与原告就 1C 型号的执法记录仪产品再生产事宜达成进一步协议，因此如公司再行生产、销售、许诺销售 1C 型号的执法记录仪产品，可能承担相应法律责任。此外，不排除非 1C 型号的执法记录仪产品被曹永军提起诉讼，并被司法审判认定侵犯涉诉专利权的风险，有可能会对公司经营造成不利影响。

公司主要生产和销售面向行政执法部门的无线移动音视频监控设备和应急指挥系统。该行业技术升级和产品更新换代速度快，对现有技术或通用技术的依赖性较强，而当前与技术相关的知识产权申请和保护的环境较差。因此，公司的其他产品也存在涉入技术纠纷的风险，如果公司在技术纠纷中被司法机关、行政主管部门等裁决败诉，涉及技术纠纷的相关产品可能面临停止生产、销售等风险，甚至需要公司支付大额经济赔偿，并因此而对公司经营造成不利影响。

主办券商认为，公司1C型执法记录仪因涉及专利诉讼停止生产销售，可能对公司经营造成不利影响。公司1E型执法记录仪已基本取代1C型执法记录仪，但仍不能完全排除原告曹永军就1E型执法记录仪继续提起诉讼，并被司法审判认定侵犯涉诉专利权的风险，并因此对公司经营造成不利影响。但是，公司非执法记录仪产品不存在涉及侵犯曹永军两项专利的风险，其销售收入在报告期内占营业收入比重非别为16.15%、42.88%，大幅增长；2013年1—4月，非执法记录仪产品实现营业收入合计10，367，196.97元（未经审计），占当期营业收入比重为82.77%；2013年1—5月，公司已经签订的非执法记录仪产品大额合同金额约667万元，非执法记录仪产品已经逐渐被市场认可，并取代执法记录仪成为公司的主要产品，其市场不确定性已大大降低。因此，尽管公司执法记录仪产品存在涉诉风险，但是由于非执法记录仪产品发展良好，公司具有持续经营能力。

律师认为，公司现在生产、销售执法记录仪的行为不存在重大诉讼风险，即便是公司因潜在纠纷承担一定的经济赔偿责任，该经济责任最终由股东代松和刘艳承担。执法记录仪存在的潜在纠纷对公司业务和持续经营能力不构成重大不利影响，不构成公司在全国中小企业股份转让系统挂牌的实质性法律障碍。

专家点评

公司涉及的专利纠纷专利类型为实用新型，最后的补偿费用为45万元，由此可见该专利纠纷并不妨碍公司正常的生产和经营，该专利也不涉及公司核心的生产技术的独立性，因此此专利纠纷不构成挂牌的实质性法律障碍

【案例11】报告期内使用关联企业的商标——天津宝恒（股票代码：430299）

企业背景

天津宝恒流体控制设备股份有限公司是在原天津市宝恒控制阀门有限公司的基础上，2012年，为寻求更高发展，申请企业上市并进行股份制改造，新公司随之应运而生。主要产品：宝恒品牌电、气动执行机构及辅助单元；HVC品牌HG、HB、HV、HP系列美国标准优质高性能控制阀，并能提供特殊型及各种非标准产品。

天津宝恒（430299）在报告期内使用关联企业的商标，关联公司在挂牌前将商标无偿转让给公司将此问题予以了解决。

目前公司所使用的商标为公司关联企业宝恒自控申请并所有，报告期内公司与宝恒自控签署并执行《商标使用许可合同》，宝恒自控许可公司无偿使用“宝恒”商标。目前，公司已经与宝恒自控方面达成一致，宝恒自控将其商标无偿转让予公司，公司正在办理商标转让过户手续。

专家点评

公司使用的商标如是关联方的，则公司资产的独立性存在问题，特别是著名和驰名商标，如果是控股股东的，则公司的存续对控股股东就有依赖性，控股股东不让用，公司就很难运营下去。

【案例12】关于商标的案例——望湘园（股票代码：833737）

企业背景

望湘园品牌成立于2002年6月，是一家专门经营中端精品湘菜的餐饮企业。公司秉承以“食”为尊的理念，在制作精品湘菜方面有独到的见解，在每一款菜肴的出品上都延续着湘菜原有的传统风味，并融入了适合上海及周边地区复合式口味及创新做法。

焦点问题

公司商标、商号的具体保护措施。公司商标、商号对直营店、加盟店的授权使用情况，相应的权利和义务。公司报告期内是否存在因商标、商号使用发生纠纷的情况；如存在，应披露进展情况及处理结果，影响较大的，应作重大事项专家点评。是否存在由于历史原因个别企业使用与公司相同或类似的商标、商号，易导致投资者产生混淆的情形。

（1）申请人就其经营使用的“望湘园”“South Memory”“旺池”“百春原”“漫湘”“鲜时速”等字号、标志均取得了境内注册商标，且就“望湘园”“South Memory”字号还取得了中国台湾、中国香港、中国澳门、欧盟、日本、韩国、新加坡、马来西亚等国家或地区的注册商标，申请人使用该等与其经营相关的合法商标、商号均受法律保护。

（2）申请人对直营店均直接或间接享有全部权益且实际控制，因此申请人对其直营店均无偿授权使用；对唯一加盟店绿地酒家，申请人通过特许经营合同、商标使用许可合同等协议对“望湘园”商标的授权使用在许可使用的商标注册号、许可使用范围、使用期限、加盟费等方面的权利义务进行了明确约定。

（3）经申请人确认并经对最高人民法院全国法院被执行人信息查询系统查询等方式的核查，报告期内，申请人不存在因商标、商号使用发生纠纷的情况，亦不存在由于历史原因个别企业使用与申请人相同或类似的商标、商号，易导致投资者产生混淆的情形。

专家点评

对于商业、服务业企业，如存在连锁、特许形式，因其商标、字号代表了公司服务的能力和水平，因此是公司最重要的核心资产，是公司盈利模式的重要载体。商标、字号方面不允许有任何法律风险和障碍，否则会对公司的持续盈利能力产生重大的影响。

第二节　基本概念

一、土地问题

在企业改制过程中拟新三板挂牌企业的土地使用权问题需要关注。

国内很多企业使用的土地通常存在一些法律上的瑕疵，或者说并不是完全合法的拥有土地使用权。企业使用的土地要合法合规，必须有合法签署土地使用权出让合同并取得国有土地使用权证。如果土地使用性质为集体性质，还必须履行土地征用手续，使集体用地变为国有土地。企业使用的国有土地必须是通过出让方式获得的，而不能是划拨地。并且，企业获得的程序必须是合法的，是通过有权机关审批的。

（一）土地的获得方式

企业可以通过以下方式取得其生产经营所需要的土地使用权：

1. 以出让或转让方式取得土地使用权。即采用出让方式从国家土地管理部门取得土地使用权，也可通过转让方式从其他土地使用权人手中取得土地使用权。

其中，以转让方式取得土地使用权的，应注意以下问题：

（1）土地使用权的转让只能是对原土地使用权剩余期限的转让。

（2）土地使用权人必须在对土地进行一定开发之后才可以转让其权利。

（3）土地使用权转让时，其地上建筑物、附着物应随同转让。

（4）改变土地用途的转让，必须取得土地管理部门的同意并按新的土地使用方式缴纳（或补交）土地使用权出让金。

（5）土地使用权转让应办理过户登记手续。

2. 折价入股。包括公司的发起人将自己通过出让或转让方式取得的土地使用权折价入股和国家直接将一定年限的土地使用权折价入股。

以土地使用权折股出资时，要遵守以下法律、法规要求：

（1）以出让方式取得的土地使用权出资的，出资者应当具有土地证、土地使用权出让合同或转让合同，且上述土地使用权上不存在限制折价入股的担保物权。

（2）以划拨方式取得的土地使用权出资的，出资者应当向市、县人民政府土地管理部门申请办理土地使用权出让手续后方能作为出资；城市规划区内的集体所有的土地应当先依法征为国有土地后方能作为出资；农村和城市郊区的集体所有的土地（除法律规定属于国家所有的以外）应当经县级人民政府登记注册，核发证书，确认所有权后方能作为出资。

3. 以租赁方式取得土地，公司以租赁方式取得土地使用权的常见形式包括：向股东租赁和向土地管理部门租赁。以租赁方式取得土地使用权时，要注意以下方面：

（1）遵守国有土地租赁相关规定和程序。根据《规范国有土地租赁若干意见（国土资发〔1999〕222号）》，承租人通过向国家租赁土地取得土地使用权，在按规定支付土地租金并完成开发建设后，经土地行政主管部门同意或根据租赁合同约定，可将承租土地使用权转租、转让或抵押。承租土地使用权转租、转让或抵押，必须依法登记。

（2）划拨方式取得的土地应当办理出让手续后方可租赁。以行政划拨方式取得的土地原则上是不能出租的。因此，出资者应当以出让方式取得土地使用权，然后再出租给公司。

（3）公司取得生产经营所必需的土地时，应当签订长期土地租赁合同。合同条款包括：土地的租用年限、租金及付费方式和到期后对土地的处置计划。（优先选择权等）

（二）法律方面的关注点

按照现行法律法规的规定，企业对所使用的土地，应当及时办理土地出让手续，获得土地使用权证书。最好在股改之前就完成，如果无法在股改过程中一次性完成，仍然需要列出时间表，将完成的进度定死，在新三板挂牌申报前完成。（如非不得以，这样的法律问题还是要在股改之前就应当解决，但是土地问题的解决牵扯面大，解决需要时间，因此可以考虑作为特殊的问题特事特办）。

企业需要和政府有关部门加强沟通，通过新三板挂牌的契机，将此遗留问题一次性解决。根据监管的信息，土地问题是重中之重，如果土地问题不能在改制过程中得到解决，属于改制不彻底，会给未来的企业发展造成障碍。

（三）企业使用集体土地涉及到的问题

《中华人民共和国土地管理法》规定：任何单位和个人进行建设，需要使用土地的，必须依法申请使用国有土地；但是，兴办乡镇企业和村民建设住宅经依法批准使用本集体经济组织农民集体所有的土地的，或者乡（镇）村公共设施和公益事业建设经依法批准使用农民集体所有的土地的除外。依法申请使用的国有土地包括：国家所有的土地和国家征用的原属于农民集体所有的土地。

使用集体土地应当注意：

（1）企业改制前使用的是集体所有的土地，改制后如需继续使用，应当先通过征用程序将集体土地转变为国有土地，然后再办理有偿使用手续。

（2）公司的经营范围如果包括种植业、林业、畜牧业、渔业等农业生产，确实需要使用集体土地的，可以同农村集体经济组织签署承包经营合同，以承包的方式使用集体土地。

二、房屋问题

房屋问题与土地问题一般都是联系在一起的，涉及到土地问题的就会涉及到房屋问题。

企业在房产出资上存在瑕疵的问题较多，例如某企业的实际控制人以其商业房产的权益作价对企业进行增资，占企业当时注册资本的37%，但该用作增资的房产权益当时未办理权属转移手续，该情况不符合当时情况下《公司法》的相关规定。

还有房屋权属不清晰的，由于个别的原因，企业使用的房屋虽然签订了房屋租赁协议，但该房屋的合法性不能确定，例如建筑在集体土地上的房屋。

三、知识产权问题

知识产权是企业新三板挂牌监管关注的重点之一，企业要有自主的知识产权，尤其是新三板挂牌企业，作为高科技企业需要拥有独立的知识产权体系，而不受其他因素的干扰，是保持企业独立生产经营的基本。

知识产权需要掌握我国关于知识产权基本法律的体系和企业新三板挂牌需要关注的问题。

（一）中国的知识产权法律体系

我国现行知识产权保护立法包括国内立法和国际条约两部分。

知识产权国内立法主要由法律、行政法规、地方法规、部门规节以及最高人民法院颁布的司法解释组成。其中，法律和行政法规是知识产权法律框架的主体，主要包括：

专利法部分：《中华人民共和国专利法》《中华人民共和国专利法实施细则》《专利代理条例》《国防专利条例》《集成电路布图设计保护条例》《中华人民共和国植物新品种保护条例》《药品行政保护条例》《农业化学物质产品行政保护条例》等；

商标法部分：《中华人民共和国商标法》《中华人民共和国商标法实施条例》《中华人民共和国出口货物原产地规则》《特殊标志管理条例》《奥林匹克标志保护条例》《世界博览会标志保护条例》等；

著作权法部分：《中华人民共和国著作权法》《中华人民共和国著作权法实施条例》《著作权集体管理条例》《计算机保护条例》《信息网络传播权条例》《实施国际著作权条约的规定》《音像制品管理条例》《电影管理条例》《出版管理条例》《广播电视管理条例》《电子出版物管理条例》《传统工艺美术管理条例》《中华人民共和国地图编制出版管理条例》《印刷业管理条例》等；

其他法律和行政法规：《中华人民共和国反不正当竞争法》《中华人民共和国科学技术进步法》《中华人民共和国农业技术推广法》《中华人民共和国促进科技成果转化法》《中华人民共和国对外贸易法》《中华人民共和国知识产权海关保护条例》《中华人民共和国技术进出口管理条例》等。

我国以国家或中央政府的名义加入或缔结的知识产权方面的国际条约主要包括《建立世界知识产权组织公约》《保护工业产权巴黎公约》《商标国际注册马德里协定》《保护文学和艺术作品伯尔尼公约》《世界版权公约》《与贸易有关的知识产权协议》等多个国际公约、条约、协定或议定书，以及一系列与美国、俄罗斯、法国、意大利、挪威、保加利亚、泰国、蒙古、秘鲁、欧盟等签订的知识产权领域的双边、多边协议、备忘录等。

（二）企业新三板挂牌需要关注的问题

企业设立时的商标权应当如何处理？商标权作为能为企业带来超额利润的一种无形资产，对企业经营业绩具有重大影响。公司的商标一般遵循以下处理原则：

（1）企业改制设立其主要产品或经营业务进入股份公司时，其主要产品或经营业务所使用的商标权必须随同进入股份公司。

（2）拟新三板挂牌企业应当在获准发行前将商标处置相关的手续办理完毕，并在招股说明书中充分披露商标权的处置情况。

企业的专利权及非专利技术如何处理？企业在改制过程中应当将涉及到企业主营业务的专利技术及非专利技术、技术秘密等转移到股份公司名下，如果这些技术掌握在个别核心技术人员名下的，需要企业与之签订转让协议，过户到股份公司名下。有些企业在股份公司设立之时未能完成权利的过户手续，则必须在申报之前办理完毕，如存在特殊情况的，则要中介机构在各自的法律文件中予以说明，企业需要制定解决此问题的时间表。

企业的著作权同上所述。

四、重点关注

涉及到企业的资产问题，主要集中在土地、房产、知识产权权属上。例如，土地问题最典型的情形就是由于土地使用权本身的问题，而导致的房产所有权证不能办理的情况，房地一体，判断这些法律问题的关键在于土地的性质和使用该土地对企业经营造成的法律上的瑕疵。目前新三板挂牌就土地问题的瑕疵审核还是相对宽泛的，只要有合理的解释理由和解决措施，一般不会成为挂牌的障碍。

知识产权问题相对复杂，需要就实际情况进行分析。土地和房产问题目前已经总结出基本的处理思路，首先，有法律瑕疵的房屋要政府证明该违规房产在可预计期间内不会被拆迁；其次，无论是集体土地还是国有土地，租赁关系要合法合规，手续要完善；第三，由政府出文证明该问题主要是历史原因公司不存在违规行为；第四，积极寻找解决方案，如新建厂房、租赁合法厂房、搬迁等；第五，大股东承诺承担可能带来的风险保证公司和股东的利益不受损害；最后，中介机构就该问题做出重大风险专家点评，并由中介机构发表核查意见。

第八章　公司业务的十六个问题

【案例1】核查公司的生产经营是否符合国家的产业政策——迪尔化工（股票代码：831304）

【案例2】要求核查与公司前五大客户关系的——百乐米业（股票代码：836499）

【案例3】要求核查外协厂商的情况——俪德照明（股票代码：832435）

【案例4】关于特许经营合法合规性的核查——金色童年（股票代码：834359）

【案例5】就公司安全生产事项的合法合规性核查的案例——普瑞特（股票代码：833905）

【案例6】对安全事故的核查——南京试剂（股票代码：833179）

【案例7】对质量标准的核查之一——俪德照明（股票代码：832435）

【案例8】对质量标准的核查之二——圆融科技（股票代码：832502）

【案例9】对危险化学品资质的审查——迪尔化工（股票代码：831304）

【案例10】影视传媒行业特殊的业务许可和资质审查——龙腾影视（股票代码：835003）

……

第一节　典型案例

公司的业务涉及两个概念，一是产业政策，二是经营范围。产业政策是指国家为了实现一定的经济和社会目标，而对产业的形成和发展进行干预的各种法律和制度，产业政策的功能主要是弥补市场缺陷，有效配置资源；保护民族产业的成长；对应经济震荡；发挥后发优势，增强适应能力。经营范围是指企业生产和经营的商品类别、品种及服务项目，是企业业务活动的内容和生产经营方向。显然产业政策是从宏观出发，经营范围是从微观着眼。

涉及到产业政策和业务经营的

【案例1】核查公司的生产经营是否符合国家的产业政策——迪尔化工（股票代码：831304）

企业背景

迪尔化工填料有限公司始建于1992年，是化工部生产化工填料的重点归口企业，是全国化学（技术、情报）中心站理事单位、中石油和化勘察设计协会会员，中国纯碱工业协会会员，中国民营企业家协会会员。企业占地面积15000平方米，建筑面积8000平方米，固定资产5000万元，全体员工238多人，中高级技术专业人员16人，生产有金属填料、陶瓷、塑料填料、鲍尔环及塔内件等18个系列，70多个产品，年生产能力8000吨以上，年销售额8000万元以上的大型化工填料生产企业。

焦点问题

（1）公司是否符合国家产业政策，是否属《产业结构调整指导目录（2013年版）》规定的限制类或禁止类企业，就是否符合挂牌条件发表明确意见；（2）公司生产经营场所是否符合当地的产业规划，是否存在搬迁风险，建议公司作重大事项专家点评。

案例解读

公司主营业务为浓硝酸、稀硝酸的生产和销售。

经本所律师核查，《产业结构调整指导目录（2013 年版）》中针对硝酸的产业政策中，仅有第二类限制类的石化化工中有明确规定，规定内容如下："新建纯碱、烧碱、30 万吨/年以下硫磺制酸、20 万吨/年以下硫铁矿制酸、常压法及综合法硝酸、电石（以大型先进工艺设备进行等量替换的除外）、单线产能 5 万吨/年以下氢氧化钾生产装置"，明确了常压法及综合法硝酸为限制类。据核查，国内硝酸生产工艺法有五种，工艺先进级别由高到低分别：双加压法、高压法、全中压法、常压法及综合法，仅常压法及综合法硝酸为限制类。公司现有硝酸生产线两条，其中一条生产线产能为 3 万吨/年，采用改良型全中压法。一条生产线产能为 13.5 万吨/年，采用先进的双加压法工艺。

综上，本所律师认为，公司符合国家产业政策；公司双加压法和全中压法硝酸均不属于限制类、禁止类产业，且双加压法为国内最先进的硝酸生产工艺，公司改良后的全中压法为国内较先进的硝酸生产工艺，公司不属于《产业结构调整指导目录（2013 年版）》规定的限制类或禁止类企业；符合《全国中小企业股份转让系统股票挂牌条件适用基本标准指引（试行）》中有关挂牌条件的规定。

公司生产经营场所位于宁阳经济开发区，本所律师核查了 2010—2030 年宁阳经济开发区总体规划图、宁阳县磁窑镇总体规划图及宁阳县人民政府对磁窑镇总体规划图的审批文件，华阳迪尔和子公司财富化工的生产经营场所均在总体规划范围内，符合当地的产业规划，在此期间，存在搬迁的可能性较小。

专家点评

一个公司的持续盈利能力往往会因为公司的产业政策受到影响，一个公司从事国家限制的产业其持续盈利能力往往会有负面影响，其挂牌会受监管机构的严格管控。根据中介机构论证，迪尔化工的经营符合国家的产业政策，就此不会对挂牌产生负面影响。

【案例2】要求核查与公司前五大客户关系的——百乐米业（股票代码：836499）

江西省百乐米业股份有限公司成立于2000年，注册资金4000万元，是一家集粮食收购、加工、销售、储备及贸易为一体的股份制集团公司，农业产业化国家重点龙头企业。公司的主营产品是大米和米粉。大米共有五大系列五十多个品种，产品外观品质好，畅销省内外。

焦点问题

（1）公司对前五大客户是否存在依赖；（2）公司、公司股东、董事、监事、高级管理人员与前五大客户是否存在关联关系，订单获得方式是否合法、合规。

（一）申请人前五大客户重合的原因、前五大客户订单获得的方式

1. 申请人前五大客户重合情况及其原因。

经查验，报告期内发生重合的申请人前五大客户为麻钦谦、彭全安及宜春九鼎牧业有限公司（以下简称“九鼎牧业”），申请人与该等客户发生交易的基本情况如下表所示：

序号	客户姓名/名称	期间	营业收入（万元）	占申请人营业收入的比例
1	麻钦谦	2015年1—7月	1，171.09	5.39%
		2014年	3，095.07	7.64%
		2013年	1，188.48	3.09%
2	彭全安	2015年1—7月	1，033.10	4.75%
		2014年	1，860.55	4.59%
3	九鼎牧业	2015年1—7月	897.88	4.13%
		2014年	1，788.56	4.42%

注：麻钦谦、彭全安为个体工商户经营者。

根据申请人的说明，申请人主要产品大米、米粉的终端消费者均为个人，直接面

向终端消费者销售将承担较大的销售费用，故申请人主要向批发商、粮油店和超市等供货；报告期内客户出现前述重合是因为申请人经过长期经营积累了一些相对固定的客户资源，与主要客户建立了稳定的业务合作关系，这主要归因于：

（1）申请人的产品质量优良，在江西省内特别是吉安地区知名度较高；

（2）申请人具有多年的生产经营经验，原材料采购来源稳定，生产线管理运行高效，能持续满足客户的采购需求；

（3）申请人拥有自己的车队，能够为重要客户提供及时高效的物流服务。

2. 申请人前五大客户订单获得的模式。

根据申请人的说明，报告期内申请人对前五大客户主要采取直销的方式进行销售，通过设立网站、参加展销、销售人员上门推广等方式获得该等客户的订单。

（二）申请人目前销售产品的方式和渠道

根据申请人的说明，申请人的产品主要通过直销、经销和出口的方式销售。其中，直销主要面向粮油店、超市、食堂等，经销主要通过江西省及周边地区的经销商进行销售，出口主要面向香港市场。

（三）申请人就前五大客户重合所采取的措施

根据申请人的说明，针对前五大客户重合的问题，申请人积极面向江西省内外及海外的其他客户进行产品推广，扩大公司的客户群体；同时，报告期内申请人逐步实现主要产品由大米向米粉的转变，由于米粉的销售不受地域限制，有利于减小客户重合度。

（四）申请人及其股东、董事、监事、高级管理人员与前五大客户之间的关系

根据《江西省百乐米业股份有限公司公开转让说明书》（以下简称“《公开转让说明书》”），列入申请人报告期内前五大客户的个人或单位包括麻钦谦、彭全安、刘红英、符小琴、陈丽萍、黄毛毛、节先寿、邓耐英、胡国辉、九鼎牧业及渝水区姚圩街秋根副食批发部（以下简称“秋根副食批发部”）。根据申请人及其股东、董事、监事、高级管理人员及前述客户的书面确认并经网络检索全国企业信用信息公示系统（http：//gsxt. saic. gov. cn）中九鼎牧业、秋根副食批发部的工商登记及备案信息，申

请人及其股东、董事、监事、高级管理人员与申请人报告期内的前五大客户之间不存在关联关系。

（五）本所律师的核查意见

1. 关于申请人对前五大客户是否存在重大依赖。

根据《公开转让说明书》披露的数据并经申请人确认，申请人2013年度、2014年度及2015年1—7月向前五大客户销售产生的收入占申请人相应年度或期间总销售收入的比重分别为12.66%、25.61%及22.83%，总体比重较小；同时如前文所述，申请人为避免历年主要客户重合的情形采取了积极措施，有利于逐步减小与特定客户之间销售收入的比重。本所律师认为，申请人对报告期内的前五大客户不存在重大依赖。

2. 关于申请人及其股东、董事、监事、高级管理人员与前五大客户之间是否存在关联关系，订单获得方式是否合法、合规。

本所律师认为，根据申请人及其股东、董事、监事、高级管理人员及报告期内前五大客户的书面确认及本所律师的网络检索情况，申请人及其股东、董事、监事、高级管理人员与申请人报告期内的前五大客户之间不存在关联关系；根据上文所述之查验结果，申请人获得订单的方式合法、合规。

专家点评

公司的持续经营能力，一个重要的标志是公司具有的独立性，公司对销售客户依赖性强，则公司独立生存的能力差。鉴于公司2013年度、2014年度及2015年1—7月向前五大客户销售产生的收入占公司相应年度或期间总销售收入的比重分别为12.66%、25.61%及22.83%，总体比重较小，因此公司对销售客户不存在重大依赖。

【案例3】要求核查外协厂商的情况——俪德照明（股票代码：832435）

企业背景

上海俪德照明科技股份有限公司（简称俪德照明）创立于2009年，注册资本为1250万元，是一家专业从事“交流直接驱动LED光源集成电路芯片”及其相关LED

灯具的研发、生产和销售于一体的综合型照明企业。

（1）外协厂商与公司、董事、监事、高级管理人员是否存有关联关系；（2）公司对外协厂商是否存有依赖。

根据《审计报告》以及公司提供的资料，公司的外协厂商主要有镇江润华照明电器有限公司（简称“镇江润华”）、广东昭信照明科技有限公司（简称“昭信科技”）、镇江皓明光源电器有限公司（简称“镇江皓明”）、上海山高特电子有限公司（以下简称“上海山高特”）。其中，上海山高特电子有限公司为公司提供交流直接驱动芯片的贴片加工服务，镇江润华照明电器有限公司、广东昭信照明科技有限公司、镇江皓明光源电器有限公司为公司提供LED、ESL灯具产品的加工。

（一）上述外协厂商的基本情况如下：

镇江润华

根据镇江润华提供的资料，并经登陆全国企业信用信息公示系统（江苏）（网址：http：//www.jsgsj.gov.cn：58888/province/）查询，镇江润华设立于2007年4月6日，现持有注册号为321191000014331的营业执照。注册资本：60万元；住所：镇江新区丁卯张许村居民委员会内；法定代表人：魏燕丽；公司类型：有限责任公司；经营范围：荧光灯用启动器的生产；车用灯泡、车用材料、照明材料、金属材料、建筑材料的销售；代理各类商品和技术的进出口业务（国家限定或禁止企业经营的商品除外）；镇江润华不设董事会、监事会，执行董事为魏燕丽，监事为杨兵。镇江润华目前的股权结构如下：

序号	股东姓名	出资额（万元）	出资比例（%）
1	魏燕丽	30.00	50.00
2	彭华强	30.00	50.00
合计		60.00	100.00

昭信科技

根据昭信科技提供的资料，并经登陆全国企业信用信息公示系统（广东）（网址：http：//gsxt.gdgs.gov.cn/）查询，昭信科技设立于1992年12月29日，现持有注册号为440682400000386的营业执照和批准号为商外资粤佛合作证字［1992］0123号《中华人民共和国台港澳侨投资企业批准证书》。注册资本：910万美元；住所：广东省佛山市南海区桂城街道永安北路1号金谷光电产业社区A座第6层之一；法定代表人：节淑华；公司类型：有限责任公司（台、港、澳资）；

经营范围：LED产品研发、设计，生产经营灯饰（LED灯饰、普通灯饰）、金属制品（车牌框、体育奖牌、压铸及冲压产品）、五金配件，产品内外销售；城市及道路照明工程安装施工（涉及行业资质及许可经营的，按国家相关规定办理申请）（生产项目限分支机构经营）；昭信科技董事会由五名董事组成，分别是节淑华、潘铭坚、陈浩、梁凤仪、万小承；昭信科技不设监事会，设监事一名，为吴正豪。昭信科技目前的股权结构如下：

序号	股东姓名	出资额（万元）	出资比例（%）
1	广东昭信企业集团有限公司	535.17	58.81
2	真诚集团（香港）有限公司	374.83	41.19
合计		910.00	100.00

（余略）

根据上述外协厂商的基本信息，以及俪德照明全体董事、监事、高级管理人员出具的《任职情况、对外投资情况声明》，公司与上述外协厂商不存在股权关系，公司的董事、监事、高级管理人员均未在上述外协厂商持股或兼职。

综上，本所律师认为，外协厂商与公司、董事、监事、高级管理人员不存在关联关系。

（二）根据俪德照明实际控制人陈卫平于2015年1月出具的《说明》：LED行业在我国是一个充分竞争的行业，国内从事LED相关产品生产的厂家达数千家。LED相关照明产品的加工生产的行业壁垒并不高，只需购买相应的生产设备并配备生产人员即可。公司可以从众多的厂商中择优选择外协厂商，对外协厂商不构成依赖。此外，根据《审计报告》，除上述四家主要的外协厂商外，公司还存在其他外协厂商，公司不同年份的外协厂商的数量及其业务占比也存在明显变化。

因此，本所律师认为，公司对外协厂商不存在依赖。

专家点评

外协加工是指本单位因为设备或技术上的不足或从成本考量，向外单位订购部分零部件或半成品，存在于公司的采购环节，生产型公司的存续是以自主核心的技术存在为提前的。大部分外协，意味着公司经营只是简单的组装，持续经营能力会受到质疑。

【案例4】关于特许经营合法合规性的核查——金色童年（股票代码：834359）

企业背景

山东金色童年股份有限公司（前身山东金色童年有限责任公司）创立于1997年，系国内较早成立的专业儿童摄影机构，自创立至今始终致力于儿童影像行业的专业研究及建设。并于1998年开行业先河，启动连锁经营模式，多年来保持企业稳健成长，始终引领业界，目前全国门店已经覆盖21个省、5个自治区和3个直辖市，运营状态属行业之首，是深具行业影响力的品牌。

焦点问题

（1）公司加盟商的取得方式；（2）报告期公司加盟商的数量变化情况，加盟商终止或关闭（如有）的原因；（3）报告期加盟商的名称及其实际控制人或管理人、地址、收入及其占比、收益分成模式；（4）加盟费的收费标准、退费标准，加盟费的支付方式；（5）公司及董事、监事、高级管理人员与加盟商或其控制人管理人是否存在关联关系；（6）公司与全部加盟商签署的协议及补充协议约定的权利义务内容，加盟协议是否经商务部门备案。

（一）根据公司陈述并经核查，公司市场业务开拓方式多样化，对加盟商的取得方式主要是公司自身行业影响力、网络推广宣传、平面广告媒体及现有加盟商转介绍等方式。公司通过多种开拓方式与潜在客户建立联系并初步确定合作意向，确定的潜在客户经加盟部按公司加盟商管理办法筛选出符合公司加盟条件的加盟商，并最终与其确定加盟关系。

（二）根据公司陈述并经核查，报告期公司加盟商的数量变化情况如下：

日期	期末数量	交加盟费数量	买断数量	当期未及时续约数量	当期新增数量	当期关闭数量
2013 年度	385	295	67	23	25	4
2014 年度	413	308	67	38	31	3
2015 年 1—5 月	419	312	67	40	6	0

公司开展加盟业务初期，为了拓展市场，存在部分加盟商以买断商标使用权的方式，一次性支付商标使用费；在符合合同规定的前提下，该部分加盟商不再缴纳加盟费。当期末因部分加盟商原加盟合同到期后，处于与公司商谈签署新的加盟协议期间，导致出现当期正常经营但未及时续约的情况。

加盟商关闭或终止开店原因如下：（1）加盟商违反加盟合同规定，经总部与其协商终止协议，且不存在违约赔偿、诉讼及或有诉讼；（2）因加盟商个人疾病或家庭变故原因终止开店；（3）因城市规划、房租上涨幅度较大、个人经营不善等原因终止开店。

（三）本所律师补充核查了报告期内加盟商的名称及其实际控制人或管理人、地址、收入及其占比情况，并形成了报告期内加盟商情况统计表（报告期内加盟商情况统计表见公司申报文件）。

截至 2015 年 5 月 31 日，公司共有 419 家加盟商，确认加盟费收入的加盟商 312 家，收入 1.2 万元以上的加盟商 143 家，总收入 466.99 万元，占公司收入比重 58.56%。2014 年，公司共有 413 家加盟商，确认加盟费收入的加盟商 308 家，收入 5000 元以上的加盟商 130 家，总收入 49.51 万元，占公司收入比重 33.82%。

2013 年，公司共有 385 家加盟商，确认加盟费收入的加盟商 295 家，收入 2000 元以上的加盟商 134 家，总收入 53.75 万元，占公司收入比重 5.55%。

公司对加盟商的收入主要包括：加盟费收入、设计费、相片冲印制作费以及相册相框加工费。公司与加盟商之间不存在收益分成模式。

（四）根据公司陈述并经核查公司与加盟商签订的特许经营合同等，加盟费的收费标准按照区域划分为县级加盟商、地级市加盟商和省级加盟商三级；2013 年加盟协议期间为三年，2014 年、2015 年加盟协议期间为两年。

报告期内公司加盟费收费标准具体如下：

项目	2013 年度		2014 年度		2015 年度	
	新加盟（万元/3 年）	续约（万元/3 年）	新加盟（万元/2 年）	续约（万元/2 年）	新加盟（万元/2 年）	续约（万元/2 年）
县级加盟商	1. 598	0. 5	2. 58	0. 5	2. 58	0. 5
地级市加盟商	2. 598	1	3. 98	1. 5	3. 98	1. 5
省级加盟商	5. 998	1. 5	12	3	12	3

公司开展加盟业务初期，为了拓展市场，存在部分加盟商以买断商标使用权的方式，一次性支付商标使用费；在符合合同规定的前提下，该部分加盟商不再根据公司陈述并经核查，公司无加盟费退费相关规定，公司按照加盟合同（包括续签合同）约定收取加盟费。根据公司现行的特许经营合同约定，公司与加盟商签约的同时一次性收取加盟期间的全部加盟费。

（五）根据公司及相关各方陈述、确认并经核查，公司及董事、监事、高级管理人员与加盟商或其控制人管理人不存在关联关系。

（六）根据公司陈述并经核查，报告期内，公司与全部加盟商签署的特许经营合同为格式合同，其权利义务内容主要如下：

1. 公司（甲方）权利义务

（1）甲方许可乙方使用在店内装修装饰装潢、店面外观装修装饰装潢、乙方店员的工装、广告宣传方面使用特定注册商标；

（2）甲方授权乙方在授权区域内，以甲方经营模式，从事儿童摄影经营；

（3）甲方向乙方收取特许经营费；

（4）甲方为乙方提供技术及管理支持，包括门店选址及装潢设计提供技术支持，影楼摄影技术支持及培训支持，照片设计、冲印，相册制作等影楼产品制作支持，价格政策制定支持，营销管理支持，影楼信息化管理软件（ERP）使用及培训支持。

2. 加盟商（乙方）权利义务

（1）签订合同时，乙方一次性向甲方付清特许经营费；

（2）乙方应遵守、履行以下义务：守密及商业保护义务，禁止毁誉义务，商标、视觉识别系统（VI）规范使用，保证产品服务质量，执行金色童年价格政策，执行金色童年门店管理制度，执行金色童年门店营销管理制度，妥善使用样片，承担消费者权益保护和赔偿责任，门店撤除（如发生）的义务。

经核查，公司上述特许经营合同样本已经商务部门备案。

公司经营中存在的特许加盟是其主营业务，国家就特许经营出台《商业特许经营管理条例》、《商业特许经营备案管理办法》、《商业特许经营信息披露管理办法》，公司严格遵守上述规定是持续发展的重要条件。

涉及到关于安全生产的

【案例5】就公司安全生产事项的合法合规性核查的案例——普瑞特（股票代码：833905）

企业背景

普瑞特机械制造股份有限公司（原泰山集团泰安市普瑞特机械制造有限公司）始建于1971年，前身是泰安市轻工机械厂，是目前国内进的白酒、葡萄酒、黄酒、果露酒、果蔬汁、农产品加工成套装备制造企业，是国家高新技术企业、中国驰名商标、国家农产品加工装备研发中心、山东省重点企业技术中心、山东省重点工程技术中心，2006年中国机械500强，中国信息化百强企业，“普瑞特”在业内已被誉为“中国不锈钢薄壁容器品牌”。

（1）是否需要并取得相关部门的安全生产许可，建设项目安全设施验收情况；（2）日常业务环节安全生产、安全施工防护、风险防控等措施；（3）报告期以期后是否发生安全生产方面的事故、纠纷、处罚，若发生，请披露其具体情况、公司的整改措施、对公司持续经营的影响，是否构成重大违法行为。

（一）是否需要并取得相关部门的安全生产许可，建设项目安全设施验收情况

经本所经办律师核查，公司已就日常生产经营取得如下《安全生产许可证》：

公司现持有（鲁）JZ 安许证字［2013］090482－01 号《安全生产许可证》，许可范围：建筑施工，有效期至 2016 年 2 月 3 日。

普瑞特工程现持有（鲁）JZ 安许证字［2014］090406－01 号《安全生产许可证》，许可范围：建筑施工，有效期至 2017 年 3 月 6 日。

根据泰安高新技术产业开发区安全生产监督管理局出具的《工业生产建设项目安全设施设立备案表》（泰高安监项目［设立］字［2013］9 号），公司的智能化生态化食品机械、新能源装备建设项目安全生产条件论证基本符合要求，同意备案；

根据泰安市泰山区安全生产监督管理局出具的《建设项目安全设施“三同时”备案登记表》（泰山安监项目［论证］备字［2014］4 号），公司的液态食品安全技术研发中心关键成套设备制造项目的安全生产条件论证报告符合要求，同意进行安全条件论证的备案。

根据公司说明并经本所经办律师核查，公司的特种设备经过山东省特种设备检验研究所泰安分所检验，并取得由该机构出具的检验报告，检验结论为合格。

公司的特种设备如下表所示：

序号	设备类别	厂内编号	设备名称	设备使用地点	检验报告编号
1	起重机	211－602	桥式起重机 3 吨	机加工车间（东）	TA－QZD－2013－0761－03T
2	起重机	211－603	桥式起重机 5 吨	容器车间	TA－QZD－2015－0184－06T
3	起重机	211－604	桥式起重机 5 吨	机加工车间（西）	TA－QZD－2015－0185－06T
4	起重机	211－605	双梁桥式起重机 20/5 吨	容器车间	TA－QZD－2013－0759－03T
5	起重机	211－606	单梁桥式起重机 3 吨	外线仓库	TA－QZD－2015－0186－06T
6	起重机	211－607	双梁桥式起重机 30/5 吨	容器车间	TA－QZD－2013－0760－03T
7	起重机	211－608	门式起重机 5 吨	钢斜库	TA－QZD－2015－0187－06T
8	起重机	211－609	单梁桥式起重机 10 吨	容器车间	TA－QZD－2013－0762－03T
9	起重机	211－610	门式起重机 5 吨	发货广场	TA－QZD－2013－0757－03T
10	起重机	211－611	门式起重机 5 吨	容器车间	TA－QZD－2013－0758－03T
11	起重机	211－612	桥式起重机 10 吨	容器车间	TA－QZD－2015－0188－06T

……

序号	设备类别	厂内编号	设备名称	设备使用地点	检验报告编号
32	场（厂）内机动车	299－604	叉车3吨	生产部	TA－CCD－2015－0041－06T
33	场（厂）内机动车	299－605	叉车5吨	生产部	TA－CCD－2014－0095－06T
34	场（厂）内机动车	299－699	叉车3吨	表面处理车间	TA－CCD－2014－0096－06T
35	场（厂）内机动车	299－697	叉车3吨	行政保卫部	TA－CCD－2014－0070－06T
36	场（厂）内机动车	299－693	叉车7吨	生产部	TA－CCD－2014－0097－06T
37	压力容器	641－633	2m^3 储气罐	生产车间	TA－RDQ－2013－0086－01T
38	压力容器	641－634	1.7m^3 储气罐	生产车间	《特种设备使用登记证》容17鲁J11100（15）

本所认为，公司已经取得日常生产经营所需的《安全生产许可证》；在建工程项目已完成建设项目安全条件论证备案，符合建设项目安全设施“三同时”监督管理相关法律法规的规定；公司的特种设备经专业机构检验合格，符合安全生产相关法律法规的规定。

（二）日常业务环节安全生产、安全施工防护、风险防控等措施

根据公司说明并经本所经办律师核查，公司设立了以总经理为主任的安全生产委员会，不定期召开安全生产专题会议，解决有关安全生产的重大问题。安全生产委员会主要职责是：综合管理日常安全生产工作；制定、修订、健全公司的安全生产管理制度并检查执行情况；组织开展安全生产大检查并总结和推广安全生产的先进经验等。安全生产委员会办公室设在设备部，对公司安全生产管理日常工作由安全环保部负责。

公司对于日常业务环节的安全生产、安全施工防护、风险防控方面建立健全了《安全生产规章制度》，该制度明确规定了以下内容：（1）作业管理，包括但不限于高空作业管理规定、受限空间作业管理规定、化学品的存放、使用规定等；（2）设备使用管理、操作规程，包括但不限于遥控器起重设备使用管理规定、起重机械使用管理规定、厂内机动车辆管理规定、砂轮机安全管理规定等；（3）各类工种的安全生产责任制，包括但不限于铆工安全生产责任制、电焊工岗位安全生产责任制、剪板机操作工安全生产责任制、电工安全生产责任制、钳工安全生产责任制等。公司还专门制定

了《安全生产事故综合应急预案》，规范公司应急管理工作，提高应对和防范风险与事故的能力。

本所认为，公司日常业务环节中的安全生产、安全施工防护、风险防控等措施符合安全生产法律法规的相关规定。

（三）报告期以期后是否发生安全生产方面的事故、纠纷、处罚，若发生，请披露其具体情况、公司的整改措施、对公司持续经营的影响，是否构成重大违法行为

公司子公司普瑞特工程、普瑞特五星、普瑞特能源、普瑞特信息均取得泰安市安全生产监督管理局出具的《证明》，确认公司、子公司的生产经营符合国家安全生产法律、法规和规节的要求，未出现违反安全生产管理法律法规而受到处罚的情形。

根据公司的说明并经本所经办律师核查，自报告期初至本补充法律意见书出具之日，公司安全生产事项符合法律、法规、规范性文件的规定。

专家点评

根据《安全生产许可证条例》的规定，国家对矿山企业、建筑施工企业和危险化学品、烟花爆竹、民用爆破器材生产企业实行安全生产许可制度。企业未取得安全生产许可证的，不得从事生产活动。公司根据行业属性取得安全生产许可证，公司的经营活动符合安全生产等方面的法律、行政法规的规定。

【案例6】对安全事故的核查——南京试剂（股票代码：833179）

企业背景

南京化学试剂股份有限公司始建于1958年，是专业从事各类化学试剂研发、生产、销售和技术服务的高新技术企业，是中国化学试剂工业协会副理事长单位及江苏省化学试剂委员会理事长单位。主要产品有化学试剂、药用辅料、催化剂、电子化学品等十余类共1300多种，广泛应用于科研院校的教学试验和医药、石化、影像、电子、新能源等多个领域的研究生产。

案例解读

公司所生产产品具有危险性，公司补充披露历史上及报告期内是否发生安全事故，是否存在劳动纠纷，是否存在工伤事件。并补充披露公司的安全生产验收及劳动保护情况。

经公司书面确认，并经本所律师核查，公司历史上及报告期内未发生过生产安全一般以上事故，不存在因安全事故产生的劳动纠纷。存在的工伤事件情况如下：

公司持有江苏省安全生产监督管理局颁发的编号为（苏）WH 安许证字【A00096】的《安全生产许可证》，许可范围：危险化学品生产（明细略）。有效期为 2013 年 8 月 15 日—2016 年 8 月 14 日。

公司持有南京市安全生产监督管理局颁发的编号为苏（宁）安经字 000092 的《危险化学品经营许可证》，经营方式：带储存设施经营；经营许可范围：易制爆危化品（明细略）。有效期为 2013 年 10 月 22 日—2016 年 10 月 21 日。

公司持有国家安全生产监督管理总局化学品登记中心和江苏省化学品登记中心颁发的证号为 320112066 的《危险化学品生产单位登记证》，有效期为 2012 年 6 月 4 日—2015 年 6 月 3 日。

公司持有南京市安全生产监督管理局颁发的编号为（苏）2J32010000002 的《非药品类易制毒化学品生产备案证明》，生产品种明细略。有效期为 2013 年 9 月 6 日—2016 年 9 月 5 日。

2013 年 7 月 4 日，南京市安全生产监督管理局出具宁安监危化建（III）审字【2013】018 号《危险化学品建设项目安全许可意见书（试行）》，同意公司新建污染治理搬迁改造项目安全设施投入生产（使用）。

2013 年 7 月 22 日，江苏省安全生产监督管理局出具苏危化项目验字【2013】8 号《危险化学品建设项目安全设施竣工验收意见书》，公司新建污染治理搬迁改造项目（氰化物产品）通过安全设施竣工验收。

2014 年 1 月 28 日，南京市安全生产监督管理局出具宁安监审批控效【2014】001 号《关于南京化学试剂有限公司污染治理搬迁改造项目职业病防护设施竣工验收的批复》，同意南京化学试剂有限公司污染治理搬迁改造项目职业病防护设施竣工验收。

公司所在地主管安全生产监督管理局即南京化学工业园区安全生产监督管理局于2015年2月13日出具《安全生产守法证明》：证明公司“自2013年1月1日起至今，遵守相关安全生产法规，未发生生产安全一般以上事故，未受到安全生产行政处罚。”

根据南京市劳动保障监察支队于2015年2月12日出具的《证明》，2013年1月1日—2015年2月12日，未发现南京化学试剂股份有限公司（劳动保障号00000816）存在违反劳动保障法律法规的行为。

经公司确认并经本所律师核查，为对公司的日常业务环节采取安全生产、安全施工防护、风险防控等措施，公司制定了《设备安全操作规程》、《安全作业规程汇编》、《安全标准化制度汇编》，对安全生产验收及劳动保护作出了规定。

综上，本所律师认为，公司历史上及报告期内未发生过生产安全一般以上事故，不存在因安全事故产生的劳动纠纷，公司已经通过了安全生产验收，并制定了劳动保护相关文件。

专家点评

根据《生产安全事故报告和调查处理条例》规定，根据生产安全事故（以下简称事故）造成的人员伤亡或直接经济损失，

事故一般分为以下等级：

特别重大事故，是指造成30人以上死亡，或者100人以上重伤（包括急性工业中毒，下同），或者1亿元以上直接经济损失的事故；

重大事故，是指造成10人以上30人以下死亡，或50人以上100人以下重伤，或者5000万元以上1亿元以下直接经济损失的事故；

较大事故，是指造成3人以上10人以下死亡，或10人以上50人以下重伤，或者1000万元以上5000万元以下直接经济损失的事故；

一般事故，是指造成3人以下死亡，或10人以下重伤，

如果公司在报告期内发生过生产安全一般以上事故，基本上挂牌就没戏了。

涉及质量标准的

【案例 7】对质量标准的核查之一——俪德照明（股票代码：832435）

企业背景

上海俪德照明科技股份有限公司（简称俪德照明）创立于 2009 年，注册资本为 1250 万元，是一家专业从事“交流直接驱动 LED 光源集成电路芯片”及其相关 LED 灯具的研发、生产和销售于一体的综合型照明企业。

焦点问题

（1）公司采取的质量标准；（2）公司的质量标准是否符合法律法规规定。

根据公司提供的资料，公司目前采取的质量标准包括以下两种：第一，RoHS，是由欧盟立法制定的一项强制性标准，其全称是《关于限制在电子电器设备中使用某些有害成分的指令》（Restriction of Hazardous Substances）。该标准已于 2006 年 7 月 1 日开始正式实施，主要用于规范电子电气产品的材料及工艺标准，使之更加有利于人体健康及环境保护，只有通过 RoHS 认证的电子电器产品才允许在欧盟市场销售；第二，CE 认证是产品进入欧盟及欧洲贸易自由区国家市场的通行证，通过 CE 认证表示产品已经达到了欧盟指令规定的安全要求。2011 年 9 月，公司生产的 LED 灯管通过中国赛宝（CEPREI）四川实验室的 RoHS 认证并取得相应认证证书。2013 年 8 月，公司生产的 LED PL 灯、蜡烛灯、球泡灯、灯管通过中国赛宝（CEPREI）四川实验室的 CE 认证并取得相应认证证书。

根据公司出具的说明，公司自设立之日起至今，在其生产经营中能遵守国家有关产品质量和技术监督局方面的法律、法规、规节以及其他相关规定，未因违反国家有关产品质量和技术监督局相关规定而受到行政处罚。

专家点评

我国现行的产品质量标准，从标准的适用范围和领域来看，主要包括：国际标准、国家标准、行业标准（或部颁标准）和企业标准等。国际标准主要适用于出口商品，当然达到这个标准，内销也应该不错；国家标准是由国务院标准化行政主管部门制订的标准，一般与国计民生关系紧密，属于强制性标准，我国实施等同采用 ISO 9000 系列标准，编号为：GB/T 19000 – ISO 9000 系列，其技术内容和编写方法与 1509000 系列相同，使产品质量标准与国际同轨；行业标准又称为部颁标准，由国务院有关行政主管部门制定并报国务院标准行政主管部门备案，在公布国家标准之后，该项行业标准即行废止，当某些产品没有国家标准而又需要在全国某个行业范围内统一的技术要求，则可以制定行业标准；企业标准主要是针对企业生产的产品没有国家标准和行业标准的，制定企业标准作为组织生产的依据而产生的。

中介机构对质量标准的核查除了认定公司的标准是国家标准、行业标准（或部颁标准）和企业标准的那种标准之外，质量管理体系认证证书及产品质量监管部门出具的守法证明也具有重要证明力。

【案例 8】对质量标准的核查之二——圆融科技（股票代码：832502）

企业背景

圆融光电科技股份有限公司成立于 2010 年年末，注册资金 2.4 亿元，是高新技术企业，安徽省民营科技企业。公司致力于全色系发光二极管 LED 外延片、芯片、照明产品的研发、生产和销售以及照明亮化工程施工安装。

焦点问题

（1）公司采取的质量标准；（2）公司的质量标准是否符合法律法规规定。

根据公司营业执照及公司说明，经核查，公司主要业务为 LED 外延片与芯片的研发、生产和销售业务。公司严格采取的质量标准如下：

公司产品质量控制制度（主要）	
标准名称	标准编号
《外延片入出库标准管理规程》	ET/MP－QA－02
《外延片检验管理规程》	ET/MP－QA－03
《芯片入出库标准管理规程》	ET/MP－QA－04
《芯片目检管理规程》	ET/MP－QA－05
公司产品质量控制标准	
《半导体照明用氮化镓基 LED 外延片》	Q/MET 001－2012
《半导体照明发光二极管芯片》	Q/MET 002－2012

经核查，公司持有中国质量认证中心颁发的编号为 00112Q212180R0M/3400 的《质量管理体系认证证书》，确认圆融光电产品符合 ISO 9001：2008 GB/T 19001－2008 质量标准，通过认证范围是“全色系发光二极管外延片、芯片的设计、生产”，有效期限至 2015 年 11 月 21 日。

本所律师查验了公司的申请认证的资料及获得的认证证书，并通过网络查询系统对证书进行了核对。本所律师认为，公司获得的质量标准认证内容与主营业务相符，证书真实有效，符合法律法规规定。

专家点评

公司取到 ISO 9000 品质体系认证证书，可以认定公司提供了质量稳定的产品或服务。

涉及特殊行业的

【案例 9】对危险化学品资质的审查——迪尔化工（股票代码：831304）

企业背景

迪尔化工填料有限公司始建于 1992 年，是化工部生产化工填料的重点归口企业，是全国化学（技术、情报）中心站理事单位、中石油和化勘察设计协会会员，中国纯碱工业协会会员，中国民营企业家协会会员。企业占地面积 15000 平方米，建筑面积

8000平方米，固定资产5000万元，全体员工238多人，中高级技术专业人员16人，生产有金属填料、陶瓷、塑料填料、鲍尔环及塔内件等18个系列，70多个产品，年生产能力8000吨以上，年销售额8000万元以上的大型化工填料生产企业。

案例解读

公司主营业务为浓硝酸、稀硝酸的生产和销售。

1. 公司是否属危险化学品生产使用企业

公司属危险化学品生产使用企业，公司按照山东省安全生产监督管理局的要求，取得了《危险化学品生产单位登记证》,《危险化学品从业单位安全标准化二级企业证书》，子公司财富化工也均取得了《危险化学品生产单位登记证》,《危险化学品从业单位安全标准化三级企业证书》。

2. 依据《危险化学品环境登记管理办法（试行）》等国家环境法规的规定，公司及子公司是否需办理危险化学品环境管理登记，公司及子公司各已建及在建生产线及日常生产经营包括产生的废气、废水、固体废物和危险物、噪声等的处置是否符合环境保护部门的监管要求，取得排污许可证，缴纳排污费，环保设施稳定运行且达到环保部门的日常监管要求

公司及子公司是否需办理危险化学品环境管理登记说明如下：

《危险化学品环境登记管理办法（试行）》于2013年3月1日起实施，其中第六条规定：“危险化学品生产使用企业，应当依照本办法的规定，申请办理危险化学品环境管理登记，领取危险化学品生产使用环境管理登记证（以下简称“生产使用登记证”)。新建、改建、扩建危险化学品生产使用项目，应当在项目竣工验收前办理危险化学品生产使用环境管理登记。”

在2013年3月1日之前，公司的两条硝酸生产线均建设完成，子公司财富化工硝酸钾（副产氯化镁）生产线、硝酸镁生产线也均建设完成。目前子公司在建硝酸铵钙、硝酸钙项目已经立项，但是硝酸铵钙、硝酸钙不属危险化学品，因此不需要按照《危险化学品环境登记管理办法（试行）》规定办理危险化学品生产使用环境管理登记证。

《危险化学品环境登记管理办法（试行）》中第三十九条规定“本办法施行前已建的危险化学品生产使用企业，应当在本办法施行后三年内完成危险化学品生产使用环境管理登记。”

在2014年9月30日前，公司及子公司按照《危险化学品环境登记管理办法（试

行)》的规定，向宁阳县环保局递交了相关申请文件。宁阳县环保局已经受理，并在2014年9月27日出具了《危险化学品生产使用环境管理登记审查意见》，审查结论：情况属实。

目前，宁阳县环保局已将材料上交至泰安市环保局。通过公司说明，泰安市环保局还未对危险化学品环境登记实施具体的审查工作。公司正在等待泰安市环保局出具审查意见。公司及子公司承诺将在法律规定的期限内办理完成危险化学品生产使用环境管理登记。

综上，公司及子公司将会在2016年2月29日之前完成环境管理登记，本所律师认为，危险化学品生产使用环境管理登记的办理不会存在实质性障碍。

3. 经本所律师核查，报告期内公司及子公司分别受到一次环保部门的处罚。

处罚情况说明如下：

（1）宁阳县环境保护局于2013年12月18日对公司下发了（宁）环罚字［2013］第5号《行政处罚决定书》，并对公司作出罚款16，548元的处罚决定。2014年2月12日，宁阳县环境保护局出具《确认函》，认定此次行为不属于重大违法行为。

除前述事项外，公司在报告期内不存在其他环保处罚事项。

（2）宁阳县环境保护局对财富化工下发了（宁）环罚字［2012］第5号《行政处罚决定书》并作出罚款5万元的处罚决定。2014年2月12日，宁阳县环境保护局出具确认函，认定财富化工以上违法行为不属于重大违法行为，其处罚不属于重大行政违法处罚。

公司已经取得宁阳县环保局核发的鲁环许字370921201408号《排放污染物许可证》，子公司无任何排放污染物。公司按期缴纳排污费。缴纳情况如下：

季度	2013年排污费（元）	2012年排污费（元）
第一季度	12，369.00	13，050.00
第二季度	13，110.00	12，630.00
第三季度	12，411.00	12，924.00
第四季度	12，543.00	12，519.00
合计	50，433.00	51，123.00

公司高度重视安全环保工作，公司设有专职环境管理人员，建立健全了环境保护工作的各项管理制度（包括《安全环保管理制度》《环保安全管理制度》《罐区管理制度》《电仪管理制度》等），完善安全标准化体系。公司按照环保部门的要求，安装了在线监测系统，与环保部门联网，实时监测废气、废水排放情况。目前，公司及子公

司各已建及在建生产线日常生产经营产生的废气、废水、固体废物和危险物、噪声等处置符合环境保护部门的监管要求，环保设施稳定运行且达到环保部门的日常监管要求。

4. 依据《危险化学品安全管理条例》，公司新建、改建、扩建生产、储存危险化学品的建设项目，是否已通过安全生产监督管理部门的安全条件审查，日常生产经营是否符合安全生产监督管理部门的监管要求；

经本所律师核查，公司及子公司建设项目如下：

<table>
<tr><th>项目名称</th><th>项目通过安全生产监督管理部门的安全条件审查意见</th></tr>
<tr><td>公司3万吨/年硝酸生产线</td><td>该项目于2001年3月13日立项，2002年11月1日，《中华人民共和国安全生产法》开始实施，其中，第二十四条规定“生产经营单位新建、改建、扩建工程项目的安全设施，必须与主体工程同时设计、同时施工、同时投入生产和使用。”在2002年11月1日之前，由于项目立项的时间早于安全生产法实施时间，安全设施“三同时”不适用此项目。因此，公司3万吨/年硝酸项目不需办理安全验收的审查。项目投产后，公司依法取得了《安全生产许可证》及《危险化学品从业单位安全标准化二级企业证书》，只有安全管理工作通过安全管理监督部门的审查才可颁发以上证书，因此，该项目已具备安全生产经营条件。</td></tr>
<tr><td>公司13.5万吨/年硝酸生产线</td><td>2005年10月30日，山东省安全生产监督管理局组织的安全审查专家组出具《山东华阳迪尔化工有限公司年产13.5万吨硝酸项目安全验收意见》，“同意评价机构做出的安全验收评估结论：该项目在设计、施工以及试运行过程中，基本遵循了国家有关安全生产的法律、法规和相关的技术标准；与工程配套的安全实施做到了与主体工程同时设计、同时施工、同时投入生产和使用，试运行情况良好；安全运行正常、可靠。符合安全生产的要求。该项目已具备安全验收的条件”。</td></tr>
<tr><td>子公司2万吨/年硝酸钾（副产氯化镁）生产线</td><td rowspan="2">泰安市安监局于2011年8月24日组织专家组对财富化工2万吨/年硝酸钾、5000吨/年硝酸镁生产项目进行了安全设计竣工验收审查，并形成了《山东财富化工有限公司一期2万吨/年硝酸钾、5000吨/年硝酸镁生产项目安全设施竣工验收审查意见》，专家组同意通过竣工验收。</td></tr>
<tr><td>子公司0.5万吨/年硝酸镁生产线</td></tr>
</table>

公司及子公司具备法律、行政法规规定和国家标准、行业标准要求的安全条件，建立健全了安全管理规章制度和岗位安全责任制度，对员工进行安全教育、法制教育和岗位技术培训。公司及子公司均取得了安全监督管理部门下发的安全生产许可证书、危险化学品生产单位登记证书、危险化学品从业单位安全标准化二级/三级企业证书。

综上，本所律师认为，公司通过安全生产监督管理部门的安全条件审查，日常生产经营符合安全生产监督管理部门的监管要求。

专家点评

根据《危险化学品安全管理条例》，危险化学品生产、储存、使用、经营和运输的安全管理收到严格管控，从事这行业的公司除了取得《安全生产许可证》之外，还应该办理危险化学品环境管理登记。

【案例10】影视传媒行业特殊的业务许可和资质审查——龙腾影视（股票代码：835003）

企业背景

龙腾艺都（北京）影视传媒股份有限公司，简称龙腾影视，是中国大陆一家影视传媒民营公司，成立于2008年，公司业务包括影视投资、影视制作、影视发行、影视金融等，具备摄制电影许可证及广播电视节目制作经营许可证。

焦点问题

公司及子公司是否具有经营业务所需的全部资质、许可、认证、特许经营权，是否依法履行相关审批、备案程序，公司及子公司业务资质的齐备性、相关业务的合法合规性。

公司现持有北京市工商局朝阳分局于2015年10月28日核发的《企业法人营业执照》（注册号：110105011554614），经营范围为摄制电影片，复制本单位影片，按规定发行国产影片及其复制品（摄制电影许可证有效期至2016年10月20日）；广播电视节目制作；项目投资；组织文化艺术交流活动（不含演出）；从事文化经纪业务；设计、制作、代理、发布广告；承办展览展示活动；劳务派遣。

（一）根据公司确认并经本所律师查阅了公司重大合同等，公司主营业务为影视产品的策划、投资、制作、发行和运营。根据影视行业的相关法律法规及其他规范性文件，公司已取得经营业务所需的全部资质、许可，详见下述：

1. 公司根据相关规定公司经营业务资质、许可齐备

公司持有北京市新闻出版广电局于2014年5月7日核发的《广播电视节目制作经营许可证》（编号：（京）字第01316号），经营方式为制作、发行；经营范围为动画

片、专题片、电视综艺，不得制作时政新闻及同类专题、专栏等广播电视节目；有效期两年（2014 年 5 月 7 日—2016 年 5 月 7 日）。

公司持有中华人民共和国国家新闻出版广电总局于 2014 年 8 月 28 日核发的《摄制电影许可证》（编号：证摄制字第 116 号），经营范围为摄制电影片，复制本单位影片，按规定发行国产影片及复制品；经营区域为国内及国外；有效期为两年（2014 年 8 月 28 日—2016 年 8 月 27 日）。

2. 公司经营业务所需取得资质、许可及履行审批、备案的相关规定

根据《广播电视节目制作经营管理规定》《电视剧内容管理规定》等规定，公司进行电视剧的制作须持有《广播电视节目制作经营许可证》，具体剧目的制作和发行公司须另行取得电视剧制作许可。国家对电视剧实行发行许可制度，电视剧摄制完成后，必须经国家广电总局或省级广电局审查通过并取得《电视剧发行许可证》之后方可发行。

根据《电影管理条例》《电影企业经营资格准入暂行规定》和《电影剧本（梗概）备案、电影片管理规定》，依法设立的电影公司在获得国家广电总局颁发的《电影摄制许可证》后才能从事具体的影片拍摄工作，影片拍摄完成后必须经国家广电总局电影审查委员会审查，通过并获得《电影片公映许可证》之后的影片方可发行、放映、进口及出口。

根据《广播电视节目制作经营管理规定》及《电视剧拍摄制作备案公示管理暂行办法》的规定，依法设立的电视剧制作机构取得《广播电视节目制作经营许可证》后从事电视剧摄制工作前需要另行取得电视剧制作许可，并申报项目进程申请办理电视剧拍摄备案公示，已公示的电视剧目，须自公示之日起两年之内制作完成。确因特殊原因超出有效期的，申报机构须向所在省级广播影视行政部门提交延期申请，中直单位制作机构须向总局提交延期申请。

3. 报告期内拍摄的电视剧、电影履行的相关手续

（1）公司报告期内投资拍摄的电视剧情况。

电视剧作品名称	备案日期	电视剧制作许可证编号	电视剧发行许可证
《龙道》	2013. 5	乙第 01740 号	尚未开始拍摄
《永乐盛典》	2013. 10	乙第 01842 号	尚未开始拍摄
《追幸福的人》	2013. 12	乙第 01843 号	尚未开始拍摄
《龙号机车》	2013. 10	乙第 01742 号	有效期内拍摄完毕，申请发行许可证阶段
《黑凤凰》	2013. 3	乙第 01721 号	（京剧审字（2014）第 059 号）

（2）公司报告期内拍摄的电影情况。

根据公司确认并经本所律师核查，公司在报告期内未拍摄电影。

4. 特许经营权

经公司确认并经本所律师核查，公司无特许经营权。

5. 公司报告期内曾经拥有的子公司龙腾租赁，经营范围为租赁影视道具。该业务无需取得资质、许可，无特许经营权

基于上述，本所律师认为，公司具备经营业务所需的全部资质、许可，均依法履行相关审批、备案程序。公司取得经营业务符合《广播电视管理条例》《电影管理条例》《广播电视节目制作经营管理规定》《电视剧内容管理规定》及《电视剧拍摄制作备案公示管理暂行办法》的规定，公司经营和开展业务所需的资质齐备，业务经营合法合规。

专家点评

国家对影片、电视剧的拍摄、发行、放映、进口及出口采取许可证、审批制度，未取得证书和审批同意，不得从事以之相关的业务。

【案例 11】信息披露不完全的情况——龙腾影视（股票代码：835003）

企业背景

龙腾艺都（北京）影视传媒股份有限公司，简称龙腾影视，是中国大陆一家影视传媒民营公司，成立于2008年，公司业务包括影视投资、影视制作、影视发行、影视金融等，具备摄制电影许可证及广播电视节目制作经营许可证。

焦点问题

前述信息披露方式是否适当，是否影响投资者判断。

案例解读

公司未披露供应商某演员名称。公司需补充说明并披露未披露供应商某演员名称

的原因，是否存在未披露其他与某演员相关的应披露信息的情形。

根据《全国中小企业股份转让系统业务规则（试行）》4.2.2若挂牌公司有充分依据证明其拟披露的信息属于国家机密、商业秘密，可能导致其违反国家有关保密法律、行政法规规定或者严重损害挂牌公司利益的，可以向全国股份转让系统公司申请豁免披露或履行相关义务。

经本所律师核查，公司拟聘请某演员担任公司拟筹拍的《永乐盛典》的男主角，但根据约定公司有权判定某演员最终是否能够胜任所演绎角色如不适宜可以解聘，并且某演员作为国内一线明星档期也存在不确定性。公司考虑到提前披露有可能误导投资者，如以某演员代替也不会对投资者的判断造成重大影响。据此，2015年9月10日，公司向全国中小企业股份转让系统提交了《龙腾艺都（北京）影视传媒股份有限公司关于涉密信息豁免披露的事项的申请》，该申请明确说明了信息豁免披露事项，信息豁免披露的原因及信息豁免披露的方式。

基于上述，本所律师认为，公司提交的申报文件信息披露方式是适当的，符合《全国中小企业股份转让系统业务规则（试行）》4.2.2的规定。

专家点评

挂牌公司有依据证明其拟披露的信息属于国家机密、商业秘密，如披露可能违反国家有关保密法律、行政法规规定或者严重损害挂牌公司利益的，可以向全国股份转让系统公司申请豁免披露义务。

【案例12】涉及食品安全卫生的案例——望湘园（股票代码：833737）

企业背景

望湘园品牌成立于2002年6月，是一家专门经营中端精品湘菜的餐饮企业。公司秉承以“食”为尊的理念，在制作精品湘菜方面有独到的见解，在每一款菜肴的出品上都延续着湘菜原有的传统风味，并融入了适合上海及周边地区复合式口味及创新做法。

焦点问题

公司报告期内是否存在因食品安全、卫生等问题造成的重大诉讼或纠纷，是否存在顾客投诉或索赔；核查公司是否受到相关部门对其食品、卫生、环保、消防问题的调查及处理结果。

案例解读

本案例涉及公司食品安全卫生等问题。公司需提供：（1）公司的食品安全控制体系及采购、加工、存储、配送、人力资源、质量控制等管理措施，比如负责食品安全的高级管理层的身份，从事质量监控的员工人数及有关员工的职位、资历和背景；公司对供应商进行检测的方式、次数及标准；公司主要食材的来源、存储和保质情况；公司报告期内是否受到相关部门对食品或餐厅卫生的调查，解决的方案和处理的结果。（2）公司及其下属各门店报告期内在食品安全、卫生、环保、消防等方面受到相关部门处罚的情况。（3）报告期内公司收到的有关其所提供食品及服务的投诉情况。发生食物中毒等安全事故的，应披露事故原因、涉及的顾客人数、处理结果。

经本所律师核查，报告期内，上海市消费者权益保护委员会通过12315热线受理对申请人的投诉共九起，经消费者权益保护委员会的调解，均已结案。

投诉事项	2015年1—3月	2014年度	2013年度
服务质量	—	5	2
食品质量	1	1	—

报告期内，申请人及各餐饮门店未发生过食物中毒等安全事故，不存在因食品安全、卫生等问题造成的重大诉讼或纠纷。

另外，申请人报告期内受到相关部门对其食品、卫生、环保、消防问题的调查及处理结果如下：

序号	被处罚人	处罚单位	处罚日期	处罚原因	处罚内容	处罚执行情况
1	望湘园宜山路店	上海市徐汇区公安消防支队	2013.03.14	消防设施器材未保持完好有效	罚款5，000元	已足额缴纳
2	江苏漫湘龙江店	南京市公安消防局	2013.10.21	消防设施器材配置不符合标准	罚款10，000元	已足额缴纳

续表

序号	被处罚人	处罚单位	处罚日期	处罚原因	处罚内容	处罚执行情况
3	望湘园浦江店	上海市闵行区公安消防大队	2014.11.04	未经消防设计审核擅自施工	停止施工、罚款30，000元	已足额缴纳、改正
4	江苏漫湘南京江宁店	南京市江宁区公安消防大队	2014.01.13	消防设施器材未保持完好有效	罚款5，000元	已足额缴纳
5	望湘园中环店	上海市普陀区公安消防大队	2015.02.26	未经消防安全检查擅自营业	停产停业、罚款30，000元	已足额缴纳、改正
6	望湘园北京	北京市大举区公安消防支队	2015.01.08	消防设施器材配置不符合标准	罚款5，000元	已足额缴纳
7	望湘园北京天通苑店	北京市环境保护局	2013.09.02	油烟净化器表面及其下方地面有明显漏油，属不正常运行大气污染处理设施	限期改正、罚款10，000元	已足额缴纳、改正
8	望湘园市一百店	上海市黄浦区环境保护局	2014.08.19	大气污染物处理设施未正常使用，造成油烟气未经净化处理直接排放	罚款15，000元	已足额缴纳
9	望湘园大宁店	上海市闸北区卫生局	2013.06.21	安排未获得有效健康合格证明的从业人员从事直接为顾客服务的工作	警告，罚款500元	已足额缴纳、改正
10	望湘园中环店	上海市普陀区卫生局	2013.10.31	安排未获得有效健康合格证明的从业人员从事直接为顾客服务的工作；未按照规定对公共场所的空气质量、微小气候、顾客用品用具等进行卫生监测	警告，罚款1，000元	已足额缴纳、改正
11	望湘园宜山路店	上海市食品药品监督管理局徐汇分局	2013.05.09	使用标签不符合规定的食品	责令改正、罚款5，000元	已足额缴纳、改正
12	望湘园仲盛店	上海市食品药品监督管理局闵行分局	2014.07.21	生产经营禁止生产经营食品	责令改正、罚款5，000元	已足额缴纳、改正
13	望湘园北京清河店	北京市海滨区食品药品监督管理局	2014.11.13	生产经营禁止生产经营食品	没收违法所得900元，罚款1，800元	已足额缴纳
14	望湘园青浦公园店	上海市工商行政管理局青浦	2013.06.07	在经营活动中使用未取得生产许可证的列	责令改正，罚款20，000元	已足额缴纳、改正

就申请人上述各餐饮门店受到的第 1、3、10、11、12、13、14、15 项处罚，作出该等处罚的相关政府主管机构均已出具该等引起处罚的行为不属于重大违法行为、该等处罚不属于重大处罚的证明文件；第 2、4 项处罚涉及的门店截止报告期末已经关店；就上述第 5 项消防部门作出的“停产停业、罚款 30，000 元”、第 8 项环保部门作出的“罚款 15，000 元”及第 9 项卫生部门作出的“警告，罚款 500 元”的行为，本所律师对作出该等处罚决定的政府主管机构相关工作人员的实地访谈，获悉该等引起该等处罚的行为尚不构成重大违法行为，该等处罚亦尚不属于重大处罚。鉴此，本所律师认为，上述第 6 项消防罚款 5，000 元、第 7 项环保罚款 10，000 元亦不属于重大处罚，引起该等处罚的行为亦不属于重大违法行为。

综上所述，本所律师经核查后认为，申请人的上述违法情节轻微，未造成严重后果，对申请人的生产经营不会产生重大影响，上述违法行为不构成重大违法违规情形。报告期内，申请人不存在食品、卫生、环保、消防方面的重大违法违规行为。

专家点评

望湘园主营业务为餐饮服务，因此关注公司食品安全是必要的，餐饮进入门槛低，难在运营门槛高，但无论如何吃的放心是个最基本的要求，否则一旦发生群体性食物事件，公司的持续盈利能力又该如何解决？

【案例 13】关于医疗执业人员执业资格的案例——丽都整形（股票代码：834480）

企业背景

北京丽都医疗美容医院是中德嘉华国际投资集团投资新型整形美容机构，致力于将高新科技应用于面部年轻化、非手术美容、整形美容、皮肤美容、口腔美容、中医美容等领域。

焦点问题

（1）公司是否存有无证执业人员；（2）是否存有其他单位医护人员在公司从事医疗行的情形。

根据公司提供的丽都整形及其控股子公司截至目前的《员工花名册》、相关执业医师的《医师资格证书》《医师执业证书》和《医疗美容主诊医生资格证书》以及所作的说明，截至本补充法律意见书出具之日，丽都整形及其控股子公司共有医师 74 名，其中，丽都整形现有医师 14 名，北京丽都现有医师 11 名，昆明丽都现有医师 14 名，贵阳丽都现有医师 16 名，太原丽都现有医师 19 名，均持有《医师资格证书》和《医师执业证书》；丽都整形及其控股子公司共有医疗美容主诊医师 23 名，其中，丽都整形现有医疗美容主诊医师 6 名，北京丽都现有医疗美容主诊医师 2 名，昆明丽都现有医疗美容主诊医师 10 名，贵阳丽都现有医疗美容主诊医师 2 名，太原丽都现有医疗美容主诊医师 3 名，均持有前述两证和《医疗美容主诊医生资格证书》。据此，截至本补充法律意见书出具之日，丽都整形及其控股子公司的在册医师均具备执业资格，不存在无证执业人员。

另外，根据公司提供的上述《员工花名册》和所作的说明，并经本所随机抽查公司与其在册医护人员签订的劳动合同，丽都整形及其控股子公司与其在册医护人员均签订了劳动合同，截至本补充法律意见书出具之日，丽都整形及其控股子公司不存在除劳动合同用工以外其他形式的用工安排，也不存在其他单位医护人员在丽都整形及其控股子公司从事医疗行为的情形。

专家点评

公司主营业务开展医疗美容服务，必须遵守《医疗美容服务管理办法》的要求，负责实施医疗美容项目的主诊医师必须同时具有执业医师资格，经执业医师注册机关注册等条件，否则不能从事医疗美容服务。

【案例 14】关于电商 ICP 牌照及备案——爱尚鲜花（股票代码：836638）

企业背景

上海爱尚鲜花股份有限公司成立于 2008 年，公司旗下包括 O2O、B2C 业务板块，在线下整合了全国12000多家合作与加盟花店，业务覆盖全国600多个城市。在上游通过收购、参股和战略合作等方式，整合国内鲜花种植基地10000多亩，并获得厄瓜多尔皇家玫瑰、荷兰七彩玫瑰等品种的进口代理权。公司目前正在全国100多个大中城市建立鲜花工厂和冷库分仓，进一步掌控整个鲜花供应链。

焦点问题

公司是否需要取得ICP牌照等及公司网站的ICP备案情况，公司是否具备经营所需的全部资质。

案例解读

爱尚鲜花是一家专业从事鲜花在线预订及配送服务的互联网公司，主要通过第三方电子商务平台（天猫、京东、微信等）、“爱尚鲜花”手机移动客户端及公司官网为广大消费者提供优质、快捷的服务。

（1）商务部于2009年4月2日发布的《电子商务模式规范》（商务部公告2009年第21号）中，将电子商务模式按照交易主体的不同分为B2B、B2C、C2C模式。其中企业B2C——企业（或其他组织机构）和消费者之间的交易又分为网上商厦（Web Mall）和网上商店（Web Store）。

网上商厦（Web Mall），是指提供给企业（或其他组织机构）法人或法人委派的行为主体在互联网上独立注册开设网上商店，出售实物或提供服务给消费者的由第三方经营的电子商务平台。

网上商店（Web Store）是指企业（或其他组织机构）法人或法人委派的行为主体在互联网上独立注册网站、开设网上商店，出售实物或提供服务给消费者的电子商务平台。

爱尚鲜花是一家专业从事鲜花在线预订及配送服务的互联网公司，主要通过第三方电子商务平台（天猫、京东、微信等）、“爱尚鲜花”手机移动客户端及公司官网为广大消费者提供优质、快捷的服务。按照上述交易模式划分，天猫、京东、微信等第三方电子商务平台属于网上商厦，爱尚鲜花在其上注册开设网上商店无需取得ICP证照。

“爱尚鲜花”手机移动客户端及公司官网所销售的产品均为公司自有产品，由公司直接将商品销售给终端消费者，无其他企业（或其他组织机构）法人或法人委派的行为主体在其上独立注册开设网上商店，出售实物或提供服务给消费者的情况，即爱尚鲜花并非本身不参与商品交易的电子商务平台，其性质属于网上商店。

公司虽不是外商投资企业，但根据上述规定的立法意图，公司在自有网站销售自有产品属于企业销售行为在互联网上的延伸，公司可直接从事网上销售业务，仅需向电信管理部门备案。

根据《电信业务分类目录》，公司经营业务亦不属于目录中所列增值业务。同时公司在向上海市通信管理局咨询及实地走访过程中，均被告知因公司网站仅销售自有产品，无商家入驻，无需办理 ICP 许可证。

公司另有一经营模式，为以“众花”手机客户端及微信公众号为核心开展的鲜花移动业务，该业务上游对接鲜花基地，下游对接花店，并整合第三方干线冷链物流和同城配送冷链物流，为全国花店提供一站式采购服务。截至本补充法律意见书出具之日，该业务仅在上海地区试运行，仍处于调试阶段，未给公司带来实际收入。截至本补充法律意见书出具之日，公司已就该项业务向上海市通信管理局提交了增值电信业务经营许可证申请材料。

综上，爱尚鲜花作为一家专业从事鲜花在线预订及配送服务的互联网公司，其实际开展的经营活动并未超出营业执照限定的范围，且公司已完成网站 ICP 备案，目前正就其新业务的开展办理相关证照。

（2）公司网站 ICP 备案情况

根据公司提供的域名证书并经本所律师核查，截至目前，公司共拥有 11 项域名，具体备案情况如下：

编号	网站备案号	域名	所有权人	注册日期	到期日
1	沪 ICP 备 15035988 号 -1	iishang. cn	麦恋有限	2008. 03. 25	2016. 03. 25
		iishang. com. cn	麦恋有限	2008. 03. 25	2016. 03. 25
		iishang. com	麦恋有限	2008. 03. 25	2016. 03. 25
		5d. com. cn	麦恋有限	2005. 03. 29	2020. 03. 29
2	浙 ICP 备 13017384 号 -1	51zhonghua. com	台州米蓝	2015. 05. 18	2018. 05. 18
		51zhonghua. net	台州米蓝	2015. 05. 18	2018. 05. 18
		51zhonghua. cn	台州米蓝	2015. 05. 18	2018. 05. 18
3		ilovesoon. com	麦恋有限	2014. 10. 22	2016. 10. 22
		ilovesoon. com. cn	麦恋有限	2014. 10. 22	2016. 10. 22
		ilovesoon. cn	麦恋有限	2014. 10. 22	2016. 10. 22
		lovesoon. net	麦恋有限	2014. 10. 22	2016. 10. 22

公司确认，上述所列第三项中四个域名，因未实际使用，公司暂未进行备案，同时公司承诺，待该域名正式使用时，公司将根据现行法律法规进行备案。

专家点评

ICP 为 Internet Content Provider 缩写，意为向广大用户综合提供互联网信息业务和增值业务的电信运营商，其须具备的证书即为 ICP 证，由各地通信管理部门核发，中文名为：《中华人民共和国电信与信息服务业务经营许可证》。ICP 证是网站经营的许可证，根据国家《互联网信息服务管理办法》规定，经营性网站必须办理 ICP 证，否则就属于非法经营。企业在网上销售自己的商品，是销售渠道的一种拓展，不属于经营电信业务，无需申请增值电信业务经营许可证。

【案例 15】刷单的核查——爱尚鲜花（股票代码：836638）

企业背景

上海爱尚鲜花股份有限公司成立于 2008 年，公司旗下包括 O2O、B2C 业务板块，在线下整合了全国 12000 多家合作与加盟花店，业务覆盖全国 600 多个城市。在上游通过收购、参股和战略合作等方式，整合国内鲜花种植基地 10000 多亩，并获得厄瓜多尔皇家玫瑰、荷兰七彩玫瑰等品种的进口代理权。公司目前正在全国 100 多个大中城市建立鲜花工厂和冷库分仓，进一步掌控整个鲜花供应链。

焦点问题

针对报告期内公司刷单的情况，请说明采取哪些必要审计程序和尽职调查方法证明报告期内公司收入的真实、准确、完整；公司是否符合“合法规范经营”的挂牌条件。

根据公司实际控制人的说明，公司过往经营活动中存在刷单情形，公司采取刷单手段主要是为了解决新品推广、排名、评价、评分及流量问题。公司发生的刷单行为，除因刷单产生的相关费用支出外，未对刷单业务进行收入及成本核算并进行会计处理。

刷单业务核算通过公司与刷单外包公司之间的往来结算单确认。因刷单而生成的业务会在订单生成之后被取消，并不会进行转单或实际配送。因此，公司O2O业务中但凡通过平台转单后发往线下花店制作并配送成功的订单，均为真实发生的交易，审计通过统计刷单的往来结算单以及匹配系统流水记录来确认该部分金额。

自2013年起至报告期末，公司刷单部分的金额依次是281万元、1，378万元、1，436万元。剔除刷单部分后，审计报告所显示的各期真实销售收入依次是2013年人民币2，206万元、2014年人民币3，668万元、2015年1－7月人民币2，870万元。公司营业收入按照客户下单实际支付的金额，发货并经消费者签收后进行确认，结合鲜花销售的特点和企业会计准则的规定，公司收入确认的原则合理。

根据《全国中小企业股份转让系统业务规则（试行）》、《全国中小企业股份转让系统股票挂牌条件适用基本标准指引（试行）》的相关规定，“合法合规经营”是指公司及其控股股东、实际控制人、董事、监事、高级管理人员须依法开展经营活动，经营行为合法、合规，不存在重大违法违规行为。

公司经营过程中的刷单行为虽存在一定瑕疵，但刷单主要是为了解决新品推广、排名、评价、评分及流量等问题，且公司并未将刷单收入计入公司实际收入；另一方面，截至本补充法律意见书出具之日，公司并未因上述刷单行为而受到相关主管部门的行政处罚，且公司已出具书面承诺，不再发生上述情形；同时公司实际控制人也承诺，若公司因前述刷单行为受到相关管理部门处罚或遭受其他损失的，一律由其本人承担。

综上，本所律师认为，公司在报告期内的刷单行为尚不构成重大违法违规事项，不会构成本次申请挂牌的实质性障碍。

专家点评

刷单是店家付款请人假扮顾客，这些顾客帮指定的网店卖家购买商品提高销量和信用度，并填写虚假好评的行为。对于网店来说，刷单已是其快速成长的捷径，不刷单只能等死。公司如实披露刷单行为，但并未将刷单计入收入，因此营业收入不存在虚假，公司未因此受到相关主管部门的行政处罚，且已承诺不再刷单，实际控制人进行承诺兜底，因此公司的刷单对挂牌不构成实质性障碍。

【案例16】挂了牌还要停牌补证——北方新媒（股票代码：833612）

企业背景

天津北方网新媒体集团股份有限公司，简称北方新媒，是全国中小企业股份转让系统挂牌公司。北方新媒的发展战略是通过媒体融合，建设立足天津，面向全国的新媒体产业集团。

2016年7月15日，北方新媒（833612）发布公告：根据国家新闻出版广电总局《国家新闻出版广电总局办公厅关于加强网络视听节目持证机构参与“全国中小企业股份转让系统”管理有关问题的通知》（新广电办发【2016】46号）要求：“《信息网络传播视听节目许可证》持证机构参与全国股份转让系统应向所在地省新闻出版广电管理部门提出申请，经省级新闻出版广电管理部门审核报国家新闻出版广电总局审批后，方可在全国股份转让系统挂牌。已经在全国中小企业股份转让系统挂牌的，应按本通知要求重新履行申报审批手续，在获得国家新闻出版广电总局批准之前，不得在全国股份转让系统进行股份交易。”故天津北方网新媒体集团股份有限公司将按国家新闻出版广电总局要求，经公司向全国中小企业股份转让系统申请暂停转让，完成补充审批后恢复转让。

除北方新媒（股票代码：833612）外，龙虎网（股票代码：831599）、荆楚网（股票代码：830836）、北国传媒（股票代码：832647）、舜网传媒（股票代码：430658）、大江传媒（股票代码：833072）或都受此影响。

专家点评

随着行业资源整合的加速以及全国股转系统吸引力的增强，各类新媒体公司纷纷抢滩新三板。而与此同时，面对新媒介、新业态的“野蛮生长”，职能部门也快速出手，填补监管空白。国家新闻出版广电总局下发通知，网络视听节目持证机构涉及挂牌新三板事项的，要事先经过申报审批，已在新三板挂牌的，则要停牌补办相关手续。

第二节 重要法规和关注要点

1. 国家发展改革委关于修改《产业结构调整指导目录（2011 年本）》有关条款的决定（2013）将产业划分为：鼓励类、限制类和淘汰类。

2. 根据《全国中小企业股份转让系统业务规则（试行）》规定："二、业务明确，具有持续经营能力"

（1）业务明确，是指公司能够明确、具体地阐述其经营的业务、产品或服务、用途及其商业模式等信息。

（2）公司可同时经营一种或多种业务，每种业务应具有相应的关键资源要素，该要素组成应具有投入、处理和产出能力，能够与商业合同、收入或成本费用等相匹配。

3. 公司业务如需主管部门审批，应取得相应的资质、许可或特许经营权等。

4. 公司业务须遵守法律、行政法规和规节的规定，符合国家产业政策以及环保、质量、安全等要求。

5. 在企业挂牌过程中，需要关注产业政策的变化，对符合国家产业政策的企业，不用多说，对于不符合国家政策的企业应从以下方面进行阐述：

是否属于产业指导目录中限制或淘汰行业；

企业设立时是否符合当时的产业政策；

目前产业政策是否影响企业的存续和发展。

第九章　合法合规性的十个问题

【案例1】公司户外广告发布行为不当受行政处罚——快乐传媒（股票代码：832385）

【案例2】公司通过互联网采集相关数据的行为是否符合互联网用户个人信息保护的相关规定——随视传媒（股票代码：430240）

【案例3】公司部分广告牌"未批先建"——太阳传媒（股票代码：832258）

【案例4】公司的公益广告发布未经备案登记是否构成重大违法违规——太阳传媒（股票代码：832258）

【案例5】自然人股东未缴纳个税及税务局小额罚款对公司合法合规经营的影响——时代华影（股票代码：832024）

【案例6】公司的质量标准是否符合法律法规的规定——绿健神农（股票代码：831851）

【案例7】两次被处罚情况——威控科技（股票代码：430292）

【案例8】化肥企业是否符合产业政策要求以及未来风险——云叶股份（股票代码：831663）

【案例9】存在安全生产违规并被罚款的——中晟光电（股票代码：831504）

【案例10】核查报告期24个月之内的合法合规经营的情况——淮河化工（股票代码：832263）

第一节　典型案例

合法合规性，是指企业在进行新三板挂牌过程中，要按照法律、法规和规范性文件规定合法合规的经营。如果存在重大违法违规行为，则不符合新三板的挂牌要求了。

根据全国中小企业股份转让系统业务规则要求，挂牌公司应合法合规经营，全国中小企业股份转让系统有限责任公司按照“可把控、可举证、可识别”的原则，就“合法合规经营”进行细化并形成基本标准：

合法合规经营，是指公司及其控股股东、实际控制人、董事、监事、高级管理人员须依法开展经营活动，经营行为合法、合规，不存在重大违法违规行为。

1. 公司的重大违法违规行为是指公司最近24个月内因违犯国家法律、行政法规、规节的行为，受到刑事处罚或适用重大违法违规情形的行政处罚。

（1）行政处罚是指经济管理部门对涉及公司经营活动的违法违规行为给予的行政处罚。

（2）重大违法违规情形是指，凡被行政处罚的实施机关给予没收违法所得、没收非法财物以上行政处罚的行为，属于重大违法违规情形，但处罚机关依法认定不属于的除外；被行政处罚的实施机关给予罚款的行为，除主办券商和律师能依法合理说明或处罚机关认定该行为不属于重大违法违规行为的外，都视为重大违法违规情形。

（3）公司最近24个月内不存在涉嫌犯罪被司法机关立案侦查，尚未有明确结论意见的情形。

2. 控股股东、实际控制人合法合规，最近24个月内不存在涉及以下情形的重大违法违规行为：

（1）控股股东、实际控制人受刑事处罚；

（2）受到与公司规范经营相关的行政处罚，且情节严重；情节严重的界定参照前述规定；

（3）涉嫌犯罪被司法机关立案侦查，尚未有明确结论意见。

3. 现任董事、监事和高级管理人员应具备和遵守《公司法》规定的任职资格和义务，不应存在最近24个月内受到中国证监会行政处罚或者被采取证券市场禁入措施的情形。

【案例1】公司户外广告发布行为不当受行政处罚——快乐传媒（股票代码：832385）

企业背景

快乐力量传媒成立于2009年，伴随着湖南电视湘军成长与发展，成为了集湖南卫视广告代理、电视综艺栏目和电视剧植入于一体的综合广告传媒公司。随着优质内容在电视和网络平台的作用日益突出，整合湖南广电优秀内容生产团队，融合电视、视频网站等媒体形式的互联网时代背景下企业品牌创意传播全案代理服务。策划线上线下互动的内容，并根据内容的特点选择适合的媒体渠道进行推广和投放。是集内容制造、视频广告代理、媒介资讯、媒介策划、媒介购买与执行、媒介监测、媒介效果评估的综合性全媒体运营企业。

本所律师对董事长张赤心进行访谈，并查阅了《行政处罚决定书》以及工商行政管理部门出具的书面证明材料，针对公司曾受到的行政处罚，核查情况如下：

2013年7月17日，长沙市工商行政管理局执法人员在检查中发现，公司所发布的户外广告与核发的户外广告登记证（长工商JZ004－2012－001）核准登记的广告内容不符，具体涉及的站点为64个，涉嫌违反《户外广告登记管理规定》。长沙市工商行政管理局于2013年11月7日发布了长工商案字（2013）第249号《行政处罚决定书》，责令公司7日内改正违法行为，并决定给予公司罚款1万元的行政处罚。

公司在接到该行政处罚后，立即组织整改，对上述涉嫌违规的所有站点进行重新备案报批，并取得工商行政管理部门的核准，且在规定时间内缴纳罚款。

本所律师经过核查后，认为公司受到的上述处罚不构成重大违法违规的情形，理由如下：

1. 该罚款金额较小，对公司的持续经营能力不构成重大不利影响；

2. 公司已采取积极的整改措施，并获得主管机构的核准，公司在此后也不存在因为类似情况而受到行政处罚的情形，均顺利通过了历年年检；

3. 长沙市工商行政管理局2014年12月30日出具了证明材料，证明公司自2012年12月31日起至今，公司及其前身湖南快乐文化交流有限公司严格遵守工商行政管理相关法律、行政法规和部门规节的规定，依法办理了历次工商变更登记手续，按时参加并通过了历年年检，虽然在2013年11月因户外广告发布的不当行为受到长沙市工商行政管理局的行政处罚［长工商案字（2013）第249号］，但不存在重大违法违规行为。

综上，公司虽然在报告期内因户外广告发布的不当行为受到长沙市工商行政管理局的行政处罚，但该处罚已得到有效整改，不影响公司的持续经营能力，并已由出具处罚的行政机关认定为不属于重大违法违规情形，因此，公司的处罚不构成重大违法违规情形。

专家点评

快乐传媒因户外广告发布行为不当受到罚款的行政处罚，但处罚机关认定该行为不属于重大违法违规行为，因此，此行为不属于重大违法违规情形。

【案例2】公司通过互联网采集相关数据的行为是否符合互联网用户个人信息保护的相关规定——随视传媒（股票代码：430240）

企业背景

随视传媒成立于2006年，总部设在北京，上海和广州为分公司。先后获得来自百度、英特尔、浙报集团和华谊兄弟等大集团的联合注资；随视传媒已成长为实体商务电子化的全方位解决平台，陆续与百度、新浪微博、奇虎360、微信等平台有针对性地进行企业营销商业产品的开发合作。为各行业类客户提供优质服务。

公司通过互联网采集相关数据的行为是否符合现有法律、法规针对互联网用户个人信息保护的相关规定

（一）公司数据来源、收集方式和利用方式

经本所律师核查，公司开展互联网广告精准投放业务的基础数据主要包括互联网用户的基础属性数据、浏览行为数据、兴趣爱好数据、品牌偏好数据、购物倾向数据、搜索行为数据、地域间数据、用网习惯、用网偏好及社交行为数据等。主要数据来源包括超过五年的百度联盟媒体投放数据（超过3000家媒体、超过500家企业）、三年以上4A广告公司平台的广告监测数据（超过500家企业，每年超过10亿元预算）和两年的新浪微博、腾讯微博对接数据（其中，新浪微博2亿用户数据、腾讯微博3亿用户数据，超过350亿的用户关系数据）。

公司基数数据的收集方式主要包括：（1）与互联网信息服务商进行战略合作，由互联网信息服务商提供互联网用户浏览记录；（2）公司经互联网信息服务商同意，通过在合作网站上附着主动程序收集互联网用户浏览记录；（3）与微博等社会化媒体平台进行战略合作，收集社会化媒体平台开放的用户信息和操作记录等。

公司对上述数据的利用方式为通过 ADMan 平台和公司其他技术手段对数据进行运算和分析，并根据客户需求对互联网用户进行分类，以到达对客户广告投放行为进行精确导向（包括用户导向和媒体导向）和提高广告投放效果的目标。

（二）公司通过互联网采集相关数据的行为是否符合现有法律、法规对互联网用户个人信息保护的相关规定

目前，对互联网用户个人信息及其采集有明确要求的法规为工信部于2011 年12 月29 日颁布的《规范互联网信息服务市场秩序若干规定》，其主要规定为：（1）未经用户同意，互联网信息服务提供者不得收集与用户相关、能够单独或者与其他信息结合识别用户的信息，不得将用户个人信息提供给他人；（2）互联网信息服务提供者经用户同意收集用户个人信息的，应当明确告知用户收集和处理用户个人信息的方式、内容和用途，不得收集其提供服务所必需以外的信息，不得将用户个人信息用于其提供服务之外的目的；（3）互联网信息服务提供者不得无正当理由擅自修改或者删除用户上载信息；未经用户同意，向他人提供用户上载信息，但是法律、行政法规另有规定的除外；擅自或者假借用户名义转移用户上载信息，或者欺骗、误导、强迫用户转移其上载信息；其他危害用户上载信息安全的行为。

而公司的业务领域主要为互联网广告数字营销和技术服务，公司不属于《规范互联网信息服务市场秩序若干规定》提及的互联网信息服务提供者，因此前述规定并不能直接适用于公司。另外，公司通过互联网采集的数据主要由互联网信息服务提供商提供或公司经互联网信息服务提供商同意主动收集，为数据的间接收集和使用方，直接的数据收集方和记录方为互联网信息服务提供商，其应当遵守《规范互联网信息服务市场秩序若干规定》关于个人信息收集的相关规定。经本所律师核查，互联网信息服务提供商在收集用户个人信息前一般会取得互联网用户的点击同意，虽然相关用户往往不注意相关内容，但互联网信息服务提供商经互联网用户同意收集相关信息符合上述规定，不存在违法情形。

此外，公司获得的相关数据不涉及敏感个人信息，根据上述规定和境外互联网个

人信息认定的实践，个人信息一般是指可为计算机信息系统所处理、与特定自然人相关、能够单独或通过与其他信息结合识别该特定自然人的计算机数据，分为敏感信息和一般信息，而个人敏感信息是指一旦遭到泄露或修改，会对标识的个人信息主体造成不良影响的个人信息。公司目前收集的用户数据，并未涉及个人敏感信息，且为批量分析使用，不针对某特定主体，也不会指向某特定主体。

综上所述，本所律师认为，公司通过互联网采集相关数据的行为符合现有法律、法规对互联网用户个人信息保护的相关规定。

专家点评

公司的经营模式如果涉嫌违法违规，即使并未收到任何处罚，也需要中介结构发表合法合规的明确意见，因为该经营模式会影响公司的持续经营，影响公司是否有资格挂牌。

【案例3】公司部分广告牌“未批先建”——太阳传媒（股票代码：832258）

企业背景

太阳传媒是一家集大型活动策划、庆典、广告代理与发布的综合性广告公司，公司本着以创意为现行原则，引进当前广告行业的全新理念、优秀人才并结合本土广告公司作业优势，探索出一套独特而有效的广告公司运作模式，使客户从广告策划、创意、设计、发布、制作、印刷到服务实现一条龙服务。

案例解读

最近24个月内，公司有部分广告牌存在“未批先建”的情况。

根据《城市市容和环境卫生管理条例》第十一条和第三十六条、《广东省城市市容和环境卫生管理规定》第二十条和第四十一条以及《江门市区户外广告管理办法》第十条、第三十二条第（一）款等有关规定，需要设置户外广告的，设置人应当在设置前向城市管理部门提出申请，由城市管理部门组织审批；未经主管部门同意，擅自设置大型户外广告，影响市容的，由主管部门或者其委托的单位责令其停止违法行为，限期清理、拆除或者采取补救措施，并可处以500元以上5000元以下罚款。

报告期内，公司设置的102项户外广告设施中，有19项立柱广告牌未在设置前向主管部门提出申请并取得主管部门的同意，存在“未批先建”的情况。根据公司说明并经本所律师核查，公司整体变更为股份公司后，完善了法人治理结构和内部管理，加强了管理层的规范意识，并及时组织专门的工作小组补办了相关审批手续。截至2014年8月26日，公司已补办并取得了上述19块户外广告牌的《户外广告设置许可证》。同时，公司控股股东陈亦文已出具承诺，一旦发生因上述户外广告牌报告期内未及时办理设置审批手续而被主管部门罚款的情形，由其个人无条件承担。

根据公司说明，公司已建立了户外广告设施的建档跟踪机制，能实时跟踪公司户外广告设施的设置许可及审批情况，及时办理相关审批手续。

根据江门市工商行政管理局、江门市城市综合管理局、江门市公路局均向公司出具的无违法违规证明，公司在最近24个月内，未受到上述行政主管机关的行政处罚，不存在重大违法违规的情形。

本所律师经核查后认为，公司就上述违法行为及时采取了合理、有效的补救及整改措施，违法行为已经终止；公司“未批先建”的广告牌在取得《户外广告设置许可证》后不存在被限期清理、拆除的法律风险，上述行为不构成重大违法行为。

专家点评

公司报告期内存在有违法违规行为，但经过中介机构的规范治理，违法违规行为得到纠正，同时，公司完善法人治理结构和内部管理杜绝此类行为的发生，政府部门发文认定无大违法违规的情形，大股东又进行了兜底，因此公司的违法违规行为已经得到有效处理，已经不构成重大违法行为。

【案例4】公司的公益广告发布未经备案登记是否构成重大违法违规——太阳传媒（股票代码：832258）

企业背景

太阳传媒是一家集大型活动策划、庆典、广告代理与发布的综合性广告公司，公司本着以创意为现行原则，引进当前广告行业的全新理念、优秀人才并结合本土广告公司作业优势，探索出一套独特而有效的广告公司运作模式，使客户从广告策划、创意、设计、发布、制作、印刷、到服务实现一条龙服务。

公司报告期内公益广告发布未经备案登记情形是否构成重大违法违规。

例如《户外广告登记证》及《补充法律意见书（二）》所披露，公司在报告期内存在部分公益广告未办理户外广告登记备案手续的情形。该等情形的出现，系因公司在有限公司阶段的治理结构简单、管理层规范意识不够。股份公司成立后，公司完善了法人治理结构和内部管理制度，并指定专人实时跟踪对外发布的户外广告登记备案情况，及时按照规定办理户外广告的登记备案手续。经核查，截至本补充法律意见出具之日，公司正在发布的户外广告均已办理户外广告登记备案手续并取得《户外广告登记证》。

公司在报告期内未办理登记备案的广告均为公益广告，公司系根据当地政府部门的相关要求及为满足社会公益活动的需要无偿进行广告发布，公司并未就其发布的公益广告取得任何收入，不存在违法所得；该等公益广告均已发布完毕，无法补办登记备案手续，但公司的违规行为已经终止。此外，针对公司可能存在的罚款风险，公司控股股东陈亦文已出具承诺：如公司在报告期内因未经登记发布户外广告造成的任何罚款或财产损失，全部由其个人无条件承担。

综上，本所律师经核查后认为，公司报告期内公益广告发布未经备案登记情形不构成重大违法违规。

专家点评

没有政府机关对是否构成重大违法违规行为发表意见，律师的意见就至关重要了，只要言之有理、言之有据，也可以对公司存在的违法违规行为进行定性。

【案例5】自然人股东未缴纳个税及税务局小额罚款对公司合法合规经营的影响——时代华影（股票代码：832024）

深圳市时代华影科技股份有限公司于2011年1月成立，立足于影视文化产业全面

升级之背景，整合科技创新与文化产业资源，遵循市场需求驱动技术及产品开发的规律，让客户第一时间享受新鲜影视文化魅力，体验文化内涵与创新科技的完美结合。专注于影院3D设备及周边相关3D产品的开发，销售和服务的国家级高新技术企业。产品涵盖影院3D系统设备，3D眼镜自动贩卖平台，影院裸眼3D广告平台等。

公司税务出现自然人股东未缴纳个人所得税及税务局小额罚款的情况对公司合法合规经营的影响。

（一）公司整体变更时自然人股东未缴纳个人所得税情况

经核查，截至本补充法律意见书出具日，公司整体变更设立时，自然人股东未缴纳个人所得税。公司自然人股东就个人所得税的情况出具了承诺，若按照税务主管部门的要求存在欠缴个人所得税的情形，其自愿按照相关规定及时缴纳，若因此给公司造成损失，其自愿向公司进行补偿。

根据深圳市南山区地方税务局出具的证明，时代华影在2011年1月28日—2014年7月6日期间未发现税务违法违规记录。根据深圳市南山区国家税务局出具的证明，时代华影在2011年2月11日—2014年7月2日期间存在被税务主管机关处以600元罚款的税务违法违节记录，截至2014年7月3日，时代华影无欠缴税款。

信达律师认为，公司整体变更设立时，自然人股东未缴纳个人所得税的情形，不符合税法相关规定；自然人股东已就个人所得税的情况作出承诺，上述规范措施避免公司由此造成损失。

（二）税务局对公司处以小额罚款对公司经营的影响

根据公司对的税务、工商等主管政府部门出具的证明，并经核查，公司最近24个月除2011年2月11日—2014年7月2日期间被税务主管机关处以600元罚款的税务违法违节记录，公司不存在其他违法行为。

根据《中华人民共和国税收征收管理法》第六十条规定，纳税人未按照规定的期限申报办理税务登记、变更或者注销登记的，由税务机关责令限期改正，可以处2000元以下的罚款；情节严重的，处2000元以上10000元以下的罚款。

综上核查，信达律师认为，公司上述税务罚款不构成重大违法违规，公司最近24

个月合法合规经营，不存在重大违法违规情形。

公司违法行为受到处罚时候，如适用的法律中有条款明确划分情节轻微、情节严重等时，律师就可根据处罚决定书阐明的违法性质、处罚种类及程度发表是否存在重大违法违规的明确意见。

【案例 6】公司的质量标准是否符合法律法规的规定——绿健神农（股票代码：831851）

企业背景

贵州绿健神农有机农业股份有限公司是一家专业致力于铁皮石斛种植和综合开发的农业公司。公司的主营业务为铁皮石斛瓶苗种苗销售和铁皮石斛成品及铁皮枫斗销售。主要产品有：铁皮石斛瓶苗种苗、铁皮枫斗。

公司采取的质量标准和公司的质量标准是否符合法律法规规定。

经过核查，对于公司采取的质量标准，为了保证公司产品的质量，公司采取了以下措施：建立、健全园区优质中药材生产档案，建立产品质量安全追溯系统，从产品质量安全角度，严把每道生产关。项目实施单位从试验和示范中选择产量、质量、抗性等方面适宜于项目区域种植的优质铁皮石斛种苗，对种植基地进行良种化，推行优质高产标准化栽培技术；严格执行《农药安全使用规定》和《农药合理使用准则》等标准，大力推广高效、低毒、低残留农药，并按照一定比例减少用量次数，从源头保障优质中药材的品质和质量安全。

公司出具了关于采取的质量标准书面声明；独山县质量技术监督局出具证明，自 2012 年 1 月 1 日至出具声明之日，公司的产品符合有关产品质量和技术监督标准，不存在因违反有关产品质量和技术监督标准方面的法律、法规而受到处罚的情形。

本所律师认为，公司作为一家铁皮石斛种苗培育和专业的铁皮石斛种植公司，为了保证公司产品的质量，公司采取了较为有效的措施且在实际的生产过程中严格按照上述措施来执行，且根据公司及独山县质量技术监督局的证明，公司产品符合有关产品质量和技术监督标准，不存在违反有关产品质量和技术监督标准方面的法律、法规的情形。

综上，本所律师认为，公司的质量标准符合法律法规规定。

专家点评

我国现行的产品质量标准，从标准的适用范围和领域来看，主要包括：国际标准、国家标准、行业标准（或部颁标准）和企业标准等。国际标准是指国际标准化组织（ISO）、国际电工委员会（IEC），以及其他国际组织所制定的标准。国家标准是对需要在全国范围内统一的技术要求，由国务院标准化行政主管部门制订的标准，该标准强制推行。行业标准又称为部颁标准，由国务院有关行政主管部门制定并报国务院标准行政主管部门备案，在公布国家标准之后，该项行业标准即行废止。当某些产品没有国家标准而又需要在全国某个行业范围内统一的技术要求，则可以制定行业标准，该标准可参照执行。企业标准主要是针对企业生产的产品没有国家标准和行业标准的，制定企业标准作为组织生产的依据而产生的，该标准不具备强制性。

本案例中，中介机构对公司产品质量流程控制的认定，主管部门出具关于公司产品质量的意见，是认定公司的质量标准符合法律法规规定的关键。

【案例7】两次被处罚情况——威控科技（股票代码：430292）

企业背景

北京威控科技股份有限公司创立于2004年，是中关村高新技术企业和北京市高新技术企业，是国内最早研发和生产物联网测控产品与客房智能控制系统的专业厂家之一。威控自成立以来，致力于物联网测控与酒店智能控制领域。引领着物联网测控与客房智能控制的发展方向，凭借技术的不断创新，研制出满足市场需求、行业竞争力强的一系列具有业内先进技术水平的产品，为酒店、油田、水利、农业、楼宇等行业的广大用户提供专业而完善的整体解决方案。

2011 年 6 月 23 日，因公司财务人员疏忽导致公司支票无法及时承兑，中国人民银行营业管理部出具银管罚——支票［2011］第 01279 号处罚决定书，对公司处以罚款 3，564. 5元。2012 年 2 月 27 日，因公司财务人员工作疏忽，未及时申报办理变更登记，北京市海淀区地方税务局第一税务所出具行政处罚决定书，对公司处以罚款 500 元。

上述违法违规行为系因有限公司工作人员疏忽所致，有限公司在收到处罚决定书后及时缴纳了罚款，并对有关人员进行了批评教育。公司在 2012 年 11 月股份制改造后相应完善了内部控制制度，公司未来将严格执行财务管理制度，杜绝类似情形的发生。

公司律师与主办券商通过查阅两项行政处罚告知书、决定书及相关法律法规的规定，一致认为上述违法违规行为情节轻微，罚款数额较低，且未对公司或他人利益造成重大影响，根据《中国人民银行行政处罚程序规定》和《中华人民共和国税收征收管理法（新征管法）》的相关规定，均属于非重大行政处罚情形，不构成重大违法违规行为。除上述行政处罚以外，公司最近两年内不存在其他违法违规及受处罚的情况。公司已经取得工商部门、税务部门和社保部门出具的无违法违规情况证明。公司实际控制人最近两年内不存在违法违规及受处罚的情况。

专家点评

不同机关对公司报告期内的不同违法行为进行处罚，只要中介机构能依法合理说明，同样可以认定为不属于重大违法违规情形。

【案例 8】化肥企业是否符合产业政策要求以及未来风险——云叶股份（股票代码：831663）

企业背景

云南云叶化肥股份有限公司是集科研、生产、销售、服务、设备和技术出口于一体的现代农业产业化企业，始建于 1994 年，是中国烟草总公司烤烟专用肥定点生产企业。

焦点问题

公司业务是否符合国家产业政策要求，是否属于国家产业政策限制发展的行业、业务；若为外商投资企业，是否符合外商投资企业产业目录或其他政策规范的要求；分析产业政策变化风险。

（一）公司业务是否符合国家产业政策要求，是否属于国家产业政策限制发展的行业、业务

公司主营复混肥料行业属于化肥行业子行业。化肥行业属于国家基础性行业和鼓励发展的行业，是保障国家粮食安全的重要基础。化肥产品与农业生产密不可分，化肥产品的消费者主要是广大农民，在耕地面积不断减少的情况下，化肥已成为稳定农业生产的最重要保障。化肥行业通过对农业的直接影响成为与国家安全相关的重要行业。

高浓度磷复肥、钾肥及各种专用复合肥生产，属国家大力鼓励支持发展的重点产业，先后被列入《当前国家重点鼓励发展的产业、产品和技术目录》。根据《产业结构调整指导目录（2011 年本）》，公司主营业务中复合肥业务属于鼓励类第九项“‘化工’第三条优质磷复肥、钾肥及各种专用复合肥生产”、有机肥料业务属于鼓励类第 30 项“有机废弃物无害化处理及有机肥料产业化技术开发与应用”。

（二）若为外商投资企业，是否符合外商投资企业产业目录或其他政策规范的要求截止本回复签署日，公司共有五名股东，股东均无外商投资背景

（三）分析产业政策变化风险

1. 核查情况

公司相关产业政策变化风险如下：

（1）市场风险。

行业整体上呈集中度低、竞争较为激烈的态势。为了推动行业的健康发展，中国石油和化学工业协会制定的《石油和化工产业结构调整指导意见》（2009 年）指出，鼓励企业实施兼并重组，提高产业集中度。尽管未来复合肥企业多、小、散、乱的现象仍将继续，但随着行业竞争的加剧，行业集中度将进一步提高。

（2）产业优惠政策变动风险。

化肥产业属国家大力鼓励支持发展的支农产业，享受包括电价、铁路运价、化肥用天然气价格、减免增值税、冬储贴息等优惠政策。按照加入 WTO 所作的承诺，我国将会逐步取消对化肥生产、流通的各项优惠措施，原材料、用电、运输等逐步实行市场化价格。上述行业优惠政策取消后，化肥企业经营成本将会明显上升。若产品价格上涨不足以消化经营成本上升，化肥企业经营效益将会受到一定的影响。

（3）环保政策变动风险。

化工行业属国家环保总局环发【2003】101 号文件规定的重污染行业。随着国家对环境保护的日益重视以及公众环保意识日益增强，化工企业面临的环保要求日趋严格，"三废"排放标准可能逐渐提高。公司要确保达到"三废"排放标准，必须不断加大环保设施及运行方面的投入，故存在因环保政策变动而加大环保投入、增加经营成本的风险。

2. 核查结论

综上，本所律师认为，公司业务符合国家产业政策要求，不属于国家产业政策限制发展的行业、业务；公司不存在外商投资的情形；相关产业政策变化风险对公司持续经营不构成实质影响。

专家点评

在公司挂牌过程中，需要格外关注产业政策变化，对于处于不是国家产业政策鼓励的公司，应说明公司设立及存续涉及国家产业的依据、该政策是否影响公司的存续发展。

【案例 9】存在安全生产违规并被罚款的——中晟光电（股票代码：831504）

核心知识点

根据《危险化学品安全管理条例》第八十条"生产、储存、使用危险化学品的单位有下列情形之一的，由安全生产监督管理部门责令改正，处 5 万元以上 10 万元以下的罚款；拒不改正的，责令停产停业整顿直至由原发证机关吊销其相关许可证件，并由工商行政管理部门责令其办理经营范围变更登记或者吊销其营业执照；有关责任人员构成犯罪的，依法追究刑事责任”。

企业背景

中晟光电设备（上海）股份有限公司于2011年5月在上海浦东张江高科技园区成立。公司致力于建立一个以中国为基地，世界领先的高端装备、技术和工艺制成企业，主要为LED和电子功率器件等产业提供具有世界先进水平的国产MOCVD设备与技术服务。

焦点问题

对其是否构成重大违法违规事项陈述法律依据。公司是否符合“合法规范经营”的挂牌条件核查。

案例解读

公司于2014年2月发生过一笔安全生产违规罚款。上海市浦东新区安全生产监督管理局因公司未将氢气瓶共计32瓶放入专用仓库内，违反了《危险化学品安全管理条例》第二十四条的规定，依据上述办法第八十条第一款第（四）项处以人民币5万元罚款，并责令限期整改。

因此，公司所受行政处罚系《危险化学品安全管理条例》确立的最低罚款额度，且公司已经进行改正并获监管机关验收通过，未影响公司的持续经营。上海市浦东新区安全生产监督管理局已出具《关于中晟光电设备（上海）股份有限公司安全生产情况的证明》，证明公司自2012年6月1日—2014年7月30日未发生安全生产和职业危害事故。

综上，本所律师认为，前述行政处罚事项对公司财务状况及持续经营均不构成重大影响，按照《危险化学品安全管理条例》的规定及上海市浦东新区安全生产监督管理局的证明，不构成重大违法违规事项。

根据上海市工商行政管理局出具的证明，公司自2012年1月1日—2014年8月11日无因违反工商行政管理法律法规的违法行为而受到工商行政机关处罚的记录；根据上海市浦东新区国家税务局、上海市浦东新区地方税务局出具的证明，公司自2012年

1 月 1 日—2014 年 6 月 30 日能按税法的规定按期办理纳税申报，暂未发现有欠税、偷逃税款和重大违反税收管理法规的情形；根据上海市浦东新区环境保护和市容卫生管理局对公司的审查意见，公司执行了“环境影响评价”和“三同时”制度，公司开发项目和主要产品符合国家产业政策，公司未发生环保违法行为，未受到过环保行政处罚。根据上海市社会保险事业管理中心的查询记录，公司至 2014 年 7 月无欠缴险种及金额，无欠款。根据上海市公积金管理中心的证明，公司开户缴存以来未受到该中心的行政处罚。

本所律师核查后认为，公司符合“合法规范经营”的挂牌条件。

专家点评

违法违规情节是否重大，除了看行政处罚的种类和幅度外，是否对公司财务状况及持续经营构成重大影响也是一个关键考量因素。对于偶发性的、通过内控制度可以杜绝的违法违规行为，可以从轻处罚。

【案例 10】核查报告期 24 个月之内的合法合规经营的情况——淮河化工（股票代码：832263）

企业背景

安徽淮河化工股份有限公司是一家生产高分子合成材料的建材企业，位于安徽省淮南市洞山西路。公司主要生产经营研发“熊猫牌”NF 高效减水剂、“美亚牌”树脂锚固剂、金属锚杆、不饱和聚酯树脂、水煤浆添加剂、固尔亚化学加固材料等系列产品，广泛应用于矿山、建筑、交通、水利、水电等工程，曾用于长江三峡、黄河小浪底水利枢纽、青藏铁路、厦门海沧大桥等国家重点工程。

焦点问题

公司最近 24 个月是否存在违法行为，并就以上违法行为是否构成重大违法行为发表意见；针对公司受到处罚的情况，核查公司受处罚的原因、公司的整改措施，并对整改措施的有效性发表意见。

根据淮河化工声明，以及有关政府部门出具的证明，并经本所律师登陆全国法院被执行人信息查询系统、中国执行信息公开网、中国裁判文书网、中国证监会等网站以及主要搜索引擎进行信息检索核查，公司最近24个月除受到税务机关罚款2000元和因存在违法建设受到罚款5万元的行政处罚外（具体情况详见《法律意见书》之“十、淮河化工的主要财产”及“十七、淮河化工的税务”），不存在其他违法行为。

经本所律师核查，就淮河化工违法建设情形，国土资源局出具《说明》，认为淮河化工未经批准占用土地进行工程建设的行为不属于重大违法违规行为，并将积极履行有关土地的挂牌出让程序，完善淮河化工用地手续，后续也不会对淮河化工进行处罚。淮南市规划局、淮南市城乡建设委员会也分别出具证明，认为淮河化工上述行为不属于重大违法违规。受到上述处罚后，公司及时缴纳了罚款，并积极与有关政府部门协调，争取尽快取得有关土地使用权及有关许可，经履行挂牌出让手续，淮河化工已于2015年2月6日竞得所占用的56.9153亩土地使用权，并取得淮南市国土资源局出具的《成交确认书》。

淮河化工受到税务机关罚款2000元的行政处罚系因其违反《中华人民共和国发票管理办法》规定，在2010年6月购买土地未按规定取得发票，对照《中华人民共和国发票管理办法》有关规定，罚款2000元属于《中华人民共和国发票管理办法》规定的较轻行政处罚。受到上述处罚后，公司及时缴纳了罚款，并加强税收相关法律法规的学习，至今未受到税收主管部门其他处罚。

据上，本所律师认为，淮河化工前述违法行为不构成重大违法违规，淮河化工已采取有效措施进行整改，其违法行为对本次挂牌不构成实质性法律障碍。

专家点评

政府处罚机关认定违法违规行为不属于重大情节，且公司采取有效措施进行整改，原违法违规行为得到纠正，可以认定违法行为不构成重大违法违规，其违法行为对挂牌不构成实质性法律障碍。

第二节　深度解析

一、关于对重大违法、违规行为的认识

重大违法违规行为主要指企业从事了违反法律、法规和规范性文件规定的企业不允许从事的行为，对这些行为需要进行判断，有时是以企业是否受到了行政处罚来进行判断的，但也不尽然。是否“重大”先由中介机构进行判断，最终需要监管机构表示意见。

原则上，凡被给予罚款以上行政处罚的行为均属于重大违法行为，除非作出处罚的行政机关能够认定该行为不属于重大违法行为，且能依法给出合理说明。

并非所有行政机关给出的行政处罚均属于“重大违法违规”。通常是指财政、税务、审计、海关、工商等部门实施的，涉及公司经营活动的行政处罚决定。其他行政机关给予的处罚，若被罚行为明显有违诚信，且对公司有重大影响的，则也属于“重大违法违规”。

违法违规行为的结束时点，通常为违法行为发生之日，而不是行政处罚决定作出之日。若违法行为呈现持续状态，则从行为终了之日起计算。

企业对行政处罚决定不服而申请行政复议或提起行政诉讼的，在有关决定作出之前，依然推定构成重大违法违规。

二、小结和专家点评

在实际操作过程中，涉及到企业在报告期最近两年内存在违法违规问题，具体包括非法内部集资、财务资料存在虚假记载、设立时虚假出资或对实物资产没有进行评估、环保受到处罚，伪造或篡改纳税报表等情况。

例如在报告期内企业向内部职工进行有偿集资，违反了《国务院关于清理有偿集资活动坚决制止乱集资问题的通知》（国发［1993］62 号）以及《中国人民银行关于取缔非法金融机构和非法金融业务活动中有关问题的通知》（银发［1999］41 号）的有关规定。

某企业由于流动资金缺乏，向企业所在地乡镇村民和企业的职工进行集资，总的集资款数额已达到 4000 万元，使用了统一的借款凭证，固定的利息，随存随取。这种行为的各种特性都符合“非法吸收公众存款”构成要件。

按照国务院 247 号令的规定，“非法吸收公众存款”，是指未经中国人民银行批准，

向社会不特定对象吸收资金，出具凭证，承诺在一定期限内还本付息的活动，就是一般情况下的“非法集资”行为。正常情况下，企业为发展向其他主体借贷是可以的，但是在操作过程中把握不仔细就容易出问题，最近几年，国内出了多起集资引起的群体事件，尤其是江浙和珠江三角洲等经济发展比较好的地区，相关主管部门对这个问题都比较敏感，2007 年就有企业是因为集资问题没有过会，这样的问题企业必须重视。

专家点评

民营企业在进行内部集资过程中，需十分注意把握合法与非法的界限。

第一，集资对象。必须严格控制在本企业的内部职工范围内，不要扩大到职工的亲朋好友或其他关系人。

第二，集资的用途。应用于本企业发展生产和扩大经营活动，不要用于诸如向其他企业或个人转贷等。

第三，集资利率。应约定在一个合理的范围之内。根据最高人民法院的司法解释，对民间借贷的利率超过银行贷款利率四倍的不予保护，当然，这是民事法律规范。但如果民营企业内部集资的利率过高，不仅会增大企业的还贷风险，而且一旦把握不当，就有可能导致社会公众资金的进入，演变为吸收社会公众存款。

第四，还款期限。明确还款期限，不要设置存取自由的条款，以避免将借款混同于存款。

企业拟新三板挂牌，尽量在股改过程中将集资问题解决完毕。即使是如此，企业该行为是否可能受到有关管理部门的追究和处罚等都存在疑问。

有的企业在申报材料中有虚假的记载，在审核过程中被监管机构发现，对企业的申报非常不利。

企业在报告期内存在因税务问题、环保问题、建筑施工问题、资质问题等被处罚的情况，说明企业的内控制度存在瑕疵。例如某企业环保不符合要求且受到行政处罚，在报告期内，该企业排放污水中的 ph 值、化学需氧量、氨氮出现超标，受到××××市环保局三次行政处罚某企业生产的产品实行许可证制度，在报告期内该企业的产量和品种都超出了主管部门的限额和范围，存在较大的风险。

某企业在过去几年中数次发生环保事故，造成环境污染，其中有两次受到相关部门的处罚。某公司在报告期内存在税收违法被处罚的情况。

上述各种情况都属于重大的违法、违规行为。

第十章　董事、监事、高级管理人员任职的五个问题

【案例1】涉及亲属任职问题——拓川股份（股票代码：430219）和般固科技（股票代码：430361）

【案例2】董事担任分公司负责人，分公司被吊销营业执照，其是否存在不适合担任董事的情形——益佰广通（股票代码：430660）

【案例3】董事为大学教授是否违规——哲达科技（股票代码：430470）

【案例4】股转中心要求对董监高人员的任职合法性发表意见——俪德照明（股票代码：832435）

【案例5】从竞业禁止的角度说明董监高的任职的合法性——俪德照明（股票代码：832435）

第一节　典型案例

建立完善的公司法人治理结构，股东大会、董事会、监事会三会和管理层规范运作，是《公司法》对公司法人治理的基本要求，也是资本市场对公众公司的基本要求。拟挂牌新三板的企业，必须重视“三会一层”的建设和运行，其中最关键的还是董监高人员的任职问题。董监高人员合法合规的任职是完善公司法人治理结构和规避风险的核心。

【案例1】涉及亲属任职问题——拓川股份（股票代码：430219）和般固科技（股票代码：430361）

家族企业在我国民营企业中占有相当大的比重，亲属在“董监高”中任职的不在少数，相关法律法规和规范性文件并未限制亲属在“董监高”中任职。

拓川股份董事刘柏荣为公司控股股东、董事长兼总经理刘柏青之弟。公司监事马小骥为董事兼副总经理马捷之子。公司监事刘绵贵为公司董事长兼总经理刘柏青之姐夫，为董事刘平之父。

为了保障公司权益和股东利益，确保监事及监事会有效履行职责，公司建立了相应的治理机制；《公司章程》明确规定了监事及监事会的职责、权利和违法违规处罚机制，同时公司制定了《监事会议事规则》《关联交易管理办法》等制度，要求公司监事严格按照有关规定监督董事及高级管理人员的行为，并建立了关联监事回避表决机制。此外，公司的董事、监事及高级管理人员均就公司对外担保、重大投资、委托理财、关联方交易等事项的情况，是否符合法律法规和公司章程、及其对公司影响发表了书面声明。

般固科技的监事吴清林系公司董事长、总经理高明配偶的父亲，公司对外披露，吴清林于2013年6月13日经公司股东大会选举为监事会成员，其任职资格符合《公司法》第一百四十七条之规定，且不属于“中国证监会确定为市场禁入者，并且禁入尚未解除者，不得担任公司的监事”之情形。吴清林虽然系公司董事长、总经理高明配偶的父亲，但我国《公司法》未对监事关于国籍、年龄、专业知识、职业经历做明确说明，法律、法规未明文禁止公司董事亲属任职公司监事。

2013 年 6 月 13 日，公司第一届监事会第一次会议依法召开，作为监事之一的吴清林依法参加会议，与会中依据法律、法规规定和公司章程约定，独立行使监事职权，并与其他监事共同选举程雪松为公司监事会主席。公司第一届监事会第一次会议整个与会过程、选举结果真实、合法有效，表明监事吴清林已依法履行监事职责。

中介机构认为，吴清林作为公司监事的任职资格和履行职责符合法律、法规和公司章程的规定，其担任公司监事对公司股份在全国中小企业股份转让系统挂牌并公开转让中不构成实质性影响。

专家点评

原则上亲属担任公司的董监高人员不存在法律上的障碍，只要公司的制度对公司各项运营的事项进行了明确的规定，亲属担任职务并无不妥。在实践中，考虑到引进外部人才和改善家族企业管理能力的角度，在涉及技术和财务的职务上，大量聘请了外部人员担任，如公司的财务总监和董事会秘书，一般都由专业人士担任。

【案例 2】董事担任分公司负责人，分公司被吊销营业执照，其是否存在不适合担任董事的情形——益佰广通（股票代码：430660）

核心知识点

《公司法》第一百四十七条第一款第四项“担任因违法被吊销营业执照、责令关闭的公司、企业的法定代表人，并负有个人责任的，自该公司、企业被吊销营业执照之日起未逾三年”中，“公司”系指《公司法》第二条规定的“依法在中国境内设立的有限责任公司和股份有限公司”、《公司法》第三条规定的“企业法人，有独立的法人财产，享有法人财产权”；“法定代表人”系指《公司法》第十三条规定的“依照公司章程的规定，由董事长、执行董事或者经理担任，并依法登记”；“分公司”系指《公司法》第十四条第一款规定的“公司可以设立分公司。设立分公司，应当向公司登记机关申请登记，领取营业执照。分公司不具有法人资格，其民事责任由公司承担”。

企业背景

益佰广通是中国最先从事精准化视频投放的新媒体企业。公司汇聚长尾价值，整合搭建新技术媒体平台，依靠新技术的优势为中小客户制定个性化的视频广告投放方案。

焦点问题

姜鹏担任公司董事、总经理是否违反《公司法》规定。

案例解读

董事姜鹏先生曾经担任北京城市之光园林工程有限责任公司天津分公司的负责人，由于该分公司被吊销营业执照，股转公司要求公司和中介机构就其任职资格的合法性发表意见。

1. 根据《公司法》第一百四十七条规定及本所律师对姜鹏先生就任职资格进行的访谈，姜鹏先生不存在《公司法》第一百四十七条第一款规定的不得担任公司的董事、监事、高级管理人员的情形。

2. 姜鹏先生曾经担任北京城市之光园林工程有限责任公司天津分公司的负责人，该分公司因未参加年检于 2011 年 11 月被天津市工商行政管理局南开分局吊销营业执照。

北京城市之光园林工程有限责任公司天津分公司为北京城市之光园林工程有限责任公司在天津依法设立的分公司，不具有法人资格，不属于《公司法》第一百四十七条第一款第四项中规定的“公司”；姜鹏先生为分公司的负责人，不是《公司法》第十三条规定的“法定代表人”。此外，根据对姜鹏先生进行的访谈，姜鹏先生对分公司的资产、人员等无处分权。因此，姜鹏先生担任分公司负责人时分公司被依法吊销的情形，不适用《公司法》第一百四十七条第一款第四项规定。

3. 结论意见

综上所述，姜鹏先生不存在《公司法》第一百四十七条第一款规定的不得担任董事、监事和高级管理人员的情形，未违反《公司法》规定。

专家点评

由于分公司由于不具备独立的法人主体，其负责人因此也不用承担相关法律法规和规范性文件所规定的限制。但是，如果公司的股东、董监高人员在公司之外担任其他公司的法定代表人，则需要严格遵守《公司法》规定的限制条件。

【案例3】董事为大学教授是否违规——哲达科技（股票代码：430470）

企业背景

杭州哲达科技股份有限公司是中国领先的流体节能服务商，专业提供自主知识产品的智慧流体节能产品与智慧能源服务。包括：高炉煤气余热发电优化控制系统、工业循环水系统节能优化运行技术、风机系统节能增效集成技术、压缩空气系统节能优化运行技术、工业余热能量综合回收利用技术、空调系统智慧节能集成技术、区域供热系统节能集成技术。

焦点问题

公司董事为研究院和大学教授是否合规并存在职务发明权属纠纷。

案例解读

哲达科技实际控制人沈新荣兼任浙江大学流体工程研究所研究员，以及公司股东、董事杨春节兼任浙江大学教授。

（一）国家法律、法规的相关规定

1. 教育部2005年10月22日发布的《关于积极发展、规范管理高校科技产业的指导意见》（教技发［2005］2号）规定：各高校要鼓励科研人员和教职工积极参与科技成果转化和产业化工作，要在学校和产业之间建立开放的人员流动机制，实行双向流动。今后高校可根据实际需要向企业委派技术骨干和主要管理人员，这部分人员仍可保留学校事业编制。

2. 教育部2009年2月18日颁布的《教育部关于做好2009年度直属高校产业工作的意见》(教技发［2009］1号)规定:今后,各校校级领导一律不得在资产公司以外的学校企业中兼职,已兼职的须于2009年6月底前撤出。此后,校级领导仍在资产公司以外的学校企业中担任职务的,应主动辞去学校党政领导职务。除作为技术完成人,各校领导干部不得通过奖励性渠道持有学校企业的股份。

(二)沈新荣、杨春节在浙江大学的任职情况

经沈新荣确认,沈新荣自2008年12月起至今,任浙江大学流体工程研究所研究员,不属于该校校级领导或学校党政领导干部,符合国家法律法规及浙江大学的相关规定。

经杨春节确认,杨春节自2009年12月起至今,任浙江大学控制科学与控制工程专业教授,不属于该校校级领导或学校党政领导干部,符合国家法律法规及浙江大学的相关规定。

(三)沈新荣、杨春节职务发明相关专利权属情况

1. 浙江大学转让给哲达科技的专利

序号	专利权人	发明人	专利名称	专利号	专利类型	专利期限
1	哲达科技	杨春节、沈新荣	一种基于阻力系数等效的炉顶压力控制方法	ZL 200510050252.6	发明	至2025年4月12日
2	浙大人工环境	沈新荣、杨春节等	具有能量计量功能的动态平衡电动调节阀控制方法及阀门	ZL 200610049822.4	发明	至2026年3月13日
3	浙大人工环境	沈新荣、杨春节等	一种智能流体控制阀的实现方法及阀门	ZL 200610051892.3	发明	至2026年6月8日

2008年5月,浙江大学与浙大人工环境签订《技术转让(专利权)合同》,将上述第1项专利转让给浙大人工环境,转让价格为10万元;2009年7月,浙江大学与浙大人工环境签订《技术转让(专利权)合同》将上述第2~3项专利转让给浙大人工环境,转让价格为55万元。根据沈新荣、杨春节出具的《情况说明》,上述三项专利为其在浙江大学任职期间的职务发明,浙江大学将上述专利转让给浙大人工环境,履行了必要的法律手续,浙大人工环境依照合同约定支付了转让款,成为上述专利的合法专利权人,不存在职务发明权属方面的争议纠纷。

2. 根据沈新荣、杨春节及哲达科技出具的《情况说明》，除上述由浙江大学转让给浙大人工环境的三项专利之外，沈新荣、杨春节在浙江大学任职期间的其他职务发明，其权利人为浙江大学或浙江大学与沈新荣共同作为专利权人，沈新荣、杨春节及哲达科技均未使用该等专利，且在专利期限到期前，沈新荣、杨春节及哲达科技也不会以任何方式使用该等专利，不存在职务发明权属方面的争议纠纷。沈新荣、杨春节已出具承诺：如因沈新荣、杨春节职务发明产生任何专利权争议纠纷的，由沈新荣、杨春节个人负责处理并承担全部法律责任，保证哲达科技利益不受损失。

（四）律师意见

综上，本所律师经核查后认为，哲达科技实际控制人沈新荣兼任浙江大学流体工程研究所研究员，以及公司股东、董事杨春节兼任浙江大学教授符合国家法律法规、浙江大学的相关规定，不存在职务发明权属方面的争议纠纷。根据沈新荣、杨春节出具的承诺，如因沈新荣、杨春节职务发明产生任何专利权争议纠纷的，由沈新荣、杨春节个人负责处理并承担全部法律责任，保证哲达科技利益不受损失。

专家点评

不担任大学或者学院领导职务的老师是可以当公司董事的，除非大学或则学院有明确规定不允许，这点需要根据各地的不同的要求执行。国家从政策上是鼓励产学研结合的，有大量的大学院校的教职员工身体力行去创业，也作出了辉煌的业绩。但是，由于大学院校担任领导职务的人员有事业单位的身份背景，是按照公务员相关法规规范的，所以在公司担任董事是违反制度。

【案例4】股转中心要求对董监高人员的任职合法性发表意见——俪德照明（股票代码：832435）

企业背景

上海俪德照明科技股份有限公司创立于2009年，注册资本为1250万元，是一家专业从事“交流直接驱动LED光源集成电路芯片”及其相关LED灯具的研发、生产和销售于一体的综合型照明企业。

(1) 公司的董事、监事、高管最近24个月内是否存在重大违法违规行为；(2) 现任董事、监事和高级管理人员是否具备和遵守法律法规规定的任职资格和义务，最近24个月内是否存在受到中国证监会行政处罚或者被采取证券市场禁入措施的情形。

本所律师核查了公司董事、监事、高级管理人员由其户籍所在地派出所出具的无犯罪记录证明、中国人民银行征信中心网站上上调取的个人信用报告，及其本人出具的个人诚信等状况的书面声明，同时还获取了公司出具的《公司关于董事、监事和高级管理人员的承诺函》。

经核查，本所律师认为，公司的董事、监事、高级管理人员最近24个月内不存在重大违法违规行为，公司董事、监事、高级管理人员的任职合法合规。

经查阅公司出具的《公司关于董事、监事及高级管理人员任职资格及诚信情况的承诺函》，公司承诺：公司所有董事、监事及高级管理人员均具有完全民事行为能力；公司董事、监事、高级管理人员最近两年内没有因违反国家法律、行政法规、部门规节、自律规则等受到刑事、民事、行政处罚或纪律处分的情况；

没有因涉嫌违法违规行为处于调查之中尚无定论的情形；最近两年内没有因对所任职（包括现任职和曾任职）公司因重大违法违规行为被处罚负有责任的情况，没有个人到期未清偿的大额债务、欺诈或其他不诚信行为。公司董事、监事、高级管理人员已对此作出了书面声明并签字承诺其真实性。

经查阅公司现任董事、监事和高级管理人员的简历、个人信用报告、无犯罪证明及本人的声明和承诺等文件，并登陆中国证券监督管理委员会官方网站（http：//www. csrc. gov. cn/pub/zjhpublic/index. htm? channel = 3300/3619）进行查询，本所律师认为，公司董事、监事和高级管理人员不存在我国《公司法》规定的不得担任公司董事、监事和高级管理人员的情形，最近24个月内不存在受到中国证监会行政处罚或者被采取证券市场禁入措施的情形。

综上，本所律师认为，公司现任董事、监事和高级管理人员具备和遵守法律法规规定的任职资格和义务，最近24个月内不存在受到中国证监会行政处罚或者被采取证券市场禁入措施的情形。

专家点评

24 个月是法定要求。

【案例 5】从竞业禁止的角度说明董监高的任职的合法性——俪德照明（股票代码：832435）

企业背景

上海俪德照明科技股份有限公司创立于 2009 年，注册资本为 1250 万元，是一家专业从事“交流直接驱动 LED 光源集成电路芯片”及其相关 LED 灯具的研发、生产和销售于一体的综合型照明企业。

焦点问题

（1）公司董监高、核心人员是否存在违反关于竞业禁止的约定、法律规定，是否存在有关上述事项的纠纷或潜在纠纷；（2）是否存在侵犯原任职单位知识产权、商业秘密的纠纷或潜在纠纷。

本所律师核查了公司全体董事、监事、高级管理人员以及核心技术人员的简历，并与上述人员就其从业经历及其与原单位之间签订竞业禁止约定的情况进行了核实。未发现公司董事、监事、高级管理人员及核心技术人员存在违反关于竞业禁止的约定、法律规定及潜在纠纷。

经核查，中国知识产权裁判文书网（http：//ipr. court. gov. cn/）、全国法院被执行人信息查询网（http：//zhixing. court. gov. cn/search/），公司董事、监事、高级管理人员及核心技术人员不存在侵犯原任职单位知识产权、商业秘密的纠纷或潜在纠纷。

专家点评

在实务中存在由于董监高人员在公司任职前与原单位存在竞业禁止的约定，签订了相关协议，又违反了协议而导致的诉讼和仲裁，可能会影响到这些人员在公司的任职。

第二节　深度解析

一、基本概念

企业进行改制的目的是为了新三板挂牌，而新三板挂牌对企业的要求是具备现代股份制企业形式，这其中，对企业的法人治理结构提出很高的要求。企业新三板挂牌之后成为非上市公众公司，需要接受市场的监督，之前不规范的运作模式将被改变，企业要按照法律、法规、规范性文件和中国证券市场的规节制度来进行生产经营。

企业的法人治理有狭义（依据股东中心理论）和广义（依据利益相关者理论）之分。前者是在公司内部组织管理架构上对利益的利用和对权力的监控制约之间的安排和处理，或者说是股东、董事会和经营层之间的相互激励、相互制衡的组织结构安排的形式。后者是指公司治理的范畴要扩大到公司外部，即劳动者、消费者、贷款者、供应商和企业所在地区的居民都要参与企业的法人治理，其治理方向是限制大股东的权利，防止小股东及其他利益放的利益被剥夺。

在这里特别要讲的是，中国中小企业有相当大的比例是家族型的民营企业，民营企业与家族经营是密不可分的，家族企业往往集所有权与经营权于一身，缺乏有效的监督机制；产权界定不清还会导致家族企业的所有权与经营权不分。为此，需建立健全包括股东大会、董事会、监事会、独立董事、关联交易回避表决等制度在内的公司治理结构，使公司发挥最大经营效益，并减少股东与经营者之间的利益冲突。

新三板挂牌对法人治理的要求是公司治理机制健全，合法规范经营。公司治理机制健全，是指公司按规定建立股东大会、董事会、监事会和高级管理层（以下简称“三会一层”）组成的公司治理架构，制定相应的公司治理制度，并能证明有效运行，保护股东权益。公司依法建立“三会一层”，并按照《公司法》《非上市公众公司监督管理办法》及《非上市公众公司监管指引第 3 号——章程必备条款》等规定建立公司治理制度。公司“三会一层”应按照公司治理制度进行规范运作。在报告期内的有限公司阶段应遵守《公司法》的相关规定。公司董事会应对报告期内公司治理机制执行情况进行讨论、评估。

实践中拟新三板挂牌的企业公司治理相对较弱，部分企业尚未建立董事会，或者董事会成员主要为家族成员。建议在股改的时候规范公司的三会一层，存在家族成员控制董事会情形的，适当引进公司管理层或者外部董事。企业要重视公司三会治理制度，公司经营应当严格按照公司章程等公司制度执行，提早适应挂牌后的信息披露要求。

二、法律规定

《公司法》第二百一十七条规定：

（一）高级管理人员，是指公司的经理、副经理、财务负责人，上市公司董事会秘书和公司章程规定的其他人员。

有下列情形之一的，不得担任公司的董事、监事、高级管理人员：

（1）无民事行为能力或者限制民事行为能力；

（2）因贪污、贿赂、侵占财产、挪用财产或者破坏社会主义市场经济秩序，被判处刑罚，执行期满未逾五年，或者因犯罪被剥夺政治权利，执行期满未逾五年；

（3）担任破产清算的公司、企业的董事或者厂长、经理，对该公司、企业的破产负有个人责任的，自该公司、企业破产清算完结之日起未逾三年；

（4）担任因违法被吊销营业执照、责令关闭的公司、企业的法定代表人，并负有个人责任的，自该公司、企业被吊销营业执照之日起未逾三年；

（5）个人所负数额较大的债务到期未清偿。

公司违反前款规定选举、委派董事、监事或者聘任高级管理人员的，该选举、委派或者聘任无效。

董事、监事、高级管理人员在任职期间出现上述所列情形的，公司应当解除其职务。

《公司法》第一百零八条　股份有限公司设董事会，其成员为五人至十九人。

董事会成员中可以有公司职工代表。董事会中的职工代表由公司职工通过职工代表大会、职工大会或者其他形式民主选举产生。

《公司法》第一百一十七条　股份有限公司设监事会，其成员不得少于三人。

监事会应当包括股东代表和适当比例的公司职工代表，其中职工代表的比例不得低于三分之一，具体比例由公司章程规定。监事会中的职工代表由公司职工通过职工代表大会、职工大会或者其他形式民主选举产生。

董事、高级管理人员不得兼任监事。

《公司法》第二百一十六条的规定，高级管理人员包括公司的经理、副经理、财务负责人，上市公司董事会秘书和公司章程规定的其他人员。

《全国中小企业股份转让系统挂牌条件适用基本标准指引（试行）》规定，现任董事、监事和高级管理人员应具备和遵守《公司法》规定的任职资格和义务，不应存在最近24个月内受到中国证监会行政处罚或者被采取证券市场禁入措施的情形。

三、其他做参考的文件要求

《首次公开发行股票并上市管理办法》第十六条的规定，发行人的需要保持人员独立。发行人的总经理、副总经理、财务负责人和董事会秘书等高级管理人员不得在控股股东、实际控制人及其控制的其他企业中担任除董事、监事以外的其他职务，不得在控股股东、实际控制人及其控制的其他企业领薪；发行人的财务人员不得在控股股东、实际控制人及其控制的其他企业中兼职。

《首次公开发行股票并上市管理办法》（简称管理办法）第二十三条的规定，公司的董事、监事和高级管理人员除符合法律、行政法规和规节规定的任职资格外，还不得有下列情形：（一）被中国证监会采取证券市场禁入措施尚在禁入期的；（二）最近36个月内受到中国证监会行政处罚，或者最近12个月内受到证券交易所公开谴责；（三）因涉嫌犯罪被司法机关立案侦查或者涉嫌违法违规被中国证监会立案调查，尚未有明确结论意见。

《深圳证券交易所中小企业板上市公司规范运作指引》3.2.3条规定，董事、监事和高级管理人员候选人存在下列情形之一的，不得被提名担任上市公司董事、监事和高级管理人员：（一）《公司法》第一百四十七条规定的情形之一；（二）被中国证监会采取证券市场禁入措施，期限尚未届满；（三）被证券交易所公开认定不适合担任上市公司董事、监事和高级管理人员；（四）最近三年内受到证券交易所公开谴责；（五）因涉嫌犯罪被司法机关立案侦查或者涉嫌违法违规被中国证监会立案调查，尚未有明确结论意见。

《上市公司章程指引》第九十六条的相关规定，董事可以由经理或者其他高级管理人员兼任，但兼任经理或者其他高级管理人员职务的董事以及由职工代表担任的董事，总计不得超过公司董事总数的1/2。

《上市公司章程指引》第一百四十三条规定，监事会应当包括股东代表和适当比例的公司职工代表，其中职工代表的比例不低于1/3。监事会中的职工代表由公司职工通过职工代表大会、职工大会或者其他形式民主选举产生。

《深圳证券交易所创业板上市公司规范运作指引》3.1.4 规定，最近两年内曾担任过公司董事或者高级管理人员的监事人数不得超过公司监事总数的二分之一。公司董事、高级管理人员在任期间及其配偶和直系亲属不得担任公司监事。

根据《证券市场禁入规定》第五条，违反法律、行政法规或者中国证监会有关规定，情节严重的，可以对有关责任人员采取 3～5 年的证券市场禁入措施；行为恶劣、严重扰乱证券市场秩序、严重损害投资者利益或者在重大违法活动中起主要作用等情节较为严重的，可以对有关责任人员采取 5～10 年的证券市场禁入措施；有下列情形之一的，可以对有关责任人员采取终身的证券市场禁入措施：

（1）严重违反法律、行政法规或者中国证监会有关规定，构成犯罪的；

（2）违反法律、行政法规或者中国证监会有关规定，行为特别恶劣，严重扰乱证券市场秩序并造成严重社会影响，或者致使投资者利益遭受特别严重损害的；

（3）组织、策划、领导或者实施重大违反法律、行政法规或者中国证监会有关规定的活动的；

（4）其他违反法律、行政法规或者中国证监会有关规定，情节特别严重的。

2006 年 6 月 29 日通过的《刑法》修正案（六）第五条规定，将刑法第一百六十一条修改为："依法负有信息披露义务的公司、企业向股东和社会公众提供虚假的或者隐瞒重要事实的财务会计报告，或者对依法应当披露的其他重要信息不按照规定披露，严重损害股东或者其他人利益，或者有其他严重情节的，对其直接负责的主管人员和其他直接责任人员，处三年以下有期徒刑或者拘役，并处或者单处二万元以上二十万元以下罚金。"

第九条规定，在刑法第一百六十九条后增加一条，作为第一百六十九条之一："上市公司的董事、监事、高级管理人员违背对公司的忠实义务，利用职务便利，操纵上市公司从事下列行为之一，致使上市公司利益遭受重大损失的，处三年以下有期徒刑或者拘役，并处或者单处罚金；致使上市公司利益遭受特别重大损失的，处三年以上七年以下有期徒刑，并处罚金：

（1）无偿向其他单位或者个人提供资金、商品、服务或者其他资产的；

（2）以明显不公平的条件，提供或者接受资金、商品、服务或者其他资产的；

（3）向明显不具有清偿能力的单位或者个人提供资金、商品、服务或者其他资产的；

（4）为明显不具有清偿能力的单位或者个人提供担保，或者无正当理由为其他单位或者个人提供担保的；

（5）无正当理由放弃债权、承担债务的；

（6）采用其他方式损害上市公司利益的。

上市公司的控股股东或者实际控制人，指使上市公司董事、监事、高级管理人员实施前款行为的，依照前款的规定处罚。犯前款罪的上市公司的控股股东或者实际控制人是单位的，对单位判处罚金，并对其直接负责的主管人员和其他直接责任人员，依照第一款的规定处罚。”

四、董事、监事、高级管理人员人员的兼职问题

董事、监事、高级管理人员人员的兼职问题主要是指这些人员兼职的许可与限制的情况。

企业的总经理、副总经理、财务负责人和董事会秘书等高级管理人员不得在企业的控股股东、实际控制人及其控制的其他企业中担任除董事、监事以外的其他职务，不得在控股股东、实际控制人及其控制的其他企业领薪；发行人的财务人员不得在控股股东、实际控制人及其控制的其他企业中兼职。

企业的董事长与股东单位的董事长可以为同一人。

企业的董事长与总经理可以是同一人，企业新三板挂牌无此限制。

新三板挂牌之后企业的总经理及其他高管人员在控股股东担任一个部门副职是可以的。

高管在控股方担任党的职务问题。高管在控股方不得担任除董事以外的其他职务，可以担任党的职务，但不能影响企业的独立性。

董事、高级管理人员不得兼任监事。

董事、监事、高级管理人员的兼职问题还涉及到企业的独立性，例如企业的董事、监事、高级管理人员到股东单位领薪的情况，企业在改制过程要注意解决此类问题可能带来的麻烦。

五、关于董事会秘书的任职

《公司法》

第一百二十四条　上市公司设董事会秘书，负责公司股东大会和董事会会议的筹备、文件保管以及公司股东资料的管理，办理信息披露事务等事宜。

企业在新三板挂牌过程中，一般会按照上市公司的制度对企业进行规范，其中，设立董事会秘书是其中一项任务。

董事会秘书由董事长提名，经董事会聘任或解聘。公司董事或者其他高级管理人员可以兼任公司董事会秘书。

董事会秘书对公司和董事会负责，履行如下职责：

（1）负责公司和相关当事人与交易所及其他证券监管机构之间的及时沟通和联络，保证交易所可以随时与其取得工作联系；

（2）负责处理公司信息披露事务，督促公司制定并执行信息披露管理制度和重大信息的内部报告制度，促使公司和相关当事人依法履行信息披露义务，并按规定向交易所办理定期报告和临时报告的披露工作；

（3）协调公司与投资者关系，接待投资者来访，回答投资者咨询，向投资者提供公司披露的资料；

（4）按照法定程序筹备董事会会议和股东大会，准备和提交拟审议的董事会和股东大会的文件；

（5）参加董事会会议，制作会议记录并签字；

（6）负责与公司信息披露有关的保密工作，制订保密措施，促使公司董事会全体成员及相关知情人在有关信息正式披露前保守秘密，并在内幕信息泄露时，及时采取补救措施并向交易所报告；

（7）负责保管公司股东名册、董事名册、控股股东及董事、监事、高级管理人员持有公司股票的资料，以及董事会、股东大会的会议文件和会议记录等；

（8）协助董事、监事和高级管理人员了解信息披露相关法律、行政法规、部门规节、本规则、交易所其他规定和公司章程，以及上市协议对其设定的责任；

（9）促使董事会依法行使职权；在董事会拟作出的决议违反法律、行政法规、部门规节、本规则、交易所其他规定和公司章程时，应当提醒与会董事，并提请列席会议的监事就此发表意见；如果董事会坚持作出上述决议，董事会秘书应将有关监事和其个人的意见记载于会议记录上，并立即向交易所报告；

（10）《公司法》和交易所要求履行的其他职责。

在实践操作中，企业的财务负责人兼任董事会秘书的情况比较普遍，原因是企业的财务总监对企业的了解程度最为深刻，在企业新三板挂牌过程中，财务总监扮演了一个重要的角色，因此，董事会秘书在企业规范治理的初期，由财务总监来兼任的情况就比较多。但是随着企业的发展，企业法人治理的规范运作，财务总监无法全面的负责董事会秘书的职责，就必须考虑将这个职务真正的分立出来，由专人负责。

六、小结和启示

原则来说，公司的董事、总经理在外兼职要严格遵守不得在企业的控股股东、实际控制人及其控制的其他企业中担任除董事、监事以外的其他职务，不得在控股股东、实际控制人及其控制的其他企业领薪的的要求，也即使通俗的“高管不能干高管，财务不能干财务”要求，但是在非控股股东、实际控制人及其控制的其他企业中任职，只要不影响到公司的正常管理运营，一般是可以接受的。

同时，股转公司要求企业合法合规经营，是指公司及其控股股东、实际控制人、董事、监事、高级管理人员须依法开展经营活动，经营行为合法、合规，不存在重大违法违规行为。因此，董监高还应当在中国人民银行征信系统中信用记录良好，不存在失信行为。公司最近24个月内不存在涉嫌犯罪被司法机关立案侦查，尚未有明确结论意见的情形。控股股东、实际控制人合法合规，最近24个月内不存在涉及以下情形的重大违法违规行为：

（1）控股股东、实际控制人受刑事处罚；

（2）受到与公司规范经营相关的行政处罚，且情节严重；情节严重的界定参照前述规定；

（3）涉嫌犯罪被司法机关立案侦查，尚未有明确结论意见。

现任董事、监事和高级管理人员应具备和遵守《公司法》规定的任职资格和义务，不应存在最近24个月内受到中国证监会行政处罚或者被采取证券市场禁入措施的情形。

实际控制人、董事、监事、高管人员是否设立过其他公司或者在其他公司担任该公司法定代表人而该公司可能因为未年检被吊销营业执照的情形。（董监高被列入黑名单而不能在拟挂牌企业担任董监高及法定代表人）。如有，应在申请挂牌前予以规范。

第十一章　税务的八个问题

【案例1】税务处罚是否属于重大违法行为——融锦化工（股票代码：836387）

【案例2】自然人股东纳税情况，如未缴纳，说明其合法合规性及规范措施——善为影业（股票代码：831973）

【案例3】核查公司收入是否真实及是否依法足额纳税——朗顿文化（股票代码：831505）

【案例4】核查公司历次股权转让中自然人股东个人所得税的缴纳情况——华人天地（股票代码：830898）

【案例5】整体变更设立是否构成和股东纳税情况说明——新伟科技（股票代码：832230）

【案例6】挂牌公司历史上外资转外资涉及的税务、外汇等合规性问题——盈光科技（股票代码：430594）

【案例7】存在自然人股东未缴纳个税及公司涉税罚款——时代华影（股票代码：832024）

【案例8】公司整体变更时，自然人股东未缴纳个人所得税——蓝贝望（股票代码：430242）

第一节　典型案例

税务问题是企业申请挂牌时面临的一个比较综合的问题，一般会涉及企业报告期内的经营成果在税务层面的反映、历次股权变动过程中股东完税情况这两个方面。

【案例1】税务处罚是否属于重大违法行为——融锦化工（股票代码：836387）

黄冈融锦化工股份有限公司成立于2005年，注册资本1020万元，位于湖北省东部。公司自成立至今，已具备国家核发的各种生产焦亚硫酸钠的证件，公司生产的食品添加剂市场占有率超过15%，年产量50000吨。

结合处罚意见，下述处罚是否构成重大违法违规。

案例解读

公司报告期内受到武穴市国家税务局稽查局多次处罚。

根据公司提供的资料，并经本所律师核查，公司报告期内受到武穴市国家税务局税务核查及处理结果如下：

（一）2014年10月20日，武穴市国家税务局稽查局对有限公司出具武国稽罚告［2014］13号《税务行政处罚事项告知书》，告知有限公司根据《中华人民共和国税收征收管理法》第八条、《中华人民共和国行政处罚法》第三十一条之规定，对公司（1）2011年12月购围栏应列固定资产，不能抵扣当期税额，应补缴增值税4717.86元；（2）2012年7月做新厂车间屋架抵扣进项税额应列固定资产，不能抵扣当期税额，因补缴增值税15352.59元；（3）2011年11月取得不符合规定普通发票29份。依据《中华人民共和国税收征收管理法》第六十三条第一款、《中华人民共和国税收发票管理办法》第三十九条、《湖北省税务行政处罚裁量权实施办法（试行）》的规定，对有限公司作出如下处理：（1）对少缴增值税20070.45元处以百分之五十罚款，罚款金额10035.23元；（2）对2011年11月取得不符合规定普通发票29份，处10000.00元处罚。

综上，本所律师认为，根据武国稽罚［2014］15号《税务行政处罚决定书》第1项处罚，对少缴增值税处以百分之五十的罚款，罚款金额10035.23元，为《行政处罚法》第八条规定的行政处罚行为，另根据《湖北省国家税务局税务处罚裁量基准（实行）》第四条之规定，为一般处罚行为。

（二）关于取得不符合规定普通发票处以罚款的行为

根据《中华人民共和国发票管理办法》第三十九条之规定有下列行为之一的，由税务机关处以1万元以上5万元以下的罚款；情节严重的，处以5万元以上50万元以下的罚款；有违法所得予以没收：（1）转借、转让、介绍他人转让发票、发票监制节和发票防伪专用品的；（2）知道或者应当知道是私自印制、伪造、编造、非法取得或者废止的发票而受让、开具、存放、携带、邮寄、运输的。

根据《湖北省国家税务局税务处罚裁量基准（实行）》第六条“发票管理类”之“21. 非法转让、取得发票”之“依据《中华人民共和国发票管理办法》第三十九条处罚”之规定，处以“没收违法所得，并处一万元以上五万元一下的罚款”的违法程度为一般。

综上，本所律师认为，根据武国稽罚［2014］15号《税务行政处罚决定书》第2项处罚，对取得不符合规定普通发票，处10000.00元处罚，为《行政处罚法》第八条规定的行政处罚行为，另根据《湖北省国家税务局税务处罚裁量基准（实行）》第六条第21项之规定，为一般处罚行为。

（三）根据武穴市地方税务局税源管理三分局出具的《证明》，载明：公司已依法办理税务登记并通过历年年审。自公司成立至今，严格按照国家法律、法规要求，申报缴纳地方各项税（费），不存在因违反税收法律、法规及规范性文件被税务部门处罚的情形，与税务部门也无任何有关税务争议。

经本所律师核查，公司报告期内，有限公司因工作人员业务知识有限，对税收相关规定理解有误，导致出现不当纳税行为，虽引致税务部门处分，但未构成重大违法违规，同时，主管税务部门出具了无重大违法违规行为的证明文件。综上，本所律师认为公司在经营活动中能够自觉遵守国家及地方税务相关法律法规，依法纳税，主管税务部门对公司作出的行政处分不构成重大违法违规，不构成公司申请挂牌的实质性障碍。

综上所述，本所律师认上述税务处理结果不构成重大违法违规。

专家点评

公司罚款、补缴税款均已经缴纳，就违法情节而言根据《湖北省国家税务局税务处罚裁量基准（实行）》第四条之规定，为一般处罚行为；公司取得主管税务部门出具的无重大违法违规行为的证明文件。因此受到的上述行政处罚不构成重大违法违规，不构成公司申请挂牌的实质性障碍。

【案例 2】自然人股东纳税情况，如未缴纳，说明其合法合规性及规范措施——善为影业（股票代码：831973）

企业背景

善为影业创立于 2010 年，以电影互联网宣发和电影（制片）出品为主营业务，逐步完善以影院服务为基础、技术研发为支撑、影迷参与为核心的完整电影产业链。总部位于深圳，下设子公司善为影业（香港）有限公司、北京千朗文化传媒、前海千朗文化传媒和霍尔果斯千朗文化传媒。

经查验股改工商材料中的审计报告、评估报告、验资报告、发起人协议、创立大会会议记录等资料，股权转让的股东会决议、股权转让协议、《股权转让见证书》、股权转让后修定的公司章程、股权转让的工商变更登记资料，股份公司设立之时，以净资产折股，不存在以未分配利润、盈余公积、除资本公积以外的其他资本公积转增股本的情形，股本总额在整体变更前后未发生变化，仅是公司将盈余公积和未分配利润直接转入了资本公积，系公司净资产在不同会计科目间的变动，并未形成向股东派发股息、红利等情况。因此，本所律师认为，公司整体变更之时，自然人股东无需缴纳个人所得税。

公司历史沿革中共发生三次股权转让，2012 年 5 月 15 日，股东刘东华与吴东毅、高泽丰、李飞与何煜枫就股权转让事宜签署《股权转让协议书》，将其持有的8.5%、20%、17.5%与4%的股权份额（对应出资额8.5万元、20万元、17.5万元、4万元）以8.5万元、20万元、17.5万元与4万元分别转让给吴东毅、高泽丰、李飞与何煜枫。

2013年4月25日，股东何煜枫、高泽丰与吴东毅、李飞与赵浚茵就股权转让事宜签署《股权转让协议书》，股东何煜枫将其持有的2.5%、0.8%与0.7%的股权份额（对应出资额2.5万元、0.8万元、0.7万元）以人民币2.5万元、0.8万元与0.7万元分别转让给吴东毅、赵浚茵与李飞，股东高泽丰将其持有的公司20%的股权份额（对应出资额20万元）以人民币20万元全部转让给赵浚茵。

2014年4月25日，股东赵浚茵与彭志武就股权转让事宜签署《股权转让协议》，股东赵浚茵将其持有的公司20.8%的股权份额（对应出资额20.8万元）以人民币20.8万元转让给彭武志。

上述历次股权转让，均系平价转让，无需缴纳个人所得税。

综上，本所律师认为，自然人股东无需缴纳个人所得税，其不缴纳个人所得税的行为合法合规。

专家点评

根据个人所得税法及其实施条例的规定，个人股权转让以转让股权的收入减去原值和费用的余额，为应纳税所得额，对申报计税依据明显偏低且无正当理由的，参照每股净资产核定。可以这么理解，按注册资本转让低于每股净资产时候也需要有合理理由，否则就有涉税风险。

个税整体改制的适用，主要根据《关于股份制企业转增股本和派发红股免征个人所得税的通知》（国税发【1997】198号）处理，其中，规定盈余公积转增股本视同股息、红利分配，需要缴纳个税，但目前并无对未分配利润转增股本是否纳税的直接规定，是参照盈余公积金方式处理，但“股份制企业转增股本和派发红股”与“有限公司改制为股份有限公司”毕竟不是一回事情，所以就有了整体改制处理个税的不同方式和结果：有缴纳的，有放专户的，有承诺的，更激进的还有律师说直接说不用缴的。

【案例3】核查公司收入是否真实及是否依法足额纳税——朗顿文化（股票代码：831505）

企业背景

广东朗顿教育文化科技股份有限公司是广东省工商局注册成立的专业投资教育、文化和高科技的股份有限公司。广东朗顿教育文化科技股份有限公司有丰富的国内外职业教育经验和文化推广经验，在全国有8个分公司，合作机构10多个。

焦点问题

（1）根据公司业务合同情况，公司2013年的收入是否真实；（2）报告期内公司是否依法足额纳税。

案例解读

2012年度及2013年度，公司经审计的业务收入分别为6，389，329.96元和31，719，351.99元。

（一）公司2013年的收入真实合法

根据瑞华会计师事务所出具的（2014）第44010002号《审计报告》，报告期内公司业务收入分为教育辅助服务和IFM项目培训。

经核查相关的业合同、合同完成情况（包括广州市天河区埃美教育培训中心教务部出具的培训完成通知及名单），发票开具情况，报告期内现金流，期后收款情，2013年度公司的教育辅助服务收入及IFM培训收入增长率较高，其中教育辅助服务收入占比显著增高，主要原因系自2012年9月起IFM和SIFM可以配发相应的国家职业资格，市场认可度大幅提高，公司作为独家授权的独家国际财务管理师授权培训（考试）中心，为满足广东地区迅速提升的IFM和SIFM认证、培训需求，不断增加授权培训机构数量，使得来自于教材提供、组织考试、组织职业资格认证、培训质量督导等支持性和辅助性服务的收入大幅度增长。公司2013年度收入相对2012年的大幅度增长与公司的商业模式和市场行情相匹配。

通过上述核查过程，本所律师未发现公司报告期内有不合理、虚增收入的情形；也未发现公司通过将帐外收入调整利润的情形，公司的收入均已在恰当的会计期间反映。据此，律师认为，公司2013年收入是真实的。

（二）报告期内公司依法足额纳税

根据瑞华会计师事务所出具（2014）第44010002号《审计报告》所确认的会计报表所反映的公司报告期内的各类收入及相应的税率，本所律师进行了核查及计算，并检查了报告期内公司向税务机关上报的申报资料及缴税情况，经核查，本所律师认为，公司报告期内的各项税款已按时、足额缴纳，并取得了主管税务机关出具的《企业纳税情况证明》，前述证明文件可以证明公司相关税款已足额、及时清缴入国库，报告期内公司依法足额纳税。

专家点评

公司报告期内2012年营业收入为600多万元，2013年营业收入为3100多万元，收入过多过猛，中介机构给出的解释是：公司2012年9月取得市场核心独有的资质，即授权的独家国际财务管理师授权培训，因此，公司2013年度收入相对2012年的大幅度增长与公司的商业模式和市场行情相匹配。提醒注意的是，一般行业的公司在外部市场环境没有变化，自身核心竞争力没有攀升的情形下，营业收入大幅上升，很难解释。

【案例4】核查公司历次股权转让中自然人股东个人所得税的缴纳情况——华人天地（股票代码：830898）

企业背景

北京华人天地影视策划股份有限公司成立于2008年2月，一直信奉以人为本，立志为客户创造价值，追求高质量的影视作品为经营管理模式。在未来的发展中，华人天地将创立一个影视剧的服务平台，一个OTO服务平台，使用互联网思维，为那些在影视行业有追求、有理想、有才华的创作型的导演、编剧、制片人等服务，开拓影视剧新领域。

焦点问题

（1）历次股权转让中自然人股东个人所得税的缴纳情况。（2）整体变更为股份公司时，相关自然人股东是否就未分配利润、盈余公积转增注册资本部分缴纳个人所得税。

（一）问题一

华人天地自有限公司成立以来，共发生过两次股权转让，第一次股权转让基本情况如下：工商行政管理局登记时间股权出让方股权受让方股权转让标的股权转让价格

2012 年 2 月 7 日第一次股权转让

刘华张俊锋 30 万元货币出资对应的股权无偿

刘华时建国 90.72 万元货币出资对应的股权无偿

刘华张津 71.78 万元货币出资对应的股权无偿

根据股东刘华的说明，第一次股权转让，由于股权出让方刘华认为其无偿转让股权，未实质性取得收入，因此其未就此次股权转让缴纳个人所得税。

本所律师认为，首先，股东刘华未就该次股权转让缴纳个人所得税的情形不符合《国家税务总局关于加强股权转让所得征收个人所得税管理的通知》（国税函［2009］285 号）等相关规定。但是，《北京市地方税务局、北京市工商行政管理局关于加强股权转让所得个人所得税征收管理有关问题的公告》及《北京市地方税务局关于加强股权转让所得个人所得税征收管理有关问题的公告》（北京市地方税务局公告 2012 年第 6 号）均自 2012 年 10 月 1 日起正式实施，且自上述两份通知实施后，北京市地方税务局亦未要求企业就之前历次股权转让的个人所得税进行补缴；其次，华人天地及股东刘华均未因此受到税收行政处罚；第三，刘华本次未缴纳个人所得税主观故意程度较小；第四，刘华已经就本次股权转让签署《承诺函》，承诺如主管税务机关要求就以上股权转让补缴个人所得税、滞纳金及/或罚金等税费，其同意该等税费完全由其个人自行承担，且其个人同意确保北京华人天地影视策划股份有限公司免于承担上述任何税费。综上，刘华未就本次股权转让缴纳个人所得税不构成本次挂牌的实质性障碍。

第二次股权转让纳税基本情况如下：

工商行政管理局登记时间股权出让方股权受让方股权转让标的股权转让价格应纳

税额

2013 年 6 月 21 日第二次股权转让

张津郭菁　7.5 万元货币出资对应的股权无偿　1340.45 元

刘华张津　45 万元货币出资对应的股权无偿　8042.67 元

刘华郭菁　7.5 万元货币出资对应的股权无偿　1340.45 元

张俊锋郭菁　7.5 万元货币出资对应的股权无偿　1340.45 元

时建国于绍钧　83.22 万元货币出资对应的股权无偿　14873.59 元

时建国郭菁　7.5 万元货币出资对应的股权无偿　1340.45 元

经本所律师核查主管税务机关核定的《个人股东变动情况报告表》及税款支付凭证，各股东均已经就第二次股权转让缴纳个人所得税。

（二）问题二

根据（2013）京会兴审字第 04060003 号《审计报告》，截至股改基准日 2013 年 7 月 31 日，华人天地有限的盈余公积为 0 元，未分配利润为 –709，643.78 元。因此，华人天地有限在整体变更为股份公司时，未以盈余公积及未分配利润转增股本，华人天地有限整体变更时的自然人股东不承担缴纳个人所得税的义务。

专家点评

个税转让适用国家税务总局《关于加强股权转让所得征收个人所得税管理的通知》（国税函［2009］285 号）等相关规定，其中规定：对申报计税依据明显偏低且无正当理由的，参照每股净资产核定。根据国家税务总局《关于股权转让所得个人所得税计税依据核定问题的公告》（2010 第 27 号），正当理由是指：

1. 所投资企业连续三年以上（含三年）亏损；

2. 因国家政策调整的原因而低价转让股权；

3. 将股权转让给配偶、父母、子女、祖父母、外祖父母、孙子女、外孙子女、兄弟姐妹以及对转让人承担直接抚养或者赡养义务的抚养人或者赡养人；

4. 经主管税务机关认定的其他合理情形。

公司历史沿革的股权转让中无偿转让，显然理由不够充分，进行纳税是必然的。

【案例 5】整体变更设立是否构成和股东纳税情况说明——新伟科技（股票代码：832230）

企业背景

开封市新伟电子科技股份有限是专业提供远程视频监控服务的公司。能够满足“集中监控、集中维护、集中管理”的维护管理目标要求，除实现对基本的视频、音频进行监控外，还能够将周界环境、报警信息等进行整合应用，具有实时监控设备以及预期故障发生、迅速排除故障、记录和处理相关数据、进行综合管理等多重功能。

焦点问题

设立（改制）的资产审验情况，如以评估值入资设立股份公司，补充说明是否合法、合规，是否构成“整体变更设立”；自然人股东纳税情况，如未缴纳，说明其合法合规性及规范措施；是否存在股东以未分配利润转增股本的情形，公司代缴代扣个人所得税的情况。若没有，请说明若发生追缴税费的情形，相关防范措施情况。

（一）设立（改制）的资产审验情况，如以评估值入资设立股份公司，补充说明是否合法、合规，是否构成“整体变更设立”

2014 年 6 月 25 日，中兴财光华对新伟有限截至 2014 年 5 月 31 日的财务报表进行审计并出具了编号为中兴财光华审会字（2014）第 07571 号的《审计报告》。根据该《审计报告》，截至 2014 年 5 月 31 日，新伟有限的净资产合计 5，501，540. 51 元。

2014 年 6 月 27 日，新伟有限召开股东会，决议同意将新伟有限整体变更为股份有限公司，以新伟有限截至 2014 年 5 月 31 日经中兴财光华出具的编号为中兴财光华审会字（2014）第 07571 号的《审计报告》确认的账面净资产值 5，501，540. 51 元中的 500 万元折为股份公司的等额股份即 500 万股，余额部分 501，540. 51 元计入股份公司的资本公积，将新伟有限整体变更为股份公司，变更后各股东对股份公司的持股比例与变更前对新伟有限的持股比例保持一致。

综上，本所律师认为，公司系以截至2014年5月31日的经审计净资产折股整体变更设立股份有限公司，并非以评估值入资设立股份公司。

（二）自然人股东纳税情况，如未缴纳，说明其合法合规性及规范措施

根据公司确认并经本所律师核查，公司以截至2014年5月31日的经审计净资产折股整体变更设立股份有限公司。根据中兴财光华对新伟有限截至2014年5月31日的财务报表进行审计后出具的编号为中兴财光华审会字（2014）第07571号《审计报告》，新伟有限截至2014年5月31日的未分配利润为474，136.30元，盈余公积为27，404.21元。新伟有限整体变更设立股份有限公司之后，该等未分配利润和盈余公积余额虽调整至“资本公积”科目，但并未以该等金额转增注册资本，因此自然人股东未纳税合法合规。

（三）是否存在股东以未分配利润转增股本的情形，公司代缴代扣个人所得税的情况。若没有，请说明若发生追缴税费的情形，相关防范措施情况

经本所律师核查，公司不存在股东以未分配利润转增股本的情形，因此，公司亦没有代扣代缴个人所得税的情况。

经本所律师核查，公司股东出具了《关于公司股改时不存在以未分配利润转增股本情形的声明与承诺函》，表示新伟有限采取以截至2014年5月31日经审计的净资产折股的方式整体变更为股份有限公司，在股份有限公司设立过程中，不存在股东以未分配利润转增股本的情形。若未来发生税务部门追缴此次设立过程中股东应缴纳个人所得税的情形，公司股东将独立承担全部补缴税费及可能产生的滞纳金、罚款等一切经济损失，该等追缴可能产生的经济损失与公司无关。

专家点评

实践中不少企业出于资质、投标等目的，将公司固定资产、无形资产进行评估，评估调账后以资本公积转增资本，但由于评估值调账不符合历史成本计量属性，造成业绩无法连续计算，因此股改时是绝对禁止评估值调账的。根据《关于资产评估增值计征个人所得税问题的通知》（国税发【2008】115号）规定，企业资产评估增值转增个人股本计征个税，由企业代扣代缴。

【案例 6】挂牌公司历史上外资转外资涉及的税务、外汇等合规性问题——盈光科技（股票代码：430594）

企业背景

广州盈光科技股份有限公司（以下简称“盈光科技”）于 2002 年 4 月创立。广州盈光科技股份有限公司是一家从事精密光学模具、光机电设备及产品、精密光学产品研发、生产、销售为一体的制造企业。广州盈光前身的母公司广州蓝光是广东省机械研究所超精密成型技术中心与多所著名高校研究机构建立过密切的合作关系。

焦点问题

公司设立、股本和股权结构变更、出资、公司治理、税务、外汇、产业政策、经营管理等是否符合法律法规等关于外商投资企业规范的要求。

盈光有限作为外商投资企业被申请设立时，其股东广州市蓝光精机科技有限公司和理大系统科技有限公司具备投资设立中外合资有限责任公司的主体资格；盈光有限设立时已依法取得审批机关的批准并办理了工商核准登记手续；盈光有限设立的程序、资格、条件和方式均符合当时法律、法规和规范性文件关于外商投资企业的规定，合法有效。

盈光有限为外商投资企业时期，其注册资本变更和股权变更符合相关法律、法规和规范性文件的规定，履行了法定程序，依法取得原审批机关的批准和工商管理部门的核准，因此，盈光有限的注册资本变更和股权变更符合法律法规关于外商投资企业的规定，合法有效。

盈光有限作为外商投资企业时，其注册资本初为 125 万元，后增至 337 万元，该等注册资本缴纳和收取已经广东新华会计师事务所有限公司出具粤新验字（2002）001 号《验资报告》和广州市东方会计师事务所有限公司出具（2003）东验字第 284 号《验资报告》（报备号：200311000463）审查核验，确认已全部缴足。

2002 年 4 月 22 日盈光有限设立时，经工商管理部门核准的经营范围为开发、生产、销售精密光学产品、精密塑料制品、计算机软硬件、精密机械设备和提供技术咨询服务。2002 年 12 月 9 日，经审批机关批准和工商管理部门核准，盈光有限的经营范围变更为数字照相机及关键件开发与生产，高密度数字光盘机用关键件开发与生产，光电子器件生产，其他精密光学产品、精密塑料产品、计算机软硬件、精密机械设备的开发、生产和加工及本公司产品的批发、零售，并提供技术咨询服务。

根据经国务院于2002年3月4日批准并发布的《外商投资产业指导目录》，盈光有限作为外商投资企业所经营的业务属于鼓励外商投资产业，符合国家关于外商投资的产业政策。

盈光有限作为外商投资企业时，依法领取了企业法人营业执照、国税登记证、地税登记证、外汇登记证、财政登记证和办理海关注册登记，持证经营。

盈光有限作为外商投资企业时，每年度都聘请会计师事务所对公司进行审计并出具审计报告，该等审计报告对公司的税务情况、年度外汇年检报表或外汇情况进行了审查，并确认公司于2002年开始执行企业会计制度，已建立内部财务制度和办理财政登记，公司中外双方股东已按各自比例缴纳注册资本。

盈光有限作为外商投资企业时，根据〔1998〕外经贸资发第938号《关于对外商投资企业实行联合年检实施方案的通知》的规定，每年都按规定参加由外经贸部门、工商行政管理部门、财政部门、经贸部门、外汇管理部门、税务部门和海关共同实行的对外商投资企业的联合年检，并且每年都通过了联合年检。

2010年盈光有限申请由外商投资企业变更为内资企业时，税务部门和海关出具了以下证明：

（1）广州经济技术开发区国家税务局于2010年8月31日出具穗开国税纳字证（2010）第295号《纳税证明》，证明盈光有限于2010年1月1日—2010年8月31日缴纳增值税282709.09元、企业所得税0元，实现增值税出口免抵额调库共计0元。

（2）广州开发区地方税务局高新区税务分局于2010年9月2日出具《纳税人、扣缴义务人涉税保密信息告知书》，说明盈光有限于2010年1月1日—2010年8月31日缴纳营业税0元、企业所得税0元、印花税0元、土地使用税0元、城市维护建设税0元。

（3）中华人民共和国黄埔海关于2010年9月2日出具《证明》，证明截至2010年8月31日未发现盈光有限存在应缴纳税款未缴纳情事。

盈光有限作为外商投资企业时，公司根据《中华人民共和国中外合资经营企业法》及其实施条例的有关规定，制定公司章程，按章程规定设立董事会和经营管理机构，董事会由7名董事组成，其中中方委派4名，外方委派3名，董事任期四年，董事会例会每年召开一次，公司经营管理机构设总经理和副总经理，由董事会聘任。但公司未根据当时有效的《中华人民共和国公司法》的规定设立监事或监事会。

根据公司的陈述和保证，在外商投资企业阶段，公司未因违反国家法律法规中关于外商投资企业的规定而受到政府有关管理部门的处罚。根据徐雄的陈述（徐雄曾担任合资公司的中方董事），公司属于外商投资企业时，未因违反国家法律法规中关于外商投资企业的规定而受到政府有关管理部门的处罚。

综上，本所律师认为，盈光有限作为外商投资企业时，除了公司治理存在个别不规范的情形外，其公司设立、股本和股权结构变更、出资、公司治理的其他方面、税务、外汇、产业政策、经营管理等符合法律法规等关于外商投资企业规范的要求。

专家点评

由于股权转让、增资等原因，有些外商投资企业投资比例低于了25%，甚至改为内资企业，根据《关于外商投资企业合并、分立、股权重组、资产转让等重组业务所得税处理的暂行规定》（国税发【1997】71号）、《关于实施企业所得税过渡优惠政策的通知》（国发【2007】39号）内容，十年内实际退出的外资个税存在补缴的风险，鉴于盈光科技2010年外资转内资时，税务和海关出具了涉税证明，因此中介机构可以作出相应结论。

【案例7】存在自然人股东未缴纳个税及公司涉税罚款——时代华影（股票代码：832024）

企业背景

深圳市时代华影科技股份有限公司于2011年1月成立，立足于影视文化产业全面升级之背景，整合科技创新与文化产业资源，遵循市场需求驱动技术及产品开发的规律。专注于影院3D设备及周边相关3D产品的开发，销售和服务的国家级高新技术企业。产品涵盖影院3D系统设备，3D眼镜自动贩卖平台，影院裸眼3D广告平台等。

焦点问题

公司整体变更时自然人股东未缴纳个人所得税情况。

经核查，截至本补充法律意见书出具日，公司整体变更设立时，自然人股东未缴纳个人所得税。公司自然人股东就个人所得税的情况出具了承诺，若按照税务主管部门的要求存在欠缴个人所得税的情形，其自愿按照相关规定及时缴纳，若因此给公司造成损失，其自愿向公司进行补偿。

根据深圳市南山区地方税务局出具的证明，时代华影在2011年1月28日—2014年7月6日期间未发现税务违法违规记录。根据深圳市南山区国家税务局出具的证明，时代华影在2011年2月11日—2014年7月2日期间存在被税务主管机关处以600元罚款的税务违法违节记录，截至2014年7月3日时代华影无欠缴税款。

信达律师认为，公司整体变更设立时，自然人股东未缴纳个人所得税的情形，不符合税法相关规定；自然人股东已就个人所得税的情况作出承诺，上述规范措施避免公司由此造成损失。

税务局对公司处以小额罚款对公司经营的影响

根据公司对的税务、工商等主管政府部门出具的证明，并经核查，公司最近24个月除2011年2月11日—2014年7月2日期间被税务主管机关处以600元罚款的税务违法违节记录，公司不存在其他违法行为。

根据《中华人民共和国税收征收管理法》第六十条规定，纳税人未按照规定的期限申报办理税务登记、变更或者注销登记的，由税务机关责令限期改正，可以处二千元以下的罚款；情节严重的，处二千元以上一万元以下的罚款。

综上核查，信达律师认为，公司上述税务罚款不构成重大违法违规，公司最近24个月合法合规经营，不存在重大违法违规情形。

专家点评

公司自然人股东未缴纳个人所得税时，纳税义务人为股东个人；公司税务罚款600元，显然情节轻微，以上均对公司挂牌不产生实质性障碍。

【案例8】公司整体变更时，自然人股东未缴纳个人所得税——蓝贝望（股票代码：430242）

企业背景

北京蓝贝望生物医药科技股份有限公司成立于2003年，是注册在中关村科技园区的高新技术企业。是一家拥有10多年研发经验的专业化的新药研发机构，建立了高素质的科技研发团队和成熟的技术平台。

公司的解决方案：一是如实披露；二是自然人股东出具承诺函，承担全部责任。

2013年1月29日，公司三位自然人股东温光辉、宛六一、李春红出具《承诺函》，承诺蓝贝望有限整体变更为股份有限公司，股东应缴纳的个人所得税，由全体自然人股东按持股比例承担，与蓝贝望股份公司无关，若因此导致蓝贝望股份遭受任何损失和处罚，由全体自然人股东按出资比例承担。

专家点评

自然人股东就公司整体变更时需要缴纳的个人所得税出具承诺，是常规的处理方法。

第二节　深度解析

一、拟新三板挂牌企业涉及到的税务问题主要包括：

新三板挂牌前的税务问题主要有企业改制时资本公积、未分配利润转增股本税务问题；

企业改制重组有关契税、营业税、土地增资税问题；

企业改制重组有关个人所得税处理；

企业改制重组有关股权支付特殊税务处理。

二、有限公司整体变更时净资产折股所涉及到的企业所得税问题

有限责任公司整体变更时，除注册资本外的资本公积、盈余公积及未分配利润转增股本按以下情况区别纳税：

（一）资本公积、盈余公积及未分配利润中属于个人股东的部份

（1）资本公积中转增股本时不征收个人所得税。根据《国家税务总局关于股份制企业转增股本和派发红股征免个人所得税的通知》（国税发［1997］198号）的规定，

股份制企业用资本公积金转增股本不属于股息、红利性质的分配，对个人取得的转增股本数额，不作为个人所得，不征收个人所得税。

（2）盈余公积及未分配利润转增股本时应当缴纳所得税，股份制企业用盈余公积金及未分配利润转增股本属于股息、红利性质的分配，对个人取得的红股数额，应作为个人所得征税。

（二）资本公积、盈余公积及未分配利润中属于法人股东的部份

根据《国家税务总局关于企业股权投资业务若干所得税问题的通知》（国税发〔2000〕118号）规定，“除另有规定者外，不论企业会计账务中对投资采取何种方法核算，被投资企业会计账务上实际做利润分配处理（包括以盈余公积和未分配利润转增资本）时，投资方企业应确认投资所得的实现”。因此，有限责任公司整体变更为股份有限公司视同于利润分配行为，按以下原则处理：

（1）资本公积不属于利润分配行为，不缴纳企业所得税。

（2）盈余公积和未分配利润进行转增时视同利润分配行为。不同于个人股东，公司制企业进行分红时，法人股东是不需要缴纳所得税。但如果法人股东与公司所适用的所得税率不一致时，法人股东是需要补缴所得税差额部份。

三、补缴历史年度欠缴税款问题

在申请挂牌过程中，很多企业涉及到补缴历史年度欠缴税款问题，其原因是多方面的，比较典型的是由于政府出于发展地方经济、招商引资的考虑对企业采取了较为宽松的税收政策，其中一部分可能与国家税收政策存在一定程度的冲突，当然也有部分企业因综合税负太高，而产生避税的动机。从实践中看，新三板企业比申请IPO的企业在财务上往往更加薄弱，对设置账外账、账目不清、信息失真、财务管理混乱等现象的规范可能都比IPO企业情况难度大一些。尤其是在申请挂牌以前，很多企业的利润并没有实际释放出来，纳税申报表上的利润通常低于企业实际的利润水平。

总体上来看，新三板企业在规范过程中涉及补交税款的金额的总金额普遍低于IPO企业，主要原因还是新三板企业普遍规模仍然较小，且新三板对于企业盈利规模并无要求；另一方面，如果结合各地方政府对于申请挂牌的企业提供的税收优惠，并且获得主管税务机关的减免、缓征税款的书面同意的话，总体上看解决的难度并不大，规范即可，着重关注企业挂牌以后的财务规范运行。

补缴税款问题对申请挂牌企业的影响比较大的方面可能在于报告期内的税务合规问题。一个常见的问题是公司被收取税收滞纳金算不算情节严重的税收违法行为?《中华人民共和国税收征收管理法》第三十二条规定："纳税人未按照规定期限缴纳税款的，扣缴义务人未按照规定期限解缴税款的，税务机关除责令限期缴纳外，从滞纳税款之日起，按日加收滞纳税款万分之五的滞纳金。"如果公司仅仅被收取税收滞纳金，这不算是情节严重的税收违法行为。

因此，律师在尽职调查时应调查企业是否有违反税收法律、行政法规，受到行政处罚，且情节严重的行为。这里需要注意的是，一般的税收违法行为并不影响企业挂牌，只有情节严重的税收违法行为才对挂牌构成实质性法律障碍。对于企业报告期内税收合规情况的判断，还应当以税收主管机关出具的合规证明认定的事实为准。

四、税收优惠问题

（一）如何认定企业执行的税收优惠政策的合法性

根据《中华人民共和国税收征收管理法实施细则》规定，与国家税收法律、行政法规相抵触，或未经过国家法律法规明确授权地方政府自行制定的地方性税收法规和地方政府规节，不能作为公司享受税收优惠的依据。

部分地方给予企业的税收优惠政策尽管与国家政策不符合，但只要地方的政策是明文规定的，且股东承诺如果发生被追缴的情况时承担补缴的责任，审核中一般是认可的。

目前新三板在税收优惠方面重点关注以下问题：

（1）发行人报告期所享受的税收优惠政策与国家税收法规政策是否存在不符，如果企业享受的税收优惠政策存在与国家现行税收法律、行政法规不符或者越权审批的情况，申报企业应当提供省级税务部门出具的确认文件，并由律师出具法律意见。

如果地方税收优惠违反国家法律法规，需地方税收主管部门出具确认文件、在重大事项中作专家点评性说明、露被追缴税款的责任承担主体。中介机构需对企业合规性发表明确意见，说明是否重大违法。如果税收方面受到过处罚，要求税收主管部门出具文件是否构成重大违法的确认文件。

（2）对于不符合国家税法规定的或者违反国家税法的地方性税收优惠政策可能存在被追缴（包括滞纳金）风险的，应在挂牌文件中作可能被追缴税款的风险专家点评，并要求由发行前原股东承诺承担。

五、核定征税问题

部分创业型企业在报告期内属于小规模纳税人，执行核定征收增值税的规定，属于新三板业务特有的税收情况，在主板或创业版企业都不会出现。

2008 年颁布的《增值税暂行条例实施细则》第二十八条规定：“条例第十一条所称小规模纳税人的标准为：（一）从事货物生产或者提供应税劳务的纳税人，以及以从事货物生产或者提供应税劳务为主，并兼营货物批发或者零售的纳税人，年应征增值税销售额在 50 万元以下（含本数，下同）的；（二）除本条第一款第（一）项规定以外的纳税人，年应税销售额在 80 万元以下的。本条第一款所称以从事货物生产或者提供应税劳务为主，是指纳税人的年货物生产或者提供应税劳务的销售额占年应税销售额的比重在 50% 以上。”因为小规模纳税人是指年销售额在规定标准以下，并且会计核算不健全，不能按规定报送会计资料，实行简易办法征收增值税的纳税人，而新三板申报企业要求应按照《企业会计准则》的规定编制并披露报告期内的财务报表，所以如果在报告期存在核定征税问题的企业，在准备申报挂牌之前，应尽快根据会计师的意见调整为一般纳税人，并规范公司财务管理制度和内控制度。

六、企业改制时将产权以股份形式量化到个人所涉及的个人所得税问题

根据《国家税务总局关于联想集团改制员工取得的用于购买企业国有股权的劳动分红征收个人所得税问题的通知》（国税函［2001］832 号）的税收要求，个人无偿获得的股份应当按以下方法缴纳：

（1）企业在公司制改造时将有关资产无偿以股份方式量化到个人时，包括企业将历年积存的劳动分红以股份形式量化到个人时，都必须按“工资、薪金所得”项目计征个人所得税，税款由公司代扣代缴。

（2）公司给员工免费赠送股票（股权），无偿给职工配股时，其实质上是公司将一部分股份无偿转让给雇员。对个人取得的这部分股份属于因受雇而取得的报酬，应按取得股权的公允价值（或市价），依照“工资薪金所得”项目征收个人所得税。

七、关于个人股票期权所得征收个人所得税问题

2005 年 4 月 19 日，财政部、国家税务总局发布了《关于个人股票期权所得征收个

人所得税问题的通知》（财税［2005］35 号）对企业员工（包括在中国境内有住所和无住所的个人）参与企业股票期权计划而取得的所得征收个人所得税问题作了明确规定。

（一）关于员工股票期权所得征税问题

实施股票期权计划的企业授予该企业员工的股票期权所得，应按《中华人民共和国个人所得税法》及其实施条例有关规定征收个人所得税。

企业员工股票期权（以下简称股票期权），是指上市公司按照规定的程序授予本公司及其控股企业员工的一项权利，该权利允许被授权员工在未来时间内以某一特定价格购买本公司一定数量的股票。

上述“某一特定价格”被称为“授予价”或“施权价”，即根据股票期权计划可以购买股票的价格，一般为股票期权授予日的市场价格或该价格的折扣价格，也可以是按照事先设定的计算方法约定的价格；“授予日”，也称“授权日”，是指公司授予员工上述权利的日期；“行权”，也称“执行”，是指员工根据股票期权计划选择购买股票的过程；员工行使上述权利的当日为“行权日”，也称“购买日”。

（二）关于股票期权所得性质的确认及其具体征税规定

员工接受实施股票期权计划企业授予的股票期权时，除另有规定外，一般不作为应税所得征税。

员工行权时，其从企业取得股票的实际购买价（施权价）低于购买日公平市场价（指该股票当日的收盘价，下同）的差额，是因员工在企业的表现和业绩情况而取得的与任职、受雇有关的所得，应按“工资、薪金所得”适用的规定计算缴纳个人所得税。

对因特殊情况，员工在行权日之前将股票期权转让的，以股票期权转让的净收入，作为工资薪金所得征收个人所得税。

员工行权日所在期间的工资薪金所得，应按下列公式计算工资薪金应纳税所得额：

股票期权形式的工资薪金应纳税所得额 =（行权股票的每股市场价 − 员工取得该股票期权支付的每股施权价）× 股票数量

员工将行权后的股票再转让时获得的高于购买日公平市场价的差额，是因个人在证券二级市场上转让股票等有价证券而获得的所得，应按照“财产转让所得”适用的征免规定计算缴纳个人所得税。

员工因拥有股权而参与企业税后利润分配取得的所得，应按照“利息、股息、红利所得”适用的规定计算缴纳个人所得税。

（三）关于工资薪金所得境内外来源划分

按照《国家税务局关于在中国境内无住所个人以有价证券形式取得工资薪金所得确定纳税义务有关问题的通知》（国税函［2000］190号）有关规定，需对员工因参加企业股票期权计划而取得的工资薪金所得确定境内或境外来源的，应按照该员工据以取得上述工资薪金所得的境内、外工作期间月份数比例计算划分。

（四）关于应纳税款的计算

认购股票所得（行权所得）的税款计算。员工因参加股票期权计划而从中国境内取得的所得，按本通知规定应按工资薪金所得计算纳税的，对该股票期权形式的工资薪金所得可区别于所在月份的其他工资薪金所得，单独按下列公式计算当月应纳税款：

应纳税额＝（股票期权形式的工资薪金应纳税所得额/规定月份数×适用税率－速算扣除数）×规定月份数

上款公式中的规定月份数，是指员工取得来源于中国境内的股票期权形式工资薪金所得的境内工作期间月份数，长于12个月的，按12个月计算；上款公式中的适用税率和速算扣除数，以股票期权形式的工资薪金应纳税所得额除以规定月份数后的商数，对照《国家税务总局关于印发〈征收个人所得税若干问题的规定〉的通知》（国税发［1994］089号）所附税率表确定。

转让股票（销售）取得所得的税款计算。对于员工转让股票等有价证券取得的所得，应按现行税法和政策规定征免个人所得税，即个人将行权后的境内上市公司股票再行转让而取得的所得，暂不征收个人所得税；个人转让境外上市公司的股票而取得的所得，应按税法的规定计算应纳税所得额和应纳税额，依法缴纳税款。

参与税后利润分配取得所得的税款计算。员工因拥有股权参与税后利润分配而取得的股息、红利所得，除依照有关规定可以免税或减税的外，应全额按规定税率计算纳税。

（五）关于征收管理

扣缴义务人。实施股票期权计划的境内企业为个人所得税的扣缴义务人，应按税法规定履行代扣代缴个人所得税的义务。

自行申报纳税。员工从两处或两处以上取得股票期权形式的工资薪金所得和没有扣缴义务人的，该个人应在个人所得税法规定的纳税申报期限内自行申报缴纳税款。

报送有关资料。实施股票期权计划的境内企业，应在股票期权计划实施之前，将企业的股票期权计划或实施方案、股票期权协议书、授权通知书等资料报送主管税务机关；应在员工行权之前，将股票期权行权通知书和行权调整通知书等资料报送主管税务机关。

扣缴义务人和自行申报纳税的个人在申报纳税或代扣代缴税款时，应在税法规定的纳税申报期限内，将个人接受或转让的股票期权以及认购的股票情况（包括种类、数量、施权价格、行权价格、市场价格、转让价格等）报送主管税务机关。

实施股票期权计划的企业和因股票期权计划而取得应税所得的自行申报员工，未按规定报送上述有关报表和资料，未履行申报纳税义务或者扣缴税款义务的，按《中华人民共和国税收征收管理法》及其实施细则的有关规定进行处理。

（六）关于执行时间

该通知自2005年7月1日起执行。《国家税务总局关于个人认购股票等有价证券而从雇主取得折扣或补贴收入有关征收个人所得税问题的通知》（国税发［1998］9号）的规定与本通知不一致的，按该通知规定执行。

八、企业高级管理人员获得股票认购权所涉及的个人所得税问题

根据《中华人民共和国个人所得税法》和有关规定，企业有股票认购权的高级管理人员，在行使股票认购权时的实际购买价（行权价）低于购买日（行权日）公平市场价之间的数额，属于个人所得税“工资、薪金所得”应税项目的所得，应按照《国家税务总局关于个人认购股票等有价证券而从雇主取得折扣或补贴收入有关征收个人所得税问题的通知》（国税发［1998］9号）的规定缴纳个人所得税，税款由企业负责代扣代缴。

个人在股票认购权行使前，将其股票认购权转让所取得的所得，应并入其当月工资收入，按照“工资、薪金所得”项目缴纳个人所得税。

对个人在行使股票认购权后，将已认购的股票（不包括境内上市公司股票）转让所取得的所得，应按照“财产转让所得”项目缴纳个人所得税。

九、科研机构、高等学校转化职务科技成果以股份或出资比例奖励个人时所涉及的个人所得税问题

根据财政部、国家税务总局《关于促进科技成果转化有关税收政策的通知》（财税［1999］45号）的规定，科研机构、高等学校转化职务科技成果以股份或出资比例等股权形式奖励个人时，执行以下个人所得税政策：

科研机构、高等学校转化职务科技成果以股份或出资比例等股权形式给予个人奖励，获奖人在取得股份、出资比例时，暂不缴纳个人所得税；取得按股份、出资比例分红或转让股权、出资比例所得时，应依法缴纳个人所得税。

第十二章　同业竞争的八个问题

【案例1】通过对潜在的同业竞争进行清理，控股股东作出不同业竞争的承诺来解决——云叶股份（股票代码：831663）

【案例2】通过转让关联企业的方式规范同业竞争——派尔科（股票代码：430661）

【案例3】划分业务专属行业，证明不存在同业竞争——东软慧聚（股票代码：430227）

【案例4】出具承诺，限期解决潜在同业竞争问题——普华科技（股票代码：430238）

【案例5】同属于一大行业但不竞争的情况——朋万科技（股票代码：836011）

【案例6】相同行业中不同的细分领域，需要采取措施并作出承诺——欧密格（股票代码：832059）

【案例7】质疑股权转让的真实性——迪尔化工（股票代码：831304）

【案例8】通过注销关联公司消除同业竞争的情况——金日创（股票代码：430247）

第一节　典型案例

原则上来说，同业竞争属于监管红线，必须消除。但是新三板和 IPO 的监管理念有所差异，根据 2013 年 12 月 30 日修订的《全国中小企业股份转让系统公开转让说明书内容与格式指引（试行)》，其中第十二条明确规定，申请挂牌公司应披露是否存在与控股股东、实际控制人及其控制的其他企业从事相同、相似业务的情况；对存在相同、相似业务的，应对是否存在同业竞争做出合理解释。申请挂牌公司应披露控股股东、实际控制人为避免同业竞争采取的措施及做出的承诺；申请挂牌公司应披露控股股东、实际控制人为避免同业竞争采取的措施及做出的承诺。可见，新三板在一定条件下可以容忍同业竞争，但若不能给出合理解释，企业则很难被新三板接受，且需要实际控制人出具为避免同业竞争采取的措施及做出的承诺。

因此，最好拟挂牌企业不要存在同业竞争的情况，即使有也应进行梳理并整改。已经有很多挂牌企业的案例可以作为参考的例子。

【案例 1】通过对潜在的同业竞争进行清理，控股股东作出不同业竞争的承诺来解决——云叶股份（股票代码：831663)

企业背景

云南云叶化肥股份有限公司是集科研、生产、销售、服务、设备和技术出口于一体的现代农业产业化企业，始建于 1994 年，是中国烟草总公司烤烟专用肥定点生产企业。

焦点问题

企业的同业竞争规范措施的实际执行情况、规范措施的有效性及合理性。

（一）潜在同业竞争解决情况

本次收购前，公司实际控制人杨发祥实际控制的企业中，滇兴农与满好肥料主营业务均为化肥销售，与公司存在一定程度的业务竞争。为解决潜在同业竞争问题，公司对前述企业进行了收购，收购后不存在同业竞争问题。

本次收购分为两步，首先由滇兴农收购满好肥料58%股权，即滇兴农通过股权转让，持股比例由原35%增至93%；其次由云叶股份以新增发股份收购滇兴农55%股权，即滇兴农股东祥茂投资、于音、李玉华以其持有的滇兴农合计55%股权对云叶增资，认购云叶股份新增发股份。

2014年8月29日，滇兴农完成工商变更登记，云叶股份成为滇兴农股东，持股比例55%。2014年9月2日，云叶股份针对祥茂投资、于音、李玉华前述增资事项在云南省工商局完成变更登记，云叶股份注册资本变更为5，217.6988万元。至此，滇兴农成为云叶股份控股子公司，完全消除潜在同业竞争。

（二）同业竞争规范措施

2014年9月，控股股东祥茂贸易出具承诺："本公司作为云南云叶化肥股份有限公司（以下简称"云叶股份"）控股股东，目前本公司及其本公司控制的公司未直接或间接从事与云叶股份存在同业竞争的业务及活动。为避免与云叶股份产生新的或潜在的同业竞争，本公司承诺如下：

本公司及本公司控制的公司将不直接或间接从事或参与任何在商业上对云叶股份及其子公司构成竞争的业务及活动；将不直接或间接开展对公司有竞争或可能构成竞争的业务、活动或拥有与公司存在同业竞争关系的任何经济实体、机构、经济组织的权益；或以其他任何形式取得该经济实体、机构、经济组织的控制权；本公司在作为云叶股份股东期间，本承诺持续有效；本公司愿意承担因违反上述承诺而给股份公司造成的全部经济损失。"

综上，中介机构认为，公司不存在与控股股东、实际控制人及其控制的其他企业从事相同、相似业务的情况；公司同业竞争规范措施的实际执行、规范措施有效、合理。

专家点评

同业竞争是指企业所从事的业务与其控股股东、实际控制人及其所控制的企业所从事的业务相同或近似，双方构成或可能构成直接或间接的竞争关系。IPO对同业竞争问题"零容忍"态度，新三板挂牌有限度宽松，但企业同业竞争情况必须在可预期的时间内解决。

【案例2】通过转让关联企业的方式规范同业竞争——派尔科（股票代码：430661）

企业背景

上海“派尔科”创建于1995年，上海派尔科化工材料有限公司成立于2004年，现注册资金一亿元。公司主要致力于有机化学品和电子化学品先进工艺的开发和产业化，通过高效、稳定、环保的专业性生产，为医药、农药、香料和电子等行业提供高品质原材料和环保型溶剂以及电子级溶剂。

案例解读

派尔科实际控制人石康明原控制的嵘石技术、奥雪高分子与公司业务有所相同或类似，通过股权转让关联企业股权的方式消除了同业竞争。

上海嵘石技术实业技术有限公司的前身为上海派尔科技术实业有限公司，上海派尔科技术实业有限公司原股东为石康明、洪代文，经营范围变更后与公司的经营范围不再相同，之前的经营范围同公司存在一定程度上类似。2013年5月27日，石康明与周艳艳、洪代文与安婷婷分别签订了《股权转让协议》，约定石康明将其所持上海派尔科技术实业有限公司80%的股权作价80万元转让给周艳艳；洪代文将其所持上海派尔科技术实业有限公司20%的股份作价20万元转让给安婷婷。此次转让行为真实合法，周艳艳为石康明的外甥女，双方没有其他协议或利益安排。

上海奥雪高分子纳米材料有限公司原股东为石康明、李吉琴，经营范围同公司并不类似，在实际经营过程中也未从事同派尔科化工相同或类似的业务活动。2013年5月16日，石康明与安婷婷签订了《股权转让协议》，约定石康明将其所持上海奥雪高分子纳米材料有限公司50%的股权作价25万元转让给安婷婷。此次股权转让行为真实合法，安婷婷为石康明配偶金宗莲的外甥女，双方没有其他协议或利益安排。

上述股权转让各方均出于自愿、真实的意思表示，且上述股权转让事宜业已履行必要程序，股权转让价款已实际支付，且已办妥股权转让的工商登记手续。上述股权转让后，嵘石技术和奥雪高分子不属于派尔科化工的关联法人，但报告期内由石康明实际控制，故报告期内嵘石技术和奥雪高分子是派尔科化工的关联企业。公司实际控制人石康明不再以任何方式继续控制嵘石技术、奥雪高分子，两家公司与派尔科化工在业务、资产、人员、财务、机构等方面均相互独立。

故此，控股股东、实际控制人石康明没有从事与公司构成同业竞争的行为。公司与其他股东、董事、高级管理人员、核心技术人员控制的企业之间不存在同业竞争情况。

专家点评

拟挂牌公司将竞争性业务关联公司的股权转让，是解决同业竞争的主要思路。转让途径可以有两种，一种是转让给无关联的第三方，另一种是转让给拟挂牌公司，成为其全资子公司。企业在申报材料的时候提供控股股东及实际控制人今后不再进行同业竞争的有法律约束力的书面承诺，也是必要的。

【案例3】划分业务专属行业，证明不存在同业竞争——东软慧聚（股票代码：430227）

企业背景

北京东软慧聚信息技术股份有限公司是东软集团旗下专注于高端应用软件咨询服务及相关集成业务的子公司，是东软集团在企业应用领域的主要业务单元。

东软慧聚就同业竞争问题的解决方案是：

第一，控股股东对相似子公司进行业务专属行业划分；

第二，控股股东出具承诺函，承诺挂牌后将相似资产转入挂牌公司。

1. 公司与控股股东及其控制的其他企业之间同业竞争情况

公司与辽宁东创的控股股东东软集团下辖的 ERP 事业部的部分业务重合，都有 ERP 实施与运维服务业务，该部分业务存在潜在同业竞争关系。

为解决此潜在竞争业务，也为规范集团内部经营范围，2009 年东软集团对公司和集团辖下的“ERP 事业部”（现已并入并成为“解决方案事业部”的部分业务内容）的目标市场进行了明确的划分，设定了各自业务的专属行业，其中：“ERP 事业部”负责石油、地铁、柴油机、重工、钢铁、家电等行业，北京东软慧聚信息技术有限公司负责烟草行业（包括工业、商业、物资及烟机设备配套企业）、电力行业（包括电网、发电企业）及“ERP 事业部”未涉及的其他行业。

除上述情况外，东软集团控制的企业与公司在烟草行业（包括工业、商业、物资及烟机设备配套企业）、电力行业（包括电网、发电企业）及以下行业（石油、地铁、柴油机、重工、钢铁、家电、汽车、医药）之外的SAP ERP及ORACLEERP咨询服务领域不存在同业竞争情况；公司与控股股东及其控制的企业、其他持股5%以上的主要股东之间不存在同业竞争情况。

2. 关于避免同业竞争的承诺

2012年12月21日，公司控股股东、其他股东、董事、高级管理人员及核心技术人员出具《避免同业竞争承诺函》，表示不从事或参与与股份公司存在同业竞争的行为，并承诺：将不在中国境内外直接或间接从事或参与任何在商业上对股份公司构成竞争的业务及活动，或拥有与股份公司存在竞争关系的任何经济实体、机构经济组织的权益，或以其他任何形式取得该经营实体、机构、经济组织的控制权，或在该经营实体、机构、经济组织中担任高级管理人员或核心技术人员。

鉴于公司董事贾彦生担任东软集团解决方案事业部总经理一职，该部门的部分业务与公司ERP业务重合，存在潜在的同业竞争关系，且东软集团已出具《关于避免与北京东软慧聚信息技术股份有限公司产生同业竞争行为的措施说明》，对如何解决贾彦生任职部门与公司存在的潜在同业竞争问题做出了承诺。因此，待东软集团履行完毕《关于避免与北京东软慧聚信息技术股份有限公司产生同业竞争行为的措施说明》之后，董事贾彦生于东软集团所任职部门将不会同公司存在潜在的同业竞争关系。因此，董事贾彦生将在东软集团解决该潜在同业竞争问题之后履行上述避免同业竞争承诺。

2012年12月21日，东软集团出具了《关于避免与北京东软慧聚信息技术股份有限公司产生同业竞争行为的措施说明》，说明中称，自2009年以来，除了从内部经营范围和管理上进行规范以及对目标市场进行明确的专属划分，设定各自的专属业务行业并严格遵守，避免产生矛盾和竞争外，东软集团为彻底解决将来可能产生新的或潜在的同业竞争，承诺在公司挂牌后，将把该部分存在潜在同业竞争的业务进行拆分，并分批转让至公司，以彻底解决潜在的同业竞争问题。

2013年4月18日，东软集团出具了《关于所控制企业避免与北京东软慧聚信息技术股份有限公司产生同业竞争行为的措施说明》，表示东软集团所控制的企业将不从事任何在商业上对公司在烟草行业（包括工业、商业、物资及烟机设备配套企业）、电力行业（包括电网、发电企业）及以下行业（石油、地铁、柴油机、重工、钢铁、家电、汽车、医药）之外的SAP ERP及ORACLE ERP咨询服务业务构成竞争的业务。

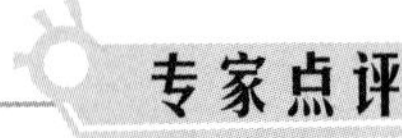

专家点评

同业未必一定竞争，如拟挂牌公司与竞争方存在明显细分市场差别，或从事的业务有完全不同的客户对象、完全不同的市场区域等，拟挂牌公司与竞争方没有利益冲突情形，根据实质重于形式原则，一般不会认定为实质性同业竞争。

【案例4】出具承诺，限期解决潜在同业竞争问题——普华科技（股票代码：430238）

企业背景

普华科技是专业项目管理整体解决方案著名提供商，中国项目管理信息化建设领域的领导企业。自1992年成立至今，一直致力于项目管理及相关事业，努力将国外项目管理先进理念与国内管理特色相结合的最佳实践经验应用并普及到所有项目活动中，提供全面的项目管理服务和信息化解决方案。

公司的解决方案是：

控股股东承诺在限期内变更营业范围，若未完成变更则转让给第三方；

承诺不从事竞争性业务。

长沙普兴自设立以来，与公司没有关联交易，但由于其控股股东石淑珍持有普华科技2.7%的股权，且担任普华科技董事会秘书一职，为了避免长沙普兴与公司存在的潜在同业竞争，2012年11月20日，石淑珍郑重承诺：

“1. 本人于2013年6月30日前办理公司名称、法定代表人、营业范围的变更，变更后的营业范围将不包括信息技术服务、电子产品的销售等类似内容，保证长沙普兴不从事与普华科技相似的业务，只经营新型农产品的销售和推广以及其他贸易、咨询类业务；

2. 若本人在2013年6月30日前不能完成第一项的承诺事项，届时本人会将长沙普兴的股权转让给无关联第三方。

如若本人因违反上述承诺内容，给普华科技造成损失的，相应的损失由本人承担。”

专家点评

同业竞争一般是指公司与公司实际控制人控制的其他企业所产生的关系，从审慎的角度出发公司实际控制人参股的其他企业如存在与公司主营业务的竞争关系也是需要加以解决的。

【案例5】同属于一大行业但不竞争的情况——朋万科技（股票代码：836011）

企业背景

成都朋万科技股份有限公司成立于2011年7月，自成立至今，公司坚定地以打造具有影响力的精品游戏作为研发理念。

焦点问题

公司第一大股东孟书奇投资的公司是否与公司存在同业竞争，详细说明判断依据及合理性。

（一）孟书奇对外投资公司信息

根据孟书奇本人提供材料并经本所律师核查，除成都朋万科技股份有限公司外，孟书奇对外投资的其他公司信息如下：

1. 孟书奇直接投资的公司或企业

（略）

（二）与朋万科技经营范围的比较

公司现持有成都市工商局核发的注册号为510109000189650的《营业执照》，营业范围为设计、开发、销售计算机软硬件；计算机系统集成；网络工程设计、施工（凭资质许可证从事经营）；网页设计；计算机技术支持服务、技术咨询、技术服务、技术推广；数字内容服务；动漫设计；（依法须经批准的项目，经相关部门批准后方可开展经营活动)。

结合朋万科技经营范围，经对比孟书奇投资公司的经营范围，与公司经营范围重合的公司为第七大道、千奇网络、前海幻境、霍尔果斯第七大道、蒙太利奇。

(表略)

(三) 同业竞争分析

1. 深圳第七大道科技有限公司

经核查，本所律师认为第七大道与朋万科技不存在竞争关系，依据如下:

(1) 孟书奇非第七大道控股股东、实际控制人。

《中华人民共和国公司法》第二百一十六条: "本法下列用语的含义:……(二)控股股东，是指其出资额或者持有股份的比例虽然不足百分之五十，但依其出资额或者持有的股份所享有的表决权已足以对股东会、股东大会的决议产生重大影响的股东。(三)实际控制人，是指虽不是公司的股东，但通过投资关系、协议或者其他安排，能够实际支配公司行为的人"。

《全国中小企业股份转让系统挂牌公司信息披露细则(试行)》

第四十八条"(五)控股股东:指其持有的股份占公司股本总额50%以上的股东;或者持有股份的比例虽然不足50%，但依其持有的股份所享有的表决权已足以对股东大会的决议产生重大影响的股东。(六)实际控制人:指通过投资关系、协议或者其他安排，能够支配、实际支配公司行为的自然人、法人或者其他组织。(七)控制:指有权决定一个公司的财务和经营政策，并能据以从该公司的经营活动中获取利益。有下列情形之一的，为拥有挂牌公司控制权:1. 为挂牌公司持股50%以上的控股股东;2. 可以实际支配挂牌公司股份表决权超过30%;3. 通过实际支配挂牌公司股份表决权能够决定公司董事会半数以上成员选任;4. 依其可实际支配的挂牌公司股份表决权足以对公司股东大会的决议产生重大影响;5. 中国证监会或全国股份转让系统公司认定的其他情形"。

经核查，第七大道目前股东及股权比例为:上海永翀投资中心(有限合伙)(35.1%)、孟书奇(23.4961%)、无锡熠耀投资中心(有限合伙)(持股17.5%)、胡敏(持股16.5573%)、刘靖(持股10.9466%)。

永翀投资与熠耀投资的执行事务合伙人均为上海京仁资产管理有限公司。第七大道其他股东胡敏、孟书奇、刘靖已分别出具声明，承诺与其他自然人股东不存在任何关于一致行动的协议或约定，也不存在其他通过投资关系、协议或者其他安排，使本人具有能够支配、实际支配第七大道的控制权。

经查询第七大道在全国企业信用信息公示系统的变更记录，在2015年11月之前，永翀投资持有公司100%股权。目前，永翀投资为公司第一大股东，根据永翀投资及第七大道出具的声明，2015年8月4日，永翀投资从北京畅游时代数码技术有限公司受让第七大道100%的股权后，为了实现第七大道所有权与经营权分离的现代公司治理，永翀投资联同其他机构投资者实际上将第七大道的经营权托付给了以孟书奇为首的职业经理人团队，由孟书奇担任第七大道的董事长兼总经理。但孟书奇在执行公司事务时仍然要以股东会决议为准。

第七大道公司章程规定，公司修改公司章程、增加或者减少注册资本的决议，以及公司合并、分立、解散或者变更公司形式的决议，必须经代表三分之二以上表决权的股东通过；除上述情形的股东会决议，应经全体股东人数二分之一以上，并且代表二分之一以上表决权的股东通过。在股东会上，孟书奇为第二大股东，享有23.4961%表决权，且与其他股东并不存在一致行动协议，可以实际支配公司股权表决权未超过30%。因而，孟书奇并不能够决定公司董事会半数以上成员选任，也不能对公司股东会的决议产生重大影响，不是第七大道的控股股东和实际控制人。

综上，本所律师认为，虽然孟书奇为第七大道第二大股东，且担任公司董事长兼总经理职务，但结合《公司法》对控股股东、实际控制人认定的规定以及参考《信息披露细则（试行）》相关规定，孟书奇并不是第七大道控股股东、实际控制人，第七大道不应认定为朋万科技第一大股东孟书奇所控制的企业。

（2）第七大道与朋万科技不存在竞争关系。

虽然第七大道和朋万科技均为网页游戏研发企业，但第七大道是国内知名的回合制RPG网页游戏研发商，其代表作为《弹弹堂》和《神曲》，朋万科技是ARPG网页游戏研发商，其代表作为《神创天下》和《琅琊榜》。对于网页游戏研发商而言，开发经营回合制页游产品与开发ARPG页游产品，在游戏设计思路、研发技术、市场定位和受众人群等方面都有着本质的区别，具体表现在：

①设计思路不同。

回合制RPG网页游戏，指在游戏中遇到敌方时转到战斗界面，敌方在屏幕的一端，己方在屏幕的另一端，论回合依次行动，直至战斗结束，回到正常游戏界面的游戏方式。回合制游戏节奏较慢，操作简单，是一种娱乐社交类游戏，而不是高速竞技游戏。

具体而言，该类网页游戏产品在设计思路上有以下特点：

A. 回合制 RPG 网页游戏一般都采用 2D 的形式，不强调战斗，不会给人强烈的直观感受；

B. 回合制 RPG 网页游戏强调社区和交流，依靠口碑传播和群体效应来吸引更多玩家的；

C. 回合制 RPG 网页游戏因游戏节奏和升级较慢，需要玩家在较长时间内才能体会到这类游戏的乐趣；

D. 回合制 RPG 网页游戏通常比 ARPG 网页游戏（一般为即时制）更有故事性；

E. 回合制 RPG 网页游戏无法提供紧张刺激的战斗，为了提高游戏的趣味性，通常会设计其他诸如诸如家园系统、帮派系统、坐骑系统等等来吸引玩家。

ARPG 网页游戏（中文含义为“动作角色扮演类游戏”）相比回合制 RPG 网页游戏，具有后者所不能提供的真实战斗感，从而受到广大玩家的青睐。ARPG 网页游戏的所谓“动作”，指角色的动作（特别是攻击动作）与玩家的操作（如点击鼠标）密切相关的，即玩家在玩 ARPG 类游戏时，像是在玩一款格斗游戏的同时，又在玩一款有剧情的 RPG 游戏。ARPG 类游戏节奏较快，玩家注重游戏视觉的冲击感，游戏操作较为复杂，特别突出体现玩家个体在游戏中的获得和成就感。

具体而言，该类网页游戏产品在设计思路上有以下特点：

A. ARPG 网页游戏吸收了动作游戏的特长，将激烈的打斗场面融入其中，使得节奏大大加快，更容易也更直接地调动了玩家的参与欲望；

B. ARPG 网页游戏使用了动作游戏的引擎，在战斗上参与度上明显高于回合制 RPG 网页游戏，突破了传统 RPG 网页游戏固定的回合制，从而给予玩家更多施展身手的空间。

②研发技术存在壁垒。

回合制 RPG 网页游戏与 ARPG 网页游戏对对引擎技术的要求完全不同，回合制游戏在战斗过程中不要求通信的高即时性，主要采用大数据块定时结算，通过前端数据解析进行伪表现，实际结果早已产生；ARPG 网页游戏则在战斗过程中恰恰要求非常高的通信即时性，利用小数据块快速交互，保障战斗的即时真实演算和流畅，战斗结果直到最后一刻才能判定。

两种游戏产品引擎技术架构对比：

公司名称	服务器技术架构	客户端技术架构
第七大道	Java 服务端框架：Spring，Ibatis，Mina（网络通讯框架），XMemcached（高速缓存）	采用 flash2D 技术，使用 2D 加速，2D 粒子特效技术
朋万科技	分布式服务器架构；C + + 和 boost 搭建框架；逻辑层采用 Lua 脚本；通讯模型采用 TOCP；自主研发的高效数据处理和压缩算法	采用 flash3D，使用 3D 模型及粒子，配套多种自研编辑器

由上表对比可得，这两种类型游戏的服务器技术和客户端技术完全不同。研发一套引擎技术，游戏研发商需要通过长时间的摸索、积累和实践；另一方面，引擎技术的优化和提升更是需要通过产品的市场化才能完成。换言之，从事回合制 RPG 网页游戏与 ARPG 网页游戏中任一网页游戏类型产品开发的研发团队，通常很难再开发出另一种类型的游戏引擎。

③市场定位和游戏受众不同。

A. 游戏玩家受众不同。

鉴于朋万科技与第七大道的产品设计思路不同，游戏受众存在较大差别。上述两种类型网页游戏产品的设计思路，注定了这两类游戏的玩家心理和习惯截然不同，回合制 RPG 网页游戏玩家更注重社交，不习惯重度操作或是直接 PK；而 ARPG 网页游戏玩家更喜欢有类似于 ACT 的操作快感和技巧，以及直接和玩家厮杀的乐趣，因此这两类玩家几乎无重合，两类业务经营存在细分客户。

B. 游戏市场定位不同。

此外，从《弹弹堂》和《神曲》这两款取得巨大成功的回合制代表作可以看出，第七大道成立至今八年的时间内，所研发的回合制网页游戏的产品市场定位属于无世界观无文化壁垒的范全球化产品，在游戏表现上以欧美元素为主，地域市场广泛，比较符合不同文化风俗背景的海外（尤其是欧美国家）玩家的需求，因此，使得目前第七大道能够成为在同业中海外市场规模最大收入最高的网页游戏研发商，2010—2013 年连续获得中国"十大海外拓展游戏企业"称号。

而从《神创天下》和《琅琊榜》这两款 ARPG 网页游戏代表作可以看出，朋万科技成立至今五年时间内，所研发的 ARPG 网页游戏以中国传统文化为核心，在表现上以传统中国风为主，符合广大热爱中华民族五千年历史文化背景的玩家群体，因此比较符合国内醉心于传统文化以及受中国文化影响的东南亚玩家。

④第七大道与朋万科技均独立面向市场，不存在资源或机会的争夺转移。

第七大道与朋万科技在游戏产品研发方面，均由两家企业各自所属的研发团队自主研发实现，不存在交叉合作研发关系；在产品发行方面，两家企业也各自独立面向市场，与有关游戏运营商进行商务谈判和开展业务合作，并不存在共享采购、销售渠道（委托开发、代理销售）的情况，也不存在共用同一商标、商号。

孟书奇、孟书奇投资的第七大道及其子公司千奇网络均不是对朋万科技影响较大的主要股东，同时朋万科技及其控股股东、实际控制人刘刚也不是对第七大道影响较大的股东或在第七大道担任重要职务，这意味第七大道及其子公司与朋万科技的日常经营管理均能够独立面向市场，不存在上述三方利用其股东地位侵占或转移朋万科技的商业机会的可能，即便目前第七大道与朋万科技经营相类似的业务，这种同行业内的企业竞争也只会是市场化的公平竞争。

⑤未来发展方向不同。

根据第七大道说明，2015 年以来，第七大道除了继续欧美风格的回合制 RPG 网页游戏的研发外，自 2015 年已将主要研发精力转向了回合制 SRPG 手机游戏的研发上，截止到目前，已研发出依然以欧美风格为主的多款手机游戏，如《神曲世界》《符文英雄》等。其全资子公司千奇网络、前海幻境、霍尔果斯为 SRPG 手游研发商。

而朋万科技则承诺在未来将继续研发中国风为主的 ARPG 网页游戏，力争成为 ARPG 网页游戏研发龙头企业。

综上，本所律师认为，朋万科技和第七大道虽然均为网页游戏研发商，但两公司的游戏产品分别属于网页游戏的不同类型，在设计思路、研发技术、市场定位和游戏受众以及未来发展方向等方面均有很大差异，不构成竞争。

2. 深圳市千奇网络科技有限公司、深圳市前海幻境网络科技有限公司、霍尔果斯第七大道网络科技有限公司根据千奇网络、前海幻境、霍尔果斯第七大道出具的说明，以上三家公司作为第七大道的全资子公司，主营业务均为 SRPG 手机游戏的研发。朋万科技目前正在研发 ARPG 手机游戏。

回合制 SRPG 手游和 ARPG 手游，在游戏设计、引擎技术、战斗体验、游戏受众及付费周期等方面存在显著差异：

在游戏设计上，回合制 SRPG 手游类似于回合制 RPG 页游产品，其特点是游戏节奏较慢，操作简单，注重游戏里的策略性；而 ARPG 手游仍然注重操作和直接 PK，因此这两类手游在游戏设计上延续了同类型的页游的特点。引擎技术上，第七大道子公司主要使用的是 Cocos－2d，朋万科技主要使用 Unity－3d；战斗体验上，回合制 SRPG 手游主要体现策略性，而 ARPG 手游主要体现动作和打击感，因此喜欢回合制 SRPG 手游的玩家很难再选择 ARPG 手游。由于玩家的喜好和游戏习惯的不同，不仅导致两类手游的受众几乎无重合，还使得玩家付费的周期不一样，一般来讲，回合制 SRPG 手游的收费周期持续性更强，玩家付费细水长流；ARPG 手游的周期相对较短，但玩家的付费欲望更强。

第七大道及其子公司与朋万科技均是利用各自在页游熟悉的领域内的技术积累研发手游，因此，SRPG 手游与 ARPG 手游之间同样存在回合制 RPG 网页游戏与 ARPG 网游游戏的前述区别及壁垒，致使在手游研发业务上，第七大道及其子公司与朋万科技也难以相互渗透。朋万科技与上述第七大道子公司之间不构成竞争。

3. 深圳蒙太利奇科技有限公司

根据孟书奇提供材料，蒙太利奇自设立后并没有实际开展业务，且孟书奇出具承诺公司未来也不会开展业务，其将在未来某个时间点注销该公司。因此，本所律师认为，蒙太利奇虽然经营范围与公司重合，但其目前没有且未来也不会开展业务，与公司不存在同业竞争的可能。

4. 北京灵动奇迹网络技术中心（有限合伙）

根据孟书奇以及灵动奇迹提供的材料，灵动奇迹与朋万科技存在部分经营范围重合，但灵动奇迹的主营业务为技术服务、经济贸易咨询，与朋万科技主营业务网页游戏研发有明显差异。

（四）避免同业竞争的承诺

为了避免与朋万科技产生同业竞争，朋万科技股东千奇网络承诺未来不会向朋万科技委派董事及工作人员，也不会通过其他企业及个人间接向朋万科技委派董事及工作人员，或通过其他任何方式参与朋万科技的经营管理。

为了避免潜在的同业竞争，孟书奇不可撤销地出具承诺：（1）本人承诺本人及本人关系密切的家庭成员，将不在中国境内外，直接或间接从事或参与任何 ARPG 网页游戏及 ARPG 手机游戏研发的业务，不会在商业上从事对朋万科技构成竞争的业务及活动；将不直接或间接开展对朋万科技的 ARPG 网页游戏及 ARPG 手机游戏研发业务存在利益冲突或可能构成竞争的业务、商业活动，或拥有与朋万科技的 ARPG 网页游戏及 ARPG 手机游戏研发业务存在竞争关系的任何经济实体、机构、经济组织的权益；或以其他任何形式取得该经济实体、机构、经济组织的控制权；或在该经济实体、机构、经济组织中担任经理、副经理、财务负责人、营销负责人及其他高级管理人员、核心技术人员或顾问等任何职务；（2）如本人及本人关系密切的家庭成员（包括本人及本人关系密切的家庭成员，现有或将来成立或其他受本人控制的公司或组织）获知的任何商业机会与朋万科技所从事的ARPG网页游戏及ARPG手机游戏研发业务相关，则本人将立即通知朋万科技，并优先将该商业机会给予朋万科技；本人保证不利用朋万科技大股东的地位干涉朋万科技的正常生产经营活动，损害朋万科技及朋万科技其他股东的利益。同时，孟书奇亦出具承诺，未来不会向朋万科技委派董事及工作人员，也不会通过其他企业及个人间接向朋万科技委派董事及工作人员，或通过其他任何方式参与朋万科技的经营管理。

（五）结论性意见

经核查，朋万科技第一大股东孟书奇所投资的公司主营业务均与公司主营业务存在差异，不构成竞争。

专家点评

所谓“同业”只是个概念，甚至从宽范的角度出发可以划分出工业、商业、服务业、运输业等类别，那么同处于运输业中的航空运输和铁路运输算不算是同业呢？答案显然是否定的。当然在涉及主营业务细微差别而定义为不是同业，需要中介结构拿出更有利的证据来加以说明。

【案例6】相同行业中不同的细分领域，需要采取措施并作出承诺——欧密格（股票代码：832059）

企业背景

江苏欧密格光电科技股份有限公司成立于2009年，是一个致力于高品质光电组件精加工的专业化企业。欧密格光电立足于半导体封装和代工领域，定位于为全球中高端客户提供高品质的LED元器件产品和服务，主要涵盖：LED背光源、COB模组、液晶模组设计、LGP导光板、组装代工服务等，并针对不同应用领域的特点，开发一系列具备功能适用性和长期可靠性的LED照明模组方案与产品。

焦点问题

1. 根据公司股东、实际控制人盛刚、王小明、盛梅出具的说明，盛刚、王小明、盛梅对外投资的其他企业与公司是否存在同业竞争情况

根据《审计报告》，公司的主营业务收入主要有 LED COB LGP 三类，COB 业务收入在 2012 年、2013 年和 2014 年 1—7 月三期中占比均未超过三分之另，盛梅持有珠海市科立得电子有限公司（简称科立得）55% 的股权，科立得没有从事 LED 制造业务，但也从事 COB（芯片软封装〉业务，在 COB 业务方面，科立得与公司属于相同行业。

根据公司、盛梅和科立得相关的说明，两家公司属于相同行业中不同的细分领域。公司主要产品对象（用途）为遥控器、电脑键盘等，而科立得主要产品对象（用途）为打印机墨盒芯片、灯控芯片等，科立得的客户主要集中在珠三角地区，两家公司 COB 客户没有重合。（虽然两家公司均与珠海艾派克微电子有限公司发生业务往来，但所发生的业务类型不同。其中，科立得为珠海艾派克微电子有限公司提供墨盒芯片的 COB 加工服务，而欧密格公司则是销售 LED 产品。）

为避免未来发生同业竞争的可能，《公司章程》第九十二条规定：董事未经股东大会同意，不得利用职务便利，为自己或他人谋取属于公司的商业机会，自营或者为他人经营与公司同类的业务。董事违反该规定所得的收入，应当归公司所有：给公司造成损失的，应当承担赔偿责任。

另，盛梅作为科立得控股股东，已经出具《关于避免江苏欧密格光电科技股份有限公司与珠海市科立得电子有限公司同业竞争问题的承诺函》，就避免两家公司将来发生同业竞争的情况，承诺如下：

（1）科立得现在及将来不会从事与欧密格类似的 LED 相关业务；

（2）科立得目前的客户区域主要集中在广东省，科立得承诺今后将不在广东省以外的地区进行 COB 业务推广，不开发广东省以外的 COB 业务客户；

（3）在上述同业经营问题彻底解决前，科立得承诺在经营过程中不得与欧密格竞争，否则，因此获得的收益将划归欧密格所有。

如有违反，盛梅将赔偿欧密格所受到的所有的损失。

综上所述，公司与科立得之间在 COB 业务存在同业经营情况，但目前两家公司主

要产品属于相同行业的不同细分领域，且国内COB市场容量大，厂家众多，科立得位于珠三角地区，欧密格则位于长三角地区因此，在COB务方面，公司与科立得在产品对象（用途）、客户地域等方面存在显著区别，目前尚未构成同业竞争关系。而公司实际控制人、科立得控股股东盛梅己就避免两家公司同业竞争所采取的措施出具了书面承诺。

2. 为避免产生潜在的同业竞争，公司的股东、实际控制人盛刚、王小明、盛梅共同出具了《避免同业竞争承诺函》，承诺如下：

我们作为股份公司的控股股东、实际控制人，确认目前我们共同或者各白，直接或间接控制的其他企业与股份公司不存在同业竞争，我们从未从事或参与与股份公司存在同业竞争的行为。

为避免与股份公司产生新的或潜在的同业竞争，我们承诺如下：

（1）我们及我们关系密切的家庭成员，将不在中国境内外，直接或间接从事或参与任何在商业上对公司构成竞争的业务及活动：将不直接或间接开展与公司有竞争或可能构成竞争的业务、活动或拥有与公司存在同业竞争关系的任何经济实体、机构、经济组织的权益：或以其他任何形式取得该经济实体、机构、经济组织的控制权：或在该经济实体、机构、经济组织中担任总经理、副总经理、财务负责人营销负责人及其他高级管理人员或核心技术人员。

（2）我们在作为股份公司实际控制人或股东期间，本承诺持续有效。

我们在作为股份公司董事、监事、高级管理人员三个职务中任一职务期间以及辞去上述职务六个月内，本承诺持续有效。

（3）我们愿意承担因违反上述承诺而给股份公司造成的全部经济损失。

综上，公司与公司实际控制人及其控制的其他企业之间不存在同业竞争。公司实际控制人经出具书面承诺，采取有效措施避免同业竞争。

专家点评

两个公司根据国民经济行业分类客观上属于相同行业，但存在明显产品差别、市场差别，两个公司没有利益交叉，可以不认为产生实质性同业竞争。

【案例7】质疑股权转让的真实性——迪尔化工（股票代码：831304）

企业背景

迪尔化工填料有限公司始建于1992年，是化工部生产化工填料的重点归口企业，是全国化学（技术、情报）中心站理事单位、中石油和化勘察设计协会会员，中国纯碱工业协会会员，中国民营企业家协会会员。企业占地面积15000平方米，建筑面积8000平方米，固定资产5000万元，全体员工238多人，中高级技术专业人员16人，生产有金属填料、陶瓷、塑料填料、鲍尔环及塔内件等18个系列，70多个产品，年生产能力8000吨以上，年销售额8000万元以上的大型化工填料生产企业。

案例解读

根据公司提供的材料，报告期内公司副董事长兼总经理孙立辉控制的企业与公司可能存在同业竞争的情形：

（1）公司副董事长兼总经理孙立辉控股的济南双硝技术开发有限公司，孙立辉持有济南双硝技术开发有限公司70%的股权，其妻侯光莉持有该公司30%的股权，该公司的经营范围为化工技术开发、技术咨询服务、技术转让。该经营范围中的“化工技术开发”与华阳迪尔的“硝酸相关产品的技术开发”有重叠，构成同业竞争。

经核查，孙立辉已于2014年4月8日，与刘文利签订了《股权转让协议》并支付了股权转让款，其妻侯光莉与鲁静签订了《股权转让协议》并支付了股权转让款。孙立辉向济南市工商行政管理局历下区工商局提交了变更法定代表人、股东的变更申请，其夫妻二人退出济南双硝技术开发有限公司的工商备案手续已经办理完毕。

根据孙立辉与侯光莉出具的书面承诺，以及刘文利与鲁静的简历，其夫妻二人与刘文利、鲁静均无亲属关系，双方之间的股权转让不存在委托代持或其他类似的安排，其股权转让行为合法、真实、有效。

（2）公司副董事长兼总经理孙立辉控股的山东润禾钾盐科技有限公司，孙立辉持有山东润禾钾盐科技有限公司51%股权，该公司经营范围：对硝酸钾、六水硝酸镁、氯化镁项目的投资、建设、管理。

经本核查，山东润禾钾盐科技有限公司于2013年11月28日成立，项目处于建设阶段，还未实际生产经营，但项目建成投产后主要从事工业硝酸钾的生产与销售，与全资子公司财富化工生产范围将会有重合，存在潜在同业竞争的风险。孙立辉于2014年4月21日，与胡军红签订了《股权转让协议》并支付了股权转让款，孙立辉向滨州市沾化县工商行政管理局提交了变更法定代表人、股东的变更申请，其退出山东润禾钾盐科技有限公司的工商备案手续已经办理完毕。

根据孙立辉出具的书面承诺，以及胡军红的简历，孙立辉与胡军红无亲属关系，双方之间的股权转让不存在委托代持或其他类似的安排，其股权转让行为合法、真实、有效。

综上，中介机构认为：

①孙立辉、侯光莉已从济南双硝技术开发有限公司退出，同业竞争情形消除。

②孙立辉已从山东润禾钾盐科技有限公司退出，潜在的同业竞争风险消除。

③中介机构通过工商局查询企业基本信息和基本情况变更，以及查询全国企业信用信息公示系统对关联方进行了核查，根据目前核查情况，华阳迪尔共同实际控制人刘西玉、郑秀红，董事、监事、高级管理人员以及持股5%以上的股东投资或控制的公司，其经营范围与公司不存在重合，与公司业务不存在同业竞争。

专家点评

通过股权转让第三方是解决同业竞争通常的一种做法，但肥水流到外人田，到嘴的肥肉让给他人，其过程是不是真的，这个需要证实。

【案例8】通过注销关联公司消除同业竞争的情况——金日创（股票代码：430247）

企业背景

北京金日创科技股份有限公司成立于1999年，成立之后就一直专注于工业自动化领域全面解决方案的研发，为客户提供高性能的工业自动化控制解决方案。公司的主要产品和服务面向设备制造商和终端客户提供工业自动化控制整体解决方案和工业控制类元器件产品。

案例解读

挂牌前启动注销程序，已办理完税务注销，工商注销在办理中。

公司的控股股东、实际控制人付宏实控制的其他企业情况如下：

北京金日创先科技有限公司注册资本50万元，其中，自然人付宏实货币出资15万元，自然人王历文货币出资15万元，自然人李峰货币出资15万元，自然人李喜钢货币出资5万元。营业执照注册号110106005738683，住所为北京市丰台区南三环东路25号14号楼308室，法定代表人为付宏实；经营范围，许可经营项目：无；一般经营项目：技术开发、技术服务、技术转让；组织文化艺术交流活动；销售机械设备、电子产品、五金交电、化工产品。

北京金日创先科技有限公司的主营业务与本公司相似，均有自动化设备销售和系统集成，但报告期内其经营规模较小，对本公司无重大影响。

为规范公司运营，避免同业竞争和关联交易，金日创先已于2012年9月通过决议，公司进行注销，并于当月在《新京报》上发布了注销公告，2013年4月5日，注销材料已报送相关部门进行注销登记，目前税务注销已经完成，工商注销登记正在办理中。

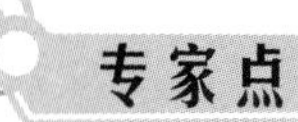

专家点评

公司收购关联方拥有的竞争性业务，将关联方注销，这个办法解决同业竞争最彻底。

第二节　深度解析

一、基本概念

所谓同业竞争，是指发行人的控股股东、实际控制人及其控制的其他企业从事与发行人相同、相似的业务，从而使双方构成或可能构成直接或间接的竞争关系。

从竞争的一般意义来讲，企业之间存在竞争是市场条件下促进经济和进步的重要原因，但由于挂牌企业与其控股股东之间存在特殊的关系，如果两者之间构成直接或间接的竞争关系，不仅不利于整个社会竞争的有序进行，而且还有可能出现控股股东利用控制与从属关系进行各种内部活动和安排，从而不仅损害国家的利益而且还可能做出有损于上市公司利益的决定，并进而侵害其他股东，特别是中小股东的权益。

在具有同业竞争的两家公司之间，尤其是具有控制与被控制关系的两家公司之间，控股股东或实际控制人可以任意转移业务与商业机会，这样很容易损害被控制公司的益。所以，为维护上市公司本身和以中小股东为主的广大投资者的利益，很多国家的资本市场对同业竞争都实行严格的禁止。

二、相关法律规定

我国《公司法》规定："未经股东会或者股东大会同意，董事、高级管理人员不得利用职务便利为自己或者他人谋取属于公司的商业机会，自营或者为他人经营与所任职公司同类的业务。"对同业竞争严厉禁止。同时，与证券发行相关的法律法规也都把发行人与控股股东、实际控制人及其控制的其他企业之间不存在同业竞争是企业上市或者挂牌的基本条件之一。

目前，监管机构对新三板挂牌企业在同业竞争问题上采取适当允许，但要明确解释，即原则上企业不能存在同业竞争情况，企业在改制过程中就应当予以消除，但确实存在同业竞争问题的，企业应当给出合理的解释，如果不能给出合理的解释，很难被全国股份转让系统接受，且全国股份转让系统需要实际控制人出具为避免同业竞争采取的措施及做出的承诺。

另外还存在同业不竞争的情况，所谓同业不竞争，是指企业与其控股股东、实际控制人及其所控制的企业所从事的业务相同或近似，但由于销售区域不同，销售对象不同等多种原因而不发生业务竞争及利益冲突的状况。例如电力、超市、物流等具有区域性状况的企业。

三、同业竞争的判断

同业竞争主体的判断，应从实际控制角度来划分，第一类包括公司的第一大股东、通过协议或公司章程等对企业财务和经营政策有实际控制权力的股东、可以控制公司董事会的股东、与其他股东联合可以共同控制公司的股东；第二类包括上述股东直接或间接控制的公司，也就是拟挂牌公司的并行子公司。同业竞争内容的判断，不仅局限于从经营范围上做出判断，而应遵循"实质重于形式"的原则，从业务的性质、业务的客户对象、产品或劳务的可替代性、市场差别等方面进行判断，同时应充分考虑对拟上市企业及其股东的客观影响。

但是，一般情况下，如果两者的业务相同，如无特殊情况，就直接认定为存在同业竞争。“同业不竞争”的说法除非有充分有力的证据予以证明（比如有不同的客户对象，有不同的市场区域，存在明显的市场细分差别，而且该市场细分是客观的，不会产生实质性同业竞争等），否则一般很难得到主管部门的认可。

证券发行监管部门在判断拟发行人与竞争方之间是否存在同业竞争时，通常会关注以下几方面的内容：

①　考察产品或者服务的销售区域或销售对象。若存在销售区域地理距离远、销售对象不同等因素，即使同一种产品或者服务，也可能不发生业务竞争及利益冲突。②　如存在细分产品，可考察产品生产工艺是否存在重大差异。若拟发行人与竞争方的产品同属于某一大类行业，但又存在产品细分情形，则两者之间的生产工艺也将可以成为考察是否存在同业竞争的重要方面。③　考察发行人所在行业的特点和业务方式。有时在具体个案中，监管部门也会结合发行人所在行业的行业特点和业务运作模式来具体判断是否构成同业竞争。

四、解决同业竞争的基本思路

该问题是企业新三板挂牌监管机构审核重点关注的问题，在上述案例中，股转中心都是在重点问题部分进行了提问，有些都是反复提问，要求中介机构和企业深入的进行说明和解释，总体而言，解决同业竞争有如下思路可以参考：

（1）企业收购竞争方拥有的竞争性业务；

（2）竞争方将竞争性业务作为出资投入企业，获得企业的股份；

（3）企业对竞争方进行吸收合并；

（4）企业将竞争性的业务转让给竞争方；

（5）竞争方将竞争性的业务转让给无关联的第三方；

（6）企业放弃与竞争方存在同业竞争的业务；

（7）控股股东及实际控制人今后不再进行同业竞争的有法律约束力的书面承诺（企业在向监管机构申报材料的时候提供）。

第十三章　关联交易的八个问题

【案例1】关联交易的规范——标榜新材（股票代码：830911）

【案例2】通过收购及注销关联方解决关联交易——天津宝恒（股票代码：430299）

【案例3】关联交易对公司独立性影响——中晟光电（股票代码：831504）

【案例4】关联交易中的其他应收/应付款——禾益化学（股票代码：430478）

【案例5】关联方借款的处理——佳星慧盟（股票代码：430246）

【案例6】关联关系存在是产生关联交易的前提——世优电气（股票代码：830827）

【案例7】关联方收购无法办理所有权证的资产——建中医疗（股票代码：430214）

【案例8】出售子公司予股东，交易款项未支付完毕——盛世光明（股票代码：430267）

第一节　典型案例

【案例 1】关联交易的规范——标榜新材（股票代码：830911）

企业背景

江苏标榜装饰新材料股份有限公司成立于 2005 年，坐落于中国华西村。企业专业从事研发、生产和销售高品质新型绿色环保建筑装饰材料及新型广告标识材料。坚持以创新作为企业品牌文化核心，是一家覆盖建筑、装饰、广告标识行业的新型材料及安装系统的整体解决方案供应商。

焦点问题

公司为规范关联交易方所采取的措施是否充分、有效，相关内部控制是否完善。

（一）公司为规范关联交易方所采取的措施是否充分、有效，相关内部控制是否完善等相关问题

经查验，公司为规范关联交易采取了以下措施：

1. 关联交易审批权限

经查验，公司于 2012 年 6 月 8 日召开的 2011 年度股东大会审议通过了《关联交易管理制度》。根据该制度，公司的关联交易审批权限划分情况如下：

（1）公司与关联法人发生的交易金额在 100 万元以上，且占公司最近一期审计净资产绝对值 0.5% 以上的关联交易，或者公司与关联自然人发生的交易金额在 30 万元以上的关联交易，应由独立董事认可后，提交董事会讨论，经董事会批准后生效。

（2）公司与关联方发生的交易（公司获赠现金资产和提供担保除外）金额在 1000 万元人民币以上，且占公司最近一期经审计净资产绝对值 5% 以上的关联交易，除应当及时披露外，还应当聘请具有从事证券、期货相关业务资格的中介机构，对交易标的进行评估或审计，并将该交易提交股东大会审议，与日常经营相关的关联交易所涉及的交易标的，可以不进行审计和评估。

（3）公司为关联方提供担保的，不论数额大小，均应当在董事会审议通过后提交股东大会审议。公司为持有本公司5%以下的股份的股东提供担保的，参照前述规定执行。

2. 董事会及股东大会关联交易决策程序的相关规定

根据《关联交易管理制度》，公司董事会及股东大会在审议关联交易事项时，关联董事或股东应当履行的回避及表决程序如下：

（1）关联董事的回避和表决程序。

① 关联董事应主动提出回避申请，否则其他董事有权要求其回避；

② 会议主持人应当在会议表决前提醒关联董事须回避表决；

③ 当出现是否为关联股东的争议时，由会议主持人进行审查；

④ 股东大会对有关关联交易事项表决时，在扣除股东所代表的有表决权的股份数后，由出席股东大会的非关联股东按公司章程和股东大会议事规则的规定表决。

此外，《公司章程》第八十二条对公司股东大会审议关联交易事项时关联股东的回避和表决程序进行了如下规定：

“股东大会审议有关关联交易事项时，关联股东不应当参与该关联事项的投票表决，其所代表的有表决权的股份数不计入有效表决总数；股东大会决议应当充分披露非关联股东的表决情况。

在股东大会对关联交易事项审议完毕且进行表决前，关联股东应当向会议支持人提出回避申请并由会议支持人向大会宣布。在对关联交易事项进行表决时，关联股东不得就该事项进行投票，并且由出席会议的监事予以监督。在股东大会对关联交易事项审议完毕且进行表决前，出席会议的非关联股东（包括代理人）、出席会议监事有权向会议主持人提出关联股东回避该表决的要求并说明理由，被要求回避的关联股东对回避要求无异议的，在该项表决时不得进行投票；如被要求回避的股东认为其不是关联股东不需履行回避程序的，应当向股东大会说明理由，被要求回避的股东被确定为关联股东的，在该项表决时不得投票。如有上述情形的，股东大会会议记录人员应当在会议记录中详细记录上述情形。”

3. 关联交易决策程序履行情况

经查验公司的相关会议文件，报告期内，公司发生的关联交易已根据公司章程及《关联交易管理制度》的相关规定履行了相应的决策程序。

4. 控股股东、实际控制人出具的相关承诺

经查验，公司控股股东金榜贸易已作出承诺："在本公司合法持有标榜新材股份的任何期限内，本公司及本公司所控制的企业（包括但不限于独资经营、合资经营、合作经营以及直接或间接拥有权益的其他公司或企业）将尽最大的努力减少或避免与标榜新材的关联交易，对于确属必要的关联交易，则遵循公允定价原则，严格遵守公司关于关联交易的决策制度，确保不损害公司利益。"

经查验，公司实际控制人赵建明已作出承诺："在本人合法控制标榜新材的任何期限内，本公司及本公司所控制的企业（包括但不限于独资经营、合资经营、合作经营以及直接或间接拥有权益的其他公司或企业）将尽最大的努力减少或避免与标榜新材的关联交易，对于确属必要的关联交易，则遵循公允定价原则，严格遵守公司关于关联交易的决策制度，确保不损害公司利益。"

综上，中介机构认为，公司为规范关联方交易所采取的措施充分、有效，相关内部控制完善。

专家点评

关联交易是公司与关联方之间发生的交易，由于控股股东可以利用控制对交易进行内部安排，如高价从关联方以较高价格采购原材料，通过操纵或转移利润给控股股东带来较大利益，但公司小股东或公司债权人的利益可能会遭受损失，因此规范关联交易可以避免后者遭受损失。对于必不可少的关联交易，通过建立健全关联交易制度、完善公司法人治理结构加以解决。

【案例 2】通过收购及注销关联方解决关联交易——天津宝恒（股票代码：430299）

企业背景

天津宝恒流体控制设备股份有限公司是在原天津市宝恒控制阀门有限公司的基础上，2012 年为寻求更高发展，申请企业上市并进行股份制改造，新公司随之应运而生。主要产品：宝恒品牌电、气动执行机构及辅助单元；HVC 品牌 HG、HB、HV、HP 系

列美国标准优质高性能控制阀，并能提供特殊型及各种非标准产品。

天津宝恒的解决方法是：清算并注销关联方。报告期内公司与关联方恒鑫阀门存在关联方交易行为，为减少不必要的关联方交易并完善公司的业务独立性，关联方恒鑫阀门进行了资产清算，并将清算后的剩余资产由公司购买。公司于2012年11月份累计向恒鑫阀门购买固定资产21.82万元、存货115.84万元，合计金额为137.66万元；交易价格按照上述资产账面价值或成本价确定。恒鑫阀门员工已解除与恒鑫阀门的劳动合同，多数员工被公司聘用，进入公司工作，并与公司签订新的劳动合同；恒鑫阀门原从事的阀门业务已不再开展，与此业务相关的人员已进入公司工作。截至本说明书签署之日，恒鑫阀门已办理工商注销手续。

专家点评

根据交易的性质和频率，关联交易分为经常性和偶发性两种，经常性关联交易显然对公司财务状况和经营成果的影响较大，因此对于与公司主营业务联系密切的关联交易应采取永久解决方案，即“拿进来或扔出去”，由公司采取并购等形式使其成为公司的下属子公司；或是将该实体兼并后撤销其法人实体地位。

【案例3】关联交易对公司独立性影响——中晟光电（股票代码：831504）

企业背景

中晟光电设备（上海）股份有限公司于2011年5月在上海浦东张江高科技园区成立。公司致力于建立一个以中国为基地，世界领先的高端装备、技术和工艺制成企业，主要为LED和电子功率器件等产业提供具有世界先进水平的国产MOCVD设备与技术服务。

根据公司说明公司报告期内的关联交易具备合理性。未来，公司向江苏中晟采购原材料将逐步减少，与江苏中晟之间的专利许可使用确定有效，关联担保在到期前存在，公司受托进行技术开发属于非经常性、非持续性项目。公司关联交易对公司业务及经营业绩的影响明晰且能真实准确反映。

中介机构核查后认为，截至本补充法律意见书出具之日，公司具有独立的管理、研发、生产、销售人员，公司已具备完整的业务体系，具备独立从事业务的各项条件，并已实际独立从事研发、生产和销售；公司业务的开展不依赖于江苏中晟。公司报告期内发生的关联交易内容明确，金额较小，且公司未来将严格按照内部规则减少不必要的关联交易。因此，公司报告期内的关联交易对公司业务持续经营的完整性、独立性不构成重大不利影响。

专家点评

关联交易比重过大、或研究与开发项目的关联交易等可能影响公司的独立性，如公司重要知识产权为公司控股股东把持，公司通过缴纳使用费取得该知识产权的使用权，这些公司的独立性存在问题，股转公司对这些公司的持续经营能力产生质疑是合理的。如存在影响独立性的关联交易，修修补补是不行的，必须脱胎换骨，采取资产重组，受让知识产权等形式加以加以解决。

【案例4】关联交易中的其他应收/应付款——禾益化学（股票代码：430478）

企业背景

安徽禾益化学股份有限公司位于安徽省天长市杨村工业区，公司主要经营或服务范围是医药中间体的研发、生产和销售。

焦点问题

公司与股东之间的关联交易发表意见。

根据核查，公司与股东易星、胡兵资金往来的原因为公司向易星、胡兵提供借款，由于该项借款为短期资金融通，故未约定利息；此外，公司与股东董来山发生的资金往来，系公司在归还董来山垫付的购车款时多支付了部分款项所致；公司与董来高发生的资金往来，系董来高代公司垫付工程款所致；公司与董来庚发生的资金往来系董来庚代公司垫付购车款所致。由于上述借款为短期资金融通，且金额较小，故未约定利息。该等关联借款截至2012年12月31日已全部清偿完毕。

经核查，公司已于2013年9月25日召开2013年第三次临时股东大会并审议通过

《关于确认公司关联交易的议案》，对上述公司与股东在报告期内的关联方资金往来情况予以确认。此外，公司制定了《关联交易管理制度》，进一步严格规范关联交易行为。

中介机构经核查认为，公司与其关联方报告期内的关联交易均系公司与其关联方之间发生的平等民事主体间意思自治的行为，该等关联借款截至 2012 年 12 月 31 日已全部清偿完毕，且自公司整体变更设立以来已不存在关联借款情况，亦不存在公司资金被股东及其控制的其他企业以借款、代偿债务、代垫款项或者其他方式占用的情形。该等关联资金往来情况未对公司的经营活动造成严重影响，也未给公司、债权人、其他股东造成直接经济损失，或者导致公司资不抵债、无法正常经营，因此，该等关联借款对本次挂牌不构成实质性障碍。

专家点评

关联交易中的其他应付、其他应收一般的对应主体都是公司大股东，公司钱不够了向大股东借款，形成其他应付；花不出去的钱由大股东借款，拿票来冲，形成其他应收，如果是为了公司正常经营发展，都是允许的。但公司借大股东支付利息一定应该价格公允，大股东不能随意占用公司资金，后者是股转公司目前对挂牌公司核查的重点。

【案例 5】关联方借款的处理——佳星慧盟（股票代码：430246）

企业背景

北京佳星慧盟科技股份有限公司是一家于 2005 年成立于北京中关村的高新技术企业，注册资金 3000 万元。佳星慧盟一直致力于发展各行业计算机网络应用事业，在政府、军工、保险、金融方面的成绩优为突出。作为一家网络系统集成公司，佳星慧盟所代理的产品包括几乎全套的计算机硬件、软件及网络。能为用户提供信息系统所需的整体的解决方案，来满足用户的需求。

佳星慧盟报告期存在公司高管控制的关联公司向公司借款的情形，中介机构进行以下处理：

因刘波任公司副总经理，为公司高级管理人员，北京朝瑞博科技有限公司与公司构成关联方。北京朝瑞博科技有限公司曾因资金周转紧张向公司及其全资子公司拆借资金，借款双方未约定借款利息。2011 年共借款 175 万元，截至 2012 年 12 月 31 日，上述款项已经还清。公司在有限公司阶段由于规模较小，治理不够健全，公司没有针对关联交易进行具体的制度规定，拆借款项都是无息借出，该拆借行为不影响公司利润总额。

主办券商进场后，对公司进行了辅导，此累计借出款项于本公开转让说明书出具之日，已经全部还清。

由于发生上述关联交易之时，公司治理结构和内控制度还未进行严格规范，还未制订相应的关联交易管理办法，存在关联交易决策程序不规范的问题。公司于 2011 年 10 月 26 日召开第三次临时股东大会审议通过了《北京佳星慧盟科技股份有限公司关联交易管理制度》，对关联关系、关联交易的认定进行了明确并规定了关联交易的相关决策程序。公司今后可能发生的关联交易将严格按照相关制度进行。

为进一步规范公司关联方资金拆借问题，公司在主办券商协助下，制定了《北京佳星慧盟科技股份有限公司防范控股股东及关联方资金占用管理办法》，自然人股东、董事、高级管理人员向公司出具了《规范关联交易承诺函》。公司今后将避免关联方资金拆借情况。

专家点评

挂牌前关联方向公司的借款必须于归还，同时支付公允价格的资金占用费。挂牌后关联方向公司借款原则上应于避免，必须借款的需要按照公司规范的关联交易制度履行公司内部决策程序。

【案例 6】关联关系存在是产生关联交易的前提——世优电气（股票代码：830827）

企业背景

湖南世优电气股份有限公司前身为湘潭世优电气有限公司，由湘潭世通电气有限公司与荷兰优力创集团于 2011 年 2 月合资创立。公司一直致力于风力发电领域产品的研发和制造，为业界领头的风力发电整机厂商提供高度自动化的风力发电机组控制系统行业相关机械产品，并推进与多家风力发电领域整机领军企业的战略性合作。

焦点问题

（1）公司其他应付款中与原外资股东 Unitron SystemB. V 之间往来款产生的具体原因及归还情况；（2）Unitron SystemB. V 的基本情况及其与公司之间关联关系。Unitron SystemB. V 公司是否与公司存在关联关系、公司与外资股东之间是否存在潜在纠纷。

经查阅世优有限的工商登记材料，原批准号为商外资湘潭审字【2011】0012 号《外商投资企业批准证书》《企业注册登记资料》记载，世优有限原外资股东优力创的英文名为“Unitron HoldingB. V”而不是“Unitron SystemB. V”。

根据公司出具的书面说明，优力创系荷兰的一家根据荷兰法律合法组建并存续的有限责任公司，成立于 1999 年 10 月，注册地址在艾曾代克（IJzendijke），4515 区，Schansestraat 7 号。Unitron SystemB. V 系原外资股东优力创出资设立的一家子公司。世优有限为中外合资企业时，Unitron SystemB. V 作为外资股东优力创的子公司，为世优有限的关联方，与世优有限存在关联关系。2013 年 5 月 31 日，原外资股东优力创将其持有的世优有限 35% 的股权全部转让给湘潭世通，随着世优有限由中外合资企业变更为内资企业，世优有限与原外资股东优力创及其子公司 Unitron SystemB. V 之间已不存在关联关系。截至本《补充法律意见书》出具之日，世优股份与原外资股东优力创及其子公司 Unitron SystemB. V 之间不存在关联关系。

根据公司提供的相关资料及书面说明，经核查，世优有限为中外合资企业时，存在 Unitron SystemB. V 向世优有限派遣人员并发生劳务费用的情形，截至 2013 年 12 月 31 日，世优股份尚需向 Unitron SystemB. V 支付 171，499. 56 元，该款项系世优有限应支付给原外资股东优力创经 Unitron SystemB. V 派遣到世优有限担任总经理的员工 Peter. Mortelmants 的劳务费，该劳务费由 Unitron SystemB. V 向世优有限开具发票后，由世优有限按协议先行支付给 Unitron SystemB. V，再由其代为支付给员工。因 Unitron SystemB. V 迟迟未向世优股份开具发票，致使该款项未能及时支付，经核查，该款项已于 2014 年 4 月 23 日支付完毕。

根据公司提供的相关资料及说明，并经本所律师核查，2011 年 4 月 16 日，优力创与湘潭世通、彭建国签署《公司章程》、《中外合资经营合同》共同出资设立世优有限，世优有限设立时，为中外合资企业，2013 年 3 月 1 日，优力创与湘潭世通签署

《股权转让协议》，优力创将其持有的世优有限35%的股权（注册资本1050万元，实收资本525万元）以10，493，910元的价格转让给湘潭世通，2013年3月19日，湘潭市商务局批准上述股权转让事项并下发《关于同意湘潭世优电气有限公司转为内资企业的批复》（潭商发【2013】22号），经核查，优力创与湘潭世通的股权转让，已经世优有限董事会、股东会批准同意，并报商务部门批准，且股权转让的价款已支付完毕，该股权转让已完成必备的法律程序，不存在潜在的权属争议和法律纠纷。

综上所述，中介机构认为：世优股份与原外资股东优力创及其子公司 Unitron SystemB. v 之间不存在关联关系，也不存在潜在的权属争议和法律纠纷。

专家点评

无关联关系则无关联交易，中国证监会《公开发行证券的公司信息披露内容与格式准则第1号——招股说明书》（证监发行字［2015］32号）第七节“同业竞争及关联交易及《企业会计准则——基本准则》都有对关联方认定的内容，一般认为关联方包括：一是对公司占有5%以上比例出资额的股东；二是关联人指公司的董事、监事、经理等高级行政管理人员。

【案例7】关联方收购无法办理所有权证的资产——建中医疗（股票代码：430214）

企业背景

上海建中医疗器械包装股份有限公司创建于1988年，是知名的医疗器械包装生产厂商，标准参与起草单位之一。旗下拥有自主品牌——恩帕克、拓安、康帕，产品包括医用纸塑袋、纸纸袋、铝箔袋、皱纹纸、无纺布及工厂类包装解决方案的设计与制造。销售遍及国内医疗器械厂家和医疗机构，出口到美国、欧洲、东南亚等50多个国家。

案例解读

1. 由实际控制人的其他公司收购；

2. 关注公司治理中关联交易的部分。

2012 年 6 月，实际控制人宋龙富控制的上海建中塑料包装用品厂以货币资金收购公司部分固定资产，该固定资产为地上建筑物，在公司股份制改造审计时计入公司资产总额，但是该建筑物所属的土地使用权为集体性质，因此无法办理房屋所有权证。为夯实公司资产，宋龙富所控制的上海建中塑料包装用品厂以该资产账面净值作为计价依据，经协商一致确认作价 1，298，891. 82 元予以收购。

该资产出售同时涉及关联交易，应当由出席股东大会且无关联关系的股东过半数表决权审议批准，但是关联股东宋龙富没有回避表决，存在程序瑕疵。在排除宋龙富所持表决权纳入计票后，该议案仍可获得有效通过。

2012 年 9 月，公司召开 2012 年年度第一次临时股东大会审议通过《关于确认与批准公司关联交易的议案》，公司实际控制人宋龙富回避表决。该议案确认 2012 年 6 月资产收购暨关联交易批准行为有效。公司已经纠正关联交易决策程序的瑕疵，并且已经遵照公司章程及关联交易管理制度执行。公司管理层将严格履行各类重要事项的决策审批程序，保证公司及股东利益不受损害。

专家点评

关联交易并非都是负面，公司在上市或挂牌期间存在的不良或瑕疵资产甩不出去，只有找熟人（关联方）来帮忙了，毕竟上市或挂牌后产生的利益更大，成本—利益这本帐谁都算得清。

【案例 8】出售子公司予股东，交易款项未支付完毕——盛世光明（股票代码：430267）

企业背景

北京盛世光明软件股份有限公司，是一家专业从事网络行为分析领域技术开发、嵌入式软件研发生产以技术为绝对核心的高科技公司。公司拥有专利 20 余项，是中国信息协会常务理事单位、中国软件协会成员单位，公司拥有一支富有创新、开拓精神的高素质的战斗团队，具备国内一流的软件开发技术和项目施工技术水平。

案例解读

1. 如实披露；

2. 作重大风险专家点评。

2012 年 4 月 26 日，盛世光明召开股东会，将公司持有的微山公司的出资额分别转让给孙伟力、李红新、孙良浩各 300. 00 万元、100. 00 万元、100. 00 万元。上述交易构成关联交易。上述关联交易的原因：公司启动全国股份转让系统挂牌事宜后，相关中介机构经过调查后认为，微山公司主营业务与公司主营业务显著不同，且微山公司财务基础薄弱，因此，建议公司将持有的微山公司股权转让出去。

上述关联交易的定价依据为：微山公司尚未形成稳定的经营和盈利能力，根据微山信衡有限责任会计师事务所出具的（2012）微信会师鉴字第 41 号《审计报告》，截至 2012 年 4 月，微山公司经审计的净资产为人民币 451. 11 万元。由于公司本次剥离微山公司股权距离前次收购微山公司股权仅相隔 5 个月，为不损害盛世光明的利益，因此本次转让价格按注册资本确定，定价合理。

上述关联交易的决策程序：上述关联交易在有限公司阶段发生，已通过了股东会决议。

上述关联交易的价款支付：截至目前，孙伟力、孙良浩共欠公司股权转让款 347. 67 万元。该欠款是因股权转让引起的真实债权债务，是公司正常运营过程中发生的，属于合法、真实的关联交易。而占用公司资金行为属于控股股东或关联方违反公司法的规定非法使用公司资金的情形，因此，该欠款行为不属于对公司的占用。该欠款未支付不会对本次挂牌造成障碍，主要原因为：

第一，根据工商资料，公司将股权转回给孙伟力和孙良浩时，虽然签订了股权转让协议，但股权转让协议并未约定股权转让款的支付时间。为此，2012 年 10 月 9 日，在各中介机构的要求下，孙伟力、孙良浩向公司出具了还款承诺，承诺在 2013 年 10 月 9 日之前将上述欠款清偿完毕。

第二，为保证上述债权实现，孙伟力、孙良浩将持有的微山公司股权全部质押给盛世光明，2012 年 12 月 14 日，孙伟力、孙良浩与公司签订了质押合同，并于 2012 年 12 月 28 日在山东微山工商行政管理局办理了质押登记手续。

第三，公司已在本说明书中就此事项作出重大风险专家点评，以保护投资者的利益。

上述关联交易对公司财务状况影响：公司剥离微山股权尚有347.67万元款项未收回，已收回的款项中，孙伟力以现金偿还72万元，以其对公司的债权抵偿80.33万元，使得公司2012年度长期股权投资减少500万元，其他应收款增加347.67万元，货币资金增加72万元，其他应付款中应付孙伟力的款项减少80.33万元。

上述关联交易对公司经营成果的影响：公司2011年度、2012年度均未将微山公司纳入合并财务报表范围，且上述剥离微山公司和收购微山公司价款相同，未产生投资收益，因此上述事项对公司经营成果无影响。

专家点评

去关联化中转让是一种比较常见的形式，但转让容易将关联交易从地上转入地下，可能存在关联交易非关联化的嫌疑。中介核查的重点是非关联化的理由是否充分、交易过程是否真实、是否存在股份代持，至少应对转让当事方进行访谈，由转让当事方对股权转让的真实性进行确认。

第二节 深度解析

一、关联交易的基本概念

根据《公司法》的规定，关联关系，是指公司控股股东、实际控制人、董事、监事、高级管理人员与其直接或者间接控制的企业之间的关系，以及可能导致公司利益转移的其他关系。但是，国家控股的企业之间不仅因为同受国家控股而具有关联关系。

（一）关于关联方的界定

1.《公司法》第二百一十七条

（四）关联关系，是指公司控股股东、实际控制人、董事、监事、高级管理人员与其直接或者间接控制的企业之间的关系，以及可能导致公司利益转移的其他关系。但是，国家控股的企业之间不仅仅因为同受国家控股而具有关联关系。

2.《企业会计准则第36号——关联方披露》

第三条　一方控制，共同控制另一方或对另一方施加重大影响，以及两方或两方以上同受一方控制，共同控制或重大影响的，构成关联方。

控制，是指有权决定一个企业的财务和经营政策，并能据以从该企业的经营活动中获取利益。

共同控制，是指按照合同约定对某项经济活动所共有的控制，仅在与该项经济活动相关的重要财务和经营决策需要分享控制权的投资方一致同意时存在。

重大影响，是指对一个企业的财务和经营政策有参与决策的权力，但并不能够控制或者与其他方一起共同控制这些政策的制定。（与旧准则相比，关联方范围扩大了。旧准则：在企业财务和经营决策中，如果一方有能力直接或间接控制、共同控制另一方或对另一方施加重大影响，本准则将其视为关联方；如果两方或多方同受一方控制，本准则也将其视为关联方。）

第四条　下列各方构成企业的关联方：

（一）该企业的母公司。

（二）该企业的子公司。

（三）与该企业受同一母公司控制的其他企业。

（四）对该企业实施共同控制的投资方。

（五）对该企业施加重大影响的投资方。

（六）该企业的合营企业。

（七）该企业的联营企业。

（八）该企业的主要投资者个人及与其关系密切的家庭成员。主要投资者个人，是指能够控制，共同控制一个企业或者对一个企业施加重大影响的个人投资者。

（九）该企业或其母公司的关键管理人员及与其关系密切的家庭成员．关键管理人员，是指有权力并负责计划，指挥和控制企业活动的人员。与主要投资者个人或关键管理人员关系密切的家庭成员，是指在处理与企业的交易时可能影响该个人或受该个人影响的家庭成员。

（十）该企业主要投资者个人，关键管理人员或与其关系密切的家庭成员控制，共同控制或施加重大影响的其他企业。

第五条　仅与企业存在下列关系的各方，不构成企业的关联方：

（一）与该企业发生日常往来的资金提供者，公用事业部门，政府部门和机构。

（二）与该企业发生大量交易而存在经济依存关系的单个客户，供应商，特许商，经销商或代理商。

（三）与该企业共同控制合营企业的合营者。

第六条　仅仅同受国家控制而不存在其他关联方关系的企业，不构成关联方。

3.《公开发行证券的公司信息披露内容与格式准则第1号——招股说明书》

第五十三条　发行人应根据《公司法》和《企业会计准则》的相关规定披露关联方、关联关系和关联交易。

4.《公开发行证券的公司信息披露内容与格式准则第11号——上市公司公开发行证券募集说明书》

第三十四条　发行人应根据《公司法》、企业会计准则的相关规定披露关联方、关联关系和关联交易。

5.《上市公司信息披露管理办法》

第七十一条

（三）上市公司的关联交易，是指上市公司或者其控股子公司与上市公司关联人之间发生的转移资源或者义务的事项。

关联人包括关联法人和关联自然人。

具有以下情形之一的法人，为上市公司的关联法人：

1. 直接或者间接地控制上市公司的法人；

2. 由前项所述法人直接或者间接控制的除上市公司及其控股子公司以外的法人；

3. 关联自然人直接或者间接控制的、或者担任董事、高级管理人员的，除上市公司及其控股子公司以外的法人；

4. 持有上市公司5%以上股份的法人或者一致行动人；

5. 在过去12个月内或者根据相关协议安排在未来12月内，存在上述情形之一的；

6. 中国证监会、证券交易所或者上市公司根据实质重于形式的原则认定的其他与上市公司有特殊关系，可能或者已经造成上市公司对其利益倾斜的法人。

具有以下情形之一的自然人，为上市公司的关联自然人：

1. 直接或者间接持有上市公司5%以上股份的自然人；

2. 上市公司董事、监事及高级管理人员；

3. 直接或者间接地控制上市公司的法人的董事、监事及高级管理人员；

4. 上述第1、2项所述人士的关系密切的家庭成员，包括配偶、父母、年满18周岁的子女及其配偶、兄弟姐妹及其配偶，配偶的父母、兄弟姐妹，子女配偶的父母；

5. 在过去12个月内或者根据相关协议安排在未来12个月内，存在上述情形之一的；

6. 中国证监会、证券交易所或者上市公司根据实质重于形式的原则认定的其他与上市公司有特殊关系，可能或者已经造成上市公司对其利益倾斜的自然人。

6.《上市规则》

10.1.2　上市公司的关联人包括关联法人和关联自然人。

10.1.3　具有以下情形之一的法人，为上市公司的关联法人：

（一）直接或者间接控制上市公司的法人；

（二）由上述第（一）项法人直接或者间接控制的除上市公司及其控股子公司以外的法人；

（三）由第10.1.5条所列上市公司的关联自然人直接或者间接控制的，或者由关联自然人担任董事、高级管理人员的除上市公司及其控股子公司以外的法人；

（四）持有上市公司5%以上股份的法人；

（五）中国证监会、本所或者上市公司根据实质重于形式的原则认定的其他与上市公司有特殊关系，可能导致上市公司利益对其倾斜的法人。

10.1.4　上市公司与前条第（二）项所列法人受同一国有资产管理机构控制的，不因此而形成关联关系，但该法人的董事长、总经理或者半数以上的董事兼任上市公司董事、监事或者高级管理人员的除外。

10.1.5　具有以下情形之一的自然人，为上市公司的关联自然人：

（一）直接或间接持有上市公司5%以上股份的自然人；

（二）上市公司董事、监事和高级管理人员；

（三）第10.1.3条第（一）项所列法人的董事、监事和高级管理人员；

（四）本条第（一）项和第（二）项所述人士的关系密切的家庭成员，包括配偶、年满18周岁的子女及其配偶、父母及配偶的父母、兄弟姐妹及其配偶、配偶的兄弟姐妹、子女配偶的父母；

（五）中国证监会、本所或者上市公司根据实质重于形式的原则认定的其他与上市公司有特殊关系，可能导致上市公司利益对其倾斜的自然人。

10.1.6　具有以下情形之一的法人或者自然人，视同为上市公司的关联人：

（一）根据与上市公司或者其关联人签署的协议或者作出的安排，在协议或者安排生效后，或在未来十二个月内，将具有第10.1.3条或者第10.1.5条规定的情形之一；

（二）过去十二个月内，曾经具有第10.1.3条或者第10.1.5条规定的情形之一。

二、所谓关联交易

关联交易是指关联方之间的转移资源、劳务或义务的行为，而不论是否收到价款。关联交易的类型主要包括（1）购销商品；（2）购买或销售商品以外的其他资产；（3）提供或接受劳务；（4）提供资金（贷款或股权投资）；（5）担保；（6）租赁；（7）代理；（8）研究与开发项目的转移；（9）许可协议；（10）代表企业或由企业代表另一方进行债务结算；（11）关键管理人员薪酬。

三、解决关联交易的基本思路

对公司确实存在关联交易的情况，应该对此进行处理并解决。公司在挂牌上市前，需根据自身情况采取以下方法处理关联交易事项，以便顺利实现挂牌：

1. 主体非关联化

主要方法有：将产生关联交易的公司股权转让给非关联方，对关联交易涉及的事项进行重组和并购，对已经停止经营、未实际经营或者其存在可能对拟挂牌公司造成障碍或不良影响的关联企业进行清算和注销，设立子公司完成原来关联方的业务等；

2. 业务非关联化

即购买发生关联交易所对应的资产和渠道等资源，并纳入公司的业务运营体系；

3. 程序合法化

即严格按公司章程和公司制度对关联交易进行审批和表决；

4. 价格公允

即准备足够的证据证明交易的价格遵循市场定价机制；

5. 信息披露规范

严格遵守信息披露的规范，对近两年一期的关联交易情况进行披露，具体如下：

（1）根据交易的性质和频率，按经常性和偶发性因素，分类披露关联交易及其对财务状况和经营成果的影响；

（2）披露是否在公司章程中对关联交易决策权力和程序作了规定；

（3）披露关联交易是否履行了公司章程规定的程序，审议程序是否合法，及交易价格是否公允；

（4）关联方交易应当分别就关联方以及交易类型予以披露；

（5）披露拟采取的减少关联交易的措施。

四、小结

与消除同业竞争不同，企业的关联交易行为并非禁止，而是要进行规范。

关联交易的处理主要可以通过调整关联企业和签署关联事务协议二种方式来进行。关联企业的调整常见的手段有：对关联企业的股权结构进行调整，以降低其关联性，以及对关联企业予以收购等等。进行调整的目的是简化企业的投资关系，减少关联企业的数量，从而达到减少关联交易的最终目的。关联事务协议应具体明确，按照市场原则来确定关联交易的价格。履行表决回避制度。

关联人一般分为两类：

第一类关联人指对企业占有一定比例出资额或持有一定比例表决权股份而对企业具有控制权或重大影响的股东。

规范该种类型的关联交易，需要建立和完善预防、救济措施，对关联交易可在事前采取积极措施，如规定累积投票权制度、股东表决权排除制度，以防止因资本多数决的滥用而导致不公平关联交易的产生。对于因不公平关联交易而导致利益受到侵害的股东，可以规定相应的救济措施，如请求法院否认股东大会、董事会决议效力制度、股东代表诉讼制度、法人人格否认制度，在程序及实体方面使受到侵害者获得司法保护。

第二类关联人指企业的董事、监事、经理等高级行政管理人员。

规范该种类型的关联交易，需要完善公司法人治理结构。这类关联交易，又称自己交易、自利交易或自我交易，主要指公司与其董事、监事、经理等对公司有一定控制权或影响力的公司内部人之间的交易。公司的董事、监事、经理等高级管理人员因其地位或职权而对公司有一定的控制权，如果任由其与公司进行各类交易而不予干涉或限制，难免会发生滥用控制权损害公司利益的情形。对不公平自我交易进行防范的重要途径之一就是完善公司法人治理结构，加强董事、监事、经理等高级管理人员之间的互相监督和制约，限制权力的滥用。具体如：完善股东大会运作规则，健全股东大会制度；设立独立董事制度；加强监事会的监查职能；强化董事、监事、经理对公司的义务等。

总结起来，规范关联交易的原则是：一是避免不必要的关联交易，二是对于必要的关联交易要保证交易价格的公允性，三是股东大会和董事会表决程序的合法性（关联股东和关联董事应回避表决等）。新三板挂牌企业的关联交易超过一定金额，还须履行信息披露义务。

第十四章　社保的五个问题

【案例1】对劳动合同进行审查的——恒大淘宝（股票代码：834338）

【案例2】大部人员采用新农合、新农保案例——龙福环能（股票代码：833766）

【案例3】未缴纳住房公积金——新斯顿（股票代码：837084）

【案例4】公司社保、公积金缴纳不规范不构成挂牌障碍——旺盛园林（股票代码：832308）

【案例5】劳务派遣用工——优网科技（股票代码：430343）

第一节　典型案例

按照企业新三板的挂牌的规范要求，企业的劳动、人事、社保等问题会被关注，按照规定，报告期内挂牌企业及其子公司均需为其员工足额缴纳社保费用和住房公积金。

【案例1】对劳动合同进行审查的——恒大淘宝（股票代码：834338）

企业背景

广州恒大淘宝足球俱乐部是中国广州的一所职业足球俱乐部，现参加中国足球超级联赛。2010年3月1日，恒大集团买断球队全部股权，俱乐部更名为广州恒大足球俱乐部。2012年，俱乐部首次参加亚洲足球俱乐部冠军联赛并进入八强；2013年，获得亚洲足球俱乐部冠军联赛冠军，这也是中国足球俱乐部第一次问鼎该项赛事的冠军，同年获亚足联最佳俱乐部奖。2014年6月5日，阿里巴巴入股恒大俱乐部50%的股权；2014年7月4日俱乐部更名为广州恒大淘宝足球俱乐部。

焦点问题

与俱乐部全体人员签订合同及足协合同备案的具体情况、是否存在签署补充协议、与备案合同不一致的情形、是否存在潜在法律纠纷。

根据公司提供的说明，公司与球员签署合同及备案情况如下：

公司与注册在中国足协的公司外籍球员均只签署一份工作合同，并在中国足协备案，不存在签署补充协议的情形。

公司与部分在中国足协注册的公司境内球员（以下简称“国内球员”）分别签署了工作合同及工作合同之补充协议，其中工作合同在中国足协备案。报告期内，公司未因球员劳动合同相关事宜（包括但不限于球员劳动合同的签署、备案、履行等事项）

受到中国足协以及地方足球协会任何处罚；公司与公司在中国足协注册的国内球员之间未发生任何球员劳动合同方面的纠纷、仲裁或诉讼。报告期内，公司按照实际金额为公司注册在中国足协的国内球员支付工资、薪酬；公司按照球员实际领取的工资、薪酬为其履行个人所得税的代扣代缴义务，公司不存在因违反税收相关法律法规受到税务主管部门行政处罚的情形。

本所律师抽查了公司与球员签订的工作合同及工作合同之补充协议，对公司主要负责人、分管转会事务的负责人进行了访谈，结合公司出具的声明及中国足协、广州市地税局出具的合规证明，本所认为：

公司与注册在中国足协的外籍球员均只签署一份工作合同，并在中国足协备案，不存在签署补充协议的情形。公司与部分在中国足协注册的国内球员分别签署了工作合同及工作合同之补充协议，其中工作合同在中国足协备案。公司均按照实际金额为相关球员支付工资、薪酬，并代扣代缴个人所得税。报告期内，公司与注册在中国足协的球员之间未发生任何球员劳动合同方面的纠纷、仲裁或诉讼。本所认为，公司与球员因上述工作合同事宜发生潜在法律纠纷的风险较低，即使出现个别球员与公司就工作合同事宜发生纠纷的极端情形，也不会对公司的持续经营构成重大不利影响。

专家点评

公司应根据《劳动合同法》的规定与劳动者签署劳动合同，如果未签署劳动合同，劳动者有权要求用工单位支付双倍工资，可能给公司带来经济上的不利后果。就恒大淘宝而言，一方面球员是劳动者，另一方面球员也是公司的重要资产，因为公司可以从球员转会上获取到一定利益。

【案例2】大部人员采用新农合、新农保案例——龙福环能（股票代码：833766）

企业背景

龙福环能科技股份有限公司是一家以资源循环利用为主营业务、节能环保低碳型的化纤纺织企业，建成了世界唯一一条从废旧聚酯回收、瓶片清洗加工、纺丝到工艺美术纺织品织造一条龙的循环经济产业链，再生涤纶长丝产品广泛应用到工业和民用等多个领域，带动发展了一批以再生涤纶毛毯为主导，包括地毯、装饰布、传送带、服装面料在内的产业集群。

焦点问题

公司劳动用工、社保缴纳方面的合法合规性。

案例解读

公司共有员工 2445 人，人员中存在 94. 56% 专科以下教育程度生产人员。

根据公司提供的书面说明并经查验，截至 2015 年 4 月 30 日，龙福环能共有员工 1945 人，其中企业为其缴纳五险 323 人，在外地原工作单位缴纳社保 7 人，已办理退休 2 人，自愿选择新农合、新农保 1624 人。截至 2015 年 4 月 30 日，龙悦材料员工 500 人，其中企业为其缴纳五险 54 人，自愿选择新农合、新农保 446 人。

根据阳信县人力资源和社会保障局出具的《证明》：龙福环能科技股份有限公司已参加了养老保险、医疗保险、失业保险、工伤和生育等项社会保险，并按时缴纳各项保险基金，最近三年内不存在因违反《劳动合同法》《劳动法》和相关社会保障管理方面的法律、法规而受到处罚的情形。

公司控股股东段建国出具承诺：如被相关主管部门要求追缴社会保险金，段建国保证将按主管部门核定的金额和标准无偿代公司进行补缴；如公司因被认定违反相关社会保险管理规定而受到处罚或带来其他费用支出，段建国本人保证将代公司承担全部费用或损失。

综上，本所律师认为，公司已参加了养老保险、医疗保险、失业保险、工伤和生育等项社会保险，并按时缴纳各项保险基金，最近三年内不存在因违反《劳动合同法》《劳动法》和相关社会保障管理方面的法律、法规而受到处罚的情形。

专家点评

基于成本的考虑，公司实际运行中少缴、不缴社保与公积金缴纳的现象非常普遍，股转对公司存在的社保与公积金问题一般不予过多纠缠，中介机构往往采取以下实务操作：1. 如实披露公司现有的社保与公积金缴纳问题，如存在员工不愿意缴纳的情形说明原因；2. 当地劳动及社保部门出具文件，证明公司与员工已经签署劳动合同，为员工缴纳社保、公积金，公司不存在劳动、社保方面的违法违规行为；3. 公司实际控制人出具承诺，对公司劳动、社保不当行为产生的不利后果进行兜底。

就龙福环能而言，根据资料显示公司有80%以上的采用新农合、新农保的形式代替了社保“五险一金”，但由于当地主管出具了无违规证明，实际控制人进行了兜底，劳动保护方面的瑕疵就不再是公司挂牌的障碍。

【案例3】未缴纳住房公积金——新斯顿（股票代码：837084）

企业背景

四川新斯顿制药有限责任公司，是一家高新技术制药企业。以中药现代化为目标，中西药并举的发展模式，逐步向生物制品、保健品等经营领域涉足。公司十分重视科研开发，采取自主研发与合作开发相结合，先后与全国各大科研院所建立了紧密的合作关系。

根据公司提供说明，并经本所律师核查，公司未为员工缴纳住房公积金，不符合《住房公积金管理条例》等法律法规的规定。但股份公司已承诺在员工或主管机关要求时将无条件为未缴纳的员工补缴该等费用，并且公司控股股东新健康集团及实际控制人彭晋川已承诺承担连带责任，并赔偿公司因此遭受的任何损失。

本所律师认为，公司未为员工缴纳住房公积金，不符合《住房公积金管理条例》等法律法规的规定，但股份公司已承诺在员工或主管机关要求时将无条件为未缴纳的员工补缴该等费用，并且公司控股股东新健康集团及实际控制人彭晋川已承诺承担连带责任，并赔偿公司因此遭受的任何损失。因此，公司未为员工缴纳住房公积金的法律瑕疵不会对公司可持续经营造成重大不利影响，公司具有可持续经营能力，符合本次股票挂牌的条件。

专家点评

应该说明的是，住房公积金与社保在挂牌时要求规范的程度是不同的，住房公积金可以宽松些处理，一般公司开了住房公积金账户，为部分核心员工进行了缴纳，控股股东或实际控制人进行兜底，也就算过去了。核心的东西在于将风险和损失不带入挂牌公司。

【案例4】公司社保、公积金缴纳不规范不构成挂牌障碍——旺盛园林（股票代码：832308）

企业背景

山东旺盛园林股份有限公司隶属于山东旺盛建设集团有限公司，成立于2002年，是一家以园林工程施工、园林景观设计、苗木种植生产及园林养护业务为主的大型民营股份制企业。

焦点问题

公司目前的用工情况以及社保缴纳情况。

（一）尽调程序

主办券商通过查阅公司提供的员工名册、工资表、劳动合同、社保开户证明及缴纳凭证等资料核查公司对公司劳动用工情况及社保缴纳情况。

（二）事实依据

员工名册，工资表，劳动合同，社保开户证明及缴纳凭证等。

（三）分析过程

截止本反馈意见回复签署之日，公司员工242人，均与公司签订了书面劳动合同，其中41人签订的书面劳动合同进行了备案。公司目前存在社会保险及住房公积金缴纳不规范的情况，仅为劳动关系稳定的员工缴纳社会保险。公司为41名员工缴纳了养老、医疗、失业、工伤及生育保险，未为员工缴纳住房公积金。未缴纳社会保险的员工中，其中128人为已达到退休年龄未再缴纳；71人为参加了新农合本人自愿申请不交纳；2人因为在原单位缴纳，未办理完毕劳动关系结转。

鉴于园林施工行业特点，受单个园林项目工程建设周期影响，公司用工多为农村户籍的闲散劳动力，人员流动频率较高，对于本人拒绝缴纳社会保险的，公司为部分临时性用工购买了商业人身意外伤害保险，缴纳人数为56名，险种为百年人寿保险股份有限公司的团体人身意外伤害险。

为规范劳动用工，公司及公司实际控制人已经出具书面承诺，将逐步规范社会保险及住房公积金缴纳行为；若公司因社保住房公积金缴纳事宜被有关部门要求补缴或罚款的，其将对公司承担全额补偿义务。

（四）结论意见

综上，主办券商认为公司在报告期内虽然存在社保和住房公积金缴纳不规范的情况，但该情形系因行业特点造成，公司及实际控制人已经承诺逐步规范完善，并由实际控制人对可能发生的补缴义务及滞纳金、罚款进行全额补偿。公司缴纳社保及住房公积金不规范的情形不构成公司本次挂牌的法律障碍。

专家点评

公司对报告期内存在社保和住房公积金缴纳不规范的情况进行了如实披露，实际控制人也承诺承担可能被要求补缴的责任及不利后果，这样公司社保及住房公积金不规范的情形也就不构成公司挂牌的实质性障碍。

【案例5】劳务派遣用工——优网科技（股票代码：430343）

企业背景

深圳市优网科技有限公司是一家专业信息技术和服务提供的高新技术企业和双软企业。优网科技于2004年5月正式成立，注册资本6000万元。在市场方面，依靠亨通光电的渠道，从通信行业向政府、能源等行业扩展，获得更大的发展空间。优网科技经过多年的潜心研制，开发出了一系列具有自主产权的2/3/4G系列网络优化产品、数据/信息/网络安全产品、移动网络信令监测和数据分析、运营、服务产品。

根据优网科技《公开转让说明书》披露，公司成立伊始，公司员工全部采用劳务派遣形式。2004年9月9日，公司与上海东凌国际人才有限公司（以下简称："东凌国际"）签订了《派遣合同》，2010年9月29日和2012年2月3日公司与东凌国际续签该合同，约定东凌国际根据公司劳务用工的需要，向公司派遣劳务人员；由东凌国际为派遣人员缴纳社会保险；公司为相关派遣人员购买团体工伤综合保险；公司按照劳务派遣人数情况向东凌国际支付管理费。

2013年4月，公司中高层管理人员与全部研发技术人员，终止与东凌国际的劳动合同，与公司签订劳动合同。截至2013年4月30日，公司尚有14名后台辅助人员仍采用劳务派遣方式，主要原因系该14名员工承担辅助性业务工作，工作专业技术能力不强，且该部分人员流动性较大。公司将逐步解决部分员工劳务派遣问题。

优网科技还披露，社会保障情况公司已根据国家和地方政府的有关规定，为已经签订了劳动合同的员工缴纳了基本养老、医疗、失业、工伤、生育等社会保险和住房公积金。截至2013年4月30日，公司劳务派遣人员共有14名，派遣公司已按《劳务派遣合作协议》约定为公司14名劳务派遣人员缴纳社会保险，不存在漏缴和未缴情形。

公司控股股东及实际控制人共同出具关于劳务派遣的《承诺函》，承诺："如优网科技（上海）股份有限公司因违反社会保险及住房公积金相关法律法规或规范性文件而受到处罚或损失，或因劳务派遣单位上海东凌国际人才有限公司未缴纳社会保险、住房公积金等损害被派遣劳务人员利益情形，导致股份公司须承担连带赔偿责任或遭受处罚的，本人将全额承担优网科技（上海）股份有限公司的补缴义务、罚款或损失，并保证优网科技（上海）股份有限公司不会因此遭受任何损失。"

专家点评

存在劳务派遣用工的，应重点核查劳务派遣的方式是否适用于公司的实际经营，是否是公司用以逃避法定义务的方式，劳务派遣单位的资质，关键一点是公司控股股东或实际控制人应出具承诺，补偿因劳务派遣方式导致公司利益发生的损害。

第二节　基本概念

一、关于职工社保和住房公积金缴纳情况

按规范要求，应是报告期内挂牌企业及其子公司均需为其员工足额缴纳社保费用和住房公积金，然而实务中，大部分公司均为按该要求缴纳，那一方面要符合挂牌要求，另一方面公司基于经营成本或者业绩考虑，不愿补缴或全额补缴所欠费用。

对于社保，起源于对城镇职工权益的保护。实务比较棘手的农民工问题。社保五险中，中央和国务院多次会议材料中强调的多为工伤保险和医疗保险，提倡逐步扩大农民工的应缴社保范围。对于养老保险和医疗保险，对于流动性较强、不够稳定的农民工，如其同意，可在其原籍所在地自愿参加农村养老保险和农村合作医疗保险等。而对于失业保险，国务院颁布的失业保险条例中有明确规定，农民工必须参保。生育保险未有明确要求。

目前的问题是，对于制造型及其他劳动密集型公司，基本都大量使用农民工，如果公司是在本地起步并发展壮大的农民企业，那有相当数量的农民工还是能够持续工作 1 年以上的相对稳定的员工。对于该部分员工的社保如何缴纳，各地规定存在差异。

对该问题以前的做法是，如果对公司的业绩不形成重大影响，则建议公司全部补缴；否则，则视影响状况，采取公司交一部分 + 公司控股股东及实际控制人承诺承担未补缴的法律责任相结合的方式，但一般至少会缴纳报告期最后一年及一期的。当然，具体操作中还是存在技术层面的处理技巧，如季节性用工的人数处理，农民工社保缴纳基数的确定等。

二、关于劳务派遣用工

采用劳务派遣方式用工被很多企业用于减轻员工，尤其是农民工的社保缴纳压力，将部分非关键岗位的员工安置在劳务派遣公司，减少在申报主体缴纳社保和公积金的人数，能够在一定程度上掩盖企业的社保缴纳问题。但是自 2014 年 3 月 1 日起将施行的《劳务派遣暂行规定》（中华人民共和国人力资源和社会保障部令第 22 号）对企业劳务派遣的用工安排作出了明确的规定，将规范企业的用工行为。

《劳务派遣暂行规定》第三条：用工单位只能在临时性、辅助性或者替代性的工作

岗位上使用被派遣劳动者。

前款规定的临时性工作岗位是指存续时间不超过 6 个月的岗位；辅助性工作岗位是指为主营业务岗位提供服务的非主营业务岗位；替代性工作岗位是指用工单位的劳动者因脱产学习、休假等原因无法工作的一定期间内，可以由其他劳动者替代工作的岗位。

用工单位决定使用被派遣劳动者的辅助性岗位，应当经职工代表大会或者全体职工讨论，提出方案和意见，与工会或者职工代表平等协商确定，并在用工单位内公示。

第四条用工单位应当严格控制劳务派遣用工数量，使用的被派遣劳动者数量不得超过其用工总量的 10%。

前款所称用工总量是指用工单位订立劳动合同人数与使用的被派遣劳动者人数之和。

计算劳务派遣用工比例的用工单位是指依照劳动合同法和劳动合同法实施条例可以与劳动者订立劳动合同的用人单位对于现状使用劳务派遣员工较多的企业，《劳务派遣暂行规定》也给予了一定的过渡期，第二十八条规定：

用工单位在本规定施行前使用被派遣劳动者数量超过其用工总量 10% 的，应当制定调整用工方案，于本规定施行之日起 2 年内降至规定比例。但是，《全国人民代表大会常务委员会关于修改〈中华人民共和国劳动合同法〉的决定》公布前已依法订立的劳动合同和劳务派遣协议期限届满日期在本规定施行之日起 2 年后的，可以依法继续履行至期限届满。

用工单位应当将制定的调整用工方案报当地人力资源社会保障行政部门备案。

用工单位未将本规定施行前使用的被派遣劳动者数量降至符合规定比例之前，不得新用被派遣劳动者。

第十五章　资金占用的七个问题

【案例1】控股股东、实际控制人控制的关联方占用资金——华宿电气（股票代码：430259）

【案例2】股东占款的规范——威控科技（股票代码：430292）

【案例3】股东以个人名义贷款用于公司经营——蓝天环保（股票代码：430263）

【案例4】关联方的资金拆借——传视影视（股票代码：832455）

【案例5】备用金不属于占用资金——奥伦德（股票代码：832016）

【案例6】对往来款的审查——禾益化学（股票代码：430478）

【案例7】股东拆借给公司的资金债权是否合法法规——长宏科技（股票代码：831148）

第一节　资金占用问题

新三板的审核在"依法监管、从严监管、全面监管"的原则下愈加严格，其中资金占用问题成为审核中的重中之重。这在目前股转系统对拟挂牌公司的反馈意见中也可以看出，由于涉及资金占用的企业比例占了一半以上，因此资金占用的审查越来越严格，普遍对股东和关联方占用资金进行严格的审查。

关联方的核查范围为全部关联方，包括关联企业和关联自然人，不应仅局限于拟挂牌公司的控股股东、实际控制人及其控制的企业；核查的事项范围包括关联资金占用、资源占用的情况，包括但不限于关联担保、其他利益输送等，不应仅局限于资金占用。

【案例1】控股股东、实际控制人控制的关联方占用资金——华宿电气（股票代码：430259）

企业背景

上海华宿电气股份有限公司是一家专业从事电力及电气安全产品研发、生产、销售与服务的高新技术企业。公司总部位于上海张江高科技园区，拥有完善的独立研发中心、销售中心和现代化的生产基地。公司凭借雄厚的产品技术研发实力，不断追求技术创新，全面致力于电气防火事业的发展。

案例解读

挂牌前归还借款，未要求收取资金占用费。

公司控股股东、实际控制人余龙山，截至2012年12月31日，向公司的借款总额为985，821.68元。截至本公开转让说明书签署日，余龙山已经全部偿还以上欠款。

公司控股股东、实际控制人余龙山控制的上海研科，截至2012年12月31日，公司其他应收上海研科款余额为499，877.83元，截至本公开转让说明书签署日，上海研科已经全部偿还以上欠款。

公司控股股东、实际控制人余龙山控制的上海攻之成，截至2012年12月31日，公司的其他应收上海攻之成款项余额为453，079.80元。截至本公开转让说明书签署日，已经全部偿还以上欠款。

公司控股股东、实际控制人余龙山控制的上海之立，截至2012年12月31日，公司应收上海之立款项余额分别为450，174.10元。截至本公开转让说明书签署日，已经全部偿还以上欠款。

专家点评

公司“其他应收款”科目下的款项不是经营性资金往来，是一个简单的资金占用，可以看出公司挂牌前法人治理结构不规范，关联交易严重，内部有效制约机制缺乏，公司为挂牌成功，让关联方偿还资金占用，属于明智之举。目前部分公司为逃避监管，资金占用方式发生变化，从以往的简单占用，变为虚拟交易，通过“预付账款”“应收账款”方式让关联方占用资金。

【案例2】股东占款的规范——威控科技（股票代码：430292）

企业背景

北京威控科技股份有限公司创立于2004年，是中关村高新技术企业和北京市高新技术企业，是国内最早研发和生产物联网测控产品与客房智能控制系统的专业厂家之一。威控自成立以来，致力于物联网测控与酒店智能控制领域。引领着物联网测控与客房智能控制的发展方向，凭借技术的不断创新，研制出满足市场需求、行业竞争力强的一系列具有业内先进技术水平的产品，为酒店、油田、水利、农业、楼宇等行业的广大用户提供专业而完善的整体解决方案。

焦点问题

公司权益是否被控股股东、实际控制人及其控制的企业损害。

报告期内，有限公司与股东王涛、胡宇滢存在以下资金拆借情形：（1）公司为股东王涛提供个人借款127，372.87元，截至2012年12月24日，股东王涛已归还上述借款。有限公司阶段，公司受限于北京市车辆限购政策未能通过摇号获得购车指标，公司所购车辆登记在王涛名下，但该车一直由公司实际使用。在公司股份制改造过程中，基于相应的规范要求，公司将车辆认定为王涛所有，并将相关车辆购置款调整为王涛的个人借款，之后王涛及时归还了上述款项。目前，该车辆仍然由公司继续使用。因此，该笔款项未约定利息，不存在股东侵占或损害公司利益的情形。

2011年12月27日，公司为股东胡字滢提供个人借款270，000.00元，截至2012年9月15日，股东胡字滢已归还上述借款。公司向胡字滢提供借款时未约定借款利息。为避免胡字滢因上述借款侵占公司利益，2013年6月18日，经全体股东一致同意，胡字滢按银行同期贷款利率向公司支付利息总计13，369.75元。

有限公司阶段，公司相关治理机制并不完善，部分股东与公司之间存在资金拆借情形。股份公司成立后，股份公司的《公司章程》《股东大会议事规则》《董事会议事规则》《关联交易管理办法》，对关联方的认定、关联交易的认定、关联交易的决策权限、关联交易信息披露、关联方表决权回避等内容进行了具体的规定，从公司制度层面避免日后类似情形的发生。为避免日后关联方与公司之间的资金拆借行为，2013年4月10日，公司持股5%以上股东王涛、李建明、胡字滢出具了《关于禁止向关联方企业互借资金、互为代垫支付款项的承诺函》。

承诺：

"1. 自本承诺函签署之日起，股份公司与其关联方之间不再发生资金拆借、代垫款项的行，股份公司将严格遵守《关联交易管理制度》等公司制度，严禁股份公司与关联方之间从事资金拆借、代垫款项的行为。

2. 股份公司如存

在与关联方之间因资金拆借、代垫款项而损害股份公司利益的情况，本人承诺以本人所拥有的股份公司外的个人财产优先承担全部损失。

3. 本人愿意承担因违反上述承诺而给股份公司造成的全部经济损失及其他相应的法律责任。

4. 本承诺函自签署之日即构成对承诺方具有法律效力的文件。"

专家点评

很多新三板企业的实际控制人认为公司的钱就是自己的钱，观念上没有适应公司由非公众公司到公众公司的转变，受经济波动影响，在现金流发生问题时习惯性拆东墙补西墙，新三板企业往往经营比较稳定，也就成了资金占用的重灾区。还有些股东实际并不想占用公司的钱，但有些钱必须先花出去，比如送礼，这样的只好股东先借，最后来拿票去冲抵。从挂牌的审核要求来看，资金占用问题是条红线，必须得到规范，越早越好。

【案例3】股东以个人名义贷款用于公司经营——蓝天环保（股票代码：430263）

企业背景

浙江蓝天环保高科技股份有限公司隶属于世界500强中国中化集团与浙江省国资委共同组建的中化蓝天集团有限公司，专业从事哈龙及其替代品、氯氟烃替代品以及含氟涂料和树脂及氟精细化学品的技术开发和生产经营，是目前国内技术开发实力最强、产品品种最全的消耗臭氧层物质（ODS）替代品生产企业之一。

公司对这个问题的解决方案为：

1. 如公司提供担保则需履行关联交易程序；

2. 股东承诺贷款用于公司生产经营。

公司为补充运营资金，特委托法定代表人、控股股东以个人经营性贷款方式取得用于公司生产经营活动所需资金，公司为上述贷款提供担保。上述担保事项已履行相关决策程序，关联方实施了回避制度。截至2012年12月31日，其他应付款中应付潘忠、李方、王洪波的款项主要为以个人名义办理的个人经营性贷款。

（1）股东潘忠350万元个人经营性贷款。

2012年6月12日，股东潘忠与北京银行股份有限公司奥北支行（以下简称“北京银行奥北支行”）签订了编号为14501B120001的《个人经营性贷款借款合同》，约定由北京银行奥北支行向潘忠提供350万元贷款，用于补充经营性流动资金购买供暖设备，贷款期限为12个月，自2012年6月12日起至2013年6月12日止。贷款利率为每笔提款放款日的同期基准利率上浮 20%。

对于上述借款，股东潘忠承诺用于公司的生产经营。

（2）股东潘忠 550 万元个人经营性贷款。

2012 年 7 月 25 日，股东潘忠与北京银行奥北支行签订了编号为 14501B120002 的《个人经营性贷款借款合同》，约定由北京银行奥北支行向潘忠提供 550 万元贷款，用于购买供暖设备，支付施工改造款，贷款期限为 12 个月，自 2012 年 7 月 25 日至 2013 年 7 月 25 日止。贷款利率为每笔提款放款日的同期基准利率上浮 20%。合同同时约定由北京首创投资担保有限责任公司为本次贷款提供保证担保。

对于上述借款，股东潘忠承诺用于公司的生产经营。

专家点评

这个是公司占用了股东的资金，公司为此进行了担保。众所周知，中小企业从银行融资难是个大概率事件，且成本也不低。发展是硬道理，公司老板能搞来钱支持公司发展，体现了老板主人翁的态度。需要强调的是借钱和担保属于关联交易，公司内部的决策应该规范，股东会、董事会的程序还是要走的。

【案例 4】关联方的资金拆借——传视影视（股票代码：832455）

企业背景

传视影视传媒成立于 2003 年，已发展成为中国长三角地区遥遥领先的全流程专业影视制作企业。传视旗下拥有多家全额控股子公司。注册资金超过 7000 万元，拥有专业影视制作设备价值超过 4000 万元，办公面积超过 5000 平方米，摄影棚面积 1000 平方米。十年来，苏州传视累计制作各类纪录片、专题片、广告宣传片 2000 多部。

焦点问题

相关资金借贷是否符合相关法律法规的要求，期末是否存在关联方占用公司资金的情形。

报告期内，公司存在对关联方的资金拆借，具体情况如下：

关联方名称	拆借金额（元）	起始日期	偿还日期
沈建平	5，690，000.00	2010－3－1	2013－5－8
苏州传扬影像广告有限公司	1，500，000.00	2012－10－3	2012－12－8
	4，100，000.00	2013－12－19	2014－3－21
王欣	10，000，000.00	2012－10－17	2013－7－13
	4，879，800.00	2013－7－22	2014－5－18
合计	26，169，800.00	—	—

王欣与沈建平的资金拆借并不符合《公司法》“公司不得直接或者通过子公司向董事、监事、高级管理人员提供借款”的规定，因此，王欣和沈建平作为公司的董事、监事或高级管理人员，公司向其提供借款不符合法律法规的规定。苏州传扬影像广告有限公司与苏州传视之间的资金拆借不符合中国人民银行于1996年6月28日颁布的《贷款通则》，以及于1998年3月16日颁布的《关于对企业间借贷问题的答复》等相关规范性法律文件中关于禁止非金融机构之间的资金借贷的相关规定。

公司之所以存在资金拆借，主要是由于公司当时有一定富余的资金，而关联方存在资金需求，公司当时作为有限公司，内控制度尚不健全，因此向关联方提供了借款；该借款未收取利息，由于公司当时尚未改制为股份公司，未制定关联交易管理制度等决策程序文件，因此资金拆借未履行相关的程序；截至2014年9月30日，上述资金拆借款已经全部归还且之后未再发生资金拆借行为。

本所律师经核查认为，上述资金拆借已全部返还且之后未再发生资金拆借行为，上述资金拆借不会对本次挂牌产生实质影响。

专家点评

《最高人民法院关于审理民间借贷案件适用法律若干问题的规定》，该《规定》第十一条规定，法人之间、其他组织之间以及它们相互之间为生产、经营需要订立的民间借贷合同，除存在合同法第五十二条、本规定第十四条规定的情形外，当事人主张民间借贷合同有效的，人民法院应予支持。一般认为，合法的企业间借贷一般是为解决资金困难或生产急需为之，非常态。

公司不差钱是个好事，但应制定完善的关联交易决策制度与资金拆借管理制度，以规范关联方的资金占用问题。

【案例5】备用金不属于占用资金——奥伦德（股票代码：832016）

企业背景

深圳市奥伦德科技有限公司（LED封装事业部）是LED外延片、芯片、红外LED芯片、封装、光藕、LED点阵、LEDSMD、数码管、时钟板、LED单灯、光敏二极管、红外接收头等产品专业生产加工的私营股份有限公司，拥有完整、科学的质量管理体系。

焦点问题

公司防范关联方占用资源（资金）的制度及执行情况；关联方占用资源（资金）问题的发生及解决情况。

（一）防范关联方占用资源（资金）的制度及执行情况

经核查，公司改制设立为股份公司后，为了规范公司关联方以及关联交易，对股东的利益进行保护，分别在《公司章程》《股东大会议事规则》《董事会议事规则》以及《关联交易管理制度》中规定了关联交易、事项的决策权限，具体规定条款如下：（略）

根据公司2014年第二次临时股东大会决议，公司对报告期内已经发生的关联交易以及2014年预计发生的经常性关联交易进行了审议并同意确认。

（二）关联方占用资源（资金）问题的发生及解决情况

1. 备用金

根据《审计报告》并经核查，报告期内公司董事、监事由于工作出差、日常办公用品采购等原因向公司借取了少量备用金，该等关联方占用资金问题系因公司正常生产经营而发生的，具体情况如下：

单位：万元

项目	关联方	2014－6－30	2013－12－31	2012－12－31	款项性质
其他应收款	何畏	0.59	0.39	0.39	备用金
	韩光宇	0.15	0.50	1.00	备用金
	于文军	1.40	1.20	1.70	备用金
	雍美云	0.10	0.10	0.10	备用金

根据公司提供的说明、相关管理制度并经核查，公司股份公司改制后，制定了备用金管理制度等财务制度，对备用金金额、结算时间进行严格规定。截至本《补充法律意见书》出具日，上述关联方已经全部归还公司备用金。

2. 关联租赁

根据公司提供的相关租赁合同、深圳景德工商变更登记文件并经核查，深圳景德曾在报告期内租用公司的厂房作为办公场所。2014 年 6 月，深圳景德与公司解除了租赁关系，并与深圳市兴鑫源实业有限公司签订了《写字楼租赁合同书》，将其办公场所搬迁至深圳市宝安区西乡宝民二路 35 号兴鑫源商务大厦 415 室。

专家点评

“备用金”不是一级科目，一般是作为“其他应收款”的二级科目使用，用于个人临时业务（比如出差等），这个实例虽然属于向董、监收取的其他应收款，但性质不属于资金占用。

【案例 6】对往来款的审查——禾益化学（股票代码：430478）

企业背景

安徽禾益化学股份有限公司位于安徽省天长市杨村工业区，公司主要经营或服务范围是医药中间体的研发、生产和销售。

焦点问题

公司与股东之间的关联交易。

案例解读

公司与股东之间存在其他应收/应付款，具体情况如下表所示。

项目	关联方	2013 年 6 月 30 日	2012 年 12 月 31 日	2011 年 12 月 31 日
其他应收款	易星	—	—	190，000.00
其他应收款	胡兵	—	—	100，000.00
其他应收款	董来山	—	—	76，359.00
其他应收款	董来高	—	—	490，000.00
其他应收款	董来庚	—	—	162，033.20

根据公司说明并经本所律师核查，公司与股东易星、胡兵资金往来的原因为公司向易星、胡兵提供借款，由于该项借款为短期资金融通，故未约定利息；此外，公司与股东董来山发生的资金往来，系公司在归还董来山垫付的购车款时多支付了部分款项所致；公司与董来高发生的资金往来，系董来高代公司垫付工程款所致；公司与董来庚发生的资金往来系董来庚代公司垫付购车款所致。由于上述借款为短期资金融通，且金额较小，故未约定利息。该等关联借款截至 2012 年 12 月 31 日已全部清偿完毕。

经本所律师核查，公司已于2013 年9 月25 日召开2013 年第三次临时股东大会并审议通过《关于确认公司关联交易的议案》，对上述公司与股东在报告期内的关联方资金往来情况予以确认。此外，公司制定了《关联交易管理制度》，进一步严格规范关联交易行为。

本所律师经核查认为，公司与其关联方报告期内的关联交易均系公司与其关联方之间发生的平等民事主体间意思自治的行为，该等关联借款截至 2012 年 12 月 31 日已全部清偿完毕，且自公司整体变更设立以来已不存在关联借款情况，亦不存在公司资金被股东及其控制的其他企业以借款、代偿债务、代垫款项或者其他方式占用的情形。该等关联资金往来情况未对公司的经营活动造成严重影响，也未给公司、债权人、其他股东造成直接经济损失，或者导致公司资不抵债、无法正常经营，因此，该等关联借款对本次挂牌不构成实质性障碍。

专家点评

常规性的关联方资金占用，解决方式还是三段论：一是如实披露，二是还款，三是完善规节制度。

【案例7】股东拆借给公司的资金债权是否合法法规——长宏科技（股票代码：831148）

企业背景

长宏科技隶属于北京诚朔顺发商贸中心，是一家集研发，生产，销售和技术服务为一体的专业化公司，专业从事特殊功能化工产品的研发和生产。主要产品有油墨清洗剂，印刷润版液，造纸烘缸剂，工业清洗剂，多功能乳化剂等。

焦点问题

（1）债权的真实性及债权债务发生的必要性，说明核查方法。（2）衡阳长宏锅炉注销的原因、注销程序及清算后剩余资产包括未决债务的分配，公司购买的曹希新提供的衡阳长宏锅炉的资产内容、权属是否清晰，是否存在争议。（3）衡阳长宏锅炉注销对公司股东、法定代表人、董事、高管的适格性是否产生影响。

案例解读

2011年8月，股东曹希新、吴四娥分别以对公司的800万元债权进行出资，其中包括公司向曹希新购买实物资产形成的应付款以及两位股东拆借给公司的资金债权。

（一）关于债权的真实性及债权债务发生的必要性以及相关的核查方法

2011年8月，公司注册资本由3，000万元增加至5，000万元。曹希新、吴四娥分别认缴增资1，000万元，其中，曹希新以货币出资200万元，以对公司的债权出资800万元；吴四娥增以货币出资200万元，以对公司的债权出资800万元，并相应修改公司章程。此次增资价格参照每1元注册资本对应的净资产值确定。

1. 关于曹希新对公司的债权

曹希新以对公司债权出资的800万元，系曹希新以衡阳长宏注销清算分配所获的部分资转让给湖南长宏，湖南长宏应支付给曹希新的现金对价形成的债权。该等资产负债为衡阳长部分固定资产、全部应收款项、存货、无形资产及负债。

衡阳长宏系由曹希新、吴四娥夫妇于2004年10月19日设立的有限责任公司，持有衡阳市工商管理局颁发的注册号为4304002002166号《企业法人营业执照》，法定代表人为曹希新，注册资本200万元，其中，曹希新出资100万元，吴四娥出资100万元，住所在衡阳市蒸湘区衡祁路27号2楼。衡阳长宏经过多次变更，截至衡阳长宏注销之日——2011年7月23日，衡阳长宏持有衡阳市工商管理局颁发的430400000002212的《企业法人营业执照》，注册资本1，200万元，其中，曹希新出资700万元、吴四娥出资500万元。

2010年9月9日，衡阳长宏召开股东会，决定解散公司。

2010年9月11日，衡阳长宏在《衡阳日报》刊登清算公告，公告债权人于45日内联系进行债权清算。

2011年3月24日，湖南金马有限责任会计师事务所出具湘金马审字［2011］第030号《审计报告》，经对衡阳长宏截止2011年3月20日的资产、负债及所有者权益情况进行审计，衡阳长宏账面总资产26，326，009.88元，其中，流动资产19，153，042.47元，长期投资450，000.00元，固定资产6，972，967.41元，无形资产200，000.00元；负债总额5，052，767.54元，其中：流动负债5，000，383.54元，长期负债52，384.00元；所有者权益总额21，273，242.34元，其中：实收资本12，000，000.00元，未分配利润9，073，242.34元。

2011年3月25日，衡阳长宏股东会通过决议，决定注销衡阳长宏；将现金和土地使用权，合计8，864，560.08元净资产分配给吴四娥；将固定资产、无形资产、存货及债权债务等，合计12，408，682.26元净资产分配给曹希新。2011年3月24日，衡阳金马资产评估有限公司出具横金马评字［2011］第008号《评估报告》，对曹希新拟转让给湖南长宏资产中的固定资产、存货进行评估，经评估，固定资产评估价值为2，082，967.41元，存货评估价值为10，104，686.04元，合计评估价值为12，187，653.45元。鉴于衡阳长宏与湖南长宏同属锅炉制造行业，衡阳长宏分配给曹希新的资产有利于湖南长宏的扩大生产规模和持续展，2011年3月26日，湖南长宏股东会通过决议，同意曹希新将分配所得的部分资产（部分固定资产、全部应收款项、存货、无形资产及负债），合计账面价值7，798，304.51元，转让给湖南长宏。转让资产中的固定资产、存货的价值已经衡阳金马资产评估有限公司2011年3月24日出具的《评估报告》评估。

综上，湖南长宏应支付给曹希新7，798，304.51元。

2011年7月，湖南长宏向曹希新借款270，000.00元。

2011年8月，曹希新以对湖南长宏的两项债权（应支付给曹希新的7，798，304.51元的对价和270，000.00元借款中的201，695.49元），合计800万元债权，对湖南长宏增资。

2. 关于吴四娥对公司的债权

经核查公司的记账凭证、收据及公司的说明，自2010年至2011年7月，吴四娥先后通过直接交付现金、通过银行转账等方式，合计借予湖南长宏8，044，000.00元，形成对湖南长宏8，044，000.00元债权。2011年7月，吴四娥以上述对湖南长宏的多项债权中的800万元债权，对湖南长宏增资。

3. 关于债权的核查方法

本所律师核查了以下资料：（1）衡阳长宏的全部工商登记资料；（2）湖南长宏关于受让曹希新资产的股东会决议；（3）股份公司的资产台账；（4）曹希新与公司的借款合同、资金往来凭证；（5）吴四娥与公司的借款合同、收据凭证；（6）衡阳金马资产评估有限公司出具的横金马评字［2011］第008号《评估报告》并取得了曹希新和吴四娥就增资及债权债务事项出具的书面承诺。

据此，本所律师认为，曹希新、吴四娥对公司的债权真实有效，相关债权债务的发生系股东支持公司发展的需要，有利于公司的做大做强，不存在权属纠纷，且该等资产经过审计、评估，价格公允。

（二）衡阳长宏锅炉注销的原因、注销程序及清算后剩余资产包括未决债务的分配，公司购买的曹希新提供的衡阳长宏锅炉的资产内容、权属是否清晰，是否存在争议

经核查，为取得衡阳市白沙洲工业园区管委会（以下简称“管委会”）的优惠政策，曹希新、吴四娥原计划将衡阳长宏的住所迁往白沙洲工业园区，但经与园区管委会沟通，管委会要求应在工业园区新设公司，而非将原有公司迁址。鉴于此，曹希新、吴四娥夫妇出资设立湖南长宏锅炉有限公司。但出资完成进行设立登记时，由于公司建设的厂房尚未完工，不能办理湖南长宏的住所工商登记，经与管委会沟通，同意将先将公司住所注册在衡阳市北塘村1号。后于厂房完工后将湖南长宏迁往白沙洲工业园区。湖南长宏住所地注册于白沙洲工业园区后，为集中力量发展，享受相关优惠政策，曹希新、吴四娥决定解散衡阳长宏。

2010年9月9日，衡阳长宏召开股东会，一致决定解散公司。

2010 年 9 月 11 日，衡阳长宏在《衡阳日报》刊登清算公告，公告债权人于 45 日内联系进行债权清算。

2011 年 3 月 24 日，湖南金马有限责任会计师事务所出具湘金马审字［2011］第 030 号《审计报告》，经对衡阳长宏截至 2011 年 3 月 20 日的资产、负债及所有者权益情况进行审计，衡阳长宏账面总资产 26，326，009.88 元，其中：流动资产 19，153，042.47 元，长期投资 450，000.00 元，固定资产 6，972，967.41 元，无形资产 200，000.00 元；负债总额 5，052，767.54 元，其中：流动负债 5，000，383.54 元，长期负债 52，384.00 元；所有者权益总额 21，273，242.34 元，其中，实收资本 12，000，000.00 元，未分配利润 9，073，242.34 元。

2011 年 3 月 24 日，衡阳金马资产评估有限公司出具横金马评字［2011］第 008 号《评估报告》，对曹希新拟转让给湖南长宏资产中的固定资产、存货进行评估，经评估，固定资产评估价值为 2，082，967.41 元，存货评估价值为 10，104，686.04 元，合计评估价值为 12，187，653.45 元。2011 年 3 月 25 日，衡阳长宏股东会通过决议，决定注销衡阳长宏；将货币资金中的 6，419，560.08 元和固定资产中的土地使用权 2，445，000元，合计 8，864，560.08 元净资产分配给吴四娥；将固定资产、无形资产、存货及债权债务等，合计 12，408，682.26 元净资产分配给曹希新。2011 年 3 月 26 日，湖南长宏股东会通过决议，同意曹希新分配所得的部分资产（部分固定资产、全部应收款项、存货、无形资产及负债），合计账面价值 7，798，304.51 元，转让给湖南长宏。转让资产中的固定资产、存货的价值已经衡阳金马资产评估有限公司 2011 年 3 月 24 日出具的《评估报告》评估。

2011 年 4 月 2 日，衡阳市工商行政管理局通过了衡阳长宏锅炉有限公司清算组成员的备案申请，清算组成员为曹希新、吴四娥，清算组负责人为曹希新。

2011 年 5 月 17 日，全体股东就公司注销的有关事项形成了《衡阳长宏锅炉有限公司注销的股东会决议》，同意公司清算组于 2010 年 9 月 11 日在衡阳日报刊登了公司注销公告；确认债权债务已按《公司法》及公司章程清理完结；同意公司清算组所做的清算报告；同意注销公司，并到公司登记机关办理公司注销登记。

2011 年 7 月 23 日，衡阳长宏正式完成工商注销手续。

综上所述，本所律师认为，衡阳长宏的解散、注销程序履行了法律规定的公司内部决策程序及主管部门的注销手续，进行了债权债务公告，符合法律法规的规定，不存在未结诉讼仲裁或行政处罚。曹希新取得相关资产系作为公司出资人，根据《公司法》取得的对公司清算财产的所有权，符合法律规定，没有权属争议，自衡阳长宏解散注销至今，亦无自然人、法人或其他组织对相关财产提出权利主张，且曹希新愿意承诺对此承担全部责任，所以上述事项不会影响公司本次挂牌。

（三）衡阳长宏锅炉注销对公司股东、法定代表人、董事、高管的适格性是否产生影响

《公司法》第一百四十六条规定：“担任破产清算的公司、企业的董事或者厂长、经理，对该公司、企业的破产负有个人责任的，自该公司、企业破产清算完结之日起未逾三年”；“担任因违法被吊销营业执照、责令关闭的公司、企业的法定代表人，并负有个人责任的，自该公司、企业被吊销营业执照之日起未逾三年”，不得担任公司的董事、监事、高级管理人员。

本所律师认为，衡阳长宏解散注销是曹希新、吴四娥作为公司出资人，行使《公司法》规定的权利自行决定解散，并非为被主管部门处罚吊销营业执照或经营不善破产清算。因此，衡阳长宏的注销清算不会对曹希新、吴四娥及其他股东、董事、高级管理人员的任职资格产生影响。

专家点评

《最高人民法院关于审理民间借贷案件适用法律若干问题的规定》，该《规定》第一条规定，本规定所称的民间借贷，是指自然人、法人、其他组织之间及其相互之间进行资金融通的行为。法律上允许股东借款给公司，形成的合法债权可以进行“债转股”。

第二节　深度解析

一、根据《全国中小企业股份转让系统挂牌公司信息披露细则》的规定，控股股东、实际控制人或其关联方占用资金是指：挂牌公司为控股股东、实际控制人及其附属企业垫付的工资、福利、保险、广告等费用和其他支出；代控股股东、实际控制人及其附属企业偿还债务而支付的资金；有偿或者无偿、直接或者间接拆借给控股股东、实际控制人及其附属企业的资金；为控股股东、实际控制人及其附属企业承担担保责任而形成的债权；其他在没有商品和劳务对价情况下提供给控股股东、实际控制人及其附属企业使用的资金或者全国股份转让系统公司认定的其他形式的占用资金情形。

二、重点关注

根据 Wind 数据统计，截至 2016 年 7 月 7 日，在 7725 家挂牌企业中，共有 4975 家企业发布过关联方资金占用的公告，出现资金占用问题的企业比例高达 64%，其中绝大部分在 2016 年后发布。另外，还有 134 家企业的主办券商发布了针对有关企业资金占用问题的《关联方资金占用的风险专家点评公告》。毫无疑问，大股东及关联方资金占用问题正在成为 2016 年新三板市场监管的关键词，随着近日有关企业定增将被暂停，监管层的监管措施也在逐渐升级。

第十六章　环境保护的十个问题

【案例1】对企业环保事项综合审查——宝藤生物（股票代码：835720）

【案例2】建设项目环境影响验收的案例——雷特科技（股票代码：832110）

【案例3】因环保违规被行政处罚的——奥伦德（股票代码：832016）

【案例4】重污染行业的专项核查——南京试剂（股票代码：833179）

【案例5】委托排污的情况——奥油化工（股票代码：832044）

【案例6】公司环评验收和日常环保投入运营情况——南达农业（股票代码：831567）

【案例7】公司的日常生产环保是否合法、合规——庆东农科（股票代码：831552）

【案例8】未办理环保相关许可手续——大树智能（股票代码：430607）

【案例9】政府之间就环保问题“打架”的——万通液压（股票代码：830839）

【案例10】公司是否需要办理环保相关手续，生产、产品是否遵守质量、安全要求——金银花（股票代码：430696）

第一节　典型案例

环境保护问题一直以来就是企业走向资本市场过程被高度关注的问题，高污染的企业或者缺乏有效环保措施企业都可能因为违规而对社会造成危害，所以无论 IPO 或是新三板，对拟挂牌企业在这方面的审核是严格的。

不同类型的企业对环保的要求也是不同的，其中，对于能源型企业有特殊的要求。能源型企业通常都会对地质、空气等环境造成损害，如化工、水泥、煤炭开采、焦化等企业，其在生产经营过程中会制造一系列的废水、废气、废渣等有毒有害物质，对周边环境造成破坏性影响。中国的环保理念已经逐步升入全体国民的内心，目前从政策、法律的角度，都在加大加强对环境保护的力度和强度，对于影响环保的企业，国家将执行更为严格的标准，而且未来的趋势是对环保的监控必将成为企业发展中的重点要求内容。因此，对于环保问题，不同的创业型企业也要根据自身的实际情况予以解决。

【案例 1】对企业环保事项综合审查——宝藤生物（股票代码：835720）

企业背景

上海宝藤生物医药科技股份有限公司成立于 2008 年，为上海市高新技术企业，用业内最前沿的技术将多组学和疾病的临床信息构建的大数据进行多维的整合分析及深度挖掘，开发并建立各类疾病的精准医学和临床应用产品。公司为国内外医疗机构、集团客户和个人提供肿瘤、心血管疾病、感染类疾病、妇幼疾病和其他疾病的早期筛查、风险评估、精确分型、精准治疗、疗效监控和预后判断等系统化的精准医疗服务。

焦点问题

公司建设项目的环保合规性，包括且不限于公司建设项目的环评批复、环评验收及“三同时”验收等批复文件的取得情况；公司是否需要、办理排污许可证以及取得情况；结合公司的业务流程核查公司日常环保合规情况，是否存在环保违法和受处罚的情况；对公司环保事项的合法合规性发表明确意见。

（一）公司建设项目的环保合规性，包括且不限于公司建设项目的环评批复环评验收及“三同时”验收等批复文件的取得情况

2011 年 1 月 11 日，上海市浦东新区环境保护和市容卫生管理局出具“沪浦环保设试决字（2011）第 14 号”《关于上海宝藤临床检验所有限公司实验室建设项目准予行政许可决定书》，同意该项目的建设。2012 年 11 月 8 日，上海市浦东新区环境保护和市容卫生管理局出具“沪浦环保竣工决字（2012）第 365 号”《关于上海宝藤临床检验所有限公司实验室建设项目竣工环境保护验收的意见》，认定该项目环保验收手续齐全，达到验收要求，同意通过环保验收。

2012 年 11 月 28 日，上海市浦东新区环境保护和市容卫生管理局出具“沪浦环保环表决字（2012）第 1284 号”《关于肿瘤的分子诊断研发公共服务平台环境影响报告表的审批意见》，同意该项目的建设。2015 年 8 月 28 日，上海市浦东新区环境保护和市容卫生管理局出具“沪浦环保许评（2015）第 1866 号”《关于肿瘤的分子诊断研发公共服务平台试生产的审批意见》，确认该项目环保基本符合试生产的环保要求，同意该项目投入试生产，期限截至 2015 年 11 月 28 日，目前该项目正在申请环评验收。

2013 年 6 月 3 日，上海市浦东新区环境保护和市容卫生管理局出具“沪浦环保许评（2013）第 873 号”《关于医学分子标记物研发与产业化公共服务平台环境影响报告表的审批意见》，同意在现有项目的基础上建设该项目。

根据《中国人民共和国环境保护法》第四十一条规定：建设项目中防治污染的设施，应当与主体工程同时设计、同时施工、同时投产使用。防治污染的设施应当符合经批准的环境影响评价文件的要求，不得擅自拆除或者闲置。

经公司确认并经本所律师核查，公司及子公司从事医疗检测实验室建设及肿瘤的分子诊断研发公共平台医学分子标记物研发与产业化公共服务平台建设过程中均已履行了相关防治污染设施的建设，并在项目启动前取得了环评批复及通过了项目的环评验收。

综上，本所律师认为，公司已按照法律法规规定取得建设项目的环评批复、环评验收等验收批复文件。

（二）公司是否需要办理排污许可证以及取得情况

公司及子公司的主营业务为提供疾病个性化诊疗检测、重大疾病早期检测和基因诊断等检测服务，公司及子公司的业务主要集中在科研服务及试剂销售及提供疾病个性化诊疗检测、重大疾病早期检测和基因诊断等检测服务，试剂销售及科研服务业务不会产生排污的情形。公司及子公司日常检测业务中的医疗废弃物已经得到有效处置；公司及子公司在医疗检测中会产生少量污水，但产生的污水已经消毒并达到标准排放，且公司及子公司业务环节中不涉及生产环节，仅从事测试及检测业务，故公司及子公司无需按照规定取得相应的排污许可证。经公司确认并经本所律师核查，截至本法律意见书出具之日，公司未取得排污许可证。

（三）结合公司的业务流程核查公司日常环保合规情况，是否存在环保违法和受处罚的情况

从行业划分上来看，公司的医学诊断与检验处行业属于卫生和社会工作下的卫生行业，从具体的产品来划分，公司属于精准医疗行业。根据《挂牌公司投资型行业分类指引》，公司属于1510医疗保健设备与服务业，该行业不属于重污染行业。公司及子公司的主营业务为提供疾病个性化诊疗检测、重大疾病早期检测和基因诊断等检测服务。公司及子公司的试剂销售及科研服务不会产生污染物排放，同时公司及子公司主要开展分子诊断中心检测项目，该等检测业务不会产生大量污染物排放，但会产生少量医疗废弃物及污水排放。针对医疗废弃物情形，公司及子公司与上海市固体废弃物处置中心签订了《医疗废弃物集中处置服务合同》，公司及子公司委托上海市固体废弃物处置中心在许可证条件下对公司及子公司的日常经营中所产生的医疗废弃物进行无害化处理，公司及子公司在日常经营中产生的医疗废弃物已得到有效处理。针对公司及子公司实验室污水排放，公司虽未取得排污许可证，但公司及子公司业务中不涉及生产环节，仅从事测试及检测业务，且公司已严格按照国家环保总局发布的关于《医院污水处理技术指南》，对污水处理与消毒达到排放标准后才进行排放，不会对造成水污染。同时公司及子公司制定了污水处理应急预案，对公司污水处理产生的紧急事项制定了紧急措施。上海市卫生和计划生育委员会会对公司及子公司会对实验室建设及污染物排放情况进行监督检查，且公司及子公司通过了相关环评审批及验收手续，公司及子公司产生的废水经消毒后与生活污水一起排入市政污水管网，且宝藤医学已

取得上海市浦东新区水务局核发的“沪浦水务排字第20123019号”《排水许可证书》，有效期至自2012年4月5日至2017年4月4日，截至本法律意见书出具之日，宝藤医学均按照《排水许可证书》的许可范围内向排水设施排水。自2013年至今，公司及子公司通过了上海市卫生和计划生育委员会的历次监督检查和校验。

经公司确定及本所律师核查，公司及子公司在报告期内不存在环保违法和受处罚的情形。

（四）对公司环保事项的合法合规性发表明确意见

根据公司确认并经本所律师检索相关环保主管部门公示信息等进行核查，公司及子公司在报告期内不存在环保事故、环保纠纷及潜在纠纷，不存在环保方面的行政处罚，不存在重大环保违法违规情形。

专家点评

就一般非重污染行业公司而言，公司环保核查的重点在于项目建设前是否取得环境影响报告书，是否取得环保部门的审批意见，建成后是否取得环保部门的验收合格意见；公司是否在生产中向水体排放工业废水和医疗污水，是否向大气超标排放污染气体；公司报告期有无受到环保部门的行政处罚。宝藤生物具备环境影响报告书、环保部门的审批意见及验收合格意见，因公司不涉及生产环节，所以无需按照规定取得相应的排污许可证。

【案例2】建设项目环境影响验收的案例——雷特科技（股票代码：832110）

企业背景

雷特科技是LED照明控制器的领先者，智能调光电源技术的推动者。自2001年起，雷特开始致力于LED智能控制技术的研究与创新，是中国首家LED照明控制器的制造商，为全球最早之一。雷特在智能照明技术领域不断突破创新，创造发明了上百项的LED智能控制新技术。

焦点问题

（1）公司的日常生产经营需要遵守的相关环保规定，公司日常环保运营是否合法合规；（2）是否需要并且取得相应的环保资质、履行相应的环保手续（如排污许可证、环评批复、环评验收，存在危险物处理、涉及核安全以及其他需要取得环保行政许可事项的，公司是否已经取得）；（3）公司所处行业根据国家规定是否属于重污染行业，并请予以特别说明。

案例解读

公司未办理建设项目环境影响验收。

公司主要从事 LED 控制器的研发、生产及销售。LED 控制器产品的核心技术在于公司编写的程序。也就是公司产品的“软件”部分，公司产品的硬件部分包括购买 PCB 板及贴片 IC、电容电阻等插件。公司产品硬件制作过程主要是将 IC 及电容电阻插入 PCB 板，该过程需要使用贴片机，公司无该设备，是通过委外加工完成的。委外加工完成后，公司生产工人仅对收回的产品进行简单的包装程序。

公司日常生产经营中需要遵守的环保规定有：

（1）落实噪声污染防治措施，确保厂界噪声排放符合《工业企业厂界环境噪声排放标准》（GB12348－2008）3 类标准。

（2）公司生产过程中无分割、无焊接、无有机溶剂清晰等工艺，不产生和排放废气。生活污水须经处理达标排入城市污水处理厂，执行广东省《水污染物排放限值》（DB44/26－2001）第二时段三级标准。

（3）废包装材料等须交相关单位回收利用。生活垃圾由环卫部门统一定期清运。

珠海市环境保护局 2014 年 12 月 22 日出具证明：“经核查，珠海雷特科技股份有限公司自 2012 年 1 月 1 日至 2014 年 12 月 19 日，未因违反环保法律、法规受到我局的行政处罚。”

之前由于公司不熟悉相关环保法规而未办理建设项目环境影响验收，经过辅导后，公司管理层积极响应，及时办理建设项目竣工环境保护验收申请，并于 2014 年 12 月 18 日通过珠海市香洲区环境保护局审批（珠香环建［2014］128 号）。

2015 年 1 月 8 日珠海市香洲区环境保护局出具了环保验收意见（珠香环验卡［2015］01 号）如下：

“根据《建设项目竣工环境保护验收管理办法》的有关规定，珠海市香洲区环境保护局对该项目进行了申报资料审查、环境管理现场检查，并由深圳市粤环科检测技术有限公司对该项目进行了验收监测。该项目按照国家有关环境保护的法律法规，进行了环境影响评价，履行了建设项目环境影响审批手续，并执行污染防治设施与主体工程同时设计、同时施工、同时投入使用的环保“三同时”制度。该项目生产过程无分割、焊接、有机溶剂清晰等工艺，不产生工艺废气和工业废水。生活废水经预处理后排入市政管网，并已办理《城市排水许可证》；经营过程中产生的边角料等收集后回收利用，生活垃圾交环卫部门定期统一清运，并制订了环境风险应急预案。深圳市粤环科检测技术有限公司2014 年12 月出具的验收监测报告表明，该项目厂界噪声排放符合《工业企业厂界环境噪声排放标准》（GB12348－2008）3 类区排放限值要求。

经公示（2015 年1 月1—7 日）无异议。

综上所述，我局同意珠海雷特科技股份有限公司调整项目通过项目竣工环境保护验收。”

根据国家规定，公司所属行业不属于重污染行业。

因此，公司的日常生产经营能够遵守相关环保规定，公司符合合法规范经营的挂牌条件。

专家点评

根据《建设项目竣工环境保护验收管理办法》：建设项目竣工后，建设单位应当向有审批权的环境保护行政主管部门，申请该建设项目竣工环境保护验收。试生产的期限最长不超过一年。因此，建设项目竣工应及时办理竣工环境保护验收。

【案例3】因环保违规被行政处罚的——奥伦德（股票代码：832016）

企业背景

深圳市奥伦德科技有限公司（LED 封装事业部）是LED 外延片、芯片、红外LED 芯片、封装、光藕、LED 点阵、LEDSMD、数码管、时钟板、LED 单灯、光敏二极管、红外接收头等产品专业生产加工的私营股份有限公司，拥有完整、科学的质量管理体系。

焦点问题

（1）核查公司最近24个月是否存在违法行为，并以上违法行为是否构成重大违法行为发表意见；（2）针对公司受到处罚的情况，核查公司受处罚的原因、公司的整改措施，并对整改措施的有效性发表意见。

根据公司提供的相关处罚文件、缴款凭证、废物回收合同等文件并经核查，公司最近24个月内存在违法行为的情形，具体情况如下：

（一）处罚原因

根据深圳市宝安区环境保护和水务局于2012年3月23日出具的深宝环水罚字［2012］220号《处罚决定书》，经该局执法人员于2011年11月17日现场检查发现，公司的去离子清洗废水未经治理直接外排，超过排放标准，违反了《深圳经济特区环境保护条例》第三十七条第二款之规定，对公司作出处罚：（1）责令立即纠正废水超标排放的违法行为；（2）处以行政罚款2万元人民币。

（二）整改措施

针对上述处罚，公司立即对废水排放行为进行纠正整改，并与深圳市危险废物处理站有限公司签订了《工商业废物处理协议》，由深圳市危险废物处理站有限公司作为获得特许资质的危险废物处理专业机构，对公司生产过程中产生的危险废物（去胶液、稀废酸等废物）进行回收处理。公司于2012年5月缴清了上述处罚罚款。

根据深圳市宝安区环境保护和水务局等相关政府部门出具的无违规证明，公司在报告期内不存在重大违法违规的情形。

综上，信达律师认为，公司在最近24个月内存在违法行为，但相关主管部门出具了无违规证明认为不构成重大违法行为；公司对违法行为进行了纠正整改，并聘请专业机构对公司生产过程中产生的危险废物回收处理，整改措施有效。

专家点评

环保无小事，环保处罚一般会认为情节较重，但环保主管机关出具证明，认定不构成重大违法行为，因此过关。

【案例4】重污染行业的专项核查——南京试剂（股票代码：833179）

企业背景

南京化学试剂股份有限公司始建于1958年，是专业从事各类化学试剂研发、生产、销售和技术服务的高新技术企业，是中国化学试剂工业协会副理事长单位及江苏省化学试剂委员会理事长单位。主要产品有化学试剂、药用辅料、催化剂、电子化学品等10余类共1300多种，广泛应用于科研院校的教学试验和医药、石化、影像、电子、新能源等多个领域的研究生产。

焦点问题

（1）核查公司所处行业是否为重污染行业，以及认定的依据或参考。（2）若公司不属于前述重污染行业，请核查：①公司建设项目的环保合规性，包括且不限于公司建设项目的环评批复、环评验收及“三同时”验收等批复文件的取得情况；②公司是否需要办理排污许可证以及取得情况；③结合公司的业务流程核查公司日常环保合规情况，是否存在环保违法和受处罚的情况。（3）若公司属于重污染行业，请核查：①关于公司建设项目，请核查公司建设项目的环评批复、环评验收及“三同时”验收等批复文件的取得情况。建设项目未完工或尚未取得相关主管部门的验收文件的，请核查环评批复文件中的环保要求的执行情况。对建设项目环保事项的合法合规性发表意见。②关于污染物排放，请结合公司的业务流程核查公司是否存在污染物排放，若存在污染物排放，请核查公司的排污许可证取得和排污费缴纳情况，公司是否属于污染物减排对象，公司的排放是否符合标准，是否遵守重点污染物排放总量控制指标。③关于公司的日常环保运转，请核查：公司有关污染处理设施是否正常有效运转；公司的环境保护责任制度和突发环境应急预案建设情况；公司是否存在公司工业固体废物和危险废物申报和处理情况；公司是否有禁止使用或重点防控的物质处理问题。④公司是否被环保监管部门列入重点排污单位名录，是否依法公开披露环境信息。⑤公司是否存在环保事故、环保纠纷或潜在纠纷、是否存在处罚等；公司曾受到处罚的，是否构成重大违法行为，以及公司的相关整改情况。（4）请核查公司是否存在排污许可、环评等行政许可手续未办理或未办理完成等等环保违法情形，若存在，请核查违法原因以及公司的补救措施，相应补救措施的进展及是否可行、可预期，请说明向环保监管机构的尽职调查情况，并分析公司存在的风险、相应的风险管理措施及其有效性、风险可控性，以及是否影响公司的持续经营能力。

（一）根据中国证监会《上市公司行业分类指引（2012）》，公司所属行业为化学原料和化学制品制造业，行业代码 C26；根据《国民经济行业分类（GB/T4754－2011）》，公司所属行业为化学试剂和助剂制造，行业代码 C2661。根据《上市公司环保核查行业分类管理名录》（环办函〔2008〕373 号），重污染行业包括火电、钢铁、水泥、电解铝、煤炭、冶金、化工、石化、建材、造纸、酿造、制药、发酵、防止、制革和采矿业。因此，公司所处行业为重污染行业。

（二）公司取得南京市环境保护局于 2011 年 4 月 16 日出具的《关于南京化学试剂有限公司“污染治理搬迁改造项目环境影响报告书”的批复》。

1. 南京市环境保护局化学工业园分局于 2012 年 12 月 17 日出具《建设项目试生产（运行）环境保护核准通知》，同意公司的污染治理搬迁改造项目试生产，试生产期为三个月，即自核准之日起至 2013 年 3 月 16 日期满。

公司于 2013 年 3 月 12 日向南京市环境保护局化学工业园分局提交《“污染治理搬迁改造项目”竣工验收延迟申请报告》，南京市环境保护局化学工业园分局表示同意，并于 2013 年 6 月 6 日出具了《关于南京化学试剂有限公司污染治理搬迁改造项目竣工环境保护验收意见的函》（宁环（分局）验［2013］10 号），确认公司项目环境保护手续齐全，基本落实了环评批复提出的主要环保措施和要求，项目竣工环境保护验收合格。

经核查，本所律师认为，公司建设项目合法合规。

2. 公司于 2013 年 1 月 1 日取得编号为 320101－2013－300100 号《江苏省排放污染物许可证》，排污种类是废水、废气、噪声，有效期自 2013 年 6 月 6 日至 2016 年 6 月 5 日。公司已于 2015 年 3 月 2 日取得换发的编号为 320101－2013－300100 号《江苏省排放污染物许可证》，排污种类是废水、废气、噪声，有效期自 2015 年 3 月 2 日至 2016 年 6 月 5 日。根据公司出具的说明并经本所律师核查，公司按时交纳排污费。公司不属于污染物减排对象。公司的废水、废气、固体废物处理均符合公司所在地环保局的规定，公司排放符合标准，遵守了重点污染物排放总量控制指标。

3. 根据公司出具的说明并经本所律师核查，公司制定了环境保护管理制度和突发环境应急预案，并已实施。公司不存在公司工业固体废物和危险废物申报和处理情况；公司没有禁止使用或重点防控的物质处理问题。

4. 根据公司出具的说明并经本所律师核查，公司没有被环保监管部门列入重点排污单位名录。

5. 根据公司出具的说明并经本所律师核查，报告期内，公司在经营过程中严格遵守国家和地方环境保护法律法规，依法经营，公司不存在环保事故、环保纠纷或潜在纠纷、处罚等。公司不存在排污许可、环评等行政许可手续未办理或未办理完成等等环保违法情形。

2014 年 10 月 28 日，南京化学工业园区环境保护局在《环保法律审查意见表》中出具意见，证明该公司 2012 年 12 月 18 日开始试生产，2013 年 6 月 6 日通过验收，到目前为止无环保行政处罚情况。

2015 年 3 月，公司获得南京化学工业园区管委会授予的“南京化学工业园区 2014 年度环境保护工作先进单位”称号。2014 年 9 月 17 日通过 VOC 整治验收、通过 2014 年清洁生产审核验收、通过 2014 年环境安全达标验收。

（三）公司已与南京化学工业园区公用事业有限责任公司签订《南京化学工业园区污水处理协议》，公司将预处理后的污水接入园区污水管网，由南京化学工业园区公用事业有限责任公司进行进一步处理。

公司搬迁至南京化学工业园区并自 2012 年 12 月 18 日试生产以来，已产生的危险固体废物因危废处理单位接收能力限制原因，暂时无法转移。经公司所在地主管环境保护局（即南京化学工业园区环境保护局）批准，可以贮存于公司固废堆场。

公司的废水、废气、固体废物处理均符合公司所在地环保局的规定。

公司为对环保风险进行有效管理和防范，取得了注册号为 02913E20131R3M 的《环境管理体系认证证书》，证明公司建立的环境管理体系符合 GB/T 24001－2004/ISO 14001：2004 标准，有效期为 2013 年 11 月 13 日至 2016 年 11 月 12 日。

专家点评

公司所处的行业虽然属于重污染行业；但公司环保建设项目取得了环境影响报告书，得到了主管环保部门的批准，取得了环保验收合格文件，取得了排污许可证文件，公司环保事项合法合规。

【案例5】委托排污的情况——奥油化工（股票代码：832044）

企业背景

洛阳炼化奥油化工股份有限公司位于洛阳市吉利区。公司依托中国石油化工股份有限公司洛阳分公司，致力于发展精细化工，拥有30万吨/年轻烃深加工装置，有脱水、脱硫、加氢、分离、反应等单元组成。

焦点问题

炼化工程与中石化洛阳分公司签署的《委托协议》的内容、期限等以及主体变更为公司是否取得中石化洛阳分公司的同意，该委托协议能否解决公司的排污问题，是否取得环保部门的认可；公司的固体废弃物处理是否符合环保要求，公司就环保问题的处理措施是否合法有效。

（一）炼化工程与中石化洛阳分公司签署的《委托协议》的内容、期限等以及主体变更为公司是否取得中石化洛阳分公司的同意，该委托协议能否解决公司的排污问题，是否取得环保部门的认可

经本所律师核查，2011年1月1日，炼化工程就公司5万吨/年异辛烷联产化工级异丁烷项目与中国石油化工股份有限公司洛阳分公司（以下简称“中石化洛阳分公司”）签署《委托协议》，该《委托协议》的主要内容为：炼化工程委托中石化洛阳分公司进行异丁烷项目工业固体废弃物处理和污水处理；其中项目固体废弃物来源及组成：“洛阳炼化奥油公司主要生产工艺为液化气气体分馏，主要产品为正丁烷、异丁烷；催化剂主要成分为三氧化二铝和氧化铁，使用更换周期为三年左右，更换数量为35吨”，项目污水来源及组成：“含盐污水为装□循环水系统排放污水，含油污水为装□机械维修时润滑油微量泄漏，含盐污水排放标准为PH值6－10，排放量为$0.5m^3/h$；含油污水排放指标：不大于$100mg/m^3$，排放量为不大于$1m^3/h$”；《委托协议》还约定，固体废弃物回收至中石化洛阳分公司固废弃物堆放场处理，废水进入中石化洛阳分公司污水处理厂处理，《委托协议》未约定明确的期限。

2015年1月28日，中石化洛阳分公司出具《关于受托进行洛阳炼化奥油化工股份有

限公司工业固体废弃物及污水处理的专项说明》(以下简称“《专项说明》”)。根据《专项说明》,上述项目建设运营主体由炼化工程变更为奥油有限后,即由奥油有限承接炼化工程作为《委托协议》的履行主体一方,中石化洛阳分公司继续为奥油化工处理上述项目产生的工业固体废弃物和污水,期限为长期;中石化洛阳分公司自2013年4月起向奥油有限收取处理费用,每月按市场价收费,2013年及2014年1~6月处理费均价分别约为11.31元/吨和10.29元/吨,2013年4~12月实际收取处理费4,139.62元,2014年1~6月实际收取处理费32,358.51元。此外,根据该《专项说明》,中石化洛阳分公司作为国家级大型石化公司,具有工业固体废弃物及污水处理能力,且内部管理制度严格,在处理完本公司生产经营过程中产生的污染物之外,还具备处理奥油化工5万吨/年异辛烷联产化工级异丁烷项目产生的污染物的能力;且未因超标排污遭受环保行政部门的处罚。

环保监管机构洛阳市环境保护局吉利环境保护分局在上述《专项说明》上加盖了公节予以确认。

根据上述情况,本所律师认为,《委托协议》主体变更为公司已取得中石化洛阳分公司的同意并由公司与中石化洛阳分公司双方实际履行;根据该《委托协议》的履行情况及中石化洛阳分公司出具的《专项说明》,中石化洛阳分公司有能力按照《委托协议》处理公司生产项目产生的污染物且未因超标排污遭受环保行政部门的处罚,其能解决公司的排污物处理问题,并取得了当地环保部门的认可。

(二)公司的固体废弃物处理是否符合环保要求

经本所律师核查,公司固体废弃物为生产用的废催化剂且催化剂的更换周期为三年左右,催化剂更换后由生产厂家回收利用,公司目前尚未更换催化剂,即尚未产生相应的固体废弃物。此外,《委托协议》中关于固体废弃物来源及组成显示:“催化剂主要成份为三氧化二铝和氧化铁,使用更换周期为三年左右,更换数量为35吨”。

河南省环保厅在关于项目竣工环境保护验收的豫环审【2013】288号批复文件中的“(三)固体废物”部分显示,项目固废为装□排放的废催化剂,由生产厂家进行回收利用,建设有30平方米固废临时堆场。此外,洛阳市环境保护局吉利环境保护分局于2014年7月22日出具《证明》显示,奥油有限自2012年1月1日至今在其经营活动中能够遵守我国环境保护法律、法规,没有违反国家环境保护法律、法规的行为,也未出现因违反国家环境保护法律、法规而被环境保护部门处罚的情形。

根据上述核查情况,本所律师认为,公司固体废弃物由生产厂家回收利用的处理措施通过了河南省环保厅的项目竣工环境保护验收，公司固体废弃物处理符合环保要求。

（三）公司就环保问题的处理措施是否合法有效

经本所律师核查，公司固体废弃物为生产用的催化剂，催化剂的更换周期为三年左右，公司与生产厂家签有协议明确约定废催化剂由生产厂家回收利用，且公司建设有30平方米固废临时堆场，当地环保监管部门已对公司最近两年一期实际环保守法情况出具了合法性证明；公司生产所排污水委托中石化洛阳分公司处理，虽然系炼化工程与中石化洛阳分公司签订《委托协议》，但项目生产运营主体变更为公司后，《委托协议》由公司与中石化洛阳分公司实际履行且主体变更取得了中石化洛阳分公司的同意和当地环保监管部门的认可，并且中石化洛阳分公司具备按照《委托协议》为公司处理项目污染物的能力，在实际履行《委托协议》过程中没有因超标排污受到环保行政部门的处罚。

河南省环境保护厅在关于项目竣工环境保护验收的豫环审【2013】288号批复文件中记载的公司污水和固体废弃物的处理措施为：污水经污水管网送中石化洛阳分公司炼油污水处理厂处理；固体废物为生产装□排放的废催化剂，由生产厂家回收利用。因此，公司有关环保措施的实际执行情况与批复文件相符。

此外，公司已于2015年1月29日就环境保护问题进一步出具《承诺》，承诺公司将尽快就委托中石化洛阳分公司处理污水事宜签订相关协议，以进一步明确双方的权利义务关系，并根据生产排污的需要及《委托协议》的履行情况与当地环境保护主管部门及时沟通，确保遵守环境保护的相关法律法规和规范性文件的规定；如未来因国家环保政策变化或中石化洛阳分公司不能/不再履行《委托协议》为公司处理污水，公司将提前自建污水处理设施，并根据环保主管部门的要求申请办理排污许可证，确保不发生违法排污的情形。

综上，本所律师认为，公司就环保问题采取委托中石化洛阳分公司进行污水处理和生产厂家回收利用固体废弃物的措施取得了环境保护主管部门的认可，获得了河南省环境保护厅的项目竣工环境保护验收批复，合法有效；在未来国家政策变化或者中石化洛阳分公司不能/不再履行《委托协议》情况下，公司履行《承诺》后，将不会发生违法排污情形。

专家点评

公司就环保问题采取委托处理的方式取得了环境保护主管部门的认可，环保问题顺利达标。

【案例6】公司环评验收和日常环保投入运营情况——南达农业（股票代码：831567）

企业背景

南达新农业股份有限公司，2004年创建于中国新疆喀什，公司目前已形成畜牧产业、乳品产业、林果产业和设施农业为一体的生态农业循环产业链。

（一）公司已取得的建设项目环评批复和验收情况

1. 乳品加工项目

喀什地区环境保护局于2005年9月21日出具了《对<新疆南达投资有限公司乳品加工项目环境影响评价报告表>的审查意见》，同意该项目环境影响评价结论。喀什地区环境监测站对公司生产废水情况进行了监测，并出具《南达新农业股份有限公司生产废水监测报告》（喀地环监字（2013）第KSHJ－WFS－13－12－002号）。经核查，喀什地区环境保护局对该项目验收通过。

2. 奶牛标准化规模养殖小区建设项目

喀什地区环境保护局于2014年4月14日出具了《关于对南达新农业股份有限公司奶牛标准化规模养殖小区建设项目环境影响报告书的批复》（喀地环评字（2014）216号），同意该项目环境影响评价结论。根据公司的说明并经核查，奶牛标准化规模养殖小区建设项目尚未建设完成，公司将在该项目完成建设后向环境主管部门申请环保验收。

3. 万头奶牛养殖基地建设项目

喀什地区环境保护局于2014年1月17日出具了《关于对南达新农业股份有限公司万头奶牛养殖基地建设项目的环保意见》（喀地环评字（2014）43号），同意公司建设该项目。根据公司的说明并经核查，万头奶牛养殖基地建设项目尚未建设完成，公司将在该项目完成建设后向环境主管部门申请环保验收。

4. 良种牛繁育及饲草料基地建设项目

喀什地区环境保护局于2005年9月21日出具了《对<疏附县良种牛繁育及饲草料基地建设项目环境影响评价报告书>的审查意见》，同意该项目的环境影响评价结论。经核查，该项目完成建设后已向喀什地区环境保护局上报了环境保护验收申请，正在办理验收之中。

综上核查，并根据相关环境保护监管部门出具的证明，公司的建设项目取得了必要的环评批复，已完成验收或正在办理验收，不存在重大违法违规情形。

（二）公司日常环保投入与运营情况

根据公司的说明，公司每年环保投入约为50万元，包括环保设施设备运行维护、人员技术培训、环境监测等方面。公司日常环保投入重点为建设沼气项目，包括对刮粪板、清粪车、吸粪车、化粪池、沼气池、搅拌器、污水泵、输气、输液管道等设施设备的维修和更新。

根据公司的说明并经核查，公司乳品加工项目主要污染物为清洗管道排放的废水，喀什地区环境监测站出具的《南达新农业股份有限公司生产废水监测报告》（喀地环监字（2013）第KSHJ－WFS－13－12－002号），经监测，项目产生的生产废水经化粪池处理后排入城市污水管网，排入城市污水各项污染物排放浓度符合《污水综合排放标准》（GB8978—1996）。

根据公司的说明并经核查，公司畜牧项目主要污染物为奶牛的粪尿。为减少上述污染物对环境的影响并有效利用奶牛粪污，公司于2010年建立了有机生态循环产业链，投资400余万元建设了3000立方米沼气项目。上述沼气项目建立后，减少了奶牛粪尿对环境的污染，同时有效的利用粪污制作清洁能源和有机肥。

专家点评

公司挂牌前实际并未全部取得环评验收，但鉴于环保部门出具证明及公司日常环保投入与运营的实际，公司环保问题未成为挂牌障碍。

【案例7】公司的日常生产环保是否合法、合规——庆东农科（股票代码：831552）

公司的日常生产环保是否合法、合规。

（一）公司生产中废物的排放情况

1. 废气；
2. 固体废物；
3. 其他。

（二）公司对生产中所产生废物的处理措施

1. 废气处理

（1）公司生产中产生的废气主要来源于生产过程中产生的粉尘及异味。公司均采用粉尘集中收集布袋除尘器及15m高排气筒等装置，多方面提高了废气排放的利用效率，从源头上减少废气排放。

公司通过在产生粉尘的地方设置集气装置，粉尘集中收集经布袋除尘器（项目共设簧8个布袋除尘器，除尘效率大于95%）除尘后，经15m高排气筒高空排放，粉尘排设量为0.55t/a，满足《大气污染物综合排放标准》（GB16297—1996）中二级标准要求，达标排放。公司在制粒工段由于烘干原料里的氨基CD粉会产生异味（成分为氨气），通过在产生异味的工段设置集气装置集中收集（收集率为90%）产生的异味，异味经活性炭过滤（出去效率为80%）后经15m高排气筒排放，废气排放量为0.54t/a。，满足《恶臭污染物排放标准》（GB14554—93）二级标准要求，达标排放。

2. 固体废物处理

本项目产生的固体废物主要为生活垃圾、布袋除尘器收集的粉尘和废活性炭。生活垃圾按照每人每天产生量按0.7kg计算，则产生的生活垃圾量为3.15t/a. 生活垃圾由市政部门统一清运进行卫生填埋；布袋除尘器收集的粉尘量为10.45t/a，全部回用于生产。废活性炭产生量为0.1t/a，收集稀释后投入造粒使用。

3. 公司生产中产生的其他污染物主要来源于职工生活污水。公司采用地埋式储水罐系统 15 吨的废液收集储水罐等装置，多方面提高了废水的利用效率，从源头上减少废水排放。

（三）政府部门出具的相关证明

公司已取得临时排污许可证，且肇东市环境保护局于 2014 年 8 月 25 日出具《证明》，证明公司及其前身庆东肥业在生产经营活动中，严格遵守环境保护法和其他有关环境保护的法律法规，没有因环境问题而被投诉或因违反有关环境保护的法律法规而受到行政处罚的情形。

（四）结论意见

通过查看公司的生产车间、咨询公司生产人员，并对照公司的环评报告，本所律师认为，公司日常生产经营活动及环境保护工作均符合环境保护法律法规的规定，无环保违法违规行为。

专家点评

公司就排污情况取得临时排污证，且主管环保部门出具守法证明，因此公司被认定为符合环境保护法律法规的规定。

【案例 8】未办理环保相关许可手续——大树智能（股票代码：430607）

企业背景

南京大树智能科技股份有限公司创立于 1993 年，于 2013 年 1 月 22 日变更为南京大树智能科技股份有限公司，是一家长期致力于提供工业自动化产品与服务的科技创新型企业。在工业自动化领域中，长期专注于产品在线质量检测技术这一细分领域。在企业过去的发展中，主要应用客户是中国卷烟工业。

焦点问题

是否办理完备环保相关许可或手续，公司日常生产经营是否符合国家环保相关规定。

（一）公司2013年搬迁之前的环保许可情况

1. 1993年成立至1997年搬迁之前的期间

大树有限成立于1993年2月19日，1997年搬迁至原生产经营用地江宁开发区经一路挹淮街8号。在此期间，与环保许可相关的《建设项目环境保护管理条例》《中华人民共和国环境影响评价法》（主席令第77号）尚未发布实施。

2. 1997年搬迁后至2013年搬迁之前的期间

1997年大树有限搬迁后一直在江宁开发区经一路挹淮街8号生产经营，直至2013年10月再次搬迁至现有租赁厂房江宁科学园乾德路9号。根据公司提供的说明，在此期间大树有限未进行过大型改扩建项目和技术改造项目。

1998年11月18日，国务院发布并施行《建设项目环境保护管理条例》（国务院令第253号），根据该条例第五条，改建、扩建项目和技术改造项目必须采取措施，治理与该项目有关的原有环境污染和生态破坏。

经核查，大树有限自成立至2013年10月期间未办理相关环保许可手续。

（二）公司2013年搬迁之后的环保许可情况

2013年10月，公司搬迁至现有租赁厂房江宁科学园乾德路9号进行经营生产。

2013年12月10日，公司取得南京市江宁区环境保护局核发的《建设项目环保业务咨询表》，根据该表，南京市江宁区环境保护局建议建设单位可委托有资质的环评单位编制“环境影响报告表”。

2013年12月22日，南京国环环境科技发展股份有限公司编制《建设项目环境影响报告表》，建设项目为“南京大树智能科技股份有限公司年产在线视觉检测装置50套、在线振动分选装置10套、异物剔除系统10套建设项目”，建设地点为南京市江宁高新区乾德路9号，大树股份租用大树环保3#车间部分房屋进行建设项目。

2013年12月29日，南京市江宁区环境保护局出具审批意见，根据该审批意见，在大树股份落实该批复要求前提下同意建设；经其研究，同意南京国环环境科技发展股份有限公司的环评结论与建议，大树股份在生产和环境管理中，须认真落实报告表中提出的各项污染防治措施，并重点注意排水排气等污染防治措施，项目竣工后，按规定来该局办理试生产核准手续，试生产三个月内完成环保专项验收。

根据公司提供的说明，截至本《补充法律意见书》出具之日，大树股份建设项目已竣工，项目建设符合上述南京市江宁区环保局审批意见的要求，目前大树股份正在按照上述审批意见的要求申请“试生产核准手续”以及“建设项目环保设施竣工验收”。

2014 年 1 月 7 日，本所律师针对公司上述建设项目环保验收事项对南京市江宁区环境保护局进行了访谈，了解到该局主要负责监督管理南京市江宁区辖区环境保护工作。根据本次访谈的情况，了解到“大树股份目前营业执照所核准的经营范围内不包含对环境影响较大或污染较严重的业务；大树股份目前建设项目环保竣工验收不存在实质性障碍；大树股份未因环评事项受到过行政处罚，该局也没有收到过关于大树股份的环评投诉”。

（三）公司的日常经营环保守法情况

根据公司说明及本所律师适当核查，2013 年 10 月搬迁之前，公司生产经营场所在江宁开发区经一路挹淮街 8 号，2013 年 10 月搬迁至江宁区科学园乾德路 9 号，公司在生产过程中的主要致污物为生活废水、噪音、固体废物，经采取防治措施后未对环境造成污染。公司在搬迁前及搬迁后的生产过程中均未受到过环保部门的处罚，也未因环境保护事项而受到过投诉。

就公司搬迁前的环保守法情况，2013 年 8 月 19 日，南京市江宁区环境保护局出具证明，确认：“南京大树智能科技股份有限公司系我局辖区内企业，近三年没有因违反环境法律、法规受到行政处罚的行为”。

就公司搬迁后已经依法申请的环保许可事宜，2013 年 12 月 13 日，南京市江宁区环境保护局出具说明：“南京大树智能科技股份有限公司迁至江宁科学园乾德路 9 号进行经营生产的环评许可事宜已经我局受理。截至本说明出具日，公司的环评手续尚在办理之中。公司搬迁以来的生产经营活动无违反国家环境保护方面的法律、法规和规范性文件的情形”。

（四）公司实际控制人出具的承诺

2013 年 12 月 30 日，公司实际控制人王李苏出具了《关于环评的书面承诺》，承诺“在本人实际控制公司期间（即 2012 年 6 月至本承诺出具之日），公司自 2012 年 6 月至 2013 年 10 月在南京江宁开发区经一路挹淮街 8 号经营期间未办理相关许可环保手续；2013 年 10 月搬迁至南京江宁科学园乾德路 9 号后，环评许可手续尚在办理之中。

截至本承诺签署日，公司没有因上述未办理环境影响批复手续而受到行政处罚，也未收到环境保护主管行政部门责令限期补办手续的通知。若公司未来因上述未办理环境影响批复手续而被相关部门处罚的，本人将自愿以现金形式向公司足额补偿因该处罚给公司带来的全部经济损失。”

2013 年 12 月 30 日，大树有限原实际控制人王李宁出具了《关于环评的书面承诺》，承诺“在本人实际控制大树有限期间（即大树有限成立之日至 2012 年 6 月），大树有限一直未办理相关许可环保手续，大树有限未因上述未办理相关许可环保手续而受到环境保护主管行政部门行政处罚，也未收到环境保护主管行政部门责令限期补办手续的通知。若公司未来因在本人实际控制大树有限期间未办理环境影响许可手续而被相关部门处罚的，本人将自愿以现金形式向公司足额补偿因该处罚给公司带来的全部经济损失。”

经核查，本所律师认为：根据环保主管部门出具的证明，报告期内公司没有因违反环境法律、法规受到行政处罚，公司 2013 年搬迁以来无违反国家环境保护方面的法律、法规和规范性文件的情形；公司目前已经取得了主管环保部门对公司生产建设项目环评手续的审批意见；公司实际控制人王李苏、原实际控制人王李宁也已分别就上述环评事宜出具了书面承诺。除发生不可预见情形外，公司通过建设项目环保设施竣工验收不存在实质性障碍，公司的环评事项不会对公司的生产经营活动产生重大影响，不会对本次公司股份申请进入全国中小企业股份转让系统挂牌构成实质性障碍。

专家点评

公司已经取得主管环保部门对公司生产建设项目环评手续的审批意见及建设项目环保设施竣工验收不存在实质性障碍的证明，之前环保建设不规范已经得到纠正，另外大股东承诺对不利后果进行兜底，因此对挂牌不构成实质性障碍。

【案例 9】政府之间就环保问题“打架”的——万通液压（股票代码：830839）

企业背景

山东万通液压股份有限公司始建于 2004 年，注册资本 6000 万元，下设全资子公司——山东日工精制管业有限公司。公司专注于液压油缸设计、制造和研发，主导产品各种汽车、煤矿综采，海洋装备、石油装备液压油缸，年生产能力20万台套，是目前山东省内最大的液压油缸生产基地。

案例解读

这个公司的情况比较特殊，省政府说有环境安全隐患问题通报批评挂牌督办，市环保局“说法与事实不符”。

关于对《山东省人民政府关于2012年全省整治违法排污企业保障群众健康环保专项行动检查情况的通报》涉及公司事宜的核查

2012年9月，山东省政府组织开展了2012年整治违法排污企业保障群众健康环保专项行动，并于2012年12月6日发布了《关于2012年全省整治违法排污企业保障群众健康环保专项行动检查情况的通报》（鲁政字［2012］270号）（以下简称“《通报》”），对有关情况进行了通报，在涉及其他环境问题中通报了“日照市五莲县山东万通液压机械有限公司和艾沛克斯工具（山东）有限公司（原名：丹纳赫工具有限公司）位于墙夼水库上游，严重影响下游峡山水库水质安全，存在较大环境隐患”，并提出“6. 对济南市长清区金星电镀厂、日照市五莲县山东万通液压机械有限公司和艾沛克斯工具（山东）有限公司环境安全隐患问题给予通报批评，实施挂牌督办，责成有关市政府组织有关部门督促企业限期完成整改任务，消除环境安全隐患。”的处理意见。

2012年12月18日，日照市环境保护局出具《关于2012年省环保专项行动检查通报有关情况的报告》（日环发［2012］281号），对涉及万通液压有限的有关情况进行了专门汇报，指出万通液压有限废水、废气稳定达标排放；《通报》中提出的上述两家企业“严重影响下游峡山水库水质安全”的说法与事实不符。2012年9月18日，山东省环保专项行动检查组现场检查时，未发现公司存在污染隐患问题，经监测外排废水重金属均不超标。

因此，在日照市环境保护局出具该报告后，山东省政府及相关部门至今未再要求公司限期完成整改任务以及对公司依法追责。为彻底解决企业向下游的高泽河和洪凝河及墙夼水库直排污水的问题，五莲县政府已投资建设五莲第三污水处理厂。

2014年3月，五莲县环境保护局出具证明，证明自2012年1月1日以来，公司能够遵守有关环保法律、法规，项目建设和生产经营活动符合环保要求，污染治理设施运转正常，未受到环境保护行政处罚。

综上，本所律师认为，万通液压有限能够遵守有关环保法律、法规，项目建设和生产经营活动符合环保要求，未受到环境保护方面的行政处罚。万通液压有限废水、废气排放达标，不存在严重影响下游峡山水库水质安全的情形。

专家点评

省市两级环保主管部门出具的意见虽有乌龙，但万通液压未被环保处罚却是事实，有了市、县两级环保部门的认可，万通液压环保也就不存在问题了。

【案例10】公司是否需要办理环保相关手续，生产、产品是否遵守质量、安全要求——金银花（股票代码：430696）

企业背景

重庆秀山金银花中药材开发有限公司是一家专业从事中药材产业化、林业、农业、畜牧业、加工业等综合开发的有限责任公司。公司依托在气候温和、土壤肥沃的“天然药库”武陵山区近两万五千亩的自有土地使用资源，充分发挥公司员工队伍的专业化优势，并长期与国内顶尖研究机构紧密合作，培育出优质的金银花品种。

焦点问题

公司是否需要办理环保相关手续及实际办理情况；公司生产、产品遵守法律法规等关于质量、安全要求的情况。

经公司书面确认，公司为农业企业，主要从事山银花种植、收购、加工和销售，公司目前种植、加工的山银花属于初加工农产品，公司日常生产经营不会对外界环境造成污染。2013年10月24日，重庆市秀山土家族苗族自治县环境保护局出具书面《证明》：“重庆秀山金银花中药材股份有限公司（原秀山金银花中药材开发有限公司）自设立登记之日至本证明出具之日期间，我局未发现该公司有任何环境违法行为，亦未受到过我局的任何处罚。特此证明”。2013年12月31日，重庆市秀山土家族苗族自治县环境保护局再次出具书面《证明》：“现有重庆秀山金银花中药材股份有限公司的种植基地建设项目，根据重庆市环境保护局印发的《重庆市建设项目环境影响评价豁免管理名录（试行）的通知》要求，该项目属于豁免项目，不需办理环境影响评价审批手续，免于环境保护‘三同时’管理”。

2012 年 9 月 28 日，重庆市质量技术监督局向金银花有限核发编号为“QS504114020027”的《全国工业产品生产许可证》，有效期至 2015 年 9 月 27 日，确认“代用茶”产品符合食品生产许可证发证条件；2013 年 9 月 9 日，重庆市秀山土家族苗族自治县质量技术监督局向金银花股份核发编号为“QS504114020027”的《全国工业产品生产许可证》，有效期至 2015 年 9 月 27 日，确认“代用茶”产品符合食品生产许可证发证条件，《食品生产许可证副页》载明许可食品品种明细为“含茶制品和代用茶：代用茶（执行标准：Q/XJZ0001S－2011）”。2013 年 7 月 6 日，重庆市黔江计量质量检测中心受重庆市质量技术监督局委托，对公司的产品“银花（代用茶）”进行了定期监督检验，并出具了《检验报告》（编号：2013－1SS0053X），检验结论为“经抽样检验，所检项目符合 Q/XJZ0001S－2011 标准”。2013 年 10 月 24 日，重庆市秀山土家族苗族自治县质量技术监督局出具书面《证明》：“重庆秀山金银花中药材股份有限公司（原秀山金银花中药材开发有限公司）自设立登记之日至本证明出具之日期间，我局未发现该公司有任何质量违法行为，亦未受到过我局的任何处罚。特此证明。”2014 年 3 月 7 日，秀山县食品药品监督管理局出具书面《证明》，公司自设立登记之日起至证明出具之日期间，秀山县食品药品监督管理局未发现公司有任何违法行为，亦未受到过该局的任何处罚。

综上，本所律师认为：根据秀山土家族苗族自治县环境保护局出具的《证明》，未发现公司有任何环境违法行为，亦未受到过该局的任何处罚，且公司的种植基地建设项目按《重庆市建设项目环境影响评价豁免管理名录（试行）的通知》的要求，属于豁免项目，因此，公司从事现业务无需办理环评审批、验收等手续；公司已合法取得《全国工业产品生产许可证》，产品已通过重庆市黔江计量质量检测中心检验合格，并且秀山土家族苗族自治县质量技术监督局和秀山县食品药品监督管理局均已分别出具书面《证明》，两单位均未发现公司有任何违法行为，亦未受到两单位的任何处罚，因此，公司生产、产品遵守法律法规等关于质量、安全的要求。

专家点评

农业种植及加工类公司日常生产经营不涉及污染，环境审批意见、环评验收文件也就不需要了。当然，公司无需上述文件，必须得到主管机关认可。

第二节　法律、法规和规范性文件要求

一、规范性文件的要求

企业到新三板挂牌的环保条件主要是依据《全国中小企业股份转让系统股票挂牌条件适用基本标准指引（试行）》第二条第二项下的规定，即公司业务须遵守法律、行政法规和规节的规定，符合国家产业政策以及环保、质量、安全等要求。

具体而言，关于企业在资本市场上市或者挂牌，之前均是按照企业境内 IPO 的要求审核的，相关的规定如下：

1. 基础法规：国家环保总局 2003 年 6 月 15 日发布的《关于对申请上市的企业和申请再融资的上市企业进行环境保护核查的规定》（环发［2003］101 号）、国家环保总局 2007 年 8 月 13 日发布的《关于进一步规范重污染行业生产经营公司申请上市或再融资环境保护核查工作的通知》（环办［2007］105 号）、国家环保总局 2007 年 9 月 27 日发布的《首次申请上市或再融资的上市公司环境保护核查工作指南》、证监会发行部 2008 年 1 月 9 日发布的《关于重污染行业生产经营公司 IPO 申请申报文件的通知》（发行监管函［2008］6 号）。

2. 钢铁、水泥、电解铝和火电四个行业的企业，无论其经营是否跨省，均由国家环保部进行环保核查。环保核查意见为发行申报材料。

3. 冶金、化工、石化、煤炭、建材、造纸、酿造、制药、发酵、纺织、制革和采矿业等 12 个行业的企业，若跨省经营，则由国家环保部进行环保核查；若未跨省经营，则由省级环保部门进行环保核查。环保核查意见为发行申报材料。

4. 其他行业的企业，无需进行环保核查。但保荐机构应取得当地环保主管部门出具的企业最近三年一期环保合法合规的证明。该证明并非发行申报材料，只作为保荐机构的工作底稿。

5.《关于对申请上市的企业和申请再融资的上市企业进行环境保护核查的规定》。

为督促重污染行业上市企业认真执行国家环境保护法律、法规和政策，避免上市企业因环境污染问题带来投资风险，调控社会募集资金投资方向，根据中国证监员会对上市公司环境保护核查的相关规定，国家环境保护总局特制定《关于对申请上市的企业和申请再融资的上市企业进行环境保护核查的规定》（环发［2003］101号），该文件有关规定如下：

（1）核查对象：重污染行业申请上市的企业；申请再融资的上市企业，再融资募集资金投资于重污染行业。重污染行业暂定为：冶金、化工、石化、煤炭、火电、建材、造纸、酿造、制药、发酵、纺织、制革和采矿业。

（2）核查内容和要求：

①申请上市的企业：排放的主要污染物达到国家或地方规定的排放标准；依法领取排污许可证，并达到排污许可证的要求；企业单位主要产品主要污染物排放量达到国内同行业先进水平；工业固体废物和危险废物安全处置率均达到100%；新、改、扩建项目“环境影响评价”和“三同时”制度执行率达到100%，并经环保部门验收合格；环保设施稳定运转率达到95%以上；按规定缴纳排污费；产品及其生产过程中不含有或使用国家法律、法规、标准中禁用的物质以及我国签署的国际公约中禁用的物质。

②申请再融资的上市企业：除符合上述对申请上市企业的要求外，还应核查以下内容：募集资金投向不造成现实的和潜在的环境影响；募集资金投向有利于改善环境质量；募集资金投向不属于国家明令淘汰落后生产能力、工艺和产品，有利于促进产业结构调整。

（3）核查程序：申请上市的企业和申请再融资的上市企业应向登记所在地省级环保行政主管部门提出核查申请，并申报以下基本材料：

① 企业（含本企业紧密型成员单位）基本情况；

② 报证监会待批准的上市方案或再融资方案；

③ 证明符合本规定第三条的相关文件；

④ 企业登记所在地省级环保行政主管部门要求的其他有关材料。

省级环境保护行政主管部门自受理企业核查申请之日起，于30个工作日内组织有关专家或委托有关机构对申请上市的企业和申请再融资的上市企业所提供的材料进行审查和现场核查，将核查结果在有关新闻媒体上公示10天，结合公示情况提出核查意见及建议，以局函的形式报送证监会，并抄报国家环保总局。

火力发电企业申请上市和申请再融资应由省级环保部门提出初步核查意见上报国家环保总局。国家环保总局组织核定后，将核定结果在总局政府网站上公示10天，结合公示情况提出核查意见及建议，以局函的形式报送证监会。

对于跨省从事重污染行业生产经营活动的申请上市企业和申请再融资的上市企业，其登记所在地省级环境保护行政主管部门应与有关省级环境保护行政主管部门进行协调，将核查意见及建议报国家环保总局，由国家环保总局报送证监会。

二、关于全国中小企业股份转让系统有限责任公司就环保问题的解答

为明确环保核查的要求，全国中小企业股份转让系统有限责任公司就企业新三板挂牌的环保条件进行了解答：

（一）推荐挂牌的中介机构应核查申请挂牌公司及其子公司所属行业是否为重污染行业。重污染行业认定依据为国家和各地方的相应监管规定，没有相关规定的，应参照环保部、证监会等有关部门对上市公司重污染行业分类规定执行。

（二）申请挂牌公司及其子公司所属行业为重污染行业，根据相关法规规定应办理建设项目环评批复、环保验收、排污许可证以及配置污染处理设施的，应在申报挂牌前办理完毕；如公司尚有在建工程，则应按照建设进程办理完毕相应环保手续。

（三）申请挂牌公司及其子公司所属行业不属于重污染行业但根据相关法规规定必须办理排污许可证和配置污染处理设施的，应在申报挂牌前应办理完毕。

（四）申请挂牌公司及其子公司按照相关法规规定应制定环境保护制度、公开披露环境信息的，应按照监管要求履行相应义务。

（五）申请挂牌公司及其子公司最近24个月内不应存在环保方面的重大违法违规行为，重大违法行为的具体认定标准按照《全国中小企业股份转让系统股票挂牌条件适用基本标准指引（试行）》相应规定执行。

第十七章　涉及国有企业挂牌的三个问题

【案例1】国有股权变更程序瑕疵——天房科技（股票代码：430228）

【案例2】未取得国有股权设置批复文件是否符合挂牌条件——山东高新投（股票代码：430626）

【案例3】国有资产增资未进行评估是否有效——北京希电（股票代码：430328）

第一节　涉及国有企业挂牌的情况

目前申请新三板挂牌的企业中，属于国有企业改制的情况不多，只占到了总数的10%左右，除以下三个案例之外，涉及到的其他问题均散见于本书的其他节中。但在目前中国新的经济环境和新的发展背景下，中国的国有企业也面临着深化改革的问题，随着《关于深化国有企业改革的指导意见》《关于国有企业发展混合所有制经济的意见》《关于鼓励和规范国有企业投资项目引入非国有资本的指导意见》《企业国有资产交易监督管理办法》陆续出台，国有企业挂牌新三板的数量也越来越多。而国有企业改制是一项政策性很强的工作，涉及出资人、债权人、企业和职工等多方面的利益，需要规范地进行，否则，不仅带来不稳定的因素，而且会给新三板挂牌带来问题。

【案例1】国有股权变更程序瑕疵——天房科技（股票代码：430228）

企业背景

天津市天房科技发展股份有限公司，成立于2002年，2012年11月整体改制变更为股份有限公司，是大型国有企业天房集团旗下的一家以从事地产科技相关产业为主的综合性高新技术企业。公司现有注册资金1.36亿元，2010年被认定为高新技术企业，列入天津市“科技小巨人企业”。

案例解读

天房科技就国有股权变更程序出现的瑕疵采取的解决办法是，由控股股东出具说明，说明未造成国有股权流失；再由天津市国资委确认挂牌公司的股权结构。

（一）天房集团对于有限公司股权转让的批复和确认

根据《关于授权房地产开发经营集团有限公司统一经营集团国有资产的批复》（津国资（1996）4号），天房集团是经过合法授权的国有资产经营管理单位。

2012年12月5日，天房集团出具《关于控股子公司天津市天房科技发展有限公司历史沿革过程中股权转让和增资行为的说明》（以下简称《说明》），对有限公司阶段股权转让和历次增资行为确认如下：天房集团及天房物业2002年9月向腾达楼宇的股权转让行为经过天房集团国有资产管理部门批准同意，是天房集团真实意思的表示，且经过有限公司股东会审议通过，程序合法有效。本次股权转让中，天房集团与天房物业已足额收到对价支付，对有限公司、腾达楼宇均无潜在的法律纠纷。由于天房集团与天房物业向有限公司出资及股权转让的时间间隔较短，在此期间有限公司的净资产并未发生较大变化，按原始出资金额核算此次股权转让价格的定价方式公允，因此虽然上述股权转让过程未履行国有资产评估程序，但未造成国有资产流失，也未对天房集团、天房物业及其他第三方造成任何损失。

（二）天房集团对有限公司增资行为的批复和确认

天房集团在《说明》中确认：公司2003年、2005年、2011年的三次增资过程均经过天房集团国有资产投资管理的内部决策程序，是天房集团真实意思的表示，且均经过有限公司股东会审议通过，审批程序合法有效。有限公司第三次增资完成后，虽然天房集团对有限公司持股比例发生变化，但由于其持股比例的变化方向为增加，且有限公司经营状况良好、盈利能力增长较快，提高国有资产控股比例有利于国有资产的保值增值，因此增资过程虽未履行国有资产评估程序，但并未造成国有资产流失。

（三）天津市国资委对于公司整体变更的批复

2012年10月22日，天津市人民政府国有资产监督管理委员会出具“津国资企改［2012］311号”《市国资委关于同意天津市天房科技发展有限公司股份制改制并进入股份报价转让系统的批复》，确认了天房科技的股权结构，即天房集团持股比例为68.984%，腾达楼宇持股比例为30.016%，同意天房科技整体变更为股份公司并进入股份报价转让系统，并要求公司在股份公司法人营业执照及企业国有资产产权登记证变更完毕后向天津市国资委备案。

（四）国有资产产权登记备案情况

2005年12月8日，公司取得国有资产产权占用登记证，确认公司注册资本为2000

万元，也即至2005年12月8日公司的国有资产产权登记情况得到确认。2013年1月24日，有限公司2011年增资至10016万元及2012年完成整体变更为股份有限公司的行为，已完成企业国有资产产权登记备案，公司取得编号为：120000201301240016的《企业国有资产产权登记表》。

专家点评

涉及国有产权流转的方式主要有三种：挂牌竞价交易、协议转让和无偿划转，前两种属于有偿转让，后一种属于无偿转让。无偿划转一般是在国有独资企业之间进行，协议转让限定为省级以上国资部门监管且股权转让后仍为国有控股，范围较小。因此，这里重点谈下挂牌竞价交易。

挂牌竞价交易分为两个步骤：第一为交易准备；第二为交易履行。交易准备包括：1. 清产核资及审计。转让方组织清产核资，编制资产负债表和资产移交清册，进行审计。如转让导致国有控股发生转移的，由同级国资部门负责上述工作并报本级人民政府批准。2. 评估。3. 评估核准或备案。评估价格作为产权转让的依据，交易价格不得低于评估价格的90%。交易履行主要是支付对价，原则上一次付清，分期支付的首期不低于30%并于合同生效日5日内支付，其余款项在提供担保并支付利息的情况下付款期限不得超过一年。

天房科技股权转让过程未履行国有资产评估程序，存在程序瑕疵，但有权部门出具证明国有资产没有流失，国资部门予以企业国有资产产权登记备案以确认挂牌公司的股权结构，因此国资处置的瑕疵已经解决，不对挂牌产生实质性不利影响。

【案例2】未取得国有股权设置批复文件是否符合挂牌条件——山东高新投（股票代码：430626）

企业背景

山东省高新技术投资有限公司是山东省出资设立的国有创业投资公司，山东省创业投资协会会长单位，现为山东鲁信高新技术产业股份有限公司的全资子公司。公司的战略定位是要成为在信息产业、生物医药、新材料、环境科学等科技领域内具有投资管理核心竞争力的、主要业务指标位居国内前茅的大型基金管理型高新技术投资控股集团。投资对象为处于成长期、扩张期的高新技术成果转化项目、能够取得自主知识产权且有巨大市场潜力的中试项目、处于风险期的中小型科技企业项目以及用高新技术提升的传统产业项目。

山东高新投未取得国有股权设置批复文件是否符合挂牌条件。

由于山东高新投项目经办人员对国有股权管理等法律法规的认识不全面及工作疏忽，该司2010年末投资胜达科技后，主要关注公司的持续成长能力，一直没能按国有股权管理的要求取得国有股权设置批复文件，2013年7月胜达科技启动新三板挂牌申请工作后，山东高新投按国有股权管理的要求办理了国有股权设置批复，并于2013年12月24日取得了《山东省国资委关于潍坊胜达科技股份有限公司国有股权管理有关事宜的批复》（鲁国资产权字［2013］94号）。

本所律师认为，山东高新投取得了《山东省国资委关于潍坊胜达科技股份有限公司国有股权管理有关事宜的批复》，符合《全国中小企业股份转让系统挂牌申请文件内容与格式指引（试行）》中关于存在国有股权的拟挂牌企业需要国有资产管理部门出具国有股权设置批复文件的要求。

专家点评

根据财政部《关于股份有限公司国有股权管理工作有关问题的通知》（财管字〔2000〕200号），公司改制后涉及国有股权设置的，应取得国资部门的批复文件。中国证监会就有关国有股权界定及处置问题也提出审核要求：财政部和省级财政（国资）部门出具的关于公司国有股权设置的批复文件是公开发行股票申请文件的必备文件，新三板的挂牌也参照此内容执行。

山东高新投改制时未按国有股权管理的要求取得国有股权设置批复文件，但公司启动新三板挂牌申请工作后取得了国有股权设置批复文件，法律上的瑕疵已经得到纠正，此问题对挂牌不构成影响。

【案例3】国有资产增资未进行评估是否有效——北京希电（股票代码：430328）

企业背景

北京锦鸿希电信息技术股份有限公司（简称北京希电）隶属于时代锦鸿集团，是一家在中关村高新技园区注册、服务于轨道交通行业30余年的高新技术企业。公司致力于轨道交通运营安全监控与传输系统设备的研制、生产、销售和服务。

焦点问题

（1）增资时未进行评估的原因；（2）增资价格的确定依据。请主办券商就以下事项发表意见：（1）本次增资价格确定是否公允、合理；（2）本次增资是否涉嫌造成国有资产流失。

案例解读

2006年12月14日，公司将注册资本增加到3000万元，但未经评估。

根据北京希电工商登记的资料，北京希电的前身首科希电2006年12月14日将注册资本增资至3000万元的过程如下：

2006年12月14日，首科希电作出股东会决议，同意将注册资本增加到3000万元，首科软件新增出资1389万元，电子工程总公司新增出资511万元；同意相应修改公司章程。

2007年3月9日，北京京审会计师事务所有限公司出具京审验字（2007）第1005号《变更验资报告》，验证截至2007年3月9日止，股东首科软件投入货币资金13，890，000.00元，股东电子工程总公司投入货币资金5，110，000.00元。首科希电变更后的累积注册资本实收金额为人民币30，000，000.00元，新增注册资本金1900万元已全部到位。

2007年3月28日，首科希电换领了《企业法人营业执照》。

应当注意到，根据《企业国有资产评估管理暂行办法》的规定，非上市公司国有股东股权比例变动的，应当由其产权持有单位委托具有相应资质的资产评估机构进行评估。首科希电该次增资时国有股东电子工程总公司未委托资产评估机构对首科希电进行评估。《企业国有资产评估管理暂行办法》第二十七条的规定，若企业应当进行资产评估而未进行评估的，相应的国有资产监督管理机构有权通报批评并责令改正，必要时可依法向人民法院提起诉讼，确认其相应的经济行为无效。

经核查，电子工程总公司的上级主管单位CEC已于2007年1月26日出具《关于北京首科中系希电信息技术有限公司增资方案的批复》（中电资〔2007〕30号），同意首科希电该次增资及电子工程总公司在增资后持有首科希电35%股权的增资方案。电子工程总公司对首科希电的该次增资取得了上级单位CEC的批复。同时，2009年电子工程总公司将其所持首科希电的股权全部转让时已履行了资产评估程序，进行了公开挂牌转让。此外，根据北京希电的说明，电子工程总公司的国有资产监督管理机构未对该次增资未予评估事宜作出通报批评及责令改正，亦未向人民法院提起诉讼确认该次增资无效。根据《民法通则》的规定，向人民法院请求保护民事权利的诉讼时效期间为二年。自该次增资至今已超过两年的诉讼时效期间。

综上认为，首科希电该次增资国有股东未履行资产评估程序不影响首科希电股权的稳定性，对首科希电本次股票公开转让不构成重大实质性障碍。

专家点评

国有资产进行增资的时候，必须进行评估。北京希电的情况是其股东增资的时候未能履行评估的法定义务，这样的法律瑕疵最终能获得股转公司的认可的根本原因还是在于：第一其上级主管部门的批复认可，第二是该次增资获得的股权已经进行了转让，在转让过程中履行了资产评估的程序。因此该次增资虽然存在法律程序上的瑕疵，但实质上未造成不良影响，也就不会构成公司挂牌的障碍。

第二节　重点关注

国有企业需提供相应的国有资产监督管理机构或国务院、地方政府授权的其他部门、机构关于国有股权设置的批复文件。

实践中拟挂牌转让企业历史沿革中曾有国有企业或者国有创投公司投资退出的情形，需要特别关注其投资、退出时是否履行了国有股权投资、退出的法律程序。

首先，投资时，是否经有权部门履行了决策程序，是否对拟投资的公司进行过评估、备案，是否需要国有资产监督管理部门批准。

其次，增资扩股时，是否同比例增资，如未同比例增资，是否履行评估、备案手续。

最后，国有股退出时，是否履行了评估、备案，是否在产权交易所进行了交易，是否需要国有资产监督管理部门批准。

有关国有资产管理的法律、法规、规范性文件时间跨度长、品类多，因此处理涉及国资问题的思路是：程序主义至上，找到当时适用的法条阐述问题的正当性，如果存在瑕疵，则根据“谁出资，谁负责”的原则，找到有权的国资部门，甚至当地政府来出具确认无国有资产流失的确认函。

附件一　新三板挂牌的法规体系

新三板挂牌的相关规范体系

法律法规

中华人民共和国公司法（2013 年修订，2014 年 3 月 1 日起生效）

中华人民共和国证券法（2005 年修订，2006 年 1 月 1 日起生效）

行政法规和国务院决定

《国务院关于全国中小企业股份转让系统有关问题的决定》（国发〔2013〕49 号）（以下简称“国务院决定”）

部门规节

全国中小企业股份转让系统有限责任公司管理暂行办法（证监会令第 89 号）

非上市公众公司监督管理办法（2013 年修订）（证监会令第 96 号）

监管指引

非上市公众公司监管指引第 1 号——信息披露（证监会公告［2013］1 号）

非上市公众公司监管指引第 2 号——申请文件（证监会公告［2013］2 号）

非上市公众公司监管指引第 3 号——章程必备条款（证监会公告［2013］3 号）

非上市公众公司监管指引第 4 号——股东人数超过 200 人的未上市股份有限公司申请行政许可有关问题的审核指引（证监会公告［2013］54 号）

信息披露内容与格式准则

非上市公众公司信息披露内容与格式准则第 1 号——公开转让说明书（证监会公告［2013］50 号）

非上市公众公司信息披露内容与格式准则第 2 号——公开转让股票申请文件（证监会公告［2013］51 号）

业务规则

全国中小企业股份转让系统业务规则（试行）

全国中小企业股份转让系统主办券商推荐业务规定（试行）

全国中小企业股份转让系统股票挂牌条件适用基本标准指引（试行）

全国中小企业股份转让系统公开转让说明书内容与格式指引（试行）

全国中小企业股份转让系统挂牌申请文件内容与格式指引（试行）

全国中小企业股份转让系统主办券商尽职调查工作指引（试行）

全国中小企业股份转让系统主办券商推荐业务规定（试行）

全国中小企业股份转让系统信息披露细则（试行）

业务指引

全国中小企业股份转让系统股票发行业务指引第 1 号——备案文件的内容与格式（试行）（股转系统公告［2013］50 号）

全国中小企业股份转让系统股票发行业务指引第 2 号——股票发行方案及情况报告书的内容与格式（试行）（股转系统公告［2013］51 号）

全国中小企业股份转让系统股票发行业务指引第 3 号——主办券商关于股票发行合法规性意见的内容与格式（试行）（股转系统公告［2013］52 号）

全国中小企业股份转让系统股票发行业务指引第 4 号——法律意见书的内容与格式（试行）（股转系统公告［2013］53 号）

服务指南及其他

全国中小企业股份转让系统股票挂牌业务操作指南（试行）

关于境内企业挂牌全国中小企业股份转让系统有关事项的公告

股份公司申请在全国中小企业转让系统公开转让、股票发行的审查工作流程

附件二　企业新三板挂牌的实体条件

第一节　相关法律、法规的规定

一、《公司法》《证券法》中的原则性规定

《公司法》和《证券法》中关于公开发行证券的条件的规定，是证监会制定《首次公开发行股票并上市管理办法》（证监会令第32号）的直接法规依据。经过2005年下半年的修订后，关于证券发行条件的规定主要见于《证券法》中。

（一）法律、行政法规和国务院决定中的相关规定

《证券法》第十条对“公开发行”作出了如下定义，即有下列情形之一的，为公开发行：

“（一）向不特定对象发行证券；

（二）向累计超过200人的特定对象发行证券；

（三）法律、行政法规规定的其他发行行为。”

另外，《证券法》第十条还规定：非公开发行证券，不得采用广告、公开劝诱和变相公开方式。

《证券法》第十二条规定，设立股份有限公司公开发行股票，应当符合《中华人民共和国公司法》规定的条件和经国务院批准的国务院证券监督管理机构规定的其他条件。

（二）《公司法》的相关规定

《公司法（2013年修订）》关于公开发行股份的规定主要见于第五节“股份有限公司的股份发行和转让”的第一节“股份发行”中。主要包括：

第一百二十七条：股票发行价格可以按票面金额，也可以超过票面金额，但不得低于票面金额。

第一百三十三条：公司发行新股，依照公司章程的规定由股东大会或者董事会对下列事项作出决议：（一）新股种类及数额；（二）新股发行价格；（三）新股发行的起止日期；（四）向原有股东发行新股的种类及数额。

第一百三十五条：公司发行新股，可以根据公司经营情况和财务状况，确定其作价方案。

（三）《国务院关于全国中小企业股份转让系统有关问题的决定》的相关规定

《国务院关于全国中小企业股份转让系统有关问题的决定》（国发【2013】49号）指出："境内符合条件的股份公司均可通过主办券商申请在全国股份转让系统挂牌"。

二、证监会96号令的相关规定

证监会于2013年12月26日修订的《非上市公众公司监督管理办法》（证监会令第96号）明确了非上市公众公司的范围，即：股票向特定对象发行或者转让导致股东累计超过200人的股份有限公司和股票公开转让股份有限公司。该办法第三条要求"公众公司应当按照法律、行政法规、本办法和公司章程的规定，做到股权明晰，合法规范经营，公司治理机制健全，履行信息披露义务。"本《管理办法》对公司治理、信息披露提出了明确的定性要求，但是没有像IPO那样提出定量的要求。

证监会96号令第四条明确公众公司公开转让股票应当在全国中小企业股份转让系统进行。公众公司公开转让股票需要满足的条件，在股转系统发布的《全国中小企业股份转让系统业务规则（试行）》中进行了明确。

证监会96号令第三十四条、第三十六条规定，股东人数超过200人的公司申请其股票公开转让，应当按照中国证监会有关规定制作公开转让的申请文件，股东人数未超过200人的公司申请其股票公开转让，中国证监会豁免核准，由全国中小企业股份转让系统进行审查。

除明确规定股东超过200人的股份公司发行证券属于公开发行，应当经过证监会审核外，《证券法》和《公司法》都没有关于非上市公众公司的明确规定，证监会96号令第一次以部门规节的形式对非上市公众公司的范围、上市交易场所以及监管审核要求等事项进行了明确。

三、股东超过200人的未上市股份公司审核标准

（一）证监会2013年12月26日发布的《非上市公众公司监管指引第4号——股

东人数超过200人的未上市股份有限公司申请行政许可有关问题的审核指引》（证监会公告［2013］54号）（以下简称《监管指引第4号》）明确了股东人数超过200人的未上市股份公司的审核标准，具体包括：

1. 公司依法设立且合法存续

要求：200人公司的设立、增资等行为不违反当时法律明确的禁止性规定，目前处于合法存续状态。城市商业银行、农村商业银行等银行业股份公司应当符合《关于规范金融企业内部职工持股的通知》（财金〔2010〕97号），设立、历次增资依法需要批准的，应当经过有权部门的批准。存在不规范情形的，应当经过规范整改，并经当地省级人民政府确认。200人公司在股份形成及转让过程中不存在虚假陈述、出资不实、股权管理混乱等情形，不存在重大诉讼、纠纷以及重大风险隐患。

2. 股权清晰

要求：（1）股权权属明确。200人公司应当设置股东名册并进行有序管理，股东、公司及相关方对股份归属、股份数量及持股比例无异议。股权结构中存在工会或职工持股会代持、委托持股、信托持股、以及通过“持股平台”间接持股等情形的，应当按照本指引的相关规定进行规范。（2）股东与公司之间、股东之间、股东与第三方之间不存在重大股份权属争议、纠纷或潜在纠纷。（3）股东出资行为真实，不存在重大法律瑕疵，或者相关行为已经得到有效规范，不存在风险隐患。申请行政许可的200人公司应当对股份进行确权，通过公证、律师见证等方式明确股份的权属。申请公开发行并在证券交易所上市的，经过确权的股份数量应当达到股份总数的90%以上（含90%）；申请在全国股份转让系统挂牌公开转让的，经过确权的股份数量应当达到股份总数的80%以上（含80%）。未确权的部分应当设立股份托管账户，专户管理，并明确披露有关责任的承担主体。

3. 经营规范

要求：200人公司持续规范经营，不存在资不抵债或者明显缺乏清偿能力等破产风险的情形。

4. 公司治理与信息披露制度健全

要求：按照中国证监会的相关规定，建立健全公司治理机制和履行信息披露义务。

（二）《监管指引第4号》明确了200人公司申请行政许可时，需要报送主管部门出具的确认函的情形，具体包括：

1. 如下情形应由省级人民政府出具确认函：

（1）1994 年 7 月 1 日《公司法》实施前，经过体改部门批准设立，但存在内部职工股超范围或超比例发行、法人股向社会个人发行等不规范情形的定向募集公司。

（2）1994 年 7 月 1 日《公司法》实施前，依法批准向社会公开发行股票的公司。

（3）按照《国务院办公厅转发证监会关于清理整顿场外非法股票交易方案的通知》（国办发〔1998〕10 号），清理整顿证券交易场所后“下柜”形成的股东超过 200 人的公司。

（4）中国证监会认为需要省级人民政府出具确认函的其他情形。

省级人民政府出具的确认函应当说明公司股份形成、规范的过程以及存在的问题，并明确承担相应责任。

2. 股份已经委托股份托管机构进行集中托管的，应当由股份托管机构出具股份托管情况的证明。股份未进行集中托管的，应当按照前款规定提供省级人民政府的确认函。

3. 属于 200 人公司的城市商业银行、农村商业银行等银行业股份公司应当提供中国银行业监督管理机构出具的监管意见。

（三）《监管指引第 4 号》对“股份代持及间接持股的处理”进行了明确，具体如下：

1. 一般规定

股份公司股权结构中存在工会代持、职工持股会代持、委托持股或信托持股等股份代持关系，或者存在通过“持股平台”间接持股的安排以致实际股东超过 200 人的，在依据本指引申请行政许可时，应当已经将代持股份还原至实际股东、将间接持股转为直接持股，并依法履行了相应的法律程序。

2. 特别规定

以私募股权基金、资产管理计划以及其他金融计划进行持股的，如果该金融计划是依据相关法律法规设立并规范运作，且已经接受证券监督管理机构监管的，可不进行股份还原或转为直接持股。

第二节　什么样的企业适合在新三板挂牌

1. 有进入资本市场的意愿但不符合主板、中小板或创业板条件的，或虽符合条件但不愿意漫长等待的公司。

主板、中小板的门槛是非常高的，创业板要求相对较低，但创业板的利润要求达到3000万，且在创业板排队等待上市的企业较多，如果企业从开始准备上市工作起，一般周期可能会达到1～2年之久，且失败的风险较大。而挂牌新三板的周期较短，通常为几个月，时间较短。同时，因为新三板对盈利没有要求，实行备案制，企业挂牌新三板成功的可能性较大。

2. 已有一定的业务规模，但资金紧张、制约业务规模扩大的公司。

新三板市场的成立主要是为了解决一些达不到上市公司要求但又具有一定规模的企业的融资问题。企业资金紧张，会造成周转困难，会制约企业的发展。中小企业借助新三板提供的融资平台，扩大业务规模，并逐渐向资本市场过渡，从而有效解决资金紧张的难题。

3. 希望借资本市场力量扩大规模，做大做强，规范经营，为长远发展铺路的公司。

4. 具有创新业务模式，需要借此对外宣传的公司。

产品和服务是可以复制的，而一个公司的业务模式才是真正与众不同的，业务模式的创新非常重要，直接与经济效益挂钩。而这些创新业务模式需要被社会广泛的发现、认识、接受，这需要一个宣传的平台。而新三板的推出，正是将一些企业从浩如烟海的企业丛林中推到众人面前，成为大家关注的焦点，这样便使得企业具有较高的知名度，对企业及其业务的推广具有宣传作用。

第三节　新三板挂牌的六大条件

《全国中小企业股份转让系统业务规则（试行）》第2.1条规定："股份公司申请挂牌应当符合下列条件：

1. 依法设立且存续满两年。有限责任公司按原账面净资产值折股整体变更为股份有限公司，存续时间可以从有限责任公司成立之日起计算；

2. 业务明确，具有持续经营能力；

3. 公司治理机制健全，合法规范经营；

4. 股权明晰，股票发行和转让行为合法合规；

5. 主办券商推荐并持续督导；

6. 全国股份转让系统公司要求的其他条件。"

第四节　关于挂牌条件的细化

全国中小企业股份转让系统有限责任公司2013年6月17日发布了《关于发布《全国中小企业股份转让系统挂牌条件适用基本标准指引（试行）》的通知》股转系统公告［2013］18号，就上述六个条件的基本标准进行了细化。内容如下：

各市场参与人：

为了细化全国中小企业股份转让系统挂牌条件，进一步明确市场预期，减少自由裁量空间，提高审查工作效率，全国中小企业股份转让系统有限责任公司（以下简称“全国股份转让系统公司”）在征求业内意见的基础上，依据《全国中小企业股份转让系统业务规则（试行）》第2.1条规定的六项挂牌条件，制定了《全国中小企业股份转让系统股票挂牌条件适用基本标准指引（试行）》（以下简称《基本标准指引》），现予公布施行。并就有关事项公告如下：

一、全国股份转让系统公司进行挂牌审查时，对申请挂牌公司符合《基本标准指引》的，原则上同意其股票挂牌申请。在此基础上，审查工作以信息披露为核心，重点围绕申请挂牌公司的信息披露是否满足要求和主办券商是否按要求完成尽职调查，提出审查意见，引导申请挂牌公司、主办券商及其他中介机构提高信息披露和尽职调查工作质量。

二、《基本标准指引》自公布之日起施行。全国股份转让系统公司将结合实践中的新情况、新问题对基本标准进行完善和优化。

特此通知。

全国中小企业股份转让系统有限责任公司
2013年6月17日

全国中小企业股份转让系统股票挂牌条件适用基本标准指引（试行）

全国中小企业股份转让系统有限责任公司按照“可把控、可举证、可识别”的原则，对《全国中小企业股份转让系统业务规则（试行）》规定的六项挂牌条件进行细化，形成基本标准如下：

一、依法设立且存续满两年

（一）依法设立，是指公司依据《公司法》等法律、法规及规章的规定向公司登记机关申请登记，并已取得《企业法人营业执照》。

1. 公司设立的主体、程序合法、合规。

（1）国有企业需提供相应的国有资产监督管理机构或国务院、地方政府授权的其他部门、机构关于国有股权设置的批复文件。

（2）外商投资企业须提供商务主管部门出具的设立批复文件。

（3）《公司法》修改（2006 年 1 月 1 日）前设立的股份公司，须取得国务院授权部门或者省级人民政府的批准文件。

2. 公司股东的出资合法、合规，出资方式及比例应符合《公司法》相关规定。

（1）以实物、知识产权、土地使用权等非货币财产出资的，应当评估作价，核实财产，明确权属，财产权转移手续办理完毕。

（2）以国有资产出资的，应遵守有关国有资产评估的规定。

（3）公司注册资本缴足，不存在出资不实情形。

（二）存续两年是指存续两个完整的会计年度。

（三）有限责任公司按原账面净资产值折股整体变更为股份有限公司的，存续时间可以从有限责任公司成立之日起计算。整体变更不应改变历史成本计价原则，不应根据资产评估结果进行账务调整，应以改制基准日经审计的净资产额为依据折合为股份有限公司股本。申报财务报表最近一期截止日不得早于改制基准日。

二、业务明确，具有持续经营能力

（一）业务明确，是指公司能够明确、具体地阐述其经营的业务、产品或服务、用途及其商业模式等信息。

（二）公司可同时经营一种或多种业务，每种业务应具有相应的关键资源要素，该要素组成应具有投入、处理和产出能力，能够与商业合同、收入或成本费用等相匹配。

1. 公司业务如需主管部门审批，应取得相应的资质、许可或特许经营权等。

2. 公司业务须遵守法律、行政法规和规章的规定，符合国家产业政策以及环保、质量、安全等要求。

（三）持续经营能力，是指公司基于报告期内的生产经营状况，在可预见的将来，有能力按照既定目标持续经营下去。

1. 公司业务在报告期内应有持续的营运记录，不应仅存在偶发性交易或事项。营运记录包括现金流量、营业收入、交易客户、研发费用支出等。

2. 公司应按照《企业会计准则》的规定编制并披露报告期内的财务报表，公司不存在《中国注册会计师审计准则第1324号——持续经营》中列举的影响其持续经营能力的相关事项，并由具有证券期货相关业务资格的会计师事务所出具标准无保留意见的审计报告。

财务报表被出具带强调事项段的无保留审计意见的，应全文披露审计报告正文以及董事会、监事会和注册会计师对强调事项的详细说明，并披露董事会和监事会对审计报告涉及事项的处理情况，说明该事项对公司的影响是否重大、影响是否已经消除、违反公允性的事项是否已予纠正。

3. 公司不存在依据《公司法》第一百八十一条规定解散的情形，或法院依法受理重整、和解或者破产申请。

三、公司治理机制健全，合法规范经营

（一）公司治理机制健全，是指公司按规定建立股东大会、董事会、监事会和高级管理层（以下简称“三会一层”）组成的公司治理架构，制定相应的公司治理制度，并能证明有效运行，保护股东权益。

1. 公司依法建立“三会一层”，并按照《公司法》《非上市公众公司监督管理办法》及《非上市公众公司监管指引第3号——章程必备条款》等规定建立公司治理制度。

2. 公司“三会一层”应按照公司治理制度进行规范运作。在报告期内的有限公司阶段应遵守《公司法》的相关规定。

3. 公司董事会应对报告期内公司治理机制执行情况进行讨论、评估。

（二）合法合规经营，是指公司及其控股股东、实际控制人、董事、监事、高级管理人员须依法开展经营活动，经营行为合法、合规，不存在重大违法违规行为。

1. 公司的重大违法违规行为是指公司最近24个月内因违犯国家法律、行政法规、规节的行为，受到刑事处罚或适用重大违法违规情形的行政处罚。

（1）行政处罚是指经济管理部门对涉及公司经营活动的违法违规行为给予的行政处罚。

（2）重大违法违规情形是指，凡被行政处罚的实施机关给予没收违法所得、没收非法财物以上行政处罚的行为，属于重大违法违规情形，但处罚机关依法认定不属于的除外；被行政处罚的实施机关给予罚款的行为，除主办券商和律师能依法合理说明或处罚机关认定该行为不属于重大违法违规行为的外，都视为重大违法违规情形。

（3）公司最近24个月内不存在涉嫌犯罪被司法机关立案侦查，尚未有明确结论意见的情形。

2. 控股股东、实际控制人合法合规，最近24个月内不存在涉及以下情形的重大违法违规行为：

（1）控股股东、实际控制人受刑事处罚；

（2）受到与公司规范经营相关的行政处罚，且情节严重；情节严重的界定参照前述规定；

（3）涉嫌犯罪被司法机关立案侦查，尚未有明确结论意见。

3. 现任董事、监事和高级管理人员应具备和遵守《公司法》规定的任职资格和义务，不应存在最近24个月内受到中国证监会行政处罚或者被采取证券市场禁入措施的情形。

（三）公司报告期内不应存在股东包括控股股东、实际控制人及其关联方占用公司资金、资产或其他资源的情形。如有，应在申请挂牌前予以归还或规范。

（四）公司应设有独立财务部门进行独立的财务会计核算，相关会计政策能如实反映企业财务状况、经营成果和现金流量。

四、股权明晰，股票发行和转让行为合法合规

（一）股权明晰，是指公司的股权结构清晰，权属分明，真实确定，合法合规，股东特别是控股股东、实际控制人及其关联股东或实际支配的股东持有公司的股份不存在权属争议或潜在纠纷。

1. 公司的股东不存在国家法律、法规、规章及规范性文件规定不适宜担任股东的情形。

2. 申请挂牌前存在国有股权转让的情形，应遵守国资管理规定。

3. 申请挂牌前外商投资企业的股权转让应遵守商务部门的规定。

（二）股票发行和转让合法合规，是指公司的股票发行和转让依法履行必要内部决议、外部审批（如有）程序，股票转让须符合限售的规定。

1. 公司股票发行和转让行为合法合规，不存在下列情形：

（1）最近36个月内未经法定机关核准，擅自公开或者变相公开发行过证券；

（2）违法行为虽然发生在36个月前，目前仍处于持续状态，但《非上市公众公司监督管理办法》实施前形成的股东超200人的股份有限公司经中国证监会确认的除外。

2. 公司股票限售安排应符合《公司法》和《全国中小企业股份转让系统业务规则（试行）》的有关规定。

（三）在区域股权市场及其他交易市场进行权益转让的公司，申请股票在全国股份转让系统挂牌前的发行和转让等行为应合法合规。

（四）公司的控股子公司或纳入合并报表的其他企业的发行和转让行为需符合本指引的规定。

五、主办券商推荐并持续督导

（一）公司须经主办券商推荐，双方签署了《推荐挂牌并持续督导协议》。

（二）主办券商应完成尽职调查和内核程序，对公司是否符合挂牌条件发表独立意见，并出具推荐报告。

六、全国股份转让系统公司要求的其他条件

第五节　关于挂牌条件的细化的解读

条件1：依法设立且存续满两年。有限责任公司按原账面净资产值折股整体变更为股份有限公司，存续时间可以从有限责任公司成立之日起计算。

解读：

依法设立，是指公司依据《公司法》等法律、法规及规章的规定向公司登记机关申请登记，并已取得《企业法人营业执照》。合伙企业、个人独资企业因为在法律上其普通合伙人（或出资人）承担无限连带责任，因此，合伙企业和个人独资企业不可以改制为有限公司或者股份公司。

1. 公司设立的主体、程序合法、合规

（1）国有企业需提供相应的国有资产监督管理机构或国务院、地方政府授权的其他部门、机构关于国有股权设置的批复文件。

（2）外商投资企业须提供商务主管部门出具的设立批复文件。

（3）《公司法》修改（2006年1月1日）前设立的股份公司，须取得国务院授权部门或者省级人民政府的批准文件。

实践中拟挂牌转让企业历史沿革中曾有国有企业或者国有创投公司投资退出的情形，需要特别关注其投资、退出时是否履行了国有股权投资、退出的法律程序。

A. 投资时，是否经有权部门履行了决策程序，是否对拟投资的公司进行过评估、备案，是否需要国有资产监督管理部门批准。

B. 增资扩股时，是否同比例增资，如未同比例增资，是否履行评估、备案手续。

C. 国有股退出时，是否履行了评估、备案，是否在产权交易所进行了交易，是否需要国有资产监督管理部门批准。

2. 公司股东的出资合法、合规，出资方式及比例应符合《公司法》相关规定。

（1）以实物、知识产权、土地使用权等非货币财产出资的，应当评估作价，核实财产，明确权属，财产权转移手续办理完毕。

实践中拟挂牌转让的企业为高新技术企业的，多存在股东以无形资产评估出资的情况，中介机构需要特别关注以下几个问题：

①无形资产是否属于职务成果或职务发明。

如果属于股东在公司任职的时候形成的，无论是否以专利技术或者非专利技术出资，股东都有可能涉嫌利用公司提供物质或者其他条件完成的该等职务成果（职务发明），该等专利技术或者非专利技术应当属于职务成果（职务发明），应当归属于公司。

解决方案：

因为职务成果或者职务发明已经评估、验资并过户至公司，此种情况下，一般的做法是通过减资程序规范，财务上将已经减掉的无形资产做专项处理，并将通过减资置换出来的无形资产无偿赠送给公司使用，但是此种情况下，该等无形资产研发费用不能计提。

需要注意的是：实践中有些地方工商登记部门允许企业通过现金替换无形资产出资处理无形资产出资不规范问题。但是大部分工商登记部门因为法律上没有相关规定的原因，拒绝公司通过现金置换无形资产出资的方案，但是减资是公司法允许的方案，工商登记部门容易接受，但是不能进行专项减资，即专项减掉无形资产，但是会计师可以在减资的验资报告进行专项说明公司本次减资的标的是无形资产。

②无形资产出资是否与主营业务相关。

实践中，有些企业为了申报高新技术企业，创始股东与大学合作，购买与公司主营业务无关的无形资产通过评估出资至公司，或者股东自己拥有的专利技术或者非专利技术后来因为种种原因，虽然评估出资至公司，但是公司后来主营业务发生变化或者其他原因，公司从来没有使用过该等无形资产，则该等行为涉嫌出资不实，需要通过减资程序予以规范。

③无形资产出资是否已经到位。

实践中，有些企业股东以无形资产出资至公司，但是后续并未办理资产过户手续，该等情形一般可根据中介机构的意见在股改前整改规范即可。

（2）以国有资产出资的，应遵守有关国有资产评估的规定。

（3）公司注册资本缴足，不存在出资不实情形。

实践中，有些公司在创业初期存在找中介公司进行代验资的情形，也有一些从事特殊行业的公司，相关法律规定注册资本达到一定的标准才可以从事某些行业或者可以参与某些项目的招投标而找中介公司进行代验资的情形。该等情形涉嫌虚假出资，大部分企业在财务上处理该等问题时，验资进来的现金很快转给中介公司提供的关联公司，而拟挂牌公司在财务报表上以应收账款长期挂账处理。该等情况的解决方案，一般是公司股东找到相关代验资的中介，由股东将曾经代验资的款项归还给该中介，并要求中介机构将公司目前挂的应收账款收回。如果拟挂牌公司已经将代验资进来的注册资本通过虚构合同的方式支付出去，或者做坏账消掉，则构成虚假出资，该等情形，中介机构需要慎重处理，本着解决问题，规范公司历史上存在的法律瑕疵，在公司没有造成损害社会及他人利益的情况下，公司应当根据中介机构给出的意见进行补足，具体应当以审计师给出的意见做财务处理。

存续满两年，即从股份有限公司成立之日起满两年；如果现有公司为有限公司的，必须先进行股改，将有限责任公司整体变更为股份有限公司的，设立时间从有限责任公司成立之日起连续计算。

解读：

存续两年是指存续两个完整的会计年度。

根据中华人民共和国会计法（1999 修订），会计年度自公历 1 月 1 日起至 12 月 31 日止。因此两个完整的会计年度实际上指的是两个完整的年度。

有限责任公司按原账面净资产值折股整体变更为股份有限公司的，存续时间可以从有限责任公司成立之日起计算。整体变更不应改变历史成本计价原则，不应根据资产评估结果进行账务调整，应以改制基准日经审计的净资产额为依据折合为股份有限公司股本。申报财务报表最近一期截止日不得早于改制基准日。

A. 改制时所得税缴纳问题

改制时，资本公积、盈余公积及未分配利润转增股本按以下情况区别纳税：

自然人股东

资本公积转增股本时不征收个人所得税；

盈余公积及未分配利润转增股本时应当缴纳个人所得税；

法人股东

资本公积转增股本时不缴纳企业所得税；

盈余公积及未分配利润转增股本虽然视同利润分配行为，但法人股东不需要缴纳企业所得税；但是如果法人股东适用的所得税率高于公司所适用的所得税率时，法人股东需要补缴所得税的差额部分。

B. 关于公司还处于亏损阶段是否可以改制在新三板挂牌转让

根据《公司法》第九十六条“有限责任公司变更为股份有限公司时，折合的实收股本总额不得高于公司净资产额”。

实践中公司股改时一般都是以公司净资产进行折股，需要注意的是公司股改时，股东出资已经全部缴纳，即注册资本和实收资本是一致的。因此，公司经审计师审计后的净资产不能低于公司的实收资本，换一种说法就是公司可以亏损，但是不能亏损到审计后的净资产低于实收资本（注册资本），如果审计后的净资产低于实收资本，那只有一种方式就是进行减资，将实收资本减少到低于公司的净资产，当然此种情况减少的注册资本实际是亏损的部分。此种情况可以解决公司股改的问题，但是带来了另外一个问题，公司是否具有持续盈利能力，如果企业是因为过去亏损造成的，但是报告期持续盈利，能够解释清楚的，此问题不会对公司挂牌造成实质性障碍。

关于公司应当如何按照净资产折股，除了《公司法》第九十六条的规定，相关法规并没有对净资产折股比例做出规定，一般情况下，折股比例不能低于1:1，即1元净资产折1股。但是大多数情况下，出于谨慎的财务处理企业会留一部分净资产进入资本公积，即一般情况下都是按照1元以上的净资产折1股的方式折股的。

由有限责任公司变更为股份有限公司设立时间连续计算的判断标准为：

以变更基准日经审计的原账面净资产值折股，且折合的实收股本总额不得高于公司净资产值。

条件2：业务明确，具有持续经营能力

业务明确，是指公司能够明确、具体地阐述其经营的业务、产品或服务、用途及其商业模式等信息。公司可同时经营一种或多种业务，每种业务应具有相应的关键资源要素，该要素组成应具有投入、处理和产出能力，能够与商业合同、收入或成本费用等相匹配。

解读：

因为新三板并未对拟挂牌企业提出利润要求，但是如果拟挂牌企业持续处于亏损状态，其挂牌的意义不大，一般中介机构也不会鼓励此类企业到新三板挂牌转让。如果企业为了申请政府补贴或者银行授信贷款或者存在侥幸心理去融资，是完全没有必要的，企业不但要付出一定的成本，而且随着新三板规模的扩大，投资人投资成熟，只有优质的企业才会受到投资人青睐。

申请挂牌公司应遵循重要性原则披露与其业务相关的关键资源要素，包括：

（1）产品或服务所使用的主要技术。

（2）主要无形资产的取得方式和时间、实际使用情况、使用期限或保护期、最近一期末账面价值。

（3）取得的业务许可资格或资质情况。

（4）特许经营权（如有）的取得、期限、费用标准。

（5）主要生产设备等重要固定资产使用情况、成新率或尚可使用年限。

（6）员工情况，包括人数、结构等。其中核心技术（业务）人员应披露姓名、年龄、主要业务经历及职务、现任职务与任期及持有申请挂牌公司的股份情况。核心技术（业务）团队在近两年内发生重大变动的，应披露变动情况和原因。

（7）其他体现所属行业或业态特征的资源要素。

公司业务如需主管部门审批，应取得相应的资质、许可或特许经营权等。

公司业务须遵守法律、行政法规和规节的规定，符合国家产业政策以及环保、质量、安全等要求。

具有持续经营能力，是指公司基于报告期内的生产经营状况，在可预见的将来，有能力按照既定目标持续经营下去。

解读：

1. 公司业务在报告期内应有持续的营运记录，不应仅存在偶发性交易或事项。营运记录包括现金流量、营业收入、交易客户、研发费用支出等。

2. 公司应按照《企业会计准则》的规定编制并披露报告期内的财务报表，公司不存在《中国注册会计师审计准则第1324号——持续经营》中列举的影响其持续经营能力的相关事项，并由具有证券期货相关业务资格的会计师事务所出具标准无保留意见的审计报告。

财务报表被出具带强调事项段的无保留审计意见的，应全文披露审计报告正文以及董事会、监事会和注册会计师对强调事项的详细说明，并披露董事会和监事会对审计报告涉及事项的处理情况，说明该事项对公司的影响是否重大、影响是否已经消除、违反公允性的事项是否已予纠正。

A. 关于核定征税问题

实践中上新三板的企业多为创业型企业，部分企业在报告期存在核定征税问题，核定征税的依据是企业规模小，财务不规范，鉴于上新三板的企业只需要两个完整的会计年度，建议公司如存在该等情形，应当尽快与税务机关申请调整为查账征收，并运行两个完整的会计年度后再挂牌转让。

B. 关于补税的问题

中小企业在创业阶段或者发展阶段，隐藏一部分收入问题比较常见，企业拟挂牌转让，经会计师审计后，发现了财务不规范问题，但是可以通过财务处理解决，但是需要补增值税或者所得税。那么此种情况下，企业需要权衡挂牌转让的利弊，但是退一步讲，企业迟早要规范、诚信、守法经营，企业主动规范财务问题，补缴税收，税务机关一般不会给予行政处罚，但是如果被税务机关在核查过程发现该等问题，轻则给予行政处罚，重则构成偷税、漏税，触犯刑法，移交司法机关处理。

C. 关于公司是否具有持续盈利能力

根据《全国中小企业股份转让系统业务规则（试行）》相关规定：

a. 申请挂牌公司应披露是否存在与控股股东、实际控制人及其控制的其他企业从事相同、相似业务的情况。对存在相同、相似业务的，应对是否存在同业竞争做出合理解释。申请挂牌公司应披露控股股东、实际控制人为避免同业竞争采取的措施及做出的承诺。

b. 申请挂牌公司应披露最近两年内是否存在资金被控股股东、实际控制人及其控制的其他企业占用，或者为控股股东、实际控制人及其控制的其他企业提供担保，以及为防止股东及其关联方占用或者转移公司资金、资产及其他资源的行为发生所采取的具体安排。

c. 申请挂牌公司应根据《公司法》和《企业会计准则》的相关规定披露关联方、关联关系、关联交易，并说明相应的决策权限、决策程序、定价机制、交易的合规性和公允性、减少和规范关联交易的具体安排等。申请挂牌公司应披露最近两年股利分配政策、实际股利分配情况以及公开转让后的股利分配政策。

3. 公司不存在依据《公司法》第一百八十一条规定解散的情形，或法院依法受理重整、和解或者破产申请。

可见，新三板不对企业的财务数据有过多的要求，而是对企业的发展前景、行业技术地位、商业模式、经营规范性比较看重。

条件3：公司治理机制健全，合法规范经营

公司治理机制健全，是指公司按规定建立股东大会、董事会、监事会和高级管理层（以下简称“三会一层”）组成的公司治理架构，制定相应的公司治理制度，并能证明有效运行，保护股东权益。

1. 公司依法建立“三会一层”，并按照《公司法》《非上市公众公司监督管理办法》及《非上市公众公司监管指引第3号——章程必备条款》等规定建立公司治理制度。

2. 公司“三会一层”应按照公司治理制度进行规范运作。在报告期内的有限公司阶段应遵守《公司法》的相关规定。

3. 公司董事会应对报告期内公司治理机制执行情况进行讨论、评估。

实践中拟上新三板的企业公司治理相对较弱，部分企业尚未建立董事会，部分企业董事会成员主要为家族成员。建议在股改的时规范公司的三会一层，存在家族成员控制董事会情形的，适当引进公司管理层或者外部董事。在公司经营状况较好的情况下也可以考虑引入独立董事。同时，重视公司三会治理制度实际应用，公司经营应当严格按照公司章程等公司制度执行，提早适应挂牌后的信息披露要求。

全国股份转让系统对挂牌转让的企业信息披露要求券商进行终身督导，但是因为大部分新三板挂牌企业董事会秘书由主管业务经营的高管兼任，而公司又没有配备较为熟悉资本市场的证券事务代表，甚至大部分新三板企业并没有设置这个岗位。所以除了公司老板和财务负责人、董事会秘书了解一定的新三板概况外，关于信息披露、制度建设并不是非常熟悉，甚至很多公司老板都没仔细看过律师为公司起草的三会议事规则、信息披露制度等文件。因此，熟悉规则的人才会利用规则，不熟悉规则的企业即便上了新三板也是形在神不在。

合法合规经营，是指公司及其控股股东、实际控制人、董事、监事、高级管理人员须依法开展经营活动，经营行为合法、合规，不存在重大违法违规行为。

即公司、控股股东、实际控制人最近24个月内因违犯国家法律、行政法规、规节的行为，受到刑事处罚或适用重大违法违规情形的行政处罚；现任董事、监事和高级管理人员应具备和遵守《公司法》规定的任职资格和义务，不应存在最近24个月内受到中国证监会行政处罚或者被采取证券市场禁入措施的情形。

1. 公司的重大违法违规行为是指公司最近24个月内因违犯国家法律、行政法规、规节的行为，受到刑事处罚或适用重大违法违规情形的行政处罚。

（1）行政处罚是指经济管理部门对涉及公司经营活动的违法违规行为给予的行政处罚。

（2）重大违法违规情形是指，凡被行政处罚的实施机关给予没收违法所得、没收非法财物以上行政处罚的行为，属于重大违法违规情形，但处罚机关依法认定不属于的除外；被行政处罚的实施机关给予罚款的行为，除主办券商和律师能依法合理说明或处罚机关认定该行为不属于重大违法违规行为的外，都视为重大违法违规情形。

解读：

《行政处罚法》及相关法律中没有鉴定什么是重大违法违规行为，重大违法违规也不是一个法律概念，实践中律师需要自行判断是否属于重大违法违规行为，但是律师一般都比较谨慎，需要企业到相关行政机关开具受到的行政处罚不属于重大违法违规的证明文件。行政机关在处理企业上市、上新三板比较谨慎，开具的文件也趋向规范化、格式化。

比如，企业因发票丢失、财务不规范等原因被税务部门处罚几百或者几千元，或者上万元，如何判断是否属于重大处罚呢？在相关行政法规中有一个情节严重的加重处罚，一般在行政处罚中适用情节严重、造成严重后果的，一般即便是行政处罚机关出具不属于重大违法违规行为，律师也要慎重做出判断。

对于相关行政处罚中，处罚金额不大，如低于10万元，未出现情节严重的事项，明确为一般行政处罚，或者适用简易程序的，或者行政处罚并非针对公司主营业务做出的行政处罚，律师一般均可以自行做出判断。实践中相关行政处罚机关亦会根据相关法律法规开具属于一般行政处罚、或者适用简易程序处罚、或者情节轻微的处罚，该等情况下，律师基本上可以判断是否属于重大行政处罚行为。

（3）公司最近24个月内不存在涉嫌犯罪被司法机关立案侦查，尚未有明确结论意见的情形。

2. 控股股东、实际控制人合法合规，最近24个月内不存在涉及以下情形的重大违法违规行为：

（1）控股股东、实际控制人受刑事处罚；

（2）受到与公司规范经营相关的行政处罚，且情节严重；情节严重的界定参照前述规定；

（3）涉嫌犯罪被司法机关立案侦查，尚未有明确结论意见。

3. 现任董事、监事和高级管理人员应具备和遵守《公司法》规定的任职资格和义务，不应存在最近24个月内受到中国证监会行政处罚或者被采取证券市场禁入措施的情形。

4. 实际控制人、董事、监事、高管人员是否设立过其他公司或者在其他公司担任该公司法定代表人而该公司可能因为未年检被吊销营业执照的情形。

解读：

如董监高被列入工商部门企业诚信系统的黑名单，且在报告期的，不能在拟挂牌企业担任董监高及法定代表人。

A.《公司法》的规定

《公司法》第一百四十七条第一款第四项规定，担任因违法被吊销营业执照的公司的法定代表人，并负有个人责任的，自该公司、企业被吊销营业执照之日起未逾三年的，不得担任公司的董事、监事、高级管理人员；该条第二款规定公司违反前款规定选举、委派董事、监事或者聘任高级管理人员的，该选举、委派或者聘任无效。

B. 国家工商行政管理总局关于企业法定代表人是否负有个人责任问题的答复（工商企字［2002］第123号）

企业年度检验是工商行政管理机关依法按年度对企业进行检查，确认企业继续经营资格的法定制度，企业应依法接受年度检验，逾期不接受年度检验是一种违法行为。企业逾期不接受年度检验，被工商行政管理机关依法吊销营业执照，该企业的法定代表人作为代表企业行使职权的负责人，未履行法定的职责，应负有个人责任，但年检期间法定代表人无法正常履行职权的除外。

根据《企业法定代表人登记管理规定》第四条的规定，因违法被吊销营业执照的企业的法定代表人，并对该企业违法行为负有个人责任，自该企业被吊销营业执照之日起未逾三年的，不得担任法定代表人。该类人员仍然在其他企业中担任法定代表人的，相关企业应按规定办理法定代表人变更登记。相关企业不按规定办理变更登记的，工商行政管理机关一经发现或经举报核实，应责令相关企业限期办理法定代表人变更登记，对逾期不办理变更登记的，工商行政管理机关应依照《企业法定代表人登记管理规定》第十二条的规定予以处理。

公司报告期内不应存在股东包括控股股东、实际控制人及其关联方占用公司资金、资产或其他资源的情形。如有，应在申请挂牌前予以归还或规范。

解读：

常见的关联方：

A. 公司的控股股东，以及其控制的其他企业

B. 持股5%以上股东，以及其控制的其他企业

C. 公司的董事、监事及高级管理人员（包括总经理、副总经理、财务负责人等），以及其控制的其他企业

D. 持股20%以上的被投资单位

报告期内公司控股股东占用公司资金、资产等情形的，应当及时清理、归还，并加扣利息，利息可以参照同期银行贷款利息。并建议控股股东出具《规范控股股东占用公司资金的承诺函》予以规范。

同业竞争和关联交易问题

虽然新三板可以容忍同业竞争和关联交易的存在，但是

A. 同业竞争如果不能给出合理的解释，很难被全国股份转让系统接受，且全国股份转让系统需要实际控制人出具为避免同业竞争采取的措施及做出的承诺，因此，应当避免存在实际控制人同业竞争的问题。

B. 是否存在关联方关系非关联化的情形，例如，与非正常业务关系单位或个人发生的偶发性或重大交易，缺乏明显商业理由的交易，实质与形式明显不符的交易，交易价格、条件、形式等明显异常或显失公允的交易，应当考虑是否为虚构的交易、是否实质上是关联方交易、该交易背后是否还有其他安排；

如存在关联交易，需要论证关联方交易存在的必要性和持续性，以及减少和规范关联交易的具体安排。

公司应设有独立财务部门进行独立的财务会计核算，相关会计政策能如实反映企业财务状况、经营成果和现金流量。

解读：

这里需要强调的我们经常讲的“五独立”即资产独立、人员独立、财务独立、机构独立、业务独立。

资产独立：挂牌公司资产应独立完整、权属清晰，控股股东、实际控制人不得占用、支配公司资产或干预公司对资产的经营管理。

人员独立：挂牌公司人员应独立于控股股东。挂牌公司的经理人员、财务负责

人、营销负责人和董事会秘书在控股股东单位不得担任除董事以外的其他职务。控股股东高级管理人员兼任挂牌公司董事的，应保证有足够的时间和精力承担挂牌公司的工作。

财务独立：挂牌公司应按照有关法律、法规的要求建立健全的财务、会计管理制度，独立核算。控股股东应尊重公司财务的独立性，不得干预公司的财务、会计活动。

机构独立：挂牌公司的董事会、监事会及其他内部机构应独立运作。控股股东及其职能部门与挂牌公司及其职能部门之间没有上下级关系。控股股东及其下属机构不得向挂牌公司及其下属机构下达任何有关挂牌公司经营的计划和指令，也不得以其他任何形式影响其经营管理的独立性。

业务独立：挂牌公司业务应完全独立于控股股东。控股股东及其下属的其他单位不应从事与挂牌公司相同或相近的业务。控股股东应采取有效措施避免同业竞争。

对于拟挂牌公司的资产及盈利状况需要关注一下问题：

主要事项	关注点	注意事项
应收款项	应收款项回款是否正常	
	应收款项是否存在账龄较长的应收账款或尚未核销的呆账	如果存在，具体形成原因是什么？金额多少？是否可以收回？
	是否存在控股股东或其他关联方非经营性业务占用公司资金的情形；金额多少？	控股股东非经营性占用的资金应当归还。
存货	存货在库时间是否过长、是否存在滞销库存	如果库存过长、存在滞销库存，具体原因是什么？是否有进一步的应对措施？
	财务记载的存货数量是否与实际库存相符	如果不相符，具体原因是什么？
固定资产	公司设备、房产、土地等固定资产权属是否存在纠纷？不动产的权属证明是否齐备	如果未办理产权证，具体原因是什么？能否补办？
	是否存在闲置的固定资产	如果存在，资产价值多少？闲置原因？闲置状况是否会持续？有否应对措施？
	财务记载的固定资产数量是否与实际相符？	如果不相符，具体原因是什么？
收入	收入是否稳定	如果大幅波动，原因是什么？
	收入是否完整？是否存在帐外收入？	如果考虑帐外收入，公司真实的收入规模、利润是多少？
	毛利率水平（营业收入 − 营业成本）/营业收入	如果公司的毛利率、利润率水平与上市公司偏离10%以上，应询问相关原因
	利润率水平（净利润/营业收入）	
	同行业上市公司的毛利率、利润率水平	

续表

主要事项	关注点	注意事项
补贴收入	补贴收入的内容	关注公司是否可以持续获得
	补贴收入的规模	
	补贴收入占当期利润的比重	
	剔除补贴收入，公司能否保持盈利	
关联交易	关联交易的性质	采购？销售？其他？
	关联采购占总采购额比重、关联销售占总销售额比重	
	关联交易的定价方式、相对市场价格是否偏高或偏低	如果定价明显偏离市价，采取此种定价方式的具体原因
	如果按照市场价格定价，公司的盈利将会产生何种影响	

条件4：股权明晰，股票发行和转让行为合法合规

股权明晰，是指公司的股权结构清晰，权属分明，真实确定，合法合规，股东特别是控股股东、实际控制人及其关联股东或实际支配的股东持有公司的股份不存在权属争议或潜在纠纷。

股权不明晰比较常见的有股权代持、改制程序缺失、历次股权转让中可能存在的诉讼等等。

解读：

股权代持的核查首先要从公司股东入手，向股东说明相关法律法规的规定，明确股权代持对公司上新三板挂牌转让的法律障碍，说明信息披露的重要性，阐述虚假信息披露被处罚的风险，说明诚信在资本市场的重要性。

如果股东能够自己向中介机构说明原因，一般情况下，中介机构可以根据股东的说明进一步核查，提出股权还原的解决方案。

核查中需要落实是否签署了股权代持协议，代持股权时的资金来源，是否有银行流水，代持的原因说明，还原代持时应当由双方出具股权代持的原因，出资情况，以及还原后不存在任何其他股权纠纷、利益纠葛。

如果股东未向中介机构说明，中介机构自行核查难度较高，但是还是可以通过专业的判断搜索到一些蛛丝马迹，如该股东是否在公司任职，是否参加股东会，是否参与分红，股东是否有资金缴纳出资，股东出资时是否是以自有资产出资，与公司高级管理人员访谈，了解股东参与公司管理的基本情况等。

股票发行和转让合法合规，是指公司的股票发行和转让依法履行必要内部决议、外部审批（如有）程序，股票转让须符合限售的规定。

条件5：主办券商推荐并持续督导

即公司需经主办券商推荐，双方签署了《推荐挂牌并持续督导协议》；主办券商应完成尽职调查和内核程序，对公司是否符合挂牌条件发表独立意见，并出具推荐报告。

条件6：全国股份转让系统公司要求的其他条件。

附件三　新三板挂牌审核要点

根据股转系统《挂牌审查一般问题内核参考要点（试行）》对企业申请挂牌应当关注的一般问题进行了梳理，具体如下：

一、关于股东主体资格的核查内容

1. 请核查公司股东是否存在或曾经存在法律法规、任职单位规定不得担任股东的情形或者不满足法律法规规定的股东资格条件等主体资格瑕疵问题，并对公司股东适格性发表明确意见。

2. 若曾存在股东主体资格瑕疵问题，请核查规范措施是否真实、合法、有效，以及规范措施对公司的影响，并就股东资格瑕疵问题是否影响公司股权明晰、公司设立或存续的合法合规性发表明确意见。

二、关于出资合法合规的核查内容

1. 请核查公司历次出资的缴纳、非货币资产评估和权属转移情况（如有）、验资情况，并就公司股东出资的真实性、充足性发表明确意见。

2. 请核查出资履行程序、出资形式及相应比例等是否符合当时有效法律法规的规定，对出资程序完备性和合法合规性发表明确意见。

3. 请核查公司是否存在出资瑕疵，若存在，请核查以下事项并发表明确意见：（1）核查出资瑕疵的形成原因、具体情形，出资瑕疵对公司经营或财务的影响；（2）对公司前述出资瑕疵是否存在虚假出资事项、公司是否符合挂牌条件发表意见；（3）核查公司针对出资瑕疵所采取的规范措施情况，并对规范措施是否履行相应程序并合法有效、是否足以弥补出资瑕疵、出资瑕疵及其规范措施是否会导致公司面临相应的法律风险发表意见；（4）另请主办券商及会计师核查公司采取的规范措施涉及的会计处理方式是否符合《企业会计准则》的规定。

三、关于公司设立与变更的核查内容

1. 企业设立（改制）的出资审验情况，如以评估值入资设立股份公司，补充说明是否合法、合规，是否构成“整体变更设立”。

2. 自然人股东纳税情况，如未缴纳，说明其合法合规性及规范措施。

3. 是否存在股东以未分配利润转增股本的情形，公司代缴代扣个人所得税的情况。若未代缴个人所得税，请说明若发生追缴税费的情形，相关防范措施情况。

4. 请主办券商及律师核查公司历次增资、减资等股本变化情况及履行的内部决议、外部审批程序，并就公司历次的增资、减资等是否依法履行必要程序、是否合法合规、有无纠纷及潜在纠纷发表明确意见。

四、关于股权明晰的核查内容

1. 核查公司是否存在或曾经存在股权代持的情形，若存在，请核查股权代持的形成、变更及解除情况以及全部代持人与被代持人的确认情况，并对代持形成与解除的真实有效性、有无纠纷或潜在纠纷发表意见。

2. 核查公司是否存在影响公司股权明晰的问题以及相关问题的解决情况，以及公司现有股权是否存在权属争议纠纷情形。

3. 结合核查的具体事实情况对公司是否符合“股权明晰、股票发行和转让合法合规”的挂牌条件发表明确意见。

五、关于股权变动与股票发行合法合规的核查内容

1. 核查公司历次股权转让是否依法履行必要程序、是否合法合规、有无纠纷及潜在纠纷并发表明确意见。

2. 核查公司历次股票发行情况（如有）并就公司股票发行的合法合规性发表意见。

六、关于子公司股票发行及股权转让合法合规的核查内容

核查公司的控股子公司或纳入合并报表的其他企业的股票发行及股权转让情况并对其合法合规性发表意见。

七、关于控股股东、实际控制人认定的核查内容

核查控股股东、实际控制人的认定的理由和依据，并对认定依据是否充分、合法并发表意见。

八、关于控股股东与实际控制人合法合规的核查内容

核查公司的控股股东、实际控制人最近24个月内是否存在重大违法违规行为，对控股股东、实际控制人的合法合规情况发表意见。

九、关于董事、监事、高管任职资格的核查内容

1. 现任董事、监事、高级管理人员是否存在不具备法律法规规定的任职资格或违反法律法规规定、所兼职单位规定的任职限制等任职资格方面的瑕疵，若存在，请核查具体瑕疵、解决情况和对公司的影响。

2. 现任董事、监事和高级管理人员最近24个月内是否存在受到中国证监会行政处罚或者被采取证券市场禁入措施的情形。

3. 对公司董事、监事和高级管理人员的任职资格发表明确意见。

十、关于董事、监事、高管合法合规的核查内容

1. 现任董事、监事、高管是否存在违反法律法规规定或章程约定的董事、监事、高管义务的问题，若存在，请核查具体情况、对公司的具体影响以及公司的解决措施。

2. 公司的董事、监事、高管最近24个月内是否存在重大违法违规行为。

3. 请对公司董事、监事、高管的合法合规情况发表意见。

十一、关于竞业禁止的核查内容

1. 公司董监高、核心员工（核心技术人员）是否存在违反竞业禁止的法律规定或与原单位约定的情形，是否存在有关上述竞业禁止事项的纠纷或潜在纠纷，若存在请核查具体解决措施、对公司经营的影响。

2. 公司董监高、核心员工（核心技术人员）是否存在与原任职单位知识产权、商业秘密方面的侵权纠纷或潜在纠纷，若存在，请核查纠纷情况、解决措施、对公司经营的影响。

十二、关于董事、监事、高管重大变化的核查内容

核查报告期内管理层人员发生重大变化的原因、对公司经营的影响。

十三、关于业务资质的核查内容

1. 公司是否具有经营业务所需的全部资质、许可、认证、特许经营权，并对公司业务资质的齐备性、相关业务的合法合规性发表意见。

2. 公司是否存在超越资质、经营范围、使用过期资质的情况，若存在，请核查公司的规范措施、实施情况以及公司所面临的法律风险、相应风险控制措施，并对其是否构成重大违法行为发表意见。

3. 公司是否存在相关资质将到期的情况，若存在，请核查续期情况以及是否存在无法续期的风险，若存在无法续期的风险请核查该事项对公司持续经营的影响。

十四、关于环保的核查内容

1. 核查公司所处行业是否为重污染行业，以及认定的依据或参考。

2. 若公司不属于前述重污染行业，请核查：（1）公司建设项目的环保合规性，包括且不限于公司建设项目的环评批复、环评验收及“三同时”验收等批复文件的取得情况；（2）公司是否需要办理排污许可证以及取得情况；（3）结合公司的业务流程核查公司日常环保合规情况，是否存在环保违法和受处罚的情况。

3. 若公司属于重污染行业，请核查：

（1）关于公司建设项目，请核查公司建设项目的环评批复、环评验收及“三同时”验收等批复文件的取得情况。建设项目未完工或尚未取得相关主管部门的验收文件的，请核查环评批复文件中的环保要求的执行情况。对建设项目环保事项的合法合规性发表意见。

（2）关于污染物排放，请结合公司的业务流程核查公司是否存在污染物排放，若存在污染物排放，请核查公司的排污许可证取得和排污费缴纳情况，公司是否属于污染物减排对象，公司的排放是否符合标准，是否遵守重点污染物排放总量控制指标。

（3）关于公司的日常环保运转，请核查：公司有关污染处理设施是否正常有效运转；公司的环境保护责任制度和突发环境应急预案建设情况；公司是否存在公司工业固体废物和危险废物申报和处理情况；公司是否有禁止使用或重点防控的物质处理

问题。

（4）公司是否被环保监管部门列入重点排污单位名录，是否依法公开披露环境信息。

（5）公司是否存在环保事故、环保纠纷或潜在纠纷、是否存在处罚等；公司曾受到处罚的，是否构成重大违法行为，以及公司的相关整改情况。

4. 请核查公司是否存在排污许可、环评等行政许可手续未办理或未办理完成等等环保违法情形，若存在，请核查违法原因以及公司的补救措施，相应补救措施的进展及是否可行、可预期，请说明向环保监管机构的尽职调查情况，并分析公司存在的风险、相应的风险管理措施及其有效性、风险可控性，以及是否影响公司的持续经营能力。

5. 请主办券商及律师综合以上事项对公司的环保事项的合法合规性发表明确意见。

十五、关于安全生产的核查内容

1. 公司是否需要并取得相关部门的安全生产许可，建设项目安全设施验收情况。

2. 公司日常业务环节安全生产、安全施工防护、风险防控等措施。

3. 公司报告期以及期后是否发生安全生产方面的事故、纠纷、处罚，若发生，请核查其具体情况、公司的整改措施、对公司持续经营的影响，就其是否构成重大违法行为发表明确意见。请主办券商及律师就公司安全生产事项的合法合规性发表意见。

十六、关于质量标准的核查内容

1. 公司采取的质量标准；

2. 公司的质量标准是否符合法律法规规定。

十七、关于公司或其股东的私募基金备案的核查内容

1. 应核查公司或其股东是否按照《证券投资基金法》《私募投资基金监督管理暂行办法》及《私募投资基金管理人登记和基金备案办法（试行）》等相关规定履行了登记备案程序，并请分别在《推荐报告》《法律意见书》中说明核查对象、核查方式、核查结果并发表意见。

2. 申请挂牌同时发行股票的，应核查公司股票认购对象中是否存在私募投资基金管理人或私募投资基金，是否按照《证券投资基金法》、《私募投资基金监督管理暂行

办法》及《私募投资基金管理人登记和基金备案办法（试行）》等相关规定履行登记备案程序，并请分别在《推荐报告》《法律意见书》或其他关于股票发行的专项意见中说明核查对象、核查方式、核查结果并发表意见。

十八、关于公司违法行为的核查内容

1. 公司最近24个月是否存在违法行为，并对以上违法行为是否构成重大违法行为发表意见。

2. 针对公司受到处罚的情况，请核查公司受处罚的原因、公司的整改措施及其有效性，处罚事项对公司经营的影响以及公司风险管理措施的有效性。

十九、关于其他合规经营问题的核查内容

核查公司是否存在其他如劳动社保、消防、食品安全、海关、工商、质检等等合规经营方面的问题和法律风险。

二十、关于未决诉讼或仲裁的核查内容

1. 公司诉讼、仲裁的具体事由和进展情况。

2. 诉讼、仲裁事项对公司经营的具体影响，若存在不利影响，公司应披露所采取的措施。

二十一、关于技术与研发的核查内容

1. 公司所使用的技术工艺及其在公司产品或服务中的作用，公司技术或工艺的创新性、比较优势及可替代情况。

2. 研发基本情况，包括且不限于研发机构的部门设置情况、研发人员数量和构成、核心技术（业务）人员情况、研发支出的具体情况及其占营业收入比例、研发项目与成果。

3. 公司所取得的技术的明细，以及是否存在侵犯他人知识产权情形。请公司区分技术的不同取得形式进行披露：（1）若是原始取得，应披露是否存在其他单位的职务发明问题、是否侵犯他人知识产权、是否存在竞业禁止问题；（2）若是合作研发取得，应披露合作概况、相关权属和利益分配的约定；（3）若是受让取得，应披露受让的原因、受让概况、技术是否存在权属瑕疵。针对以上情况，公司应披露相应技术是否存

在纠纷或潜在纠纷，公司的相应应对措施。

4. 若公司为高新技术企业，请结合研发投入、收入、研发人员等情况核查公司申请通过高新技术企业资格复审所存在的风险。

二十二、关于业务描述的核查内容

请公司结合报告期内业务收入分类，准确、具体的阐述公司的业务、业务分类的标准、产品或服务。请主办券商核查前述披露事项并就公司业务描述是否准确、公司披露的产品或服务与营业收入分类是否匹配发表意见。

二十三、关于商业模式的核查内容

请公司结合自身实际情况清晰准确披露商业模式，可参照“公司业务立足或属于哪个行业，具有什么关键资源要素（如技术、渠道、专利、模式等），利用该关键资源要素生产出什么产品或提供什么服务，面向那些客户（列举一两名典型客户），以何种销售方式销售给客户，报告内利润率，高于或低于同行业利润率的概要原因”总结公司的商业模式（鼓励企业家自我归纳）。

请主办券商对公司商业模式的可持续性发表意见。

二十四、关于重大业务合同的核查内容

核查公司披露的报告期内对公司持续经营有重大影响的业务合同及履行情况，包括披露标准、合同主体、合同标的、合同期间、合同总价，披露的合同应与报告期内收入成本相匹配，包括履行完毕的、仍在履行的；并请按采购合同、销售合同、借款合同、担保合同（若有）等分别列示。

二十五、关于资产权属的核查内容

1. 公司资产是否权属清晰、证件齐备，是否存在权利瑕疵、权属争议纠纷或其他权属不明的情形，若存在，请核查相应事项的规范情况。

2. 是否存在资产产权共有的情形以及是否存在对他方重大依赖的情形，是否影响公司资产、业务的独立性。

二十六、关于知识产权的核查内容

1. 是否存在权利瑕疵、权属争议纠纷或权属不明的情形，公司相对应的解决措施

及其有效性。

2. 公司在知识产权方面是否存在对他方的依赖，是否影响公司资产、业务的独立性。

3. 存在知识产权纠纷的诉讼或仲裁的，量化分析诉讼或仲裁对公司持续经营能力的影响。

二十七、关于人员、资产、业务的匹配性的核查内容

1. 公司是否拥有生产经营所必需的资产。

2. 请结合公司员工的教育背景、学历、职业经历、员工结构情况等分析并披露员工状况与公司业务的匹配性、互补性。

3. 公司主要资产与业务、人员的匹配性、关联性。

二十八、关于财务与业务匹配性的核查内容

请主办券商、会计师结合行业特点、产品或服务类型、关键资源要素、采购模式、销售模式、盈利模式、收付款政策、客户及供应商类型、主要业务合同等，比照《企业会计准则》核查公司财务报表相关科目的会计政策及会计处理、列报是否与实际业务相匹配。

二十九、关于公司收入的核查内容

1. 核查收入确认是否符合公司经营实际情况，是否存在特殊处理方式及其合理性（净额确认、完工百分比等），如是，请补充披露。

2. 说明针对收入真实性、完整性、准确性履行的尽调程序及审计程序，确认的金额占总金额的比重，并说明取得的相关的内外部证据。

3. 核查是否存在虚增收入以及隐藏收入的情形，并针对收入的真实性、完整性、准确性发表专业意见。

三十、关于成本的核查内容

1. 公司成本归集、分配、结转是否准确，是否存在通过成本调整业绩的情形。

2. 公司成本构成与可比公司相比是否存在异常情况，若存在，核查是否合理。

3. 核查公司采购的真实性、成本的真实性及完整性，并发表专业意见。

三十一、关于毛利率的核查内容

1. 核查毛利水平以及波动是否合理。

2. 针对公司营业成本和期间费用的各组成项目的划分归集是否合规发表意见，并针对公司报告期内收入、成本的配比关系是否合理核查并发表意见。

三十二、关于期间费用的核查内容

1. 结合预付款项、其他应收款、应付款项、其他应付款等资产负债类科目核查公司是否存在跨期确认费用的情形。

2. 结合固定资产、在建工程、长期待摊费用等科目核查公司是否存在将期间费用资本化的情形。

3. 针对公司期间费用的真实性、准确性、完整性发表专业意见。

三十三、关于应收账款的核查内容

核查坏账政策是否谨慎，并结合应收账款期后收款情况核查收入的真实性，结合收入确认依据核查是否存在提前确认收入的情形。

三十四、关于存货的核查内容

1. 结合公司盘点报告补充核查公司盘点情况，并说明履行的监盘程序。

2. 存货跌价准备计提及转回的具体依据、测算过程，并进一步核查公司存货跌价准备是否谨慎合理。

3. 公司存货各项目的发生、计价、分配与结转情况，是否与实际生产流转一致、分配及结转方法是否合理、计算是否准确，是否存在通过存货科目调节利润的情形。

三十五、关于现金流量表的核查内容

1. 经营活动现金流波动的合理性，经营活动现金流量净额与净利润的匹配性。

2. 各报告期内所有大额现金流量变动项目的内容、发生额、是否与实际业务的发生相符，是否与相关科目的会计核算勾稽，特别是“销售商品、提供劳务收到的现金”“购买商品、接受劳务支付的现金”“收到的其他与经营活动有关的现金”“支付的其他与经营活动有关的现金”“收到的其他与筹资活动有关的现金”“支付的其他与筹资

活动有关的现金”“构建固定资产、无形资产和其他长期资产支付的现金”等

三十六、关于内控制度有效性及会计核算基础规范性的核查内容

1. 公司销售与收款循环、购货与付款循环、生产循环、筹资与投资循环、货币资金循环等五大循环相关的内控制度，结合职责分离、授权审批、内部凭证记录等核查相关制度是否有效，是否得到有效执行。

2. 公司会计核算基础是否符合现行会计基础工作规范要求，说明在尽职调查及审计过程中发现的与公司内控及会计核算相关的主要问题以及后续规范措施，并对报告期内公司财务管理制度是否健全、会计核算是否规范发表专业意见。

三十七、关于税收缴纳的核查内容

结合公司业务特点、客户对象、报告期内发生的重大资产重组、非货币资产出资规范等实际情况，核查公司税收缴纳的合法合规性，包括但不限于：（1）公司缴纳税种以及税率情况；（2）公司税收缴纳情况、是否存在少计税款、未足额缴纳税款、延期缴纳税款等不规范行为；（3）公司是否存在偷税、漏税等重大违法违规行为。

三十八、关于主要财务指标的核查内容

核查公司财务指标及其波动的合理性，如存在异常，请核查异常会计数据的真实性及准确性。

三十九、关于会计政策及会计估计的核查内容

核查公司披露的与公司行业、业务特点相符的会计政策与估计。报告期发生的重要会计政策和会计估计变更，量化分析影响，包括但不限于重要性判断标准、内容、原因、审批程序、受影响的报表项目名称和金额及会计估计变更开始适用的时点。分析公司选用会计政策和会计估计的适当性、会计政策和会计估计是否与同行业公司存在明显差异、报告期内会计政策的一致性、分析其是否利用会计政策和会计估计变更操纵利润，如改变收入确认方式、调整坏账计提比例、调整存货计价方式等。

四十、关于自我评估的核查内容

公司应结合营运记录（可采用多维度界定，如：现金流量、营业收入、交易客户、

研发费用、合同签订情况、行业特有计量指标等情况）、资金筹资能力（如：挂牌并发行）等量化指标，以及行业发展趋势、市场竞争情况、公司核心优势（如：技术领先性）、商业模式创新性、风险管理、主要客户及供应商情况、期后合同签订以及盈利情况等方面评估公司在可预见的未来的持续经营能力。如果评估结果表明对持续经营能力产生重大怀疑的，公司应在公开转让说明书中披露导致对持续经营能力产生重大怀疑的因素以及公司拟采取的改善措施。

四十一、关于分析意见的核查内容

论证公司持续经营能力，并就公司是否满足《全国中小企业股份转让系统挂牌条件适用基本标准指引（试行）》中关于持续经营能力的要求发表意见。

四十二、关于关联方的核查内容

根据《公司法》及《企业会计准则》的要求核查公司关联方认定和披露，并就其认定是否准确、披露是否全面、是否存在为规避披露关联交易将关联方非关联化的情形发表明确意见。

四十三、关于关联交易类型的核查内容

1. 公司对经常性及偶发性关联交易的区分是否合理。
2. 公司披露的关联交易是否真实、准确、完整。

四十四、关于必要性与公允性的核查内容

核查关联交易的必要性及公允性，发表专业意见，并着重说明对关联交易真实性的核查方法及程序。核查报告期内关联交易的内部决策程序的履行及规范情况。

四十五、关于规范制度的核查内容

就公司是否制定了规范关联交易的制度，是否切实履行，并发表明确意见。

四十六、关于关联方资金（资源）占用的核查内容

1. 报告期内公司是否存在控股股东、实际控制人及其关联方占用公司资源（资金）的情形，若存在，请披露、核查其发生和解决情况。

2. 公司防范关联方占用资源（资金）的制度及执行情况。

四十七、关于同业竞争的核查内容

1. 公司与控股股东、实际控制人及其控制的其他企业是否从事相同或相似业务、是否存在同业竞争，判断依据是否合理。

2. 同业竞争规范措施是否充分、合理，是否有效执行，是否影响公司经营。

四十八、关于财务、机构、人员、业务、资产的分开情况的核查内容

1. 公司的财务、机构、人员、业务、资产是否与控股股东和实际控制人及其控制的其他企业分开。

2. 核查公司是否存在对关联方的依赖，其是否影响公司的持续经营能力。

参考文献

1. 邓海红，毛伟，等.《保卫资本—中国企业资本化成长的实战路径》［M］. 北京：中国经济出版社，2016，8.

2. 李滇波，毛伟.《新三板操作实务及分析解读》［M］. 北京：法律出版社，2014，7.

3. 申林平.《最新 H 股香港上市法律实务和案例分析》［M］. 北京：法律出版社，2013，5.

4. 徐成洲.《创业板上市法律实务》［M］. 北京：法律出版社，2009 年 5 月版、2011 年 7 月修订.

5. 毛伟，汪祖伟，庞小虎.《2009 年度上市被否企业案例分析》［M］. 北京：金融出版社，2011，1.

6. 汪祖伟.《2010—2011 年度上市被否企业案例分析》［M］. 北京：金融出版社，2012，11.

7. 申林平.《中国 IPO 年度评论（2011 年度）》［M］. 北京：法律出版社，2013，1.